古汉语黑系颜色词疏解

侯立睿◎著

中国社会科学出版社

图书在版编目(CIP)数据

古汉语黑系颜色词疏解／侯立睿著.—北京：中国社会科学出版社，2016.10

ISBN 978 - 7 -5161 - 8869 - 9

Ⅰ.①古…　Ⅱ.①侯…　Ⅲ.①古汉语 - 词汇 - 研究　Ⅳ.①H131

中国版本图书馆 CIP 数据核字(2016)第 213347 号

出 版 人	赵剑英
责任编辑	任　明
特约编辑	李晓丽
责任校对	董晓月
责任印制	何　艳

出　　　版	中国社会科学出版社
社　　　址	北京鼓楼西大街甲 158 号
邮　　　编	100720
网　　　址	http：//www.csspw.cn
发 行 部	010 - 84083685
门 市 部	010 - 84029450
经　　　销	新华书店及其他书店

印刷装订	北京市兴怀印刷厂
版　　　次	2016 年 10 月第 1 版
印　　　次	2016 年 10 月第 1 次印刷

开　　　本	710×1000　1/16
印　　　张	19
插　　　页	2
字　　　数	312 千字
定　　　价	78.00 元

序

颜色词，或称色彩词，是汉语基本词汇之一，有较多的文化意义，构词、词源、同义异名诸多方面颇有特色，使用广泛，故一直引起不少语言学者的兴趣。但就我所见，迄今多数是零星或五色综论的研究，并且多实在现代汉语范畴，从古代探源只是一种简略配衬，而对一种颜色作系统全面的研究，并且是词汇和词义结合的"疏解"，本书是第一本。

作者选择了五色之一的黑色。但古代究竟有多少黑系词？作者通过细致的调查、审定出黑系颜色词 151 个。然后分八大来源，运用文化与训诂、历时与共时、同源推源与同义词辨释、义素与认知分析相结合的方法，对每个词进行系统疏解。所谓疏解，乃是运用古代文献和文化学材料，或疏、或辨、或考，以揭示该词命名特点、语义及其形成、文化内涵等。疏解所用古代文献和文化学材料广泛、丰富、得当；其疏理、阐释、辨正，多数确而可信，基本揭示该词的共同特征与区别特征。如"犁老"一词的辩释，对前人的"老人面色似梨"、"犁通黧"、"黎为冻梨"等训解，用大量例证进行驳正，而肯定了韦昭注"鲐背之耇称黎老"。对《书禹贡》中"青黎"的"黎"作了非颜色词的辨释，纠正旧说，对"青"表黑义的出现时代重新作了判定。"黎明"，今辞书都取有误旧注，释义不一，作者挖掘出同一注家的另一条完全正确的书注，以"黎"为黑义，定其义为"将明犹黑时"。凡此，都辨之有据，言之成理。对有一些词，如对"玄"、"玄黄"等源于染织类的词，源于植物类词"皂（皁、草）"等词，都借助《天工开物》及今人的古代染织史、植物史的知识进行疏解，使释义更科学、准确，也揭示了其文化蕴含。

本书的疏解，不仅全面、系统地作了词源探究、词义训诂和文化内涵的抉发，而且还专设第三部分"综论"，对黑系词从词汇学上作一些理论探究。由于是在全面疏解基础上提炼、深化、总结，因此理论上也创获甚多，如把古汉语黑系词的五个特点，疏解黑系祠的五种方法，乃至黑系词形成的八种来源，均凿凿可信，有所发明。因此可以说，本书的疏解体，为系统、深入、科学研究颜色词，提供了一个有价值的示例。

黄金贵

于浙江大学西溪校区（原杭州大学）伏雪斋

2015 年 5 月 20 日

内容提要

　　迄今的古汉语颜色词研究，或限于少数词原子主义的个体考释，或限于常见词的文化阐释，尚缺少深入系统的研究。本书以古汉语黑系颜色词作为研究对象，通过全面系统的考察，审定出古汉语黑系颜色词 151 个，其中单音节词 80 个，双音节词 45 个，三音节词 24 个，四音节词 2 个；按其产生来源分为八类，坚持文化与训诂、历时与共时相结合的原则，对每类中成员进行了详细疏解，重在揭示其命名特点、语义及其形成过程、文化内涵、每个成员语义的共同特征和区别特征。

　　全书共分三个部分：第一部分为导论，介绍相关背景情况；第二部分为主体部分，对审定的黑系颜色词（包括单纯词和合成词）逐类逐个详细疏解；第三部分为综论，对黑系颜色词的语义、词汇特征以及疏解方法进行简要的理论总结。

Abstract

Research on the family of Black color terms of ancient Chinese language

Until now, the researches on ancient Chinese color – related terms have been only confined to the individual examination of a few words' meaning or the interpretation of common words in cultural respect. Hence, this paper pays more attention to the all – round study on the family of Black color terms of ancient Chinese language.

After thorough investigation, around 151 words in the family of Black color terms have been singled out from ancient Chinese language pool, including 80 single – syllable words, 45 double – syllable words, 24 three – syllable words and 2 four – syllable words. And then these words are divided into 8 categories according to the origin of meaning. The elaborate explanation is respectively given to the words under the principle of connecting cultural and semantic interpretation, diachronic and synchronic study. This research mainly figures out the character of naming, the meaning and the process of semantic formation, the cultural implication, as well as the common and individual characteristic of each mate of the Black color terms' family.

This paper is divided into 3 parts: Part I is an introduction to the present research situation; Part II mainly deals with the explanation of the Black color terms in turn, including pure phrase and complex words; Part III is comprehensive analysis. Based on the preceding two parts, some theoretical issues are involved in this part, including the semantic and lexical characteristic of the black color terms and the way of elaborate explanation.

凡　例

　　一、本书按古汉语黑系颜色词的命名来源分八个类，每类以单音节词为词头，按其产生时代顺次排列，每个单音节词下依次收入以其为语素构成的双音节、三音节、四音节合成词，按其产生时代先后、常用、次常用顺序排列。为了疏解的需要，有些语源相同、语义关系密切的词则采用并组的方式排列，如"淄""缁"本出一源，但"淄"属源于自然现象类词，"缁"属源于染织类词，为了阐明其语义关系，故将二字置于一组疏解。本义不明或人为因素造成的黑系颜色词按其产生"黑"义时所属类别或使用特点归类，如"殷"，按其黑义源自"血赤黑色"，归入生活现象类。如"黔"，本义不明，按其常用于修饰人及动物体色的特点，归入发肤色类。

　　二、为了行文简洁，作以下简化处理：1. 一些通行的书名采用简称，如《汉语大词典》简称《大词典》，《说文解字》简称《说文》。2. 国内大学文科学报一律不再标"人文社会科学版""哲学社会科学版"或"社会科学版"。3. 脚注中如同一种论著多次出现，第一次出现时注明该版本情况，以后则只标明论著之名称及页码。4. 文中引述前贤时彦之说，皆直书其名，不赘以"先生"字样。

　　三、行文均用现行通用简体字，因辨明形义需要的，仍保留原字形。原文缺字部分用"□"表示。

　　四、所引文献，采用句末和脚注标示页码的方式。册、卷内分页者，一律用汉字标出所在册数、卷数及页码，余皆用阿拉伯数字标出。

　　五、本书所引用的十三经及注文，如未作特别说明，均出自北京大学《十三经注疏》整理本，直接标页码。他本则采用标作者名，或作者连同书名，或脚注形式标注的方法以示区别。

　　六、《广雅》引文均出自江苏古籍出版社 2000 年版《广雅疏证》。陆德明释文一律出自上海古籍出版社 1985 年版《经典释文》。

七、《说文》未作说明者，均引自中华书局 1963 年版《说文解字》，说文系列论著皆以人名相区别。

八、本书引用佛经材料，凡引自《大正新修大藏经》的，依次列其所属部名、所属册、所在页、所在栏次。

九、文中内容需凸显之处，用下画线标示。

目 录

第一部分

导　论

一　颜色词疏解的意义

1. 颜色词的称名与界定

本书名为"古汉语黑系颜色词疏解",也即是对古汉语黑系颜色词的语言研究。什么是颜色词?以往对颜色词的指称和界定并不统一。对颜色词的指称,有"颜色词语""色彩词语""色彩描写词语""色泽词""色象词"等①,最常见的为"颜色词""色彩词"。"颜色"一词由"面部颜色、神色"转化而来,唐时已发展为今天所指的"表示颜色"的词,为古汉语常用词语。"色彩"一词由"(绘画中)多种颜色"发展而来,初成词于佛教文献中,至元代时才开始在中土文献中出现,且用例较少。从文献用例来看,"颜色"既可指称物色、光色;又可指称单一颜色、多种颜色的总名。"色彩"则多出现于统称多种颜色的场合,极少用于指称单一颜色,并且多用于指称绘画方面的颜色总名。从"颜色""色彩"二词在古汉语中的地位、语义特点、出现早晚等方面考察,"颜色"更为本土化、使用范围广,"色彩"则出现较晚,属于译经文献的新生词,使用范围多局限于绘画方面,语义单一。因此,本书认为:从文献材料来看,"颜色词"更符合汉语使用习惯。加之汉语颜色词研究,尤其是古汉语颜色词研究,既包括个案研究与范畴研究,又包括语义研究与文化内涵研究,涉及范围广、内容多,因此,用"颜色词"较"色彩词"为胜。

学界对颜色词的界定,据不完全统计,目前有近 20 种之多。如"所

---

① 详参金福年《现代汉语颜色词运用研究》,复旦大学博士论文,2003 年,第 10 页。

谓色彩词，就是指用颜色来表示物体性状的词。"① "用以表示对自然界中连续体的颜色进行切分而进入语言符号系统的词语。"② "（色彩词）就是指那些反映自然界中客观存在的真实色彩以及人们主观意识中后天形成的抽象色彩印象的词。"③ "自然语言中的颜色词是特定语言对人们通过视知觉感知到的'颜色经验''范畴化'（categorization）、词化的结果，它们和人类的色彩感知有着密切的联系。"④ "颜色词是人类的色彩认知能力对颜色认知、范畴化和编码的结果。"⑤

本书认为，颜色词作为语言词汇中的一部分，可概括为：作为语言学范畴的颜色词，指语言中反映人对事物颜色认知和命名并已抽象化的词语。⑥ 本书所要探讨的古汉语黑系颜色词即是古汉语中所有以黑命名且可以固定用来形容物色黑的词语。这里的"固定"指使用上不是临时产生的修辞义，而是已被固定下来用于描述黑色物体颜色的那些词。此外，不包括以黑色命名的具体名物词、未能完全从所属名物词中抽离出来的词。如："鹭，取义于灰黑色羽毛的海鸥；矑，取义于黑色眼仁……这些名物词虽因具黑色之特征而得名，但只能指称黑的物，不能用来指称事物的黑色形态，不属于颜色词范畴，故不在本书考察范围之内。"⑦

2. 颜色词相关学科、研究介绍

颜色词的产生必须具备以下几个要素：大自然存在着万千种颜色是必

---

① 朱泳燚：《鲁迅作品中色彩词的运用》，引自金福年《现代汉语颜色词运用研究》，1959年版，第11页。

② 金福年：《现代汉语颜色词运用研究》，复旦大学博士论文，2003年。

③ 叶军：《现代汉语色彩词研究》，山东大学博士论文，2000年。

④ 李红印：《现代汉语颜色词词汇——语义系统研究》，北京大学博士论文，2001年。

⑤ 解海江、章黎平：《汉英语颜色词对比研究》，上海辞书出版社2004年版，第5页。

⑥ 颜色词既是人类语言的产物，又是人类认知的产物。所以在颜色词的内涵中我们着重强调了人的认知。抽象化是颜色词的一个主要标志，区别于一般的以颜色命名的名物词。也即伯林和凯提出的"不具备专指一物的特性（not referring to an object）"，这一标准虽然是伯林和凯在《基本色彩词汇：普遍原则与进化过程》一书中对基本颜色词提出的标准之一，但同样适用于所有已抽象化的一般颜色词。

⑦ 此部分内容请详参侯立睿《古汉语黑系颜色词的构成、来源及其特点》，《中国语学研究开篇》第33号，早稻田大学文学部2015年版，第1—6页。

要条件；人的生理机能即视觉器官的发达是人类辨识颜色的前提条件；人的认知和感受；人的语言能力；由具体的名物词抽象而为可修饰事物颜色的词的隐喻机制。

与此相对应，颜色词研究需借助的相关学科知识及研究有：

颜色研究。人类很早就开始了对大自然的颜色研究。古希腊阿里斯妥太来斯在《泰奥菲拉斯图斯的色彩学》中明确地提出"闇是光的欠缺"，"光投射在物体上而使该物体有色；光变化，物体的色随之变化"。① 早在公元前4世纪，古希腊哲学家亚里士多德就已提出了"光即是色彩之源"。1666年，牛顿发现太阳光可以析出红、橙、黄、绿、青、蓝、紫七色光谱。其专著《光学》成为西方现代色彩学最早的科学依据。中国古代对于颜色及其与光的关系研究也早有论及。如《周礼·考工记·画缋》中关于五色的五行对应说及不同颜色相配的不同命名，说明这一时期古人丰富的色彩认知。② 战国时期的《韩非子》中还出现了不同光色、角度下物体会发生变化的记载。③④ 在唐代《大唐传载》中，则明确提出

---

① 转引自李广元《色彩艺术学》，黑龙江美术出版社2000年版，第19页。

② 《周礼·考工记·缋》："画缋之事，杂五色，东方谓之青，南方谓之赤，西方谓之白，北方谓之黑，天谓之玄，地谓之黄。青与白相次也，赤与黑相次也，玄与黄相次也。青与赤谓之文，赤与白谓之章，白与黑谓之黼，黑与青谓之黻，五采备谓之绣。"（第1305页下、1306页上）这一时期对于各种染色的知识也较为丰富了。《周礼·考工记·钟氏》："钟氏染羽，以朱湛丹秫三月，而炽之。淳而渍之。三入为纁，五入为緅，七入为缁。"（第1307页下、1308页上）

③ 《韩非子·外储说左上》："客有为周君画荚者，三年而成。君观之与髹荚者同状，周君大怒。画荚者曰：'筑十版之墙，凿八尺之牖，而以日始出时加之其上而观。'周君为之，望见其状尽成龙蛇禽兽车马，万物之状备具，周君大悦。"（中华书局1998年版，第270页）原本与髹荚无异的画荚置于一定光的条件下，呈现出令人惊叹的图案。这可以认为是古人对于色光与事物之间关系的一种实践性认知。

④ 另外，《淮南子》中也有类似的记载。《淮南子·原道训》："色者，白立而五色成矣。"（中华书局《新编诸子集成》本，1998年版，第30页）此处的"白立"如果用现代色彩学解释的话，就当为"光线存在"，即光线存在，就会产生各种颜色。作者已模糊感觉到颜色产生源于某种因素，只是还不能准确地加以认识和概括。

了光的明闇对于人的辨色能力的干扰。① 实质上也反映了此时人们已具备对于光与事物颜色关系体认的经验。这些对大自然中颜色的产生、认知及运用的研究为颜色词的产生、命名及研究提供了前提条件。

现代色彩学知识。现代色彩学将自然界中的颜色分为光源色、固有色、透过色、复合光等。颜色词一般来说反映的是自然界中的固有色，也即物色。构成颜色的三属性是：色相、明度、纯度。② 与颜色的三属性相对应，颜色词的命名也充分反映了颜色的色相、明度、纯度。黑、白在现代色彩学中被称为无彩色系统，生活中并不存在绝对的黑色与白色，而是黑白之间 N 个按照黑、白不同比例混合出来的灰色系列。从明到闇可分为白、浅白、亮浅灰、浅灰、亮中灰、中灰、灰、闇灰、黑、实黑等十类。一般来说，以中灰为界，中灰至白色域范围内的颜色一般视为白色，中灰至实黑色域范围内的颜色都可视为黑色。现代色彩学一般采用蒙塞尔色系来精细分辨各种色彩。本书在探讨表黑颜色词时，需要准确表示其所代表色谱颜色处，均采用蒙塞尔色系表中标示的数值表示：HV/C。H 代表色相 Hue，V 代表明度 Value，C 代表纯度 Chroma。

生理学相关辨色研究。人类对颜色感受的生理学机制为人类辨识和命名颜色提供了科学依据。人们感受颜色，除了光线使万物生色外，还有就是：人有能够辨色的视觉器官——眼睛。其中视网膜由大量具有特殊感光功能的光敏细胞组成。光敏细胞按其形状分为杆状细胞（或柱状细胞）和锥状细胞两种，杆状细胞主要用来分辨明闇。黑闇中视觉过程主要由杆状细胞来完成。锥状细胞可以辨别光的强弱，又可辨别彩色。"从视觉的初级皮层到脑的其他部位如颞叶、顶叶和额叶等部位存在大量的视觉通路

---

① 唐佚名《大唐传载》："常相充之在福建也，有僧某者善占色，言事若神。相国惜其僧老，命弟子就学其术。僧云：'此事有天性，非可造次为传。某尝于相君左右见一人可教。'遍召，得小吏黄彻焉，相命就学。老僧遂于闇室中置五色彩于架，令视之，曰：'世人皆用眼力不尽，但熟看之。'旬后，依稀识其白者。后半载，看五色即洞然而矣。命之曰：'以若闇中之视五彩，回之白昼占人。'因传其方诀，且言后代当无加也。"（上海古籍出版社《唐五代笔记小说大观》本，2000 年版，第 895 页）

② 色相即我们所能辨识到的每种颜色。明度是指颜色的明闇程度，光线的强弱会使颜色反射出明闇度的变化。光线越强，色调越亮，饱和度越高；光线越弱，色调越闇，饱和度也就越低。光线消失时，色调最闇，就呈黑色。光线最强时，色调最强，呈现白色。纯度是指颜色的鲜艳程度，颜色越鲜艳，纯度越高，纯度最高的颜色为纯色。

的投影。"① 这些研究为颜色词中存在大量表示明度特点的词提供了生理机制方面的科学解释。

心理学相关认知研究。颜色词的认知直接影响着颜色词的数量、命名等诸多方面。现代心理学研究表明：大脑对颜色信息加工过程可分为两个主要的阶段，第一个阶段是早期的视觉加工过程，称为颜色知觉阶段。这个阶段主要是对自然界的颜色进行色调、饱和度和明闇度进行知觉；第二个阶段为颜色认知阶段，即对于知觉到的颜色进行命名，找到与该颜色对应的颜色词。颜色知觉和颜色认知的本质区别在于：大自然中可识别颜色达七百万种之多，而每个语言中的颜色词总量却只有几千。

语言学相关研究。颜色词的语言研究也需要借助人的语言能力研究的成果，即指人对于颜色的语言命名能力的研究成果。语言命名能力有普遍规律②，也受认知能力、语言使用规律、文化背景的影响。利用其成果可以解释一些颜色词的产生过程、数量、文化因素等问题。如中国文化对红色有所偏好，红色词群就很庞大。又如中国文化相当长时期内重理性、弃浮华的特质，使黑白二色成为主要的代表颜色，其中黑色词的数目也很可观。

文化相关研究。颜色的认知受文化、审美等社会因素影响，对颜色的取舍、好恶会导致不同文化中不同颜色词群的多寡。颜色的认知是伴随人类文明的发展而产生的，并逐渐由单一走向丰富的。颜色的认知是人类本性需要的产物。在最初的人类颜色发现和使用中，普遍性地选择了黑、白、红。颜色与文化的关系密不可分，不同民族的颜色体现着不同的文化，而文化又赋予了颜色多元的文化义。颜色词研究必然要涉及文化、审美等层面的东西。

3. 本书研究意义

黑系颜色词是古汉语颜色词系统中重要的一系，其数量仅次于红系，

---

① 引自龙志颖《颜色经验对颜色信息加工的脑机制的调制作用及独立成分分析法的探讨》，北京师范大学博士论文，2005 年。

② 1969 年伯林和凯《基本色彩词汇：普遍原则与进化过程》（*Basic Color Terms：Their Universality and Evolution*）一书对数百种语言的颜色调查研究后提出了"基本颜色词理论"，认为人类语言有十一个普遍的基本颜色范畴，即白、黑、红、绿、黄、蓝、棕、紫、粉红、橙、灰。并认为每种语言都至少有两种颜色：白和黑。详参姚小平《基本颜色词理论述评——兼论汉语基本颜色词的演变史》，《外语教学与研究》1988 年第 1 期。

但却长期未受到学界的足够重视。下面试从传统文化、语言学两方面阐述其研究意义。

古汉语黑系颜色词研究对传统文化研究的意义：语言中大量存在着文化词语。文化词语有三个特征：名物性、系统性、民族性。[①] 利用文化可以解决语言中疑难文化词语的考释，反之，文化词语也可以反映其所代表的文化特质。古汉语黑系颜色词作为文化词语，蕴含了汉民族取象命名特点，本书通过对这些词的疏解，可以对汉民族生活生产的方式、水平、制度、观念、认知特点等都有所揭示。如：由大量的染色织物抽象而来的表黑颜色词反映了汉民族发达的染色技术和辨色能力。又如："玄"在上古礼仪制度中的重要性反映了上古尊黑的观念。本书试图通过对古汉语黑系颜色词的研究为汉民族文化研究提供有力可信的语言依据，促进文化研究的进一步深入。

古汉语黑系颜色词研究对语言学各个学科研究的意义：（1）对词源学：本书通过勾稽绝大多数黑系颜色词的语义来源、并按其语义来源进行分类、归纳特点、揭示其认知规律，可丰富词源学研究成果：一则可为词源学提供实证研究和方法；二则按语义来源对同一语义场进行分类，更容易揭示语言命名规律，反映人的认知规律。（2）对语义场理论：本书利用语义场理论进行古汉语黑系颜色词的语义分析研究，一方面可以对语义场理论提供实证研究，丰富、充实语义场研究成果，另一方面可以对语义场理论进行验证。在古汉语黑系颜色词的研究中发现，这一系统内部情况复杂，体现在理性意义不完全相同，附加成分不同，搭配关系不同的现象共存，而且揪扯在一起，不能简单地划作两类。这一发现对于语义场理论的分类提出质疑，语义内部的关系存在着千差万别，不能够简单地将其划类，而只能具体情况具体对待。（3）对文化语言学：对颜色词词义的形成、发展中涉及的"颜"外之义的阐释，可以揭示汉文化的特质，丰富文化语言学研究成果。（4）对认知语言学：研究和疏解古汉语黑系颜色词过程中对语义产生所做的语义溯源可以为认知语言学的语义产生机制提供实证材料，丰富其成果。（5）对辞书训释：考释古汉语黑系颜色词过程中，对《大词典》等辞书存在的错误释义、义项缺失、书证较晚、书证偏少等瑕疵的补正工作，可弥补辞书词义训释中的不足。（6）对校勘：

---

① 参看黄金贵《古代文化词语考论》，浙江大学出版社 2001 年版，第 1 页。

利用不同版本对一些字书、韵书存在的校勘问题予以校正。（7）对文字的沟通：充分利用《干禄字书》《五经文字》《龙龛手镜》等注重对俗体字、正体字、通用字进行沟通的早期字书，同时利用前人的文字字形研究成果，来有效地识别一义多形现象，简化古汉语黑系颜色词系统的同时也可解决训诂中由于字形讹误造成的误释。如：缁的异体字紂，由于与"纯"形近，而易被误添笔作"纯"，使其语义被误释。（详看"缁"字下）沟通文献中的正体字、异体字，正确地对文字进行释义，使文字与词义建立联系。（8）对同义词研究：本书对 80 个古汉语单音节黑系颜色词的研究主要采用语义场理论及义素分析法进行语义分析，重在对语义中的共同义素及个性特征有所揭示，也即同义词研究中的析同辨异。丰富同义词研究成果。

　　总之，词义研究是语言研究中的重要一环，也是正确解读文本、研究文本的基础。作为词义研究的一部分，颜色词语义研究的重要性可见一斑。同时，本书希望通过对黑系颜色词全方位的考察，能够总结出颜色命名、使用的规律，以此可以为认知语言学、比较语言学、文化语言学等研究提供可资借鉴的依据，并补充、丰富、完善词源学、同义词研究、辞书编纂的研究成果。

二　颜色词研究综述

　　从颜色词的使用来看，汉语中的颜色词从甲骨文时期就已产生。颜色词有幽（黝）、黄、黑、白、赤、勿（物）、戠（埴）、卢、丹、朱。[①] 这些出现在甲骨文中的颜色词主要出现在与祭祀吉凶的占卜内容有关的牲色记录。《诗经》等上古早期作品里就有丰富的颜色词使用，使用的颜色词有黄、素、白、缟、皎、绿、赤、彤、赭、朱、丹、黑、鬓、苍、缁、青

---

　　① 杨逢彬综合各家研究认为殷墟甲骨刻辞颜色词有幽、黄、黑、白、赤五个。（参见杨逢彬《关于殷墟甲骨刻辞的形容词》，《古汉语研究》2001 年第 1 期）。梁银峰经统计认为表示颜色的 7 个：勿（物）、幽（黝）、黑、白、赤、黄、戠（埴）。（参见梁银峰《甲骨文形容词研究》，《汉语史研究集刊》第 2 辑，巴蜀书社 2000 年。）巫称喜则认为有 8 个，多加了"卢"字。（参见巫称喜《甲骨文形容词初探》，《韩山师范学院学报》2001 年第 3 期）。而笔者经查阅《殷墟甲骨刻辞类纂》，认为应该为 10 个，除以上 8 个外，还有"丹""朱"。

青、綦、玄等 18 个。《尔雅》把颜色作为区分事物的重要特征进行释义。使用的颜色词有白、皤、赤、朱、黑、乌、玄、青、苍、黄等 10 个。以上反映了上古人们对于颜色的重视和对颜色词的早期使用和实践。《说文》以来的字书对颜色词的收集整理不断递增，说明了古人对颜色词认知的不断深入和重视。

古代学者多将颜色词的研究集中于语言修辞层面，其中涉及颜色词的使用原则①，涉及颜色词的对仗原则②，涉及对颜色词使用中一些特例的分析③，也有涉及颜色词与颜色二者名与物的论述④。但研究局限于文学创作中遣词造句的语言使用表层，始终作为文学创作理论的附庸。

现代意义上的颜色词研究最早是 19 世纪中叶由西方学者开始的。西方近二百年的颜色词研究，大致可分为四个方面：颜色词切分和表达光谱色彩的语言差异研究；基本颜色词普遍发生顺序研究；颜色词语言学特性再认识；颜色词词汇语义系统研究。⑤

中国现代学者的研究以 20 世纪 80 年代为分水岭，五四以来至 20 世纪 80 年代，只有零星文章及专著谈及颜色词。较有影响的成果有胡朴安

---

① 如左思《三都赋·序》中提到过分的语辞修饰反而会使文章失实："然相如赋《上林》，而引'卢橘夏熟'；杨雄赋《甘泉》，而陈'玉树青葱'；……假称珍怪，以为润色。"引自《六臣注文选》（上海书店，《四部丛刊初编》本，1989 年，卷四，第十六页）。"青葱"被视作过分的辞藻华丽的表现。《文心雕龙·情采》："故立文之道，其理有三：一曰形文，五色是也。二曰声文，五音是也。三曰情文，五性是也。五色杂而成黼黻，五音比而成韶夏，五性发而为辞章，神理之数也。"（上海书店，《四部丛刊初编》本，1989 年，卷七，第一页）认为五色属于文章形式，五色的使用可以使文章辞采绚烂"成黼黻"。明杨慎《升庵诗话·梁简文咏枫叶诗》："'萎绿映葭青，疏红分浪白，落叶洒行舟，仍持送远客。'此诗二十字，而用彩色四字，在宋人则以为忌矣，以为彩色字多，不庄重，不古雅，如此诗何尝不庄重古雅耶！"（上海古籍出版社 1987 年版，第 72 页）对"彩色字"的运用和文章风格的关系进行了论述。

② 如宋曾季狸《艇斋诗话》："韩子苍云：老杜'两个黄鹂鸣翠柳，一行白鹭上青天'，古人用颜色字亦须匹配得相当方用，'翠'上方见得'黄'，'青'上方见得'白'。此说有理。"（《两宋名贤小集》，台湾商务印书馆文渊阁四库全书本，1362—1364 册，第 495 页下）

③ 如宋范晞文《对床夜语》卷三："老杜多欲以颜色字置第一字却引实字来。如'红入桃花嫩，青归柳叶新'是也。不如此则语弱而气亦馁。"（《笔记小说大观》第六编第二册，新兴书局有限公司，1986 年版，第 813 页上）

④ 如《艺文类聚》卷十九载晋欧阳建《言尽意论》中提到："形不待名而方圆已著，色不俟称而黑白已彰。"（上海古籍出版社 1999 年版，第 348 页）认为颜色先于颜色词产生，不失为一种较有远见的名物观念。

⑤ 详参李红印《现代汉语颜色词语义分析》，商务印书馆 2007 年版。

《从文字学上考见古代辨色本能与染色技术》①，从古人辨色本能及染色技术角度探讨了古汉语颜色词的产生及先后顺序。其中运用了大量的古文字佐证材料，是语言与文化相结合进行研究的范篇。张培基的《英语声色词与翻译》② 中有关颜色词部分为英汉颜色词对比、文化比较提供了有意义的探索。

自 20 世纪 80 年代起，随着国外颜色词研究成果的不断引入，颜色词研究逐渐成为国内学者关注的热点。据不完全统计，20 世纪 80 年代以来至今，国内刊物共有近八百余篇主题为颜色（色彩）的期刊论文，共有十多篇相关主题的会议论文，近百余篇硕、博士论文，近十部颜色词研究专著。近三十年的颜色词研究按时段大致可以分为三个时期，第一个时期为 20 世纪 80 年代到 90 年代，第二个时期为 20 世纪 90 年代到 20 世纪末，第三个时期为 21 世纪。③

下面分别对三个时期颜色词研究的范围及热点作一简要回顾、总结。

第一个时期：20 世纪 80 年代到 90 年代，有关颜色词论文有三十多篇，大多数研究仅限于对个别颜色词实际运用中的特点归纳，尚未形成对颜色词主体的自觉研究。出现了少数几篇有影响力的以颜色词为研究主体的研究成果，主要集中在现代汉语范畴：

（1）颜色词的微观深入研究。符淮青《语素"红"的结合能力分析》④，对颜色词本体进行了较为详尽的描写研究。（2）颜色词的系统研究。刘钧杰的《颜色词的构成》⑤ 是首个对颜色词构成形式的研究。符淮青的《汉语表"红"的颜色词群分析》（上、下）⑥ 是使用语义场理论进行颜色词词群语义分析的先驱。（3）颜色词的普通语言学研究。如伍铁平的《论颜色词及其模糊性质》⑦ 把模糊学理论运用到颜色词研究中来，提供了一种新的颜色词研究思路。

这一时期的古汉语颜色词研究成果有十余篇，主要集中在具体作品中

---

① 《学林》第 3 辑，学林社 1941 年版。

② 张培基：《英语声色词与翻译》，商务印书馆 1964 年版。

③ 本书统计资料时间载至 2007 年 5 月。

④ 《语文研究》1983 年第 2 期。

⑤ 《外语教学与研究》1985 年第 2 期。

⑥ 《语文研究》1988 年第 3 期、1989 年第 1 期。

⑦ 《语言教学与研究》1986 年第 2 期。

颜色词修辞特点的概括和介绍方面。个别颜色词成果领风气之先，对古汉语颜色词研究进行了探索。如徐朝华《析"青"作为颜色词的内涵及其演变》①为古汉语颜色词的微观研究及语义分析提供了很好的研究方法和思路。如刘云泉《色彩、色彩词与社会文化心理》（上、下）②对汉语中色彩词与社会文化的关系进行了揭示。如姚小平《基本颜色词理论述评——兼论汉语基本颜色词的演变史》③对国外基本颜色词理论进行了介绍和评论，并参照汉语基本颜色词对其理论进行了修正。这一时期还出现了一篇以古汉语单音颜色词为研究对象的硕士论文④。

第二个时期为 20 世纪 90 年代到 20 世纪末，这一时期颜色词研究呈现出兴盛局面，具体表现在：研究论文数量激增；研究范围大大拓展，涉及古今中外、文化词义、文化对比、语用修辞、翻译、同源词研究等诸多方面；宏观、微观研究并重。

这一时期颜色词研究兴盛的原因概有以下数端：一则从大的社会环境而言，中外接触的频繁，文化的接触与碰撞，促进了探索不同文化间差异的研究。二则从小的学术背景而言，西方认知语言学及颜色词研究理论的引进，颜色词研究成为一种应时涌动的热潮。三则从语言学内部而言，受文化领域对颜色词研究热的影响，学界也开始对颜色词进行深入研究。据不完全统计，这一时期相关论文有二百多篇。

研究主要集中在以下五个方面：

（1）文化研究。是这一时期研究的热点和重点。如于逢春《论汉语颜色词的人文性特征》⑤等。（2）颜色词系统研究。如刘丹青《现代汉语基本颜色词的数量及序列》⑥等。（3）同源词研究。陈建初《试论汉语颜色词（赤义类）的同源分化》⑦等。（4）出现了以颜色词为研究本体的单篇论文，如叶军《含彩词语与色彩词》⑧，标志着颜色词研究已进

① 《南开学报》1988 年第 6 期。
② 《语文导报》1987 年第 6、7 期。
③ 《外语教学与研究》1988 年第 1 期。
④ 姚小平：《古汉语单音颜色词》，中国社会科学院硕士论文，1981 年。
⑤ 《东北师范大学学报》1999 年第 5 期。
⑥ 《南京师范大学学报》1990 年第 3 期。
⑦ 《古汉语研究》1998 年第 3 期。
⑧ 《内蒙古师范大学学报》1999 年第 3 期。

入到颜色词本体的研究。（5）其他语言的颜色词研究。如戴庆厦、胡素华《彝语支语言颜色词浅析》① 等。

这一时期还出现了一部重要的颜色词研究专著，即刘云泉的《语言的色彩美》②，这部书从颜色词的构词、特性、演变，到文学修辞、社会文化，对颜色词进行了一次较为全面的描述和介绍。

这一时期的古汉语颜色词研究，数量虽只有三十余篇，但研究深度、广度都有很大扩展，成果喜人。特点是宏观概括与微观考察并现，注重语言与文化相结合、传统考释与现代词汇理论相结合的研究方法。如许嘉璐《说"正色"——〈说文〉颜色词考察》③；徐朝华《上古汉语颜色词简论》④ 对上古汉语颜色词分作七类进行了考察；朱维德《"朱"义源流考》⑤ 则只从一个字入手，对其源的种种学说进行了辨析，结合其流，得出结论。方法论方面，有从同源词入手进行研究；有从用文化与训诂相结合的方法进行考释⑥。

第三个时期即 21 世纪以来的颜色词研究，数量较第二个时期成倍增长，研究角度更加扩展，多学科交叉研究成为新的研究思路，整体研究呈现出不断深入的趋势，这一时期据不完全统计，有关研究论文达到六百余篇。出现了大量以颜色词为研究对象的硕、博士论文出现，据不完全统计，共三十余篇。⑦ 同时出现了几部研究颜色词的专著⑧，这些研究成果使得颜色词研究成果厚实起来。这一时期颜色词研究重在中外语言颜色词的介绍及文化对比，达到三分之一强。

这一时期颜色词研究的四大特点：（1）学科交叉性研究成为新的研

① 《语言研究》1993 年第 2 期。

② 安徽教育出版社 1990 年版。

③ 《古汉语研究》1994 年增刊。

④ 载于《语言研究论丛》第八辑，南开大学出版社 1999 年版。

⑤ 《银川师专学报》1994 年第 1 期。

⑥ 如寇丹《说"紫"》（《农业考古》1997 年第 2 期）运用植物学的相关知识结合古文献材料对"紫"进行了考察。

⑦ 这些研究成果涉及语言、文学、认知、心理机制、绘画、民俗、文化等诸多层面。

⑧ 如叶军《现代汉语色彩词研究》，杨永林《中国学生汉语色彩语码认知模式研究》及《社会语言学研究：文化·色彩·思维篇》，解海江、章黎平《汉英语颜色词对比研究》，骆峰《汉语色彩词的文化审视》，吴东平《色彩与中国人的生活》，李红印《现代汉语颜色词语义分析》等。

究手段和方法广为应用。如传统的词语考释与文化的结合研究，① 如语言学与认知科学的结合研究②等。（2）注重宏观研究，即对颜色词整体进行研究，并注重规律性的总结，研究更为深入、细致，较前两个时期成果和影响都显著。（3）新的视点：从社会语言学角度、心理学角度等进行研究。③（4）一个新亮点：颜色词的隐喻认知研究本土化。④

这一时期古汉语颜色词研究的数量和质量都有很大的提高，数量比前两个时期的总量之和还要多，其中十多篇学位论文，研究方向多元。特点表现在：方法论上转向多学科交叉研究，多注重系统研究、系列研究，认知理论、文化因素的运用更加自觉，符合汉语事实。这一时期研究成果特点主要有以下几个方面：《说文》颜色词的专书研究⑤，同源词研究⑥，词族研究⑦，个案研究⑧，颜色词认知研究⑨。

综上所述，20 世纪 80 年代至今，颜色词的研究由重个案研究渐发展为重宏观研究，由只限于颜色词的简单介绍描述发展为注重理论阐述和归纳，由只注重现代汉语颜色词研究发展为对古汉语颜色词的关注，由只限于语言内部研究发展为多学科交叉研究。颜色词在语言、文化、认知、修

---

① 如陈良煜《历代尚色心态的变异与汉语构词》（《青海师范大学学报》2002 年第 3 期）等。

② 如钟守满《颜色词的语义认知和语义结构》（《外语教学》2001 年第 4 期）等。

③ 如杨永林《色彩语码研究一百年》（《外语教学与研究》2003 年第 1 期），金福年《不同性别表达者选用汉语颜色词的差异》（《修辞学习》2004 年第 1 期），张积家《大学生颜色词分类的研究》（《心理科学》2005 年第 1 期），刘皓明、张积家《颜色词与颜色认知的关系》（《心理科学进展》2005 年第 1 期），张积家《3—6 岁儿童对 11 种基本颜色命名和分类研究》（《应用心理学》2005 年第 3 期），张积家《大学生颜色词联想研究》（《语言文字应用》2006 年第 2 期）等。

④ 如陈家旭、秦蕾《汉语基本颜色的范畴化及隐喻性认知》（《河南师范大学学报》2003 年第 2 期）等。

⑤ 如李英《古代颜色观的发展——〈说文〉糸部颜色字考》（《南华大学学报》2002 年第 3 期），顾海芳《汉语颜色词的文化分析——关于〈说文解字〉对青、白、赤、黑的说解》（《沙洋师范高等专科学校学报》2002 年第 4 期）。

⑥ 如蔡英杰《白、伯、百、魄、柏、舶、皤同源说略》（《古汉语研究》2003 年第 1 期）。

⑦ 如李春玲《汉语中红色词族的文化蕴含及其成因》（《汉字文化》，2003 年第 2 期）及其对"青""黑""白"系词族的文化蕴含及其成因的考释研究，等等。

⑧ 如潘峰的系列释"青""黄""白"研究等，形成其个人的颜色词系列研究。

⑨ 如李燕《汉语基本颜色词之认知研究》［《云南师范大学学报》（对外汉语教学与研究版）2004 年第 2 期］等。

辞、语用等诸方面的重要地位和作用，越来越被人们认识和肯定。目前的颜色词研究涉及修辞、中西文化比较、文学、民俗学、文化语言学、认知语言、语言教学、社会语言学、心理学等多个领域，呈现出多元化、多角度、多层次的趋势。由此，可以断言，颜色词研究正成为语言学研究的显学。

但目前的研究中还存在这样一种不均衡的态势：中外语言文化对比为研究主流，本国语言研究较弱；从现代汉语入手研究较多，而直接从古代汉语入手的研究仍显单薄；颜色词共时平面描述较多，而对颜色词历时研究则鲜见；颜色词微观考释、宏观考释的成果颇丰，但微观与宏观结合的成果缺乏。相信随着研究的进一步深入，颜色词研究将会有更多精品出现。

其中古汉语颜色词研究存在的不足有：偏重于基本颜色词的研究，对于一般颜色词的研究却极少或还未涉及；系统研究仅限于列举式的介绍，未进行深入研究；偏重于共时平面的描写，缺乏对历时的描写；偏重于颜色词使用的文化义描写，缺乏上溯式的来源探究及词义疏解；偏重于颜色词系统宏观概括或系统内常用词的研究，缺少对颜色词每个色系的具体全面的系统描写研究。

三　黑系颜色词研究概况

黑系颜色词在语言中尤其在汉语中有着特殊的地位。据人类考古学的研究发现，黑色和红色是古人最早使用的颜色。而伯林和凯的研究也证明，"黑"是一般语言中最早出现的颜色词之一。在汉民族文化中，黑色是五行五色说中的一员。同时，汉语中存在着庞大的黑系颜色词群，是除红系词外的第二大颜色词群。可见研究黑系颜色词之重要。

对黑系颜色词的研究由来已久，可追溯至上古。由于颜色词属于抽象词，适用范围广，有关表黑颜色词的训释散见于古代著述中。早期的表黑颜色词训释，不仅仅局限于对表黑颜色词的简单词义训释，而且还对表黑的同义词进行了辨异研究。如许慎在《说文·黑部》中对众多的表黑义词所做的训释，并无雷同者，其训释是否准确精当暂且不论，可以肯定的是这是作者有意为之。又如词义训释中利用表黑的同义词来训释语义，如

《汉书·儒林列传》："宣子章为公车丞，亡在渭城界中，夜玄服入庙，居郎间，执戟立庙门，待上至，欲为逆。"颜师古注："郎皆皂衣，故章玄服以厕也。"（第 3600、3601 页）又如利用表黑的同源词进行语义训释。如：《山海经·西山经》："西北三百里，曰长沙之山。泚水出焉，北流注于泑水，无草木，多青雄黄。"郭璞云："泑音黝，水色黑也。"（卷二，第十六页）清代以来的黑系同源词的考释系联，成绩卓著。如：《广雅·释器》"黸，黑也"王念孙疏证："《说文》：'齐谓黑为黸。'字通作卢。黑土谓之垆，黑犬谓之卢，目童子谓之卢，黑弓谓之旅弓，黑矢谓之旅矢，黑水谓之泸水，黑橘谓之卢橘，义并同也。"（第 273 页上、下）

黑系颜色词研究虽然起步很早，但由于早期的黑系颜色词研究属于注释经典的产物，随文释义的情况很多，且多为原子主义的研究，即个别语词的训释；一些笔记作品虽也记录了众多的颜色词，但仅限于列举式的，并未对其进行语言研究；清代学者的研究成果虽然厚实，但囿于仍以单个的字为研究对象，未把表黑颜色的词放入黑系颜色词场中进行研究，孤立的研究决定了其研究的片面性和局限性，所以漫长的古代社会里并未出现黑系颜色词的系统研究。

当代的黑系颜色词研究。相对于其他颜色词而言，现代学者对黑系颜色词的关注较少。据不完全统计，自 80 年代以来，专门以"黑"作为研究对象的单篇文章有近二十篇，颜色词作为研究主体，"黑"作为基本颜色词之一有所涉及的相关论文有百余篇，研究成果大致分以下两个方面：

1. 对颜色词文化、认知的考察。多见于黑系颜色词作为基本颜色词之一的论文中。① 刘云泉《色彩、色彩词与社会文化心理（上、下）》，该文主要从五色与阴阳五行、色彩与服饰角度探讨五正色的使用情况，其中将黑色视作"神秘之色"，认为黑色经历了由尊到贬的文化义转变过程。姚小平《基本颜色词理论述评——兼论汉语基本颜色词的演变史》，该文把汉语分为殷商、周秦、汉晋南北朝、唐宋至近代、现代五个时期对汉语基本颜色词的演变进行了勾勒，认为汉语中作为基本颜色词之一"黑色"经历了"幽""玄、黑""黑"的历史替换。又如汪涛《殷人的

---

① 此种考察可上溯至 20 世纪 40 年代。如胡朴安《从文字学上考见古代辨色本能与染色技术》，该文对《说文》中黑系词作了一次较为系统详细的总结。

颜色观念与五行说的形成及发展》① 探讨了殷人的颜色观念和颜色象征意义在五行说形成过程中的具体影响。又如陈家旭等《汉语基本颜色的范畴化及隐喻化认知》② 从认知角度所做的基本颜色词范畴研究。

也有以黑系颜色词的个别或部分词作为研究对象进行的文化研究，但数量少。如：何光岳《夏族尚黑的流传和影响》③，吴效群《"玄"字本意的现代民俗学解读》④，刘俊礼等《以黑为孝，始于晋国》⑤，李春玲《汉语中黑系词族的文化蕴涵及其成因》⑥ 等。还有部分中西文化对比的论文。⑦

以上这些研究都以探讨颜色词的文化义及认知规律为目的，是目前学界认知研究和文化比较研究热潮的产物，丰富了颜色词研究成果，拓展了颜色词研究领域。客观上也对黑系颜色词的词义训释研究提供了宝贵的参考资料。

2. 黑系颜色词的语言研究。这些颜色词研究主要从语言材料入手，运用语言研究手段归纳、分析颜色词相关的语言问题。其中包括：黑系颜色词作为基本颜色词其中之一所做的考察。如张清常《汉语的颜色词（大纲）》⑧，对几个常见的黑系词"青、苍、黑"进行了阐释。张永言《上古五色之名》共系联了"含黑义"词98个⑨⑩等。黑系颜色词内部成员的个体考察。如黄英《试论古汉语中"黑"与"黰""墨""煤"之关系》⑪，山曼《黑·青·玄》⑫，陈建梁《"鬒""黰"关系发正》⑬，宋金

---

① 载于《中国古代思维模式与阴阳五行说探源》，江苏古籍出版社1998年版。

② 《河南师范大学学报》2003年第2期。

③ 《安徽史学》1994年第1期。

④ 《河南大学学报》1994年第6期。

⑤ 收录于《三晋文化学术研讨会论文专集》，山西古籍出版社1998年版。

⑥ 《汉字文化》2005年第1期。

⑦ 如：沈立文《从Black一词的用法浅淡英汉两种语言的异同》（《长沙大学学报》1996年第4期），方霞《"黑"字（black）在中西文化中的异同——兼论莎士比亚戏剧中的黑色意象》（《广东广播电视大学学报》2001年第4期）等。

⑧ 《外语教学与研究》1991年第3期。

⑨ 张永言《语文学论集》，语文出版社1992年版。

⑩ 其他如：潘峰《〈尔雅〉时期汉语颜色词汇的特征》（《湖北成人教育学院学报》2004年第2期），唐英《〈墨子〉颜色形容词研究》（《渝西学院学报》2002年第1期）等。

⑪ 《四川师范大学学报》1994年第3期。

⑫ 《烟台师范学院学报》1994年第3期。

⑬ 《古汉语研究》1996年第3期。

兰《"黑"名源考》①等。黄英一文用同源词系联的方法来考释"黑"义；山曼一文虽短小，却力图区分黑、青、玄的语义差别，具有"辨异"思想；宋金兰一文用同源系联和其他语言同源词比较研究来探讨"黑"的语源，虽然文中出现有待商榷之处，但其运用其他语言材料来辅证的方法，值得借鉴。

3. 学位论文方面，涉及古汉语颜色词的学位论文主要有姚小平《古汉语的单音颜色词》②，李红印《现代汉语颜色词词汇——语义系统研究》③，叶军《汉语色彩词"源层"与"流层"之比较研究》④，何敏《古汉语基本颜色词研究》⑤，黄霞《论汉民族文化对汉语色彩词的影响》⑥等等，限于篇幅，不多列举。李红印一文在其第三章"现代汉语颜色词词汇——语义系统的产生与构成"一章中分列专节对上古汉语、中古汉语、近现代汉语的颜色词词汇——语义系统的产生和发展进行了总结，将颜色词分为基本颜色词和一般颜色词两类，提出了古汉语颜色词是沿着"辩指色彩"和"描绘色彩"两条不同的认知和词化线索发展而来的。其中涉及了古汉语不同历史阶段黑系颜色词的数量和构成情况。在第四章《现代汉语颜色词词汇——语义系统聚合分析》中列专节对"黑色调词群"进行了聚合分析，包括黑色调词群的物理层面（色调的明阍、深浅）、认知层面（色彩辨别、指称、描绘）及词义其他方面。是一次较全方位以语义场理论为指导的词义分析，该文对以"黑"为构词成分的常见词进行了研究。叶军一文在"汉语色彩词词义之源初探"第一章第二节"关于先秦文献中所载色彩词情况的报告"中专列了主要"表黑色词"一小节。何敏也对作为古汉语基本颜色词之一的"玄、幽、黑"等进行了调查分析。

这些论文从颜色词整体入手进行研究，把黑系颜色词作为研究内容的一部分，但限于篇幅，往往未能展开，只是辞书释义式的简单介绍；而且注重于归纳并组，未能探讨其内部成员的特性，即区别性特征，往往难以

---

① 《汉字文化》2004年第1期。

② 中国社会科学院硕士论文，1981年。笔者按：遗憾的是，一直未能见到原文。

③ 北京大学博士论文，2001年。

④ 四川大学博士后出站报告，2003年。

⑤ 复旦大学硕士论文，2003年。

⑥ 内蒙古大学硕士论文，2004年。

有新的发现和突破。

　　4. 颜色词专书研究方面。在一些以颜色词为主要研究对象的专书中也涉及了黑系词的研究。这些专书研究可分为两类：一类为文化、认知等语言之外的颜色词研究，占绝大多数。如骆峰《汉语色彩词的文化审视》①，从社会文化含义角度谈及了"黑"。另一类为颜色词的语言研究，目前仅见一部，即解海江、章黎平《汉英语颜色词对比研究》②将黑色调语义场分为黑色调纯色义场和黑色调混色义场两个语义子场进行汉英语对比，统计出汉语黑色纯色义场有99个义位，混色义场16个义位，并进行了义素分析法，涉及了语义辨异。该文不足之处在于：这些被统计的词时代跨度太大，大部分为现代汉语，但有为数不少的属于古汉语范畴的表黑颜色词，如缁、黎、黔等。这些古汉语范畴的表黑颜色词，只能以语素的形式出现在现代汉语中而不是以词的身份出现，且文章对这些古汉语表黑颜色词所做的义素分析不精确、恰当，如对青、黪、乌、玄、皂的分析结果是几者语义毫无区别，这显然不符合语言实际。

　　由此可见，以往的黑系颜色词研究虽在多学科研究方面取得了进展，但研究较为薄弱，有待今后继续深入。

　　以往的研究表明，颜色词是文化词语中的重要成员，黑系颜色词在汉语颜色词体系中是个庞大的群体，无论从语言内部还是从外部文化而言，其重要性自不待言。而以往的研究却不尽如人意。表现在：只重视一般、常见词语的考察研究，忽略了黑系颜色词中其他众多的成员；多注重文化意义及认知对比研究，缺少对词义本身的训释；词义训释方面，偏重于归纳、列举，重析同，轻辨异，往往造成词义训释的不确切；词义训释缺乏语源义的探究，结果往往难以揭示区别性特征，难以探知其真正语义特征；偏重于词义的共时描写，缺乏历时演变研究；黑系颜色词的系统研究还未展开，缺乏对黑系颜色词作系统的梳理和归纳。

　　综上所述，本书以"古汉语黑系颜色词疏解"为题，进行全面系统的研究。希望能够达到以下目的：全面考定古汉语黑系颜色词系统的内部成员，包括单纯词和复合词。对每个黑系颜色词作较为准确、详尽的语义疏解，阐明其来源、产生时代、描述其语义发展过程、适用范围、语义特

---

① 上海辞书出版社2004年版。

② 同上。

征。对黑系颜色词系统作简要的规律性总结、归纳。

四　应用理论及研究方法、工作步骤介绍

1. 应用理论及研究方法

（1）语义场理论及义素分析法。古汉语黑系颜色词是一个表黑颜色词的语义系统，为全面分析考察其语义系统，本书运用语义场理论及观点进行系统研究。在研究中，为了揭示表黑颜色词的语义特征，一般采用义素分析的方法来剖析义素，找出其语义的真正内涵。

（2）多种研究角度相结合。颜色词是由具体的名物词抽象而来的，且每个颜色词产生的时代并不一致，由此构成的颜色词系统内部具有历史层累性的特点。古汉语黑系颜色词也不例外。所以，对每个黑系颜色词的考察必须要进行语义的历时钩稽和演变研究。同时为了厘清某些多义颜色词的准确意义，还需要对一些易混淆的颜色词进行共时的比较研究。

（3）多学科相结合。颜色词是民族文化内涵的象征符号，在对其进行训诂研究时，必须兼顾文化，并从文化中对其进行合理、正确的解读。作为文化词语的考释，必须要坚持语言环境与文化环境的统一。"文化词语，无论什么状态，都是词语的个体环境与所属的某一文化环境的统一体。坚持这种统一观，是训释文化词语的总原则。"[1] 词义训诂往往离不开文化知识的辅助。"有些语言上数解可通，则文化环境成了决定因素。"[2] 文化环境往往包含礼仪、思想、制度、观念等内容，借助这些文化环境能够帮助我们解决一些实际问题。[3] 颜色的命名与人类的认知规律密切相关，进行颜色词产生及语义发展的钩稽时，需要有相关的认知学科理论为指导。利用认知语言学、认知心理学的相关理论、研究成果可以对古汉语黑系颜色词的产生、命名及词义发展有所解释。

---

[1]　黄金贵：《古代文化词语考论》，第4页。

[2]　同上。

[3]　参见侯立睿《"乐之容"还是"乐之官"——〈读书杂志〉志疑一则》（《古汉语研究》，2009年第2期），用儒家礼乐思想对"乐之容""乐之官"进行审视，认为"容"更符合儒家礼乐思想的实质。

2. 工作方式与步骤

（1）以汉语大型专业工具书《汉语大词典》12 卷为重要的数据来源，并参照现代通用辞书、古代字书、韵书及前人研究成果，初步勾勒出古汉语黑系颜色词系统。利用相关电子语料①进行检索、验证、勘别、归纳，整理出古汉语黑系颜色词系统。（2）将每个黑系颜色词的研究结果按照命名规律进行分类，并分析总结每类颜色词的特点。对于一些生僻字，则主要以字书、韵书为线索，尽可能地追索其来源、语义及构形特点。对于一些目前只留存于字书，没有更多语言线索的生僻字，则作为待考部分，希冀后来者能多有创见和发明。（3）对每个颜色词（包括单纯词和合成词）进行疏解，主要从其语义来源、语义演变过程、文化义等角度进行疏解。

---

① 本书利用的电子语料数据库有：《四部丛刊原文及全文检索版》《文渊阁四库全书电子版》《国学宝典》《中国基本古籍库》《汉籍全文数据库》《大正藏》等。

第二部分

疏　解

一　源于生活现象词

1. 黑

颜色词"黑"从古到今都一直充当着黑系颜色词语义场的上位概念，那么它的词义是如何形成的？探讨其抽象义——"黑"义，首先应探其源，即探寻出"黑"的初始义。探求词本义不外乎从词的形音义三方面入手进行考稽。学界对黑字本义，主要有以下几种看法：

（1）黑字从火（炎）囱，为火出囱上。

此说为学界主流。许慎《说文·黑部》："黑，火所熏之色也。从炎上出囱。囱，古窗字。凡黑之属皆从黑。"（第211页上）林义光："象火自窗上出形。"[1] 商承祚："⊕象灶突延密孔。"[2] 杨树达："此谓炎熏窗而为黑色也。炎为能名，囱为所名。"[3] 王凤阳《古辞辨》："'黑'的下部是由'炎'变来的，象火炎之上腾；'黑'的上部的'囱'是象天窗之形。古代半穴居，地下掘室，地上部分搭起屋盖，室中央有火塘，旁边无窗牖，烟从屋上的天窗冒出；时间既久，天窗就会因烟熏而挂满灰炱，这种灰炱就叫作'黑'。"并认为"黑"源于"墨"。（第74页）夏渌："烟囱为烟熏黑：黑、墨古本一字。圆圈代表烟囱，囱、窗本一字，后加穴旁，作窗户字，囱专作烟突。炎从囱冒出，表示灶的烟囱被火烟所熏黑，留下

---

① 转引自《古文字诂林》，上海教育出版社1999年版，第八册，第738页。
② 转引自《古文字诂林》第八册，第739页。
③ 转引自《古文字诂林》第八册，第739页。

烟墨。……《说文》许说是符合实际的。"① 邹晓丽《基础汉字形义释源》："黑：⊕象烟囱中的点点烟灰，下从'炎'。用烟灰表示黑色。"（第176 页）

（2）黑为晦。

《释名·释采帛》："黑，晦也。如晦冥时色也。"（第1056 页下）按：表天色晦闇是黑的引申义，而非其源义。

（3）黑字的本义须待考。

于省吾、李孝定持此说。于省吾在《甲骨文字释林·释黑》中持此观点。对于甲骨文中出现的黑字，他认为一指用牲的毛色，一指黑闇的昼盲。并指出许慎释黑为"从炎上出困"，属"臆测，无据"。② 李孝定："金文黑字，其下似亦从'大'，不从炎，字形难以索解。"③

（4）黑字源于墨刑。

何琳仪、杜忠诰持此说。何琳仪认为："黑，从天（颠之初文），头中竖笔表示施以黑色。疑为墨刑之墨的初文。"并引《白虎通·五刑》加以佐证："罪者，墨其额也。"（《战国古文字典——战国文字声系》，第4、5 页）杜忠诰："依甲骨文及金文，'黑'之初形，当是象颜面被墨刑之人的正面形。……一九五七年二月，'㿟匜'在陕西省岐山县董家村出土，铭文中出现了作为墨刑的'戵''戵''黵'等字。"并认为黑字"构形侧重的主要部位在被墨刑之颜面，故于两臂之上下加点与否，对于字义并无影响。其后，在颜面及两臂上下加点的字形却被广泛承用下来"。同时指出"黑"字从炎是隶变讹写的结果。④

（5）黑为熏。

高田忠周："可知黑字夙受意于熏字，此亦考老转注之谓也。当互相证而已。"⑤ 按：熏字晚出，盖源自其困，孔。《陶汇》3.914"埙"，小篆作"壎"。埙，古乐器，形制为顶部稍尖，多个孔的吹奏乐器。《广韵》

---

① 夏渌：《造字形义来源非一说》，《武汉大学学报》1987 年第 2 期，第 88 页。

② 参见于省吾《甲骨文字释林》，中华书局 1979 年版，第 227—230 页。

③ 转引自《古文字诂林》第八册，第 739 页。

④ 转引自《古文字诂林》第八册，第 741 页。

⑤ 转引自《古文字诂林》第八册，第 738 页。

"坲"，《说文》作"壥"。① 坲命名取自"孔"，壥字从熏，命名也取自孔，囷，而非熏黑。因此，高田氏认为"黑字夙受意于熏字"于理无据。

（6）黑为物形烟迹。

高鸿缙："字初倚火或炎画其上束艸有烟迹形。由物形烟迹生意。故托以寄黑白之黑之意。状词，古形则更明显。小篆束上烟迹变为囷，徐锴误释为窗。"②

（7）黑当从卤得声。

《说文·黑部》"黑"马叙伦六书疏证："⊕声，⊕即卤字。故齐谓黑为鱸。今北方犹有谓黑谓卢者。鱸、卤声皆鱼类，声盖如乌。今杭县谓黑曰乌黑，谓柿心黑木曰乌木。乌音影纽，古读晓影。则今黑音入晓纽者，其转变之故明矣。卢从虍得声，虍音亦晓纽也。虍虎一字，楚人谓虎于菟，亦可证也。然则黑从卤得声，无疑。"（《说文解字六书疏证》卷十九，第一三七页）

此外，还有学者认为黑源自"目"。③

按：何琳仪、杜忠诰说为是。黑字源于墨刑。首先，从甲骨文构形来看，黑字为人的正面形，上部表示脸部被加以黑点，下部确为"不从火"。其次，从早期文献材料看，不仅多个表墨刑的字均由黑字构成，陕西岐山出土的铭文《朕匜》中还出现了"蔑黑""害黑"的记载，有学者认为"蔑黑"与"害黑"都属于墨刑，"蔑黑"当重于"害黑"。④ 再次，从语音方面看，马叙伦对于黑字的语音"从卤得声"且有方言材料佐证的论述看，是有一定道理的。黑从卤得声，可见黑与卤语源关系之

① 引自黄文杰《战国时期形声字声符换用现象考察》，《古文字与汉语史论集》，中山大学出版社 2002 年版，第 243 页。

② 转引自《古文字诂林》第八册，第 739 页。

③ 详参宋金兰《"黑"名源考》，《汉字文化》2004 年第 1 期。该文用举例的方法证明黑部字与目部字的异体情况。并用与汉语亲属关系密切的藏缅语族中"黑"和"目"在语音上有密切的联系加以佐证。按：此说看似证据繁多，但却颇值得推敲。首先，文中证据之一是用异体字证明黑部字和目部字有语源关系。异体字的出现是由于人们不同认知产生的结果，属于文字层面，而并非属于词的语源层面。其次，文中主要使用举例的方法来证明黑部字与目部字某些字的意近关系。依靠这种零星的例证方法得出的结论往往难以令人信服。最后，文中使用了藏缅语族中"黑"与"目"语音的相近关系加以辅证。但却未对二者的语义关系加以论证。语音和语义一旦割裂，其同源的结论就更加可疑。

④ 详参连邵名《金文所见西周时代的刑典》，《华夏考古》2003 年第 1 期。

近。最后，从上古其他文献材料看，"黑"字多用于描述人的肤色。《国语·周语下》："且吾闻成公之生也，其母梦神规其臀以墨，曰：'使有晋国，三而畀骧之孙。'故名之曰'黑臀'，于今再矣。"（第99页）《左传》中出现了多例以黑为名的人名。《左传·成公七年》："及共王即位，子重、子反杀巫臣之族子阎、子荡及清尹弗忌及襄老之子黑要，而分其室。"（第836页上、下）《左传·成公十年》："卫子叔黑背侵郑。晋命也。"（第851页下）《左传·桓公五年》："周公黑肩将左军，陈人属焉。"（第190页上）这些人名中的黑即是指称其身体某部位为黑色。除此之外，还有大量以"黑"来描述人的体色、肤色的用例，如：《荀子·尧问》："彼正身之士，舍贵而为贱，舍富而为贫，舍佚而为劳，颜色黎黑而不失其所，是以天下之纪不息，文章不废也。"（第551页）《晏子春秋内篇·景公将伐宋瞢二丈夫立而怒晏子谏》："伊尹黑而短，蓬而髯，丰上兑下，偻身而下声。"（第80页）《周礼·地官·大司徒》："二曰川泽，其动物宜鳞物，其植物宜膏物，其民黑而津。"（第287页上）《庄子·田子方》："昔者寡人梦见良人，黑色而颊，乘驳马而偏朱蹄，号曰：'寓而政于臧丈人，庶几乎民有瘳乎！'"（第720页）《战国策·秦策一》："嬴縢履蹻，负书担囊，形容枯槁，面目犁黑，状有愧色。"（第119页）

之所以出现以"黑"形容人肤色的用例，究其因，是由于"黑"源于"墨刑"，墨刑是用黑色材料涂涅人身或面，使其黑色不褪，以示惩戒。古人发现人的肤色有黑色胎记或肤色黑时，与受墨刑之人的"黑"有相似之处，就从"墨刑"中提取出了"肤色黑"，用于指称肤色的黑。这些用例恰好也可以为"黑"源于"墨刑"提供有力的证据。

所以，黑字构形本义，上部当为卤，下为人形。卤中的小点当为墨刑的标志。黑字本义当为"墨刑"之形。墨刑产生于何时呢？据《尚书》记载，舜时提出"五刑"观念，《书·舜典》："象以典刑，流宥五刑，鞭作官刑，扑作教刑，金作赎刑。"（第77页下）商代时明确提出了"墨刑"的概念。《书·伊训》："臣下不匡，其刑墨，具训于蒙士。"（第245页上）这些记载与甲骨文材料中出现的墨刑记录相吻合。

那么，黑是如何由"墨刑"发展为颜色词"黑"的呢？

我们不妨为表"墨刑"的黑进行义素分析，此黑包含了［＋人］［皮肤］［＋施加颜料］［黑色］，当人们发现有的人不通过施加颜料的方法肤色也为黑的时候，就借用表"墨刑"的黑表示"肤色黑"，借用一久，原表墨刑的黑的"［＋施加颜料］"义素消失，于是词义内涵缩小，外延扩大，黑的词义就成为"［＋人］［皮肤］［黑色］"。

古人又用表肤色黑的"黑"指称人的其他部位的黑。《楚辞·宋玉〈招魂〉》："雕题黑齿，得人肉以祀，以其骨为醢些。"（第199页）《楚辞·屈原〈大招〉》："粉白黛黑，施芳泽只。"（第222页）《山海经·大荒东经》："有黑齿之国。帝俊生黑齿，姜姓，黍食，使四鸟。"（卷十四，第四页）于是"黑"的词义内涵又缩小，外延扩大，成为新的"［＋人］［黑色］"义。

古人又进一步借用表"［＋人］［黑色］"的"黑"来指称色黑的动植物、非生命体。久之，"黑"的语义进一步缩小为［黑色］，用于指称动植物、非生命体色黑。《诗·小雅·大田》："来方禋祀，以其骍黑，与其黍稷。"（第998页上）《尔雅·释畜》："白马黑鬣，骆。白马黑唇，駽。黑喙，騧。"（第378页上）《尔雅·释草》："虋，赤苗。芑，白苗。秬，黑黍。"（第267页上）《书·禹贡》："厥土黑坟。"（第168页上）《荀子·大略》："天子雕弓，诸侯彤弓，大夫黑弓，礼也。"（第487页）《礼记·乐记》："青黑缘者，天子之宝龟也。"（第1300页上）

黑进一步抽象的结果就是脱离物体属性，只表示具有颜色特征的黑。这一抽象过程发生的时间较早，在甲骨文中就已出现。雨，惠黑羊，用，有大雨

　　　惠白羊，有大雨　　　　　　　　　　《合》30022

　　　弜用黑羊，无雨

　　　惠白羊，用于之，有大雨　　　　　　《合》30552[①]

由受墨刑之人的脸部黑，又引申出天气不正常的晦闇，《释名·释采帛》："黑，晦也。如晦冥时色也。"[②] 此晦闇往往预示着不祥。甲骨文中已出现。

　　　辛卯卜，㱿贞，其黑

　　　辛卯卜，㱿贞，不黑　　　　　　　　（乙六六九八）

---

① 以上引自汪涛《殷人的颜色观念与五行说的形成及发展》，载于《中国古代思维模式与阴阳五行说探源》，江苏古籍出版社1998年版，第281页。

② 按：刘熙注意到了黑可指天色晦闇，但其将黑义取自晦，是把黑义的发展脉络倒置了。

戊申卜，争贞，帝其降我黑

戊申卜，争贞，帝不我降黑　　　　　　（丙六七）①

以上是对于天气晦闇与否的卜辞。

黑从墨刑义中抽象出黑色义后，其使用范围扩大，距离原义渐远，成为黑义颜色词系统的上位词。这一转变，从以上甲骨文材料来看，至迟在商周甲骨文时代已完成，同时从上古的其他文献记载中也可以得到印证。《诗·周南·北风》："莫赤匪狐。莫黑匪乌。"（第 204 页上）《尔雅》中明确地将其视作抽象的颜色词。《尔雅·释器》："青谓之葱，黑谓之黝。"（第 168 页上）《淮南子·主术》："问瞽师曰：'白素何如？'曰：'缟然。'曰：'黑何若？'曰：'黮然。'"（第 315 页）由于"黑"产生的时代较早，且适用于描述任何事物，抽象化程度高，因此较早地成为抽象的颜色词。后来，随着五行五色观念的出现，使其颜色词的地位进一步得到巩固。《周礼·考工记·画缋》："画缋之事，杂五色，东方谓之青，南方谓之赤，西方谓之白，北方谓之黑。"（第 1305 页下）《礼记·月令》："是月也，命妇官染采，黼黻文章，必以法故，无或差贷。黑黄仓赤，莫不质良，毋敢诈伪。"（第 597 页上、下）

产生时代早，抽象化程度高，在色彩体系中具有重要位置，是"黑"成为颜色词后从古至今都居于黑义颜色词语义场的上位概念而未发生改变的原因。

黑表颜色义，单独使用时，可表示色相为黑，即物色黑，即无彩色系列中的黑色。还可表示无光源色时物体呈黑色。与其他颜色词组合成词时，通常置于后，表示类的、大名的概念，表明其所属颜色的色系。

按照认知规律，人们总是将具体、可感的物体尤其是典型范畴作为参照对象，去表达无形的抽象的难以定义的概念。在颜色词系统中，基本颜色词往往作为参照对象，去表达抽象的难以定义的概念，"黑"作为出现最早的颜色词之一，语义内涵极小，抽象化程度高，外延极大，所以成为黑系颜色词的上位概念，也即伯林和凯等提出的基本颜色词。古汉语中的"黑"成为基本颜色词后，作为参照对象，指称表达了多种抽象概念。

这些抽象概念，一方面是人类共同的认知规律所致，即通过通感隐喻产生的抽象概念。人的各个感官不是孤立的，共同构成了感觉，一种感觉

---

① 以上引自于省吾《甲骨文字释林》，第 229 页。

可以引起各个感官的共同反映，而一种感官的产生可以连同带动其他感官的相应变化。我们通常把这种现象称之为通感。"生理上和心理上的通感构成了人类普通的一种认知方式，即从某一感官范畴的认知域引向另一感官范畴的认知域，形成人类认识客观世界和表达思想的一种重要手段，成为人类语言的普遍现象。"① 黑的某些抽象概念，正是人类普遍存在的通感隐喻所致。这些抽象概念主要有：（1）暴、狂、猛、巨大义。大风、大雨、大浪时天色一般发黑发闇，视觉上的黑与狂风、暴雨、大浪发生了相似联想，黑即产生了暴、狂、猛、巨大等义。白居易《题海图屏风》："白涛与黑浪，呼吸绕咽喉。"② 唐杜牧《大雨行》："东垠黑风驾海水，海底卷上天中央。"③ 唐韩偓《江行》："浪蹙青山江北岸，云合黑雨日西边。"④ （2）恶、苦义。黑闇时，人总是处于恐惧状态，所以黑总是与不好的感觉联系在一起。如苦、恶等。佛教即将恶、苦命之为黑。后秦鸠摩罗什《大智度论·释四谛品》："黑业者，是不善业果报，地狱受'苦恼'处，是中众生以'大苦恼闷极'，故名为黑。"（《释经论部 T25》，p. 720. 1）明高启《荐亡将斋榜》："永离黑海之波，即往朱陵之府。"⑤ （3）深、厚义。当事物深、厚时，光的照射作用无法进行，事物呈黑色，于是黑又可指深、厚义。唐李颀《杂兴》："波惊海若潜幽石，龙抱胡髯卧黑泉。"⑥ （4）糊涂、不明义。糊涂、不明由光线不明所致的黑引申而来，是认知过程中，将视觉感受转喻为意识感受，将"光的黯淡不明"转喻为"意识的不清，混沌"。如：黑漆漆、黑漫漫等词即可同表"光的黯淡不明"义和"意识糊涂、不清"义。

　　另一方面，黑的某些抽象概念则与文化因素的介入有关。是汉民族特有的文化意义。具体表现在以下三类：（1）方位义，表北方。这是汉民族独有的文化象征，是五方、五色、五行说的产物。上面提到的《周礼·考工记·画缋》中明确地为将北方色定为黑。《汉书·五行志中之

　　① 赵艳芳：《认知语言学概论》，上海外语教育出版社 2001 年版，第 43 页。

　　② （清）彭定求等编《全唐诗》，中华书局 1960 年版，第 4656 页。

　　③ 《全唐诗》，第 5948 页。

　　④ 《全唐诗》，第 7813 页。

　　⑤ （明）高启：《凫藻集》，台湾商务印书馆（《景印文渊阁四库全书》本），1986 年版，第 321 页上。

　　⑥ 《全唐诗》，第 1355 页。

下》："时则有黑眚黑祥。"（第1421页）由于黑代表北方、水，黑眚、黑祥就用来指因五行方位中水行引起的灾祸。（2）表示天象观。如黑分，黑道等术语即是体现。（3）黑衣，又专用来表示僧衣颜色。这是佛教服色制度的体现。但此黑衣之黑非纯黑。宋元照《佛制比丘六物图》："五明色相，《律》云：'上色染衣，不得服，当坏作袈裟色（原注：此云不正色染）。亦名坏色。即戒本中三种染坏，皆如法也。一者青色；二者黑色（原注：谓缁泥涅者。今时禅众深黯并深苍褐，皆同黑色）；三木兰色。然此三色名滥体别，须离俗中五方正色（原注：谓青黄赤白黑）及五间色。此等皆非道相，佛并制断。'"（《诸宗部 T45》，p. 898.2）释·道宣《释门章服仪·法色光俗篇》："俱服染衣，色非纯上，绝于奢靡。然上明青黑名，同五色，如论律中，似而非正。"（《诸宗部 T45》，p. 837.2）

要之，颜色词"黑"源于墨刑，至迟在商周时期就已抽象为颜色词，从古至今一直成为黑系颜色词系统的上位概念，由于其作为典型范畴，所以成为人们指称其他相关抽象概念的原型，产生了丰富的文化义。有些为人类共同认知规律所致，有些为汉民族文化所特有。

由"黑"为语素构成的表黑合成词：

[黑漆漆] 形容程度高的黑。"漆漆"作词缀，表示黑的程度高。最初只用于指明度极低的黑，多用于形容天色深黑或没有光线、无法识物的黑。唐代已出现。《大词典》只举明代作品，现提前书证。唐庞蕴《诗偈》："觉暮便归舍，黄昏黑漆漆。"[1] 宋释普济《五灯会元·龙济绍修禅师》："问：'古镜未磨时如何？'师曰：'照破天地。'曰：'磨后如何？'师曰：'黑漆漆地。'"（第503页）后也用于指纯度极高的黑。明罗懋登《三宝太监西洋记通俗演义》第七十六回："一手又取过一个黑漆漆的药葫芦儿来，拿在手里，左念右念，左咒右咒。"（第982页）清石玉昆《七侠五义》第二回："又往前走了数步，只见一片草俱各倒卧在地，足有一尺多厚，上爬着个黑漆漆、亮油油、赤条条的小儿。"（第8、9页）《大词典》对其意义概括仅为"形容黑闇""颜色发黑"，未能抓住此词义黑的程度高的特点。

也用于喻指思想上的混沌不清，懵然无知。此义明代已出现。《大词

---

① 陈尚君辑校《全唐诗补编》，中华书局1992年版，第949页。

典》只举清钮琇《觚剩·黑漆漆》一例，现提前书证并补证。明张次仲《周易玩辞困学记》卷十一"艮"卦下："人心愈烦扰则愈昏闇，愈凝静则愈光明，与二乘之黑漆漆地内守幽闲大悬绝矣。"（第706页下、707页上）清李光地《榕村语录·周易一》："以贞下起元之道言之，都在黑漆漆里那一点为造化之根。"（第162页）

[黑漫漫] 形容漆黑一片，没有边际。漫，本指水盛大无际貌，"漫漫"表广远无际貌时，蕴含了"漫"的语源义"水"的特点，指水溢满状的盛大无际。"黑漫漫"常用来修饰以某一具体事物为参照物，其边界溢满的无边际的黑。唐代已出现。《大词典》只举了明代作品用例，现补唐、宋、元代作品用例各一例。唐杨巨源《和吕舍人喜张员外自北番回至境上，先寄二十韵》："碛分黄渺渺，塞极黑漫漫。"① 《朱子语类·学六·持守》："日未上时，黑漫漫地，才一丝线，路上便明。"（第201页）元汤式《套数·友人爱姬为权豪所夺复有跨海征进之行故作此以书其怀》："［醋葫芦］白鸥冷笑，倒惹的黑漫漫杀气蜃楼高。"② 佛经作品中此词用例较多。宋绍隆等编《圆悟佛果禅师语录》卷十一："脚根下硬纠纠，顶门上黑漫漫，坐断要津，不通凡圣。"（《诸宗部T47》，p.762.1—p.762.2）又《圆悟佛果禅师语录卷》卷十一："万仞峰头独足立，四方八面黑漫漫。"（《诸宗部T47》，p.765.2）

也可用来喻指心里不明、糊涂。《圆悟佛果禅师语录卷》卷十二："又道：'不因和尚问某甲不知，心下黑漫漫地，只管胡道，他自有旨趣。'"（《诸宗部T47》，p.767.3）宋蕴闻《大慧普觉禅师住江西云门庵语录》卷第七："佛祖生冤家，魔王真眷属，心地黑漫漫，口里水漉漉。"（《诸宗部T47》，p.839.2）

[黑洞洞] 洞，本指洞穴，后引申出深、幽黑义。洞洞，叠音表示程度，形容黑的程度深。同时也带有语源义"洞穴"的空间概念。黑洞洞用于形容很大的呈穹隆状的黑闇空间。最早见于宋代，属口语，多出现在文人笔记及元曲、小说等俗文学作品中。《朱子语类·理气·太极天地上》："火中有黑，阳中阴也；水外黑洞洞地，而中却明者，阴中之阳也。故水谓之阳，火谓之阴，亦得。"（第10页）《大词典》只列了元、明作

---

① 《全唐诗》，第3734页。

② 隋树森编《全元散曲》，中华书局1964年版，第1492页。

品，现提前书证。此语现仍在很多方言区使用。今山西平遥话中就多用此词形容天色很黑。

[**黑鬒鬒**] 形容头发乌黑稠密。元代出现。《大词典》只举《水浒传》中一例，现补证元、明文献两例。元王仲文《救孝子贤母不认尸》："[四煞] 俺媳妇儿呵，脸搽红粉偏生嫩，眉画青山不惯颦，瑞雪般肌肤，晓花般丰韵，杨柳般腰枝，秋水般精神，白森森的皓齿，小颗颗的朱唇，黑鬒鬒的乌云。"① 《金瓶梅》第二回："但见他黑鬒鬒赛鸦翎的鬓儿，翠湾湾的新月眉儿，清泠泠杏子眼儿……"（第27页）

[**黑足吕**] 很黑的样子。目力所及，只见元代作品一例。元杨果《套数·[仙吕]赏花时》："唱道向红蓼滩头，见个黑足吕的渔翁鬓似霜。"② 一本作"黑出律"。无论"黑足吕"还是"黑出律"都为记音词。出，中古昌母入声术韵合口三等；律，来母入声术韵合口三等。二字中古同韵母，是古代叠韵词。据《中元音韵》，"足吕"与"出律"读音接近。"足吕""出律"究竟表何义，尚待考证。

[**黑蒙蒙**] 黑色弥漫笼罩。蒙有覆盖、笼罩义，黑蒙蒙形容黑色笼罩的样子。元代出现。《大词典》未引古文献用例，现补证。元吴昌龄《西游记》第三出："[商调 集贤宾] 黑濛濛翠雾连山，白淼淼雪浪堆银。"③ 此"黑濛濛"乃"黑蒙蒙"的又写。

[**黑沉沉**] 形容颜色深黑，明度较低的黑色，令人沉闷压抑的黑色。沉，可表深，又可表示分量重，进而又引申出"感觉沉重"义。黑沉沉，表示黑的颜色深以及由此引起的感觉上的沉重、压抑。元代出现。《大词典》未引古文献用例，现予补证。元纪君祥《赵氏孤儿大报仇》第四折："[煞尾] 尚兀自勃腾腾怒怎消，黑沉沉怨未复。"④ 明许仲琳《封神演义》十一回："火起处，滑剌剌闪电飞腾；烟发时，黑沉沉遮天蔽日。"（第92页）《西游记》七十一回："真个是风催火势，火挟风威，红焰焰，黑沉沉，满天烟火，遍地黄沙!"（第814页）《官场现形记》第四十三回："这里官厅子共是三间厂间，只点了一支指头细的蜡烛，照得满屋三

---

① 王季思主编《全元戏曲》第三卷，人民文学出版社1999年版，第17页。
② 《全元散曲》，第8页。
③ 《全元戏曲》第三卷，第416页。
④ 《全元戏曲》第三卷，第630页。

间仍是黑沈沈的，看得不十分清楚。"（第 672 页）①

[黑扑扑] 黑而富有动感。"扑"表拍动、扇动，"黑扑扑"表示所形容事物黑而富有动感。元、明时期作品中出现。《水浒传》第七十九回："披一副黑扑扑，齐臻臻，退光漆，烈龙鳞，钑金乌油甲。"（第 1150 页）甲服一般为多片状连缀而成，有如鸟羽般富有灵动的感觉。明刘嵩撰《乌庄曲》："乌庄之乌黑扑扑，乌庄老人住茅屋。"②

[黑魆魆] 颜色闇黑。魆，表示没有光线的闇黑。黑魆魆，形容极低的黑色。元、明时期作品中出现。《水浒传》第十四回："晁盖去推开门，打一看时，只见高高吊起那汉子在里面，露出一身黑肉，下面抓扎起两条黑魆魆毛腿，赤着一双脚。"（第 186 页）明周清源《西湖二集·天台匠误招乐趣》："老妪拖了张漆匠，携手走进一个小门之中，并无一点灯光，黑魆魆的。"（第 537 页）清李渔《风筝误·惊丑》："偏是今夜又没有月色，黑魆魆的，不知他立在那里？"（第 62 页）

黑魆魆的"黑闇无光"义又用来喻指密集的人或物。《二十年目睹之怪现状》第六八回："抬眼望进去，里外灯火，已是点的通明，仿佛看见甬道上，黑魆魆的站了不少人，正不知里面办甚么事。"（第 378 页）

[黑没促] 形容乌黑貌。目力所及，只见元代作品一例。元无名氏《后七国乐毅图齐》第三折："烧了些黑没促虎将，煨着些胡伦皱龙骠。"③

[黑林侵]《大词典》将"黑林侵"列为一词，解作："黑得发亮。"并举元秦简夫《宜秋山赵礼让肥》第二折："止不过黑林侵的肌体羸，又无那红馥馥的皮肉娇。"（12 卷 1328 页）按：黑林侵，目力所及，只见此一例。疑此词为记音词，同于佛经作品中的"黑鳞皴"。"林（中古来母侵韵）侵（清母侵韵）"与"鳞（来母真韵）皴（见母文韵）"，中古前有 [-m] 韵尾与 [-n] 韵尾的区别，近代汉语（宋以后），特别是元代以来，[-m] 归并于 [-n]，二者语音趋近相似（声调相同，韵母近似）。侍者惟俊、法云《虚堂和尚语录卷之二·婺州云黄山宝林禅寺语

---

① 人民文学出版社 2000 年版《官场现形记》"黑沉沉"作"黑沈沈"，按：沈，同沉，故此处引此例。

② （明）刘嵩：《槎翁诗集》，台湾商务印书馆（《景印文渊阁四库全书》本），1986 年版，第 292 页上。

③ 《全元戏曲》第七卷，第 278 页。

录》："僧问：'黑豆未芽时如何？'师云：'黑鳞皴地。'僧云：'芽后如
何？'师云：'黑鳞皴地。'僧云：'芽与未芽时如何？'师云：'黑鳞皴
地。'僧云：'若与么有甚分晓？'师云：'向无分晓处，识取黑鳞皴
地。'"（《诸宗部T47》，p.998.1）又《虚堂和尚语录卷之二·婺州云黄
山宝林禅寺语录》："十万里水云踪迹，七百年西竺陈人。眼睛乌律卒，
面子黑鳞皴。传衣付法，惹起埃尘。"（《诸宗部T47》，p.1000.2）从句
中语义和构词词素看，"黑鳞皴"并非指黑得发亮，而意指又黑又皴。黑
豆子泡胀之前是黑皴的，"鳞""皴"均指其皴。而《大词典》所举例，
"黑林侵的肌体羸"，肌体羸，恐怕肤色就不可能为健康的"黑得发亮"
义。《大词典》释此义恐有误。宜列"黑鳞皴"为正形词，"黑林侵"为
记音词，并将"黑得发亮"改为"又黑又皴"。

　　[黑油油] 形容黑而光滑润泽。油本指动、植物脂肪或类脂物，"油
油"则表示由"脂肪物"中引申出的"光滑润泽"义。作词缀修饰黑时，
表示所形容事物黑而富有光滑润泽的特点。明代作品中已出现。《大词
典》只举清代《儒林外史》和《红楼梦》两例，现提前书证。《金瓶梅》
第二回："头上戴着黑油油头发髻鬈，口面上缉着皮金，一径里趱出香云
一结。"（第27页）

　　[黑茫茫] 形容一片漆黑，没有边际。"茫茫"表示广阔无边的样子。
"黑茫茫"常用于表示大的空间里黑的广阔无边。明代出现。《大词典》
只举《醒世恒言》一例，现补充明、清文献两例：明冯梦龙《精忠旗》
二十三折："欲作厉鬼杀贼，风飒飒仍高搴绣字旗；只愁污血游魂，黑茫
茫捣不得黄龙府。"[1]清丁耀亢《续金瓶梅》第四回："这阴司没有日月星
辰，不知早晚昼夜，一味里黑茫茫，似那五更月黑天气，略见些人影，似
有似无，及至近前，又见不了。"（第42页）

　　[黑黝黝] 出现较晚，清代始现。"黝黝"由表深黑色的形容词成为
形容词词缀，表示黑的纯度高，正黑色，极黑。清李绿园《歧路灯》第
十二回："王中差人去抬。抬来时，果是一具好棺木，漆的黑黝黝的，放
在厅中。"（第133页）

　　[黑鸦鸦] 似"鸦"羽一样黑而富有光泽。亦作"黑鸹鸹"。清代出
现。形容头发乌黑浓密。《红楼梦》第二四回："宝玉一面吃茶，一面仔

---

　　① 王季思主编《中国十大古典悲剧集》，上海文艺出版社1982年版，第299页。

细打量那丫头：穿着几件半新不旧的衣裳，倒是一头黑鸦鸦的好头发。"（第375页）清二石生《十洲春语》卷上："对纤品，如挽黑鸦鸦鬓儿过翠烟桥，取喷花壶时节。"（第57页）

　　[**黑苍苍**] 黑而苍老，用于形容人的脸色。"苍苍"用于形容人的须发时，表示灰白色，由此引申出苍老义。作词缀修饰黑，表示人的脸色黑而苍老。清代出现。《大词典》只举清代作品一例，现予以补证。清曾朴《孽海花》二十九回："只见那人生得黑苍苍的马脸，一部乌大胡!"（第285页）又《孽海花》三十一回："还有在主人下首的那一位，黑苍苍的脸色，唇上翘起几根淡须，瘦瘦儿，神气有些呆头呆脑的，是广东古冥鸿。"（第308页）

　　[**黑溜溜**]《大词典》释此词为"形容眼睛乌黑明亮、滴溜转动的样子"。并未举古文献例。事实上，此词清代出现，且并不专指眼睛，语义为"黑中透亮"，形容事物颜色黑而色调柔和。清魏秀仁《花月痕》第二十八回："这样粗大风藤，委实难得，这黑溜溜的颜色，总带得有几十年工夫。"（第230、231页）又《花月痕》第三回："痴珠细看，两扇油漆黑溜溜的大门，门上朱红帖子，是'终南雪霁，渭北春来'八个大字。"（第12、13页）

　　[**黑糁糁**] 形容皮肤很黑。经文献检索，清代作品中出现一例。《儿女英雄传》第二八回："只见走过一个丫鬟来，长得细条条儿的，一个高挑儿身子，生得黑糁糁儿的一个圆脸盘儿，两个重眼皮儿，颇得人意。"（第383页）今平遥方言仍用此词形容人肤色很黑无光泽。也叫作"黑圪糁糁"。

　　[**黑糊糊**] 黑得不可辨识形体。糊本指稠粥。"糊糊"表示像粥似的没有形体，作词缀修饰黑，形容事物黑得难以辨识形体。清代出现。《大词典》未举古文献例，现提前书证。清贪梦道人《彭公案》一百五六回："只见黑糊糊一宗物体，直奔老道，把马道玄吓了一跳!"（第813、814页）

　　[**黑缁缁**] 颜色很深的黑。缁为深黑色。"缁缁"作词缀修饰黑，表示颜色很深的黑。目力所及，只见清代作品一例：清李渔《奈何天·巧怖》："[忒忒令]把一个黑缁缁寻常的阿姬，变了个白皎皎可人的娇丽。"（第29页）现代汉语中的"黑滋滋"为此词的又写。

2—3.　幽、勠

幽的字形本义，学界主要有两种观点，一种观点认为幽字从山从丝，邹晓丽认为：幽，从山从丝，丝亦声。本指山间的羊肠小道。① 另一种观点认为幽字从火从丝。何琳仪认为"幽"："从火，从丝，会意。"（第159页）罗振玉认为："古金文幽字皆从火从丝，与此同，隐不可见者得火而显。"② 李孝定认为："絜文从丝从火，会意。丝缕微眇得火而始可见也。"③

本书认为，后一意见为是。判断字形，最可靠的是甲金文材料，隶变后的文字往往改变了原来的象形结构。上述后一观点中提到的甲金文材料，"幽"字构形为从火从丝，较为可靠。另外，《说文·幺部》"幽"马叙伦六书疏证援引孙诒让以证明"幽"字从火从丝："'古文幽字皆不从山，疑从古文火省。……义当为火微也。'今杭县谓火微为幽。"（卷八，第七页）金祥恒："杭州人曰幽火也。故幽从丝（丝）火，与赤从大火，同为会意。"④ 幽，从火，从丝。丝即二幺，当表火微。

幽由火微义引申为"颜色黑"义，其词义发展途径是怎样的呢？姑且妄为一说：幽表火微，火微则不明，不明则闇，闇则黑。据莱考夫等认知语言学家的认知规律，抽象概念的形成总是从具体事物概念中来。作为抽象概念的颜色词也不例外。在幽的意义引申过程中，"不明、微弱"是其核心义素，我们在解读其所构成的词语时，往往有"黑、闇"的认知体验。《尔雅·释诂》："幽，微也。"（第42页下）《周易·困卦》："象曰：'入于幽谷'，幽不明也。"王弼注："言幽者，不明之辞也。"（第229页上）《楚辞·屈原〈离骚〉》"惟夫党人之偷乐兮，路幽昧以险隘"王逸注："幽昧，不明也。"（第8页）所以"幽"表黑义盖源自人对于光

---

① 邹晓丽《基础汉字形义释源》并沿此义对"幽"意义的引申进行了阐述："所有'幽'必然有以下三个意思：一是小路极长，通往深山，所以'幽'有'深'的意思。二是深山里古木参天，必然阴闇，所以'幽'又有'闇'的意思。三是深山老林必然安静，所以'幽'又有'清静'的意思。"（北京出版社1990年版，第125、126页）笔者按："幽"作羊肠小道的解释似乎并无文献支持，所以难以成立。纵使引申意义推演再合乎逻辑，也恐难圆其说。

② 详参李孝定编述《甲骨文字集释》，台湾"中央研究院"历史语言研究所1970年版，第1415页。

③ 详参《甲骨文字集释》，第1415页。

④ 转引自周法高《金文诂林》，香港中文大学出版社1977年版，第2481页。

的亮度即明闇度的体验、认知。光是一切视觉现象的主要媒体，没有光线，眼睛无法感受事物及其颜色。古希腊哲学家亚里士多德就曾提出过"光即是色彩之源"之说。而"幽"字则反映了古人对于这种光学理论的认知。甲骨文中已有"幽"作颜色义的例子：

惠幽牛，又黄牛	《合》14951①
有黄牛惟幽牛	14951 正
幽牛	18275
惟幽牛　吉	33606②

据《殷墟甲骨刻辞类纂》"幽"在甲骨文中共出现 11 次，都修饰"牛"。当然，由于甲骨文记录的大多数为卜辞内容，主要反映农业活动、战事等，所以不能据此判断"幽"只用于修饰动物。但从中可以判断出"幽"在甲骨文时代已成为颜色词了。幽作为"颜色黑"义在传世文献中保留不多，且存在的时间比较短暂。仅在《诗经》《礼记》中出现两例。

《诗·小雅·隰桑》："隰桑有阿，其叶有幽。既见君子，德音孔胶。"毛亨传："幽，黑色也。"（第 1083 页上）

《礼记·玉藻》："一命缊韨幽衡，再命赤韨幽衡，三命赤韨葱衡。"郑玄注："幽读为'黝'，黑谓之黝。"（第 1057 页下）

幽字的消失与黝字的出现有关。幽，从火，从丝。丝即二幺，表火微。幼，从力，从幺，幺亦声。表力微。幽、幼在古文中常有互用现象，《诗·小雅·伐木》"出自幽谷"阜阳汉简"幽谷"则作"幼浴"，《包山简》"幼"读"幽"，中山王鼎"擧運"读"幼冲"。"擧，从子，幽声，幼之异文。"《老子·虚心》"窈兮冥兮"传本"窈"作"幽"，马王堆帛书作蟬。③《山海经·西山经》："西北三百里，曰长沙之山。泚水出焉，北流注于泑水，无草木，多青雄黄。"郭璞注："泑，音黝，水色黑也。"（卷二，第十六页）泑表水色黑，幼通幽，表黑色。《史记·司马相如传》："骖赤螭青虬之蚴蟉蜿蜒。"（第 3057 页）《汉书·司马相如传》"蟉"作"蚴"。（第 2593 页）语音上，幽、黝二字关系密切，上古都为影母幽部字，《广韵》均为"于虬切"。

① 引自汪涛《殷人的颜色观念与五行说的形成及发展》，第 267 页。
② 以上三条均引自姚孝遂、肖丁《殷墟甲骨刻辞类纂》，中华书局 1989 年版，第 1228 页。
③ 以上有关古文用字情况，均引自何琳仪《战国古文字典——战国文字声系》，中华书局1998 年版，第 159、160 页。

　　由于幽、幼的核心义都包含"微小"，所以出现互通的现象。幽从"微小、不明"义中引申出了"黑"义，幼也因而同步引申出了"黑"义。后又加"黑"旁示其新义。①

　　"黝"代替"幽"表黑义，在上古汉语中用例很多：

　　黝可用来指动物毛色黑：

　　《周礼·地官·牧人》："凡阳祀，用骍牲毛之；阴祀，用黝牲毛之。"郑玄注："黝读为幽，幽，黑也。"（第379页上，下）

　　也可用来指器物黑，还可表示涂黑：

　　《尔雅·释宫》："地谓之黝。墙谓之垩。"（第139页上、下）《尔雅·释器》："青谓之葱，黑谓之黝，斧谓之黻。"（第168页上）《周礼·春官·守祧》："其庙，则有司修除之；其祧，则守祧黝垩之。"（第661页上）《礼记·丧大记》："既祥，黝垩。祥而外无哭者，禫而内无哭者，乐作矣故也。"（第1483页上）

　　至迟在东汉，幽、黝已经完成了替换，幽的颜色义被黝替代，黝成为黑义系统中一员。在早期汉字使用过程中，往往有这样一种倾向，那就是当早期的汉字字形表意难以考稽时，人们就会创造出表意性更强的文字来进行替代。幽、黝即如此。幽、幼在早期可以互用，而且二者字形的更替还进行了一番选择、竞争过程，一方面，幽字内部语义系统"幽深、幽冥"为其核心义，"颜色黑"义处于意义发展链条中较为薄弱的环节，最终被强势的语义链条挤掉；另一方面，外部由于"幼"的表义能力更为突出，于是"幼"字被保留了下来，如"蚴"取代了"蟉"。为了凸显幼的黑义，又增加黑旁，最终表"黑"义显性化的"黝"取代了"幽"。许慎据黝的"从黑幼声"，得出"微青黑色"，是望文生义。事实上，幼本身表示幽，表黑义。添加黑旁，是凸显其黑义，并非幼的"微"义。黝承袭了幽字从光的明暗度而来的特点，其字义中蕴含了明度特征。这也是黝黑、黑黝黝中蕴含明度特征的内在理据。如"黝面"与"面黎黑"，同为脸黑，前者突出黑的明底低，即中黑或深黑；后者则突出面色为黑中泛黄，黑的纯度不高。但与幽不同的是，幽表示光的明度低，黝则既可表

———————————

①　郭沫若认为幽通黝，黑也。李孝定同意郭氏观点，"卜辞均假为黝。郭说是也。"（参见《甲骨文字集释》，第1415页。）二人都认为幽表黑义为幽通黝的结果。笔者按，实则幽、黝为二字，幽表黑为词义引申的结果，黝则为受幽影响而产生词义的同步引申之结果。

示光的明度低，又可表示"有光泽"的黑。

　　谢朓《歌黑帝》："听严风，来不息。望玄云，黝无色。"① 明张岱《陶庵梦忆·奔云石》："余见奔云黝润，色泽不减，谓客曰：'愿假此一室，以石礌门，坐卧其下，可十年不出也。'"（第9、10页）② 此两例表示光的明度低，即中黑或深黑。

　　清沈蕙风《眉庐丛话》："公闻往眠，马悚立不敢动。其色黝润如鬃，高七尺，长丈有咫，两耳如削筒，四蹄各有肉爪出五分许，遍体旋毛，作鳞之而。公曰：'此龙种也。'"（第69页上、下）清李绿园《歧路灯》第一百〇八回："泥金写的斗口大喜字，贴在照壁，并新联，俱是苏霖臣手笔。墨黝如漆，划润如油，好不光华的要紧。"（1006页）此两例表示光的明度高，即黑中透亮。

　　黝字表黑义，常用于表示经涂饰的物体色泽黑，水色黑，用于描述物体黑时，常常表示物体的黑亮。如：

　　《宋史·舆服志·士庶人服》："非宫室、寺观毋得彩绘栋宇及朱黝漆梁柱窗牖、雕缕柱础。"（第3575页）又"豪贵之族所乘坐车，毋得用朱漆及五彩装绘，若用黝而间以五彩者听。"（第3576页）清屈大均《广东新语·山语·顶湖山》："又十里为上龙湫，所谓上飞水潭也。若不甚深而黝黑可怖，砰訇作势。"（第101页）

　　在宋代的作品中出现了"染紫为黝"的记载，此时的黝指黝紫色。所用的媒染剂为山矾。宋黄庭坚《戏咏高节亭边山礬花·序》："江南野中，有一种小白花，木高数尺，春开极香，野人谓之郑花。王荆公尝欲作诗而陋其名。予请名曰'山礬'。野人采郑花叶染黄，不借礬而成色，故名山礬。"③ 宋王栐《燕翼诒谋录·禁服黑紫》："仁宗时，有染工自南方来，以山矾叶烧灰，染紫以为黝献之，宦者泪诸王无不爱之，乃用为朝袍。"（第4626页）《宋史·舆服志·士庶人服》也记载了这件事："初皇亲与内臣所衣紫，皆再入为黝色。后士庶浸相效，言者以为奇邪之服，于是禁天下衣黑紫服者。"（第3576页）明王世懋《学圃杂疏》："山矾一名海桐树，婆娑可观，花碎白而香。宋人灰其叶造黝紫色。"（第5页）可

---

① 逯钦立辑校：《先秦汉魏晋南北朝诗·齐诗》，中华书局1983年版，第1501页。
② 《陶庵梦忆》引文均出自西湖书社1982年版《陶庵梦忆》。
③ （宋）黄庭坚：《山谷集》，线装书局（《宋集珍本丛刊》本），2004年版，第375页上。

知，山矾叶烧灰可以作为染紫为黝的媒染剂。所谓染紫为黝是将本来已经染成的紫色织物或服饰"再入为黝色"。《本草纲目·木部·灌木类·山矾》［集解］李时珍曰："其叶味涩，人取以染黄及收豆腐，或杂入茗中。"（第2106页）从《本草纲目》对山矾能收豆腐的记载看，山矾叶可能含有重水盐类的矿物，如钾矾（大量含结晶水的硫酸钾铝）等。烧灰去除有机物后，金属离子含量相对增加，可提高媒染性能。我国古代染紫用的染料，绝大部分是紫草，而紫草也是媒染染料。将已经染紫的织物"再入"山矾灰而染成黝紫，可能是多种金属离子与植物染料的发色基因共同作用的结果，它的反应过程可能很复杂。①

　　要之，幽从"微火"义中引申出了"黑"义，其色的特点是明度低，用现代色彩学描述则为中黑或深黑。甲骨文中已出现，东汉后为"黝"替代。幼，因与幽同具"微小"的核心义，受"幽"语义引申影响，也同步引申出了"黑"义，并用新字形"黝"固定下来，取代了"幽"。其色的特点是既可表示黑的明度低，又可表示黑的光泽度。宋代由于产生了"染紫为黝"的染织技术，黝还产生了"黝紫色"的新义，即深紫近黑色。

　　由"黝"为语素构成的表黑合成词：

　　［黝黝］深黑色。黝黝，叠字，表示黑的程度加深。西晋左思《魏都赋》："黝黝桑柘，油油麻纻。"李善注："《尔雅》曰：'黑谓之黝'。郭璞曰：'黝，黑貌也。'"（卷六，第十八页）《宋书·乐志二·迎神奏〈韶夏乐〉歌词》："閟宫黝黝，复殿微微。璇除肃照，釭璧彤辉。"（第598页）

　　［黝然］然，形容词词尾。黝然，深黑色。多用于形容事物色深黑、肃穆。宋时始现。《大词典》仅举宋无名氏《朝野遗记·寿仁终于精室》一例，现补证几例。宋无名氏《宣和画谱·道释三·贯休》："然罗汉状貌古野，殊不类世间所传丰颐、蹙额、深目、大鼻，或巨额槁项，黝然若夷獠异类。"（第115、116页）宋苏轼《鼎砚铭》："鼎无耳，盘有趾，鉴幽无见，几不倚旸，虫陷羿丧，厥喙羽渊之化，帝祝尾不周偾裂东南圮，黝然而深，维水委谁乎？为此昔未始，戏铭

---

　　①　详参赵承泽主编《中国科学技术史》（纺织卷），科学出版社2002年版，第282、283页。

其臀加幻诡。"①《宋史·夏侯嘉正传》："若乃秋之为神，素气清泚。肃肃翛翛，群籁四起。泽之动，黝然其姿，若挺若倚，若行若止。"（第 13030 页）明王锜《寓圃杂记·近年大风雨》："乡人云，苗易长为不熟之候。成化辛丑，苗插于田，不数日，皆勃然而兴，黝然而黑，农皆相聚而忧。"（第 71 页）清纪昀《阅微草堂笔记·槐西杂志四》："张桂岩自扬州还，携一琴砚见赠。斑驳剥落，古色黝然。"（第 341 页）

［黝黑］"黝黑"一词出现较晚，在明代作品中初现。其语义为深黑色，形容黑的程度深。使用范围较广。明张岱《西湖梦寻·西湖南路·小蓬莱》："色黝黑如英石，而苔藓之古，如商彝周鼎入土千年，青绿彻骨也。"（第 248 页）《明史·满刺加传》："男女椎髻，身体黝黑，间有白者，唐人种也。"（第 8419 页）清屈大均《广东新语·水语·十龙潭》："其下为第十潭，水甚黝黑，是为激龙之渊，天旱，人辄怒其龙而投以热铁，则大雨，故曰激龙。"（第 145 页）清李绿园《歧路灯》第六十七回："房屋也甚坚固，只是烟熏的墙壁黝黑，院内砖头堆积可厌。"（第 637 页）

4. 炱

炱，本指火烟凝积成的黑灰。《说文·火部》："炱，灰炱煤也。从火台声。"（第 208 页上）徐锴系传："火烟所生也。"（第 200 页下）清朱骏声《说文通训定声》："炱，今苏俗谓之烟尘。《通俗文》：'积烟为炱煤。'"（《说文通训定声》，第 177 页）黑灰、烟尘之"炱"色黑。《吕氏春秋·任数》："向者煤炱入甑中。"（第 145 页下）此"煤炱"《孔子家语·在厄》作"埃墨"（第 56 页下）。煤炱同于埃墨，墨色黑，炱必色黑。《素问·五藏生成篇》："故色见青如草兹者死，黄如枳实者死，黑如炱者死。"（卷三，第十页）晋王叔和《脉经·扁鹊脉法》："病人面黄目黑者不死，黑如炱死。"（第 32 页下）古人早在汉代就从"黑如炱"的名物词烟尘、黑灰的"炱"中抽象概括出了黑义，于是"炱"产生颜色义"黑色"，主要用于形容人的面色为病态的晦闇发黑。"炱"也作"炲"，

① （宋）苏轼：《东坡集·铭》，线装书局（《宋集珍本丛刊》第 18 册），2004 年版，第 240 页下。

《素问·风论》："肾风之状，多汗，恶风，面疮然浮肿，脊痛不能正立，其色炲，隐曲不利，诊在肌上，其色黑。"王冰注："炲，黑色也。"（卷十二，第三页）主要出现在医书中，表示病态的容色黑。唐王焘《外台秘要·骨极实方四首》："《删繁》疗骨极，主肾实热，病则色炱，隐曲膀胱不通，大便壅塞，四肢满急，干枣汤方。"（第306页）唐孙思邈《千金要方·肾藏·骨极》："阳则实，实则热，热则面色炱隐曲，膀胱不通，牙齿脑髓苦痛，手足酸痛，耳鸣色黑，是骨极之至也。"（第346页下）宋史堪《史载之方·太阳所胜生病·天胜》："面赤目黄，善噫嗌，干甚则色炱，渴而饮。"（第10页）也可指一般的煤尘般的黑。清吴其浚《植物名实图考·蔬类·莱菔》："雩娄农曰：'萝葡天下皆有佳品，而独宜于燕蓟。冬飙撼壁，围炉永夜，煤焰烛窗，口鼻炱黑。忽闻门外有卖水萝葡赛如梨者，无论贫富耄稚奔走购之，唯恐其过街越巷也。'"（第278页下）

偶可表示物体腐烂发黑。《新唐书·儒学·马怀素传》："是时，文籍盈漫，皆炱朽蟫断，签腾纷舛。"（第5681页）

从台之字多表黑义。《尔雅·释鱼》"玄贝，贻贝"陆德明释文引《字林》作炲，云"黑贝也。"（第1696页）《广韵·咍韵》："黮，徒哀切。駀黮，大黑之貌。"（第101页）

要之，"炱"取义于火烟凝积成的黑灰。其主要用于形容病态的晦闇发黑的脸色。

5. 默

默，本或作嘿，表示口不言。[①] 文献用例多为此义。嘿、默，文献常可通用。《列子·说符》："心都子嘿然而出。"殷敬顺释文："'嘿'，吉府本作'默'。"（第266页）《左传·昭公十五年》"我不欲战而能默"陆德明释文："默，亡北反，本或作嘿，同。"（第1109页）《马王堆汉墓帛书·老子乙本卷前古佚书释文·称》："制人者阳，制人者制于人者阴，客阳主人阴，师阳役阴，言阳黑（默）阴。"（第43页）言与默相对，指不言。

由"口不言"引申出"静默"义。《说文·黑部》"默"字朱骏声《说文通训定声》："按幽静茫昧之意，皆黑字之转注。"（第217页上）

---

① 《说文·犬部》："默，犬暂逐人也。"（第204页上）殊为不词。

《楚辞·刘向〈九叹·惜贤〉》"默顺风以偃仰兮"王逸注："默，寂也。"（第 298 页）《楚辞·九章·怀沙》"孔静幽默"王逸注："默默，无声也。"（第 141 页）《楚辞·九章·悲回风》："登石峦以远望兮，路眇眇之默默。"洪兴祖补注："默默，寂无人声也。"（第 158 页）

既而又引申出了"无"义。《庄子·在宥》："至道之精，窈窈冥冥；至道之极，昏昏默默。"郭象注："窈冥昏默，皆了无也。"（第 381 页）《列子·力命》"自然者默之成之"张湛注："默，无也。"（第 203 页）

由于"静默"义常与幽闇处发生联系，又引申出阴、闇义。《书·说命上》"亮阴三祀"孔传："阴，默也。"孔颖达疏："默，亦闇义。"（第 293 页上）

这种阴、闇义即为光线闇黑，但默表黑义在文献中用例极少。通常不用来形容物色黑。《艺文类聚》卷三十七载《齐孔稚珪褚先生百玉碑》："虽冥默难源，显晦异轨，测心观古，可得而言焉。"（第 659 页）

《广雅·释器》："默，黑也。"王念孙疏证将其视作"墨"字："默，亦墨字也。"（第 273 页上）恐非。"默"在文献中常与"墨"有异文现象，《楚辞·九章·怀沙》"孔静幽默"王逸注："《史记》'默'作'墨'。"（第 141 页）"默默""墨墨"也常常互用。《周易·系辞上》"或默或语"李富孙异文释："《史记·田蚡传》'日默默不得志'，《汉书》作'墨墨'。亦古通用。"①《战国策·楚策四》："夫报报之反，墨墨之化，唯大君能之。"诸祖耿集注汇考引鲍彪注："墨，默同。"又引吴师道注："墨墨之化，言变化无形。惟大君能之者，言其转旋变化之妙，又非勇智者所可及也。《新序》：'晋平公谓师旷，甚矣，子之墨墨也。'旷曰：'天下有五墨墨。'《史商君传》：'殷纣墨墨以亡。'《汉书·窦婴传》：'墨墨不得意。'皆同。此字义或有异。"（第 815 页）虽然以上诸例"墨墨"义同"默默"，二字常有异文现象，但"默"与"墨"意义有别。墨可用来指物色黑，而默却不具有此义。异文中的默并非指色黑，而指"阴、闇、不明"义及由此产生的引申义"心智蒙昧"。

要之，默，本义指静默不言，引申为光线闇黑，且语义中隐含有静默义。

---

① （清）李富孙：《易经异文释》，上海古籍出版社（《续修四库全书》本），2002 年版，第 700 页上。

6. 墨

"黑"源于"墨刑",取"墨刑"之形。"墨"则取义于施加于皮肤的黑色颜料。后来"黑"抽象为颜色词后,"墨"即被用来填补了"黑"所缺失的"墨刑"义。

那么,墨起源于何时,作为黑色颜料的墨究竟是哪种物质呢?

对于墨的起源,历代学者见解不一,各持一端。主要有以下几种看法。

黄帝说、汉田真说、刑夷说、魏晋说、周代说。

宋高承《事物纪原》持黄帝说,《事物纪原·什物器用部·墨砚》:"后汉李尤《墨砚铭》曰:'书契既造,墨砚乃陈。则是兹二物者,与文字同兴于黄帝之代也。'"(第 425 页)元末明初陶宗仪《南村辍耕录·墨》持魏晋说:"上古无墨,竹挺点漆而书。中古方以石磨汁,或云是延安石液。至魏晋时,始有墨丸,乃漆烟松煤夹和为之。"(卷二十九,第十页)明罗颀《物原·文原》持刑夷说:"伏羲初以木刻字,轩辕易以刀书。虞舜造笔,以漆书于方简。刑夷制墨,史籀始墨书于帛。"(第 20 页上)明黄一正《事物绀珠》持刑夷说,《事物绀珠·墨类》:"刑夷始制墨,字从黑土,煤烟所成土之类也。"(第 793 页上)明董斯张《广博物志》持前二说,《广博物志·艺苑·墨》:"墨始造于黄帝之时,一云田真造墨。"(第 94 页下)李亚东《中国制墨技术的源流》则认为黄帝说、汉田真说、刑夷说"显然流于传说,不足为信",批驳了魏晋说,并认为"周代出现墨的物质条件和技术条件已经具备,制墨的主要原料炭黑已为人们所熟悉,动物胶的制备和性质也已掌握,同时出现了专门从事画绘的'画绘之工',掌握了使用颜料的技术。……显然,周代已出现了墨"。[1]

事实上,"黄帝说、汉田真说"虽属传说,但是传说与神话不同,其中往往包含有许多历史真实的成分。如传说中的仓颉造字,虽然造字人的确切身份已难查考,但是在仓颉生活的时代文字的出现却是学界公认的历史真实。本书认为,墨的起源虽然难以稽考创始人为谁,但从这些传说中不难看出,远在五帝时期,墨就已出现。这一点也可以从文献对墨刑的描

---

[1] 详参李亚东《中国制墨技术的源流》,《科技史文集》第 15 辑,上海科学技术出版社 1989 年版,第 119 页。

述中得到证实。《书·舜典》："象以典刑，流宥五刑。"（第77页上）又："帝曰：'皋陶，蛮夷猾夏，寇贼奸宄，汝作士。五刑有服，五服三就。'"（第89页下）墨刑即为五刑之一。《酉阳杂俎·黥》谈及"黥刑"时上溯至上古五刑时引《尚书大传》："虞舜象刑，犯墨者皂巾。"（第616页）这里的"黥刑"即"墨刑"。又如《邓析子·转辞篇》："上古象刑而民不犯教，今墨劓不以为耻，斯民所以乱多治少也。"（第12页）此处"墨"也即"墨刑"。

　　据考古发现，可以将"墨"的起源推至更早的时代。据考古发现，人们发现的最早的矿物墨是石墨。据今三万年左右的峙峪文化（原址位于今山西省朔县峙峪寺），属于旧石器时代晚期，在其文化遗址出土的文物中，有一块石墨。石墨为黑色矿物，据推测为当时的"墨"。① 至于它的用途，今人已经不得而知了。

　　我国考古工作者对陕西临潼姜寨村附近的古文化遗址的发掘发现，这个距今六七千年的遗址墓葬中，有一块石盖的石砚，砚凹处有一支石质磨棒，砚旁有黑色颜料数块以及灰色陶质水杯。经鉴定，黑色颜料为氧化锰。研究发现，氧化锰的颜料、石墨和铁锰矿石都是古代黑色颜料。② 有学者却将此"氧化锰"颜料认作"石墨"。③ 然而，石炭、石墨均为碳分子，并不含氧化锰，可见，此"石墨"非今人所说的石墨。

　　事实上，作为黑色颜料的"墨"并不是单纯的一种物质，而是由多种物质充当的。早先的"墨"当为天然墨。天然墨包括矿物墨、植物墨、动物墨。以上发现的石墨、氧化锰为矿物墨。

　　植物墨有漆树。元末明初陶宗仪《南村辍耕录·墨》："上古无墨，竹挺点漆而书。"（卷二十九，第十页）尹润生《墨林史话》否定陶氏观点。理由之一是"又如'竹挺点漆而书'，既否定了毛笔，又错误地论断了墨。从新中国成立以来出土的历代竹简来考证，战国时代的竹简都是用毛笔蘸墨写的，没有见到用漆来书的竹简。"（第5页）事实上，汉民族

---

① 引自齐儆《中国的文房四宝》，台湾商务印书馆1993年版，第35页。

② 详参赵匡华、周嘉华著《中国科学技术史》（化学卷），科学出版社1998年版，第617页。

③ 田恒铭：《墨的起源与鉴赏》（《学术界》2001年第6期）提到："其中有黑色颜料（氧化锰）数块，这种没有经过人工制作古称的'石墨'，虽然与今日墨的概念不同……"（第227页）由此可推知，远在六七千年前，人们已经开始使用黑色颜料。

早期就有使用漆作黑色颜料的历史记载。《韩非子·十过》："尧禅天下，虞舜受之。作为食器，斩山木而财之，削锯修其迹，流漆墨其上，输之于宫，以为食器，诸侯以为益侈，国之不服者十三。舜禅天下而传之于禹，禹作为祭器，墨漆其外，而朱画其内，缦帛为茵，蒋席颇缘，觞酌有采而樽俎有饰，此弥侈矣，而国之不服者三十三。"（第70、71页）明杨慎《丹铅馀录》卷十六提到："古者漆书之后，皆用石墨以书。"（第116页上）《拾遗记·后汉》："或依林木之下，编茅为庵，削荆为笔，克树汁为墨。"（第536页）这里所说的"漆墨""漆书"之漆当指植物漆树的汁液，是有关植物墨的使用记载。原来，古人对植物墨的认识和采集很早的时候就开始了，详参"漆"字。

　　动物墨有乌贼墨。但其墨汁中含一种有机物质，使其色牢度不好，时间长了会氧化脱色。[①]《文房四谱·墨谱》引陶隐居云："乌贼鱼腹中有墨，今作好墨用之。"并指出："其墨人用写券，岁久其字磨灭，如空纸焉，无行者多用之。"（第70页）

　　天然墨由于受限于取材困难及色彩的不稳定等因素，人们开始寻找更好的材料和制作墨的方法。这个制作的时期为何时呢？从"刑夷说"中可以找到一些历史留存的痕迹。明罗颀《物原》持刑夷说："伏羲初以木刻字，轩辕易以刀书。虞舜造笔，以漆书于方简。刑夷制墨，史籀始墨书于帛。"（第20页上）刑夷恐为人名，是名夷的掌刑之人，研制出了用于墨刑的更好的黑色颜料。这种黑色颜料由史籀开始用于书写材料。刑夷为何时何地人今天已难以查考，但可以从中得出一个大概的时代范围，即虞舜之后周宣王史籀之前，人工制作的墨就已产生。一项实验报告又将此时段大大地提前。1937年，美国纽约大学皮切勒（A. A. Pichler）教授对殷墟出土的甲骨片上留有的红色和黑色颜料进行了微量化学分析，结果显示，黑色颜料为碳素单质，即今天我们所用墨的原料。可见商代已出现了人工制墨的黑色颜料。最初的墨的形制，可从《庄子》文中得到线索。《庄子·田子方》："宋元君将画图，众史皆至，受揖而立；舐笔和墨，在外者半。"（第719页）"舐笔和墨"而非研墨，"提示我们当时尚没有固体的墨锭，需要临时把炭黑和胶水调合起来使用，这应是商周的遗制。"[②]

---

① 详参李亚东《中国制墨技术的源流》，第119页。

② 引自李亚东《中国制墨技术的源流》，第114页。

人工制墨仍为粉状，未成固体。1975 年湖北省云梦县睡虎地秦代的一座古墓中出土了固体墨锭和研墨工具，墨锭颜色纯黑。可见秦时人工制墨技术已近成熟。

综上所述，墨作为一种黑色颜料，是中国古人早期发现并利用的较早的色彩颜料，其主要分为天然墨和人工墨。天然墨为人工墨未发明之前的主要黑色颜料。天然墨中，石墨为主要的使用材料。人工墨出现后，由于制作技术的不断提高，色彩稳定性高、取用方便，渐渐取代天然墨，成为主要的黑色颜料。宋晁贯之《墨经·松》："古用松烟、石墨二种。石墨自魏晋以后无闻，松烟之制尚矣。"（第 1 页）明杨慎《丹铅馀录》卷十六提到："古者漆书之后，皆用石墨以书，《大戴礼》所谓石墨相著，则黑是也。汉以后松烟桐煤既盛，故石墨遂堙废。其名人亦罕知之。"（第116 页上）

在上古，墨主要用于墨刑、绳墨、墨龟、书墨。此外，还用于丧服及车饰。

墨刑。《书·伊训》"臣下不匡，其刑墨，具训于蒙士"蔡沈集传："墨，墨刑也。臣下不能匡正其君，则以墨刑加之。"[1]《书·吕刑》"墨辟疑赦"蔡沈集传："墨，刻颡而涅之也。"[2]《荀子·正论》："治古无肉刑，而有象刑：墨黥；慅婴；共，艾毕；菲，对屦；杀，赭衣而不纯。治古如是。"（第 326、327 页）

绳墨。《书·说命上》："说复于王曰：'惟木从绳则正，后从谏则圣。'"（第 295 页下）《楚辞·屈原〈离骚〉》："背绳墨以追曲兮，竞以为度。"（第 15 页）

占卜。《左传·哀公九年》："晋赵鞅卜救郑，遇水适火，占诸史赵、史墨、史龟。"（第 1900 页下）《周礼·春官·卜师》："凡卜事，眡高，扬火以作龟，致其墨。"（第 757 页下、758 页上）又《占人》："凡卜篿，君占体，大夫占色，史占墨，卜人占坼。"郑玄注："墨，兆广也。……凡卜象吉，色善，墨大，坼明，则逢吉。"（第 763 页上）

丧仪。《左传·襄公二十三年》："公有姻丧，王鲋使宣子墨缞冒绖，

---

① （宋）蔡沈：《书经集传》，台湾商务印书馆（《景印文渊阁四库全书》本），1986 年版，第 50 页下。

② （宋）蔡沈：《书经集传》，第 135 页下。

二妇人辇以如公，奉公以如固宫。"（第 1135 页下、1136 页上）《晏子春秋外篇·景公台成盆成适愿合葬其母晏子谏而许》："乃使男子袒免，女子发笄者以百数，为开凶门，以迎盆成适。适脱衰绖，冠条缨，墨缘，以见乎公。"（第 459 页）

车饰。《穆天子传》卷二："天子乃赐赤乌之人□其墨乘四，黄金四十镒，贝带五十，珠三百裹。"（第 12 页）《仪礼·士昏礼》："主人爵弁，纁裳，缁袘。从者毕玄端。乘墨车，从车二乘，执烛前马。"（第 82 页上）

应当指出的是上古时期染织技术还处于较低的水平，用于服装和车饰的"墨"，是通过用黏合剂调制而附着在织物上的，由当时"画绘之工"涂绘而成。这可由已出土的早期彩绘纺织品的绘画技术中得到印证。①

一方面，人们在认知层面从这些黑色颜料中概括抽象出了黑色，为"墨"的语义发展提供了语义认知基础；另一方面，由于墨常常位于定语位置，修饰其他名物词，语言内部机制和认知机制的共同作用，"墨"于是抽象为颜色词。

墨完成由名物词转变成为颜色词的时间，从文献材料看，这一抽象过程经历了汉代，至六朝时完成。

汉应劭《汉官仪》卷下："［秩］六百石，铜章墨绶。绶者，有所承受也，所以别尊卑，彰有德也。"（卷下，第十页）梁丘迟《还林赋》："验难停于杨辙，昭易改于墨丝。"②《魏书·王崇传》："有一小鸟，素质墨眸，形大如雀，栖于崇庐，朝夕不去。"（第 1886 页）《陈书·宣帝本纪》："至如衣褐以见，檐簦以游，或耆艾绝伦，或妙年异等，干时而不偶，左右莫之誉，墨貌改弊，黄金且殚，终其滞淹，可为太息。"（第 82 页）

墨表纯黑，《释名·释车》："墨车，漆之正黑，无文饰，大夫所乘也。"（第 1091 页）在记录同时代的《东观汉记》中也能得到印证，《东观汉记·明德马皇后传》："广平钜鹿乐成王在邸，入问起居，上望见车

① 参看李也贞等《有关西周丝织和刺绣的重要发现》，《文物》1976 年第 4 期。

② （清）严可均校辑：《全上古三代秦汉三国六朝文·全梁文》，中华书局 1958 年版，第 3283 页上。

骑鞍勒皆纯黑，无金银彩饰，马不逾六尺。"（卷六，第一一页）

黑、墨二义都先后表达过"墨刑"义，二者有着密切的意义上的关联，因而在语义及语义发展等诸多方面上，二者具有相同的特点。首先，二者语音相近。黑，上古明母职部字；墨，晓母职部字。二字叠韵，音近。《说文·土部》"墨"张舜徽约注："黑与墨实为一语，盖喉为黑，在唇为墨矣。古声喉唇恒相转也。"（卷二六，第二六页）

其次，二者语义、用法也往往互通。《荀子·荣辱》："目辩白黑美恶。"（第63页）黑用来形容人的脸色，墨也有此用法。《孟子·滕文公上》："孔子曰：'君薨，听于冢宰。歠粥，面深墨，即位而哭，百官有司莫敢不哀，先之也。'"（第157页上）

最后，二者还具有共同的文化义。如黑有天色晦闇义，《汉书·五行志下之下》："辟嫚公行，兹谓不伸，厥异日黑，大风起，天无云，日光晻。"（第1507页）墨也有此义，《睡虎地秦墓竹简·日书甲种释文注释》："墨（晦）日，利坏垣、彻屋、出寄者，毋歌。"（第227页）"墨墨"也有昏闇义。《管子·四称》："政令不善，墨墨若夜。"尹知章注："言其昏闇之甚也。"（第617页）

另外，二者均可指烧过的田地。《六韬·虎韬·火战》："武王曰：'敌人燔吾左右，又燔吾前后，烟覆吾军，其大兵按黑地而起，为之奈何？'"（第36页）《文选·枚乘〈七发〉》："徼墨广博，观望之有圻。"李善注："墨，烧田也。言逐兽于烧田广博之所，而观望之有圻埒也。"（卷三十四，第十一页）

但是二者也存在一些差异。首先，从语义抽象过程看，二者不尽相同，抽象化程度也不同。墨由于脱胎于较为具体的物质，所以其名词性的属性还牢牢地附加在颜色词中，而黑由于取义于受墨刑之人的黑的特征，未受物的影响，抽象化程度就更高。

黑、墨二者虽都可抽象为颜色词，"墨"常可表示"黑"，但二者抽象过程不同，可用下页图表表示。

其次，从其语义发展看，二者的文化义也不尽相同；黑的文化义详见"黑"，墨具有的其他文化义有：

（1）墨作为黑色颜料，与表示白、洁义形成对立。白、洁有"廉洁"的引申义，与此相对应，墨便产生了不洁，贪昧义。这缘于语义发展过程中的相因生义。《左传·昭公十四年》："己恶而掠美为昏，贪以败官为

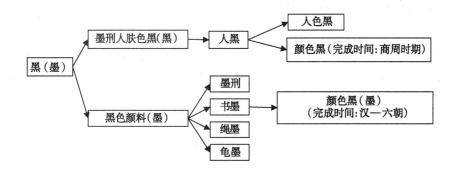

墨，杀人不忌为贼。"杜预注："墨，不絜之称。"（第1542页上）絜，同洁，不絜即不洁之义。

（2）丧服。这是文化约定所致，黑色预示凶。《左传·僖公三十三年》："遂墨以葬文公，晋于是始墨。"杨伯峻注："谓着黑色丧服以葬文公也。晋自此以后用黑色衰绖为常，襄二十三年《传》云'公有姻丧，王鲋使宣子墨缞冒绖'可证。"[1]

（3）法规。由"墨线"引申出"规则"义。汉扬雄《太玄·法》："阳气高悬厥法，物仰其墨，莫不被则。"（第83页）《晋书·刘毅传》："往日侨仕平阳，为郡股肱，正色立朝，举纲引墨，朱紫有分，郑卫不杂，孝弟著于邦族。"（第1271页）

（4）占卜之象。这是古人占卜的体现。《周礼·春官·占人》："史占墨，卜人占坼。"郑玄注："墨，兆广也。"（第763页上）《礼记·玉藻》："卜人定龟，史定墨。"孙希旦集解："凡卜，以火灼龟，视其裂纹，以占吉凶，其钜纹谓之墨，其细纹旁出者谓之坼。谓墨者，卜以墨画龟腹而灼之，其从墨而裂者吉，不从墨而裂者凶，故卜吉谓之从。"[2]

（5）无声、自谦。这是认知中感官互相影响所致。由视觉黑闇喻指听觉的寂静。通"默"。《荀子·解蔽》："故口可劫而使墨云，形可劫而使诎申，心不可劫而使易意，是之则受，非之则辞。"（第398页）《史记·屈原贾生列传》："眴兮窈窈，孔静幽墨。"裴骃集解引王逸曰："墨，无声也。"（第2487页）

再次，二者表黑义适用的范围也不同。黑的适用范围广，墨则主要用

---

① 杨伯峻：《春秋左传注》，中华书局1990年版，第498页。

② （清）孙希旦：《礼记集解》，中华书局1989年版，第785页。

于丧服及绶饰。《广异记·燕凤祥》："数日，凤祥梦有一人，朱衣墨帻，住空中云：'还汝魂魄。'"（第 491 页）墨绶为官服的一种。徐铉《送刘司直出宰》："低飞从墨绶，逸志在青云。"① 用于其他事物时，往往携带了其颜料的特点。唐贯休《怀洛下卢缙云》："木落多诗薮，山枯见墨烟。"②

最后，二者的颜色特征也不同。黑的语义较宽泛，只要视觉上为黑的颜色都可用"黑"表示。而墨却有着较固定的语义特征。早期墨指正黑，即纯黑，《释车·释用器》："墨车，漆之正黑，无文饰，大夫所乘也。"（第 1091 页）后期由于墨是从"书墨"中抽象出"黑"义，随着对书墨的重视和制作工艺提高，理想的书墨往往是黑而含光的，宋晁贯之《墨经·色》："凡墨色，紫光为上，墨光次之，青光又次之，白光为下。凡光与色不可废一，以久而不渝者为贵。"（第 19 页）所以"墨"也携带了人们视之为理想的"书墨"的特点，即黑义中蕴含有光泽义，光泽义更为凸显。宋苏轼《仇池笔记·论墨》卷上："今世论墨惟取其光而不黑是为弃墨，黑而不光，索然无神气，亦复安用？要使其光清而不浑，湛湛然如小儿目睛，乃佳。"（第 233 页）元陆友《墨史·魏》："萧子良《答王僧虔书》曰：'仲将之墨，一点如漆。'"（第 2 页）又如前文所提到的"墨睟"等。当与其他颜色词构成新的颜色词时，常置于前，表示该颜色明度极低，纯度也极低，如墨绿。墨绿指深黑绿色。《孽海花》第三十五回："立人立刻跳上一辆墨绿色锦缎围子、镶着韦陀金一线滚边、嵌着十来块小玻璃格子的北京人叫作'十三太保'的车子，驾着一匹高头大骡，七八个华服的俊童骑着各色的马，一阵喧哗中，动轮奋鬣，电掣雷轰般卷起十丈软红，齐向口袋底而来！"（第 357 页）

要之，墨本指黑色颜料，包括天然墨和人工墨。后主要用于指人工墨。抽象为颜色词后，主要用于表示丧服和绶饰。语义特点为纯黑或黑亮。置于前，修饰另一颜色词时，表示有彩色系列中的颜色明度、纯度都极低。

由"墨"为语素构成的表黑合成词：

［墨黑］《大词典》列两个义项，一为指女子画眉的颜色深黑，二为

---

① 《全唐诗》，第 8581 页。

② 《全唐诗》，第 9401 页。

指阴晦如墨。前一义战国时已产生，后一义宋时产生。事实上，第二义项的墨黑亦形容光线暗、黑，此义多用于描写光线极暗，今某些方言里还有"乌漆墨黑"之说。此外，墨黑还应有一义，即形容色极黑。清代起产生此义。《大词典》未收，今补义，并补例。清魏之秀《续名医类案·中毒》："曰：此毒身死伤何经络？允坚对曰：五脏先坏，命绝矣，身墨黑。"（第551页下）

7. 黴（穧）

对于其语义，前人主要有以下几种不同看法：一为物变质发黴，黴即霉。《说文·黑部》："中久雨青黑。从黑，微省声。"（第211页下）①《正字通·雨部》："黴，莫裴切，音枚。项瓯东曰：江南以三月为迎梅雨，五月为送梅雨，或言古语'黄梅时节家家雨'，张蒙溪谓：'梅当作黴，雨中暑气也。'黴雨善污衣服。故又云黴洗，言其为黴所坏也，按《埤雅》《风土记》皆作梅雨，黴，义与霉通。"（第690页下）

一为面垢，日人释空海编《篆隶万象名义·黑部》"黴"下除"败"义外还有"面垢黑"义。（第213页下）《玉篇·黑部》："黴，面垢也。"（第101页上）

一为黑也。《说文·黑部》"黴"马叙伦六书疏证："伦按《广雅》'黴，黑也'是黴之本义，只是黑也。"（卷十九，第一四四页）《广雅·释器》："黴，黑也。"（第272页下）

按：从语义发展的规律来看，颜色词的产生总是由指称具体物征抽绎出抽象的颜色义，所以，"黴"本义也当为指称某物，而不应由黑义进而再指称"物体黴败"或"面垢"之实义。"黑"义当为其后起义。

黴的"物体黴败"和"面垢"二义，笔者以为"物体黴败"当为黴之本义，这是因为"黴败"与"面垢"二者核心义均为暗黑，无光。而"物体黴败"的暗黑义更为显性，人类认知的规律总是用具有明显特征的语义来命名事物，反映在词义发展的轨迹上也是如此。往往具有显性特征的名物词产生早于无明显特征的语词。从方言材料看，也支持黴为"物黴败"义。《吴下方言考·灰韵》："黴，（音梅）。《淮南子》：'文公后黴

---

① 今本《说文》无"物"字，今应依《韵会》、《康熙字典》引《说文》作"物中久雨青黑"，在"中"字前加"物"字。

纆而舅犯夜哭。'案：黴，黑瘦白点，如物之黴变也。吴中谓物变为发黴，人之不合时宜者亦曰发黴。"（第 202、203 页）

黴又可写作黣、穓、黣、霉。《说文·黑部》"黴"字朱骏声《说文通训定声》："字亦作黣，作穓，作黣；……俗字作霉。"（第 556 页下）

穓，《说文》未收。《玉篇·禾部》："穓，黑也，禾伤雨也。"（第 74 页下）刘宝楠《释穀》："禾相倚移曰移，禾舔曰秅，禾伤雨曰穓。"（第 40 页上）古人造字往往借物表义，借禾旁表示物，用穓表示物伤雨后颜色黴黑。可视作与黴、霉、黣为异文同名。《广雅·释诂三》："黴，穓，败也。"王念孙疏证："《左传昭十四年》云：'贪以败官为墨。'墨与穓声义亦相近也。"（第 89 页下、90 页上）墨，黑也。墨、穓声义相近，穓亦黑也。《释器》："黴，穓，黑也。"（第 272 页下）《列子·黄帝》："黄帝即位十有五年，喜天下戴已，养正命，娱耳目，供鼻口，焦然肌色皯黣。"殷敬顺释文："黣音每。诸书无此字。《埤苍》作黣①，同音每，谓禾伤雨而生黑斑点也。皯黣亦然也。"秦恩复曰："黣，《说文》无此字。黣，俗黴字，当作黴。"（第 39 页）《广雅·释器》"穓，黑也"王念孙疏证："穓之言墨也。《玉篇》音亡载切，字亦作黣，《列子·黄帝篇》'肌色皯黣'释文：'黣，《埤苍》作穓，谓禾伤雨而生黑斑也。'今人犹谓物伤湿生斑为穓，声如梅。《庄子·知北游篇》'媒媒晦晦'释文：'媒音妹，李云媒媒晦貌。'义与穓亦相近。"（第 273 页下）

虽诸字书及注疏都释穓同黴，表黑，但经检索各古代文献电子语料库，尚未见有此种用法的语例，盖为俗字，流传未远。

黣，也为黴的又一异体字，可表物受潮发黴变黑，可喻指糊涂不清。周时辛钘《文子·上德》："愚者言而智者择，见之明白处之如玉石，见之黯黣必留其谋。"（第 38 页）也可表面黑晦。《广雅·释诂一》"皯，病也"王念孙疏证："皯黴与皯黣同。"（第 16 页上）宋蔡卞《毛诗名物解·杂释·忧》："盖颜色黎黑而肌肉黦黣则憔矣。"（第 588 页上）《字汇补·黑部》："黣，面黑气也。"又引《六书索隐》："黣，与黴同。"（第 590 页上）又可泛指黑义。清陆廷灿《续茶经·六茶之饮》："天地通俗之才无远韵亦不致呕哕，寒月诸茶黣黯无色，而彼独翠绿媚人可念也。"

_____

① 此处"黣"当为"穓"的讹字。《广雅·释器》"穓，黑也"王念孙疏证："《列子·黄帝篇》'肌色皯黣'释文：'黣，《埤苍》作穓，谓禾伤雨而生黑斑也。'"（第 273 页下）

（第 727 页上）

　　黴可用于指称"物体黴败发黑"。《楚辞·王褒〈九怀·蓄英〉》"荔蕴兮黴鬖"洪兴祖补注："黴，音眉，物中久雨青黑。一曰败也。"（第 276 页）清周召《双桥随笔》卷三："收画于未梅雨时，逐幅抹去蒸痕，日中晒晾令燥，紧卷入匣，以厚纸糊匣口四围，梅后方开。匣须杉木杪木为之。内不用纸糊并油漆，以辟黴冞。"（第 408 页上）后来，人们往往用"霉"来表示黴的本义"物霉败"，但直至清，"黴""霉"还处于混用当中，霉主要用于物体霉败变质。清《畿辅通志·帝制纪·诏谕·雍正五年六月谕》："仓场米石，乃国计民命所关，颗粒皆当珍惜，必廒座坚完，无损坏渗漏之处，米粟方不至于霉烂。"（第一册，第 78 页）清爱新觉罗·玄烨《喜晴》："久霖惧霉变，以此生忧虑。"[1] 黴则侧重用于指受潮物颜色发黑。清《浙江通志·海塘·雍正十一年正月大学士鄂尔泰等为遵》："而潮汐咸水夏秋黴黭，数年之后易至垫朽。"（第 616 页上）[2]清朱彝尊、于敏中等《日下旧闻考·物产》："［增］苦益菜，沟涧中多有之，似野菊，有浮毛，三月间采之，黴干亦佳。"（第 1001 页）

　　黴又可用于指称面部晦闇，无光泽，病态的黑。《楚辞·王褒〈九怀·蓄英〉》："纷蕴兮黴鬖"，王逸章句："愁思蓄积，面垢黑也。"（第 276 页）《淮南子·修务》："盖闻传书曰：'神农憔悴，尧瘦臞，舜黴黑，禹胼胝。'"（第 634 页）唐韩愈、孟郊《征蜀联句》："念齿慰黴鬖，视伤悼瘢疣。"[3]《新唐书·陆龟蒙传》："尧、舜黴瘠，禹胼胝。彼圣人也，吾一褐衣，敢不勤乎？"（第 5613 页）清马骕《绎史·吴入郢》："昼吟宵哭，面若死灰，颜色黴墨，涕液交集。"（第 61 页下）

　　黴还偶用来泛指黑义，唐韦续《墨薮·察论章》："临书安帖之方，至妙无穷，或有回鸾返鹊之饰，变体则于行中，或有生成临谷之戈，放龙笺于纸上，黴笔则峰烟云起，如刀剑之相成。"（第 33 页）清《授时通考·谷种·白粟米》："泾县物产黴粟、寒粟，有红白二种穄子粟、稗子

---

　　① （清）和珅撰：《热河志·天章·御制诗》，台湾商务印书馆（《景印文渊阁四库全书》本），1986 年版，第 74 页下。

　　② 按：此处引文为《景印文渊阁四库全书》本，中华书局 2001 年版标点本《浙江通志》（第 1645 页）"黴"作"霉"，"黭"作"黕"，简化了字形，显然是未明了"黴"与"霉"的关系，应予以更正。

　　③ 《全唐诗》，第 8908 页。

粟。”（第 352 页下）

要之，“黴”本义为物体黴败发黑，后用于指脸色晦闇发黑，语义进一步扩展后，可用于表示身体部位的不健康病态的黑色，又偶用于表示抽象的黑色。由于其取义于物体黴败的黑色，所以其色相当为非纯黑，发灰色的黑，纯度不高，明度较纯黑高。

8. 黦（黣、黦）

黦当为黣、黦的本字。黣、黦晚出。《说文·黑部》“黦”字段玉裁注：“亦作黣。按：《周礼·染人》‘夏纁玄’注云：‘故书纁作黦。’黦即黦也。唐宋人诗词多用黣字，如韦庄‘泪沾红袖黣’之类。”（第 488 页下）《玉篇·黑部》：“黣，同上（黦）。”（第 101 页上）黦即黣字，二字只是构字组件位置不同。

黦本为本字，黣、黦当为黦的异体字。南北朝始，黣字多为人使用，黦字本义渐隐，黣字成为正字，但宋后未见有此字用例。

本表示事物失去原来鲜艳的颜色，变得发黑发闇。《说文》“黦”徐锴系传：“色经溽暑而变班色。”（第 202 页下）《广雅·释器》：“黣，黑也。”（第 272 页下）

主要用于两个方面：一为形容花颜色变得不再鲜艳，发黑发闇。《齐民要术·种红蓝花、栀子》：“七月中摘，深色鲜明，耐久不黣，胜春种者。”（第 364 页）缪启愉校：“‘深’谓花色浓醇，能耐久而不变色。”释：“黣，黄黑色。”（第 365—366 页）杜牧《晚晴赋》：“复引舟于深湾，忽八九之红芰，姹然如妇，敛然如女，堕蘂黣颜，似见放弃。”[①] 杜牧《残春独来南亭因寄张祜》：“暖云如粉草如茵，独步长堤不见人。一岭桃花红锦黣，半溪山水碧罗新。”[②]

二为形容衣物颜色不再光鲜，发黑发闇。元稹《酬翰林白学士代书一百韵》：“度梅衣色渍，食稗马蹄羸。”原注：“南方衣服经夏谓之度梅，颜色尽黣。”[③] 温庭筠《应天长》：“闇相思，无处说，惆怅夜来烟月，想得此时情切，泪沾红袖黣。”[④]

---

① （清）董诰等编：《全唐文》，中华书局 1983 年版，第 7745 下、7746 页上。

② 《全唐诗》，第 5993 页。

③ 《全唐诗》，第 4521 页。

④ 《全唐诗》，第 10077、10078 页。

也偶用作其他方面。《旧五代史·李守贞传》："时行营将士所给赏赐，守贞尽以黚茶、染木、姜药之类分给之，军中大怒，乃以帛包所得物，如人首级，目之为守贞头，悬于树以诅之。"（第 1438 页）黚茶即放置较长时间色泽发黑的茶，质量颜色都不好。毛熙震《后庭花》："自从陵谷追游歇，画梁尘黦，伤心一片如珪月，闲锁宫阙。"①"尘黦"指颜色发闇发黑。

要之，黤、黦、窫三字，黤当为本字，后黦取代黤，较多出现在文献中，渐成为正字。表示事物失去原来鲜艳的颜色，变得发黑发闇。作为颜色词，南北朝始见，宋以后少见。

9. 焦（蕉）

焦，《说文》作爵，《说文·火部》："爵，火所伤也。从火雥声，焦或省。"（第 209 页上）焦取义于物为火烧。《庄子·逍遥游》："之人也，物莫之伤，大浸稽天而不溺，大旱金石流土山焦而不热。"（第 30、31 页）《荀子·富国》："若是则万物失宜，事变失应，上失天时，下失地利，中失人和，天下敖然，若烧若焦。"杨倞注："若烧若焦，言万物寡少，如被焚烧然。"（第 186 页）《淮南子·原道》："是故得道者，穷而不慑，达而不荣，处高而不机，持盈而不倾，新而不朗，久而不渝，入火不焦，入水不濡。"（第 39 页）《晏子春秋内篇·景公欲祠灵山河伯以祷雨晏子谏》："夫灵山固以石为身，以草木为发，天久不雨，发将焦，身将热，彼独不欲雨乎？"（第 55 页）《世说新语·德行》："吴郡陈遗，家至孝。母好食铛底焦饭，遗作郡主簿，恒装一囊，每煮食，辄贮录焦饭，归以遗母。"（第 27 页）

炙烧后之物往往呈黑黄色，古人从中抽象概括出"黑黄色"，焦由此产生了颜色义。从焦之字往往带有焦枯状或黑黄色。《说文·页部》："顦，顦顠也。从页焦声。"（第 183 页下）《说文·面部》："醮，面焦枯小也。从面、焦。"（第 184 页上）《左传·成公三年》："《诗》曰：'虽有丝、麻，无弃菅、蒯，虽有姬、姜，无弃蕉萃。'"杜预注："蕉萃，陋贱之人。"（第 849 页下、850 页上）蕉萃、憔悴古字通。阮元校："《诗·东六之池》正义引作'憔悴'，《汉书·应劭传》注云：'蕉萃、

---

① 《全唐诗》，第 10115 页。

憔悴古通用。'"（第 849 页下）玄应《一切经音义》卷六"燋悴"条下："《三苍》作顦顇，《广雅》：'燋卒，愁患忧也，亦病也。'坫曰：'燋悴字，《左传》作蕉萃，《说文》作醮顇，此作燋悴，皆是。《三苍》作憔，即醮字讹耳。'"①

焦用于指"黑黄义"时，往往用于形容炙烧之物色，详见"焦黑"词条，或人的肤色黑黄。《列子·黄帝》："黄帝即位十有五年，喜天下戴己，养正命，娱耳目，供鼻口，焦然肌色皯黴，昏然五情爽惑。"（第 39 页）《世说新语·雅量》："夏侯太初尝倚柱作书，时大雨，霹雳破所倚柱，衣服焦然，神色无变，书亦如故。"（第 195 页）清袁枚《光禄大夫礼部尚书王公神道碑》："夜梦采凤翔竹间，旦伺得公饿，色焦然，怜而衣食之。"②

蕉，本义指一种植物芭蕉。《说文·艸部》："蕉，生枲也。从艸焦声。"（第 25 页下）段玉裁注："枲，麻也。生枲谓未沤治者。今俗以此为芭蕉字。楚金引《吴都赋》'蕉葛竹越'，按《本草图经》云：'闽人灰理芭蕉皮令锡滑，绩以为布，如古之锡衰焉。'左赋之'蕉'，正谓芭蕉，非生枲也。"（第 44 页下）焦、蕉二字语音相同，上古均为精母宵部字，《广韵》中均为"即消切"。语音的相同常常会发生通假的现象，焦常被写作蕉，常常会出现蕉表黑义例。《广雅·释器》："蕉，黑也。"（第 272 页下）清熊文举《不意过昔游怅怅》："草色蕉阴满画墙，萧条四望尽堪伤。"③"草色蕉阴"表示草色黄黑，一派萧条景象。清黎庶昌《周楚白墓志铭》："病既笃，颜色蕉萃，忍息不肯呻吟，恐惊兄母，卒以不起。"④ 蕉萃即憔悴，即面色阇黄发黑。

要之，焦取义于"炙烧之物"，常用来表示颜色黑而枯黄。蕉本义为芭蕉，因与焦音近，常借用作"焦"表颜色黑而枯黄。

① （唐）玄应：《一切经音义》，安徽教育出版社（《中华汉语工具书书库》本），2002 年版，第 52 册，第 523 页上。

② （清）袁枚：《小仓山房文集》，台湾"中华"书局（《四部备要》本），1981 年，卷二，第七页。

③ （清）熊文举：《雪堂先生文集》，书目文献出版社（《北京图书馆古籍珍本丛刊》本），2000 年版，第 613 页。

④ （清）黎庶昌：《拙尊园丛稿》，上海古籍出版社（《续修四库全书》本），2002 年版，第 309 页上。

由"焦"为语素构成的表黑合成词：

[焦黑] 此词出现于汉代，表示深黑黄色。多用于表示烧灸之物色或人的面色。华佗《中藏经·论诊杂病必死候》："热病七八日，不汗，躁狂，口舌焦黑，脉反细弱者死。"（第36页）华佗《中藏经·疗诸病药方·天仙圆》："补男子妇人虚乏。天仙子、五灵脂（各五两）右炒令焦黑色，杵末，以酒糊为圆，如绿豆大，食前酒服十五圆。"（第50页）《肘后备急方·治卒心腹烦满方》："厚朴火上炙令干，又蘸姜汁炙，直待焦黑为度，捣筛如面，以陈米饮调。"（第26页下）《齐民要术·煮胶法》："搅如初法，熟复挹取。看皮垂尽，著釜焦黑，无复黏势，乃弃去之。"（第680页）唐郑处诲《明皇杂录》卷下："果遂举饮尽三卮，醺然有醉色，顾谓左右曰：'此酒非佳味也。'既偃而寝。食顷方寤，忽览镜视其齿，皆斑然焦黑。"（第966页）宋宋慈《洗冤录·验他物及手足伤死》："又有假作打死，将青竹篾火烧烙之，却只有焦黑痕，又浅而光平，更不坚硬。"（第7842页）宋沈括《梦溪笔谈·杂志一》："使人检视则曰：'煎之已焦黑而尚未烂。'坐客莫不大笑。"（卷二十四，第十页）

10. 黵（黤）

黵又作黤。《康熙字典》引《篇海类编》："黤同黵。"

本指大块的污垢。《说文·黑部》："黵，大污也。从黑詹声。"（第211页下）《广韵·敢韵》："黵，都敢切。大污垢黑。"（第334页）《玉篇·黑部》："黵，丁敢切。大污貌。又黑黱也。"（第101页上）又可作涂黑，刺黑。《东观馀论》："善摹帖者勿问其黵灭注缺，斜细大一，放其本而不小异，乃不失真矣。"（第314页上）《宋史·兵志·召募之制》："召募之制，起于府卫之废。唐末士卒疲于征役，多亡命者，梁祖令诸军悉黵面为字，以识军号，是为长征之兵。方其募时，先度人材，次阅走跃，试瞻视，然后黵面，赐以缗钱、衣履而隶诸籍。"（第4799页）

黵由"大块污垢"义生发出黑义。此黑义往往表示面积大的黑色。《龙龛手镜·黑部》："黵，都感、章敢二反，太染污垢黑也。"（第532页）《宋史·张永德传》："女悉取装具，计直千万，分其半以与父母，令归魏，曰：'儿见沟旁邮舍队长，项黵黑为雀形者，极贵人也，愿事之。'"（第8914页）

11. 黱

黱，疑其义取自绘。汉伏生撰《尚书大传·虞夏传·皋陶谟》："山龙，青也。华虫，黄也。<u>作绘，黑也</u>。宗彝，白也。藻火，赤也。"（卷二，第二页）《说文》"黱"字朱骏声《说文通训定声》引此认为："是以绘为黱。"（第 664 页上）绘即书画之，<u>多以黑为之</u>。宋魏了翁《尚书要义·益稷·上六章作会于衣、下六章絺绣于裳》："此经所云凡十二章，日也、月也、星也、山也、龙也、华虫也，六者画以作绘，施于衣也。"（第 62 页下）绘又作缋。《说文》"缋"字朱骏声《说文通训定声》："缋，〔假借〕为会。考工画缋之事。……《虞书》'华虫作会'，郑本作'缋'，字亦以'绘'为之。"（第 605 页）《礼记·玉藻》："缁布冠缋緌，诸侯之冠也。"（第 1039 页上）《周礼·考工记·画缋》："画缋之事，杂五色。"（第 1305 页下）《集韵·队韵》："缋绘：《说文》：'织余也。'一曰画也。或从会。"（第 1099、1100 页）画、缋均为用墨笔描画，杂五色指在描画好的图像上上色。《周礼·冬官·考工记》："设色之工，画、缋、钟、筐、慌。"贾公彦疏："设色之工五，画、缋二者，别官同职，共其事者，画、缋相须故也。钟氏染鸟羽，筐氏阙，慌氏主汹丝。"（第 1245 页上—1247 页上）

由上，黱义取自绘，义当为浅黑。《说文》"沃黑"误。《说文·黑部》："黱，沃黑色。"（第 211 页上）段玉裁注："沃，引申之义为肥美。沃黑者，光润之黑也。《女部》曰：'嬒，女黑色也。'按：'沃黑'，《玉篇》、《广韵》皆作'浅黑'。疑'沃'字误，'浅'字长。"（第 487 页下）

文献中较少用例，仅见以下几例，主要用于形容面黑。明宋璲《寄章允载兼简项思复》："侵寻阅暑寒，孱弱乏刚夬。精神尽凋耗，面目多肿黱。"①

12. 黩

本义指沾染不洁之物。《说文·黑部》："黩，握持垢也。从黑卖声。

---

① （清）朱彝尊：《明诗综》，台湾商务印书馆（《景印文渊阁四库全书》本），1986 年版，第 423 页下。

《易》曰：'再三黷。'"（第 211 页下）段玉裁注："许所据《易》作
'黷'，今《易》作'渎'。崔憬曰：'渎，古黷字也。'玉裁按：郑注云：
'渎，亵也。'渎亵，许《女部》作'嬻嫘'。若依郑义则'黷'为假借
字，'嬻'为正字也。黷训'握垢'，故从黑。《吴都赋》：'林木为之润
黷'。刘注曰：'黷，黑茂貌。'其引申之义也。"（第 489 页上）黷从
"沾染不洁之物"义中抽象出"黑"义。《文选·陆机〈汉高祖功臣
颂〉》："茫茫宇宙，上黔下黷。"（卷四十七，第十二、十三页）《龙龛手
镜·黑部》："黷，音独，尘黷也，垢黑也，蒙也。"（第 532 页）但其主
要用于表示亵渎、轻慢义，用于"黑"义极为少见。

13. 灰

灰，火烧余烬也。《说文·火部》："灰，死火余烬也。从火从又。
又，手也。火既灭，可以执持。"（第 208 页上）由于所烧物的不同、燃
烧程度的不同，使"火烧余烬"之物"灰"的颜色也不尽相同。按照现
代色彩学理论来讲，灰为无彩色系统。"色彩中的无彩色黑、灰、白系
列，实际上是一个绝对的白色与一个绝对的黑色，中间所包含的 N 个按
照黑、白两种不同比例混合出来的灰色系列，无彩色的原色是黑色与白
色。"[1] 而事实上，"绝对的黑色与绝对的白色并不存在，所谓白色只是倾
向于明朗、光亮的灰色，所谓黑色只是倾向于黑闇的灰色。"[2] 所以无彩
色系统的原色只有一个灰色。"从明闇关系的角度来说，由于光线的关
系，最高明度的灰色是白色，最低明度的灰色是黑色。"所以灰色介于黑
白之间，是个所指色域宽泛的颜色词。"依据一般数学的黑灰白无色分
类，较通用的是十色分类法，依明度依次往黑闇度分，为白、浅白、亮浅
灰、浅灰、亮中灰、中灰、灰、闇灰、黑、实黑等。"[3] 以中灰为界，当
灰趋于黑多白少时，即中灰、灰、闇灰、黑、实黑，视觉上即认为属于黑
色范畴。古代文献中出现的颜色词"灰"，如无特指，通常指中灰—黑色
这个色域，视觉上感受为或浅黑色，或黑色、深黑色。究其原因，一则从
生活经验看，远古人生活用火的材料不外乎树木柴薪等，这些物质经火

---

① 引自朱介英《色彩学——色彩设计与配色》，中国青年出版社 2004 年版，第 43 页。

② 同上。

③ 同上。

烧，其余烬一般都为黑色，只是黑的程度不同。二则从意识形态看，在中国古人的文化意识形态里，对待事物往往采取"二元对立论"的观念进行判断、推理。对待色彩也不例外，"非白即黑"的观念是其信守的色彩和是非观念。所以"灰"在古汉语中从一开始就被接受为"非白"系列，即属"黑"的范畴。文献中多处出现了用"死灰"来形容人面色发黑发闇，没有血色。《淮南子·修务》："鹤跱而不食，昼吟宵哭，面若死灰，颜色黰黑，涕液交集，以见秦王。"（第 562 页）"死灰"与"黰黑"相呼应，都指面无血色，晦闇发黑。《燕丹子》卷下："武阳大恐，两足不能相过，面如死灰色。"（第 44 页）《史记·滑稽列传》："欲复使廷掾与豪长者一人入趣之。皆叩头，叩头且破，额血流地，色如死灰。"（第 3212 页）

灰作为黑系颜色词，其色当为较为黯淡的黑。即明度较低，纯度也较低的黑。《释名·释天》："晦，灰也。火死为灰，月光尽似之也。"（第 1012 页下）成为颜色词大概出现于魏晋时期。《诗·小雅·常棣》"脊令在原"陆玑疏："脊令大如鸒雀，长脚长尾，尖嘴，背上青灰色，腹下白，颈下黑如连钱，故桂阳谓之连钱。"① 青灰色，当指黑灰色，属于中灰到灰这个色谱域。《晋书·郭璞传》："时有物大如水牛，灰色卑脚，脚类象，胸前尾上皆白，大力而迟钝，来到城下，众咸异焉。"（第 1900 页）"灰色"与"白"形成对立，灰色当指今天的中灰色，浅黑色，也即纯度不高的黑色。

《颜氏家训·书证篇》："鳣，又纯灰色，无文章也。"（第 464 页）明李时珍《本草纲目·鳞部·无鳞鱼·鳣鱼》［集解］李时珍曰："其状似鲟，其色灰白，其背有骨甲三行，其鼻长有须，其口近颔下，其尾歧。"（第 2458 页）《颜氏家训》中的"纯灰色"当指中灰，中灰视觉上为浅黑色。《本草纲目》中的"灰白"与《颜氏家训》中的"纯灰色"对应，也当指浅黑色。

元无名氏《冻苏秦衣锦还乡》第三折："［梁州第七］止不过腕悬着灰罐，手执着毛锥，指万物走笔成章。"② 灰罐即墨罐。灰对应墨，表深

① （三国吴）陆玑：《毛诗草木鸟兽虫鱼疏》，商务印书馆（《丛书集成初编》本），1936 年版，第 44 页。

② 《全元戏曲》第六卷，第 256 页。

黑色。明王守仁《德山寺次壁闲韵》："乘兴看山薄暮来，山僧迎客寺门
开。……岩根老衲成灰色，枯坐何年解结胎。"① 夜色中的物体呈黑色，
灰色即黑色。《正字通·鸟部》："鸧，大如鹤，青苍色，亦有灰色者，长
颈高脚，顶无丹，两颊红。"（第 802 页下）清方旭《虫荟·羽虫·鸧》
引《正字通》后认为："此即《尔雅》之麋鸹也。《正义》云：'似雁而
黑，好高飞。'"（第 66 页上）"青苍色""灰色"对应"黑"，三者同义。
即青苍色、灰色均指黑色，只是黑的程度不同而已，所以邵晋涵《尔雅
正义》以"黑"概而言之。

　　由于"灰"在古汉语中主要用来表示名物词"灰烬"，其作为颜色词
的使用并不活跃。

　　要之，颜色词"灰"取义于"火烧余烬"的名物词"灰烬"，由于
受"灰烬"物不同的影响，其所表黑色并不稳定，可用来表示现代色彩
学意义上的"中灰——黑"的这个色域，一般用于指明度较低、纯度较
低的黑。

　　由"灰"为语素构成的表黑合成词：

　　[**灰黑**] 此色当为趋于黑的灰色，也即灰——阇灰的色域范围内的灰
色。该词产生于宋代。宋杜绾《云林石谱·江华石》："道州江华永宁二
县皆产石，石在乱山间，于平地上空，奢积迭而生，或大或小，不相粘
缀，江华一种稍青色，一种灰黑。"（第 4 页）其使用范围较广。元杜清
碧原编，史久华重订《史氏重订敖氏伤寒金镜录》卷三十四："灰黑起纹
舌，舌见灰黑色而有黑纹者，用大承气汤下之可保，但五死一生。"（第
57 页）《元史·五行志·木不曲直》："二十六年，泗州濒淮两岸，有灰
黑色鼠，暮夜出穴，成群覆地食禾。"（第 1105 页）清方旭《虫荟·毛
虫·仙鼠》："旭按：即蝙蝠也，其状似鼠而有翼，与足尾相连，毛灰黑
色。"（第 149 页下）清吴其浚《植物名实图考·山草类·牛金子》："结
实似龙眼，核灰黑色，顶上有小晕，或云能散血。"（第 419 页下）清易
顺鼎《津舟感怀四首》："海波自绿池灰黑，送尽田横岛上春。"②

　　[**灰黔**] 该词产生于明代。黔，表示颜色不鲜的黑色。《广雅·释诂

---

　　① （明）王守仁撰《王文成公全书》，上海书店（《四部丛刊初编》本），1989 年，卷十
九，第六十五页。

　　② （清）易顺鼎：《遁墨拾余·四魂集·魂南集》，上海古籍出版社（《续修四库全书》
本），2002 年版，第 469 页下。

三》："黔，败也。"（第 89 页下）又《释器》："黔，黑也。"（第 272 页
下）灰，一般也表示纯度不高、明度不高的黑色。灰黔即指颜色不鲜的
黑色。《救荒本草·草部·根叶可食·牛旁子》："壳中有子如半麦粒而匾
小，根长尺余，粗如拇指，其色灰黔，味辛，性平，一云味甘无毒。"
（第 75 页上）徐光启《农政全书》卷五十三"杏叶沙参"条下："根形
如野胡萝卜，颇肥，皮色灰黔，中间白色，味甜，性微寒。"（第 1569
页）同时期的《野菜博录》《救荒本草》也载此。均作"灰黔"。清汪灏
《广群芳谱》也载有同样的对"牛旁子"的色的描述："灰黔"。

14. 黶

黶与黡同，均由黑义引申为黑子。"申黑""黑子"均非本义，《说
文》及从《说文》之说者盖误。（参见"黡"字下。）《说文·黑部》：
"黶，申黑也。"（第 211 页上）又《说文·黑部》："黡，小黑子。从黑
殴声。"（第 211 页上）段玉裁注："师古《汉书》注曰：'黑子，今中国
通呼为黶子。吴楚谓之志，志，记也。'按：黶、黡双声。"（第 488 页
上）张舜徽约注："黶黡双声，实即一语，古人所谓'黑子'盖不分大小
而统言之。《史记·高祖本纪》：'左股有七十二黑子。'《汉书·贾谊
传》：'厱如黑子之著面。'皆是也。"（《说文解字约注》，卷十九，第七
四页）黶，非段注所言志，而当为痣，指身体表面较大的黑点。今天北
方人又称为眼子。

黶，从黑厌声。厌，本义为受气足也。《诗·周颂·载芟》："有厌其
杰。"朱熹集传："厌，受气足也。"[1] 由受气足引申出满、塞义。《论
语·述而》"学而不厌"刘宝楠正义："厌，《说文》作'猒'，饱也，引
申之，训足，训弃。"[2]

黶从厌得声，由受气足引申出了黑色聚集义。《说文·黑部》"黶"
字段玉裁注："谓黑在中也。"（第 488 页上）《礼记·大学》"见君子而
后厌然"郑玄注："厌，读为黶，黶，闭藏貌也。"孔颖达疏："黶为黑
色。"（第 1860 页上—1863 页下）闭藏即聚集不散。黶的黑义即是由"闭
藏"生发的黑义。《说文·黑部》"黡"马叙伦六书疏证："黡音亦影纽，

① （宋）朱熹：《诗经集传》，北京古籍出版社（《四书五经》本），1996 年版，第 645 页。
② （清）刘宝楠：《论语正义》，中华书局（《诸子集成》第一册），1954 年版，第 136 页。

为黯黸之转注字。字盖出《字林》。"（卷十九，第一三八页）《广雅·释器》："黸，黑也。"（第272页下）王念孙疏证："《五行志》注云：'㯩，山桑之有点文者也。'义亦与黸同。"（第273页上）

黸的黑义特点即为黑色聚集，其所修饰或搭配物一般也具有聚集的特点。宋林希逸《庄子口义·杂篇·庚桑楚》"有生黬也"条下："黬，黸也。釜底黑也。亦疵病也。喻气之凝聚也，天地之气聚，而为人元气之病也。"（第575页下）《荀子·王霸》："故一朝之日也，一日之人也，然而厌焉有千岁之固，何也？"杨倞注："厌，读为黸。"（第208页）《文选·王延寿〈鲁灵光殿赋〉》："屑黶翳以懿濞。"吕延济注："黶翳，阍蔽貌。"（卷十一，第二十二页）《朱子语类·理气·天地下》："月之望，正是日在地中，月在天中，所以日光到月，四伴更无亏欠；唯中心有少黸翳处，是地有影蔽者尔。"（第18页）宋刘清之《戒子通录·颜延之庭诰》："适值尊朋临座，稠览博论，而言不入于高听，人见弃于众，视则慌若迷途失偶，黸如深夜撤烛，衔声茹气腆脾而归。"（第46页下）元王恽《秋涧集·辨说·镜箴》："王子醉堕马，伤额既愈，日引镜自照，色黸，如凝鬱者旬余。因愀然曰：昔乐正子春下堂足伤，追悔不踰阈者累月。盖圣人以毁伤髪肤为深戒，必全而归之为至孝。"（卷四十四，第八页）元浦道源《雨中走笔书》："四集云容铁骑来，俄然空际黸煤炱。"[1]明李东阳《困暑次韵白洲》："炎光石成燋，暝色山带黸。"[2]

由黑色聚集义又引申为体表大黑点。可用于描写人、动物、植物的体表。描写人较多。

用于人：隋巢元方《诸病源候总论·蛊毒病诸侯·射工候》："疮有数种，其一种，中人疮正黑如黸子状，或周遍悉赤，衣被犯之，如有芒刺痛。"（第7329页）《千金要方·窍病·面药》："五香散治皯疱、黸䵟、黑运、赤气，令人白光润方。"（第130页上）《法苑珠林·受报篇·恶报部》："若遇微善，劣复人身，形容黸黑，垢腻不净，臭处秽恶，人所厌远。"（第507页上）《说郛·颜之推〈还冤记〉》："于时铗杵六岁，鬼至便病，体痛腹大，上气妨食，鬼屡打之，打处青黸，月余而死，鬼便寂然

---

[1]　（元）浦道源：《闲居丛稿》，台湾商务印书馆（《景印文渊阁四库全书》本），1986年版，第601页上。

[2]　（明）李东阳：《怀麓堂集》，台湾商务印书馆（《景印文渊阁四库全书》本），1986年版，第47页下。

无闻。”（第 3378 页上）《陕西通志 · 人物 · 隐逸 · 宋》：“郑隐，字明处，兖之奉符人，左臂有黑黶子，如北斗状，常居王刁三洞。”（第 869 页下）

用于动物：苏轼《子由生日以檀香观音像及新合印香银篆盘为寿》：“香螺脱黶来相群，能结缥缈风中云。”[①]《陕西通志 · 物产二 · 鳞属 · 丙穴鱼》：“在右曰黑鱼，细黶柔毛，尖腮阔眼，形不类焉。”（第 536 页上）

用于植物：《肘后备急方 · 治卒大腹水病方》：“苦瓠须好者无黶翳，细理妍净者，不尔，有毒不用。”（第 70 页上）

要之，黶取义自黑气聚焦义，引申为黑点，用于描写人、动物、植物的体表。

15—16. 焌、黢

黢取义于焌。对于焌本义，大概有三种不同的看法。一种认为焌本指燃火，以《说文》为代表。《说文 · 火部》：“然火也，从火夋声。《周礼》曰‘遂龡其焌，焌火在前，以焞焯龟。’”（第 207 页上）[②]《说文 · 火部》“焌”马叙伦六书疏证认为焌为爇的转注字：“伦按：锴本无火字，是也。焌为爇之转注字，爇音脂类，焌声真类，脂真对转也。此字盖出《字林》。‘焌火’以下或校语也。”（卷十八，第九九页）张舜徽约注：“然火谓之焌，犹然麻蒸谓之熜耳。”（卷十九，第五十三页）后世字书、韵书也多袭《说文》此说。一种认为焌、焞、契为一物。明冯复京《六家诗名物疏》卷四十六“契”条下：“陈祥道云：燋，炬也；契，灼龟之木也，契谓之焌，亦谓之楚焞，楚其材也，焞其体也，契其用也。”（第 490 页下）曾宪通认为《望山楚简》中的赁即焌字，“就赁的结构而言，更准确地说，它应该是焌字。”并认为，“焌与焞同字同物，用以灼龟开兆，均与龟卜有关。”[③] 一种认为焌为契之锐头。《周礼 · 春官 · 菙氏》：“凡卜，以明火爇燋，遂龡其焌契，以授卜师，遂役之。”郑玄注：“焌读如戈鐏之鐏，谓以契柱燋火而吹之也。”孔颖达疏：“后郑读‘焌’为‘戈鐏’之鐏者，读从《曲礼》云‘进戈者前其鐏’，意取锐头以灼龟

---

① 北京大学古文献研究所编：《全宋诗》，北京大学出版社 1998 年版，第 9493 页。

② 按，《说文》此种断句不当，把焌后“契”连属下文，实则应连属上文。

③ 参见曾宪通《楚文字释丛（五则）》，《中山大学学报》1996 年第 3 期。

也。"（第761页下、762页上）

按：以上几种不同观点都是由于对《周礼·春官·蓳氏》中"凡卜，以明火爇燋，遂歠其燋契，以授卜师"的不同解读引起的。认为焌同契、或契之锐头者，把契视作一物，实则此种契指用于占卜的龟上所契刻的文字。契本指契刻，《诗·大雅·绵》："爰契我龟。"朱熹集传："或曰：'以刀刻龟甲欲钻之处也。'"[1] 最早用于契刻的内容是用于占卜的。古人认为，通过这种方式可以通达天地，获取天地昭示的信息，显示了古人对于这种占卜方式的信任及对天地的敬畏。后也用于记录约定以表信义。《释名·释书契》："契，刻也，刻识其数也。"（第1076页下）后来，记录约定的契约成为契的主要义项。《礼记·曲礼上》"献粟者执右契"郑玄注："契，券要也。"（第78页上、下）另外，从文本角度来看，作为记录占卜过程的《蓳氏》在记录灼龟过程中，只有契代表龟甲上所记录的文字内容，是占卜过程中最重要的环节。如果契如上所言，为灼龟之木，就会使整个过程中流失了最重要的主体部分。所以，此处契当解作龟甲上契刻的内容。由此，焌同契、或为契之锐头之说难立。

持"焌同焞为同一物"观点者，其主要观点是《仪礼·士丧礼》中有"卜日，既朝哭，皆复外位。卜人先奠龟于西塾上，南首，有席。楚焞置于燋，在龟东"的占卜记录。郑玄注："楚，荆也。荆焞，所以钻灼龟者。"（第829页下）并对应《蓳氏》中的占卜过程，认为楚焞对应焌，得出焞、焌为同一物。值得注意的是，《士丧礼》中"楚焞"为用于灼龟的钻灼物，全文详细记录了士丧礼的礼仪过程，特别对仪式中使用物作了详细的记录。而《蓳氏》则注重记录此官的职责所在，即强调其行为。二者不能进行简单比照。另外，二者占卜的目的不同，《士丧礼》占卜只是为了询问下葬的日期，而《蓳氏》占卜的内容则要广泛得多。所以不同性质的问卜形式，也不能将二者内容简单对应。所以据此得出"焌同焞为同一物"的观点似很牵强。

事实上，焌本义当为灼（龟）。首先，从文本角度看，此处"焌"径作"灼烧"义即可字通义顺。《蓳氏》中所言"凡卜，以明火爇燋，遂歠其燋契，以授卜师"，用今天的话讲，就是凡是占卜之事，用明火烧火炬，然后吹火炬灼烧龟甲上的契刻内容之处，（把经灼烧的龟甲）交给卜

---

[1] （宋）朱熹：《诗经集传》，北京古籍出版社（《四书五经》本），1996年版，第608页。

师。其次，从焌的文献使用情况看，只有"灼烧"义。《类篇·火部》："焌，祖管切，灼龟也。又祖峻切，然火也。又祖寸切。又徂闷切。又促律切，烧也。一曰火灭。文一，重音四。"（第369页上）《六书故·天文下》："焌，举火小灼之也。"（第35页上）明焦竑《俗书刊误·俗用杂字》："把火烙人肤曰焌。"原注："焌音猝。又转音俊。然火也。"（第581页下）文献中"焌"也多表此义。《云笈七签·神仙感遇传·王子芝》："樵者烧一铁箭，以焌紫衣者云：'子可去。'"（第2448页）元危亦林《世医得效方·大方脉杂医科·沙症》："又近时多有头额上及胸前两边有小红点，在于皮肤者，却用纸捻成条或大灯草，微蘸香油，于香油灯上点烧，于红点上焌暴者是。"（第36页）清朱彝尊《竹炉联句》："微飘飔飔入，活火焰焰焌。"①

　　所以，焌本义为灼烧（龟）义，明矣。灼龟往往导致龟变黑。明冯复京《六家诗名物疏》卷四十六"契"条下："《周礼》：'菙氏掌共燋契以待卜事。'凡卜以明火爇燋，遂歆其焌契，以授卜师。遂役之卜师。凡卜事扬火以作龟致其墨。"（第490页下）宋易被《周官总义》卷十五解此认为："焌者，契之锐头也，以此焌契柱于燋火，吹之使炽，以授卜师，遂投之以卜师，扬火以作龟，致其墨故也。"（第456页上）《周官总义》虽然释焌未确，但其将焌的过程讲述详尽，从中可以探寻到，焌产生黑义的理据。

　　焌由灼烧（龟）义中引申出了"黑"义。灼龟致黑当为发闇无光的深黑，此黑义应具此种特点。

　　黢为焌表黑义的后起字。二字音同，《集韵·术韵》二字音切都为促律切。义为"黑"。《玉篇·黑部》："黢，黑也。"（第101页下）《类篇·黑部》："黢，黑也。"（第374页上）《文选·王延寿〈鲁灵光殿赋〉》："朱桂黝儵于南北，兰芝阿那于东西。"（卷十一，第二十八页）。《佩文韵府·入声·职韵·北》"南北"条下"黝儵"作"黢儵"：《鲁灵光殿赋》："朱桂黢儵于南北，兰芝阿那于东西。"（第4089页上）黢同黝，义表黑。常与"黑"组合为"焌黑""黢黑""黑黢黢"。现还留存在一些方言口语中。参见"焌黑""黢黑""黑黢黢"条。

---

① （清）朱彝尊：《曝书亭集》，上海书店（《四部丛刊初编》本），1989年，卷十三，第四页。

要之，焌本指灼烧（龟）使其致黑，由此抽象出黑义。黪为后起字。二字未见单用现象，常常叠用，或作为表黑语素，与其他语素构成表黑合成词。

由"焌""黪"为语素构成的表黑合成词：

[焌黑] 形容很黑。此词出现较晚，清代作品中始现。清西周生《醒世姻缘传》第四回："只见那个戴方巾的汉子：焌黑张飞脸，绯红焦赞头。"（第46页）《醒世姻缘传》第七回："衙门上传梆，递进一角兵备道的文书来。拆开看时，里边却是半张雪白的连四纸，翠蓝的花边，焌黑的楷书字，大大朱红标判，方方的一颗印。"（第102页）清云槎外史《红楼梦影》十二回："邢夫人道：'这是两卷吗？怪不的那嵌扇里头焌黑的。'"（第93页）

[黪黑] 很闇；很黑。同"焌黑"，清代出现。经文献检索，只发现一例清代作品用例。清秦子沈《续红楼梦》十五回："说毕便扶了晴雯的肩头，慢慢地走到前边来。只见点的灯烛辉煌，不似从前黪黑的了。"（第195页）《大词典》只列举两例当代作品语例，现补古例。

另外，《大词典》"阒"字列出"阒黑"词条，释为黑闇无光。并举一例：明徐弘祖《徐霞客游记·滇游日记四》："五丈之内，右转南入，又五丈而宾然西穹，阒黑莫辨矣。"按：经检索"阒黑"一词，文献中只此一例，疑其为"焌黑"的讹写。

[黑黪黪]《大词典》释此词为"形容很黑"。未引古文献例。事实上，此词，清代已出现。《儿女英雄传》第七回："再掀开筐一看，果见一个人黑黪黪的作一堆儿蹲在那里喘气。"（第74页）现提前书证。

[黑没焌地] 表示黑得看不清晰。没、地都为衬字，如同"糊里八涂"的"里、八"一样，无实义。是口语产物。产生于唐代。唐慧然《镇州临济慧照禅师语录》："山僧竟日与他说破，学者总不在意，千遍万遍脚底踏过，黑没焌地。无一个形段。"（《诸宗部T47》，p.501.1）

17. 黗

黗，黄黑色。其本义待考。《说文·黑部》："黗，黄浊黑。从黑，屯声。"（第211页上）《广雅·释器》："黗，黑也。"（第272页下）《玉篇·黑部》："黗，黄浊色。"（第101页上）《广韵·魂韵》："黗，他昆切，黄黑色。"（第121页）又《混韵》："黗，它衮切，黑状。"（第285

页）

从文献材料看，只出现于字书、韵书中，实际用例极少，且出现较晚。从其用例来看，其义指色闇黑、不鲜明。《分门集注杜工部诗·梅雨》下小注："王彦辅曰梅熟而雨曰梅雨，江东呼为黄梅雨。赵次公曰：'周处《风士记》云：夏至前雨名黄梅，雨沾衣服皆败黗。'"（卷一，第十七页）

要之，纯（缁）表纯黑，黗不同于纯，当为色闇黑、不鲜明的深黄黑色。

18. 殷

殷本指"作乐之盛"。《说文·𩙿部》："殷，作乐之盛称殷。从𩙿，从殳。《易》曰：'殷荐之上帝。'"（第170页上）后引申出"盛、大、众、多"义。《周礼·地官·牛人》："丧事，共其奠牛。"郑玄注："谓殷奠、遣奠也。"贾公彦疏："殷，大也。"（第384页下、385页上）《左传·成公十六年》："方事之殷也，有靺韦之跗注，君子也。"杜预注："殷，盛也。"（第897页下）《战国策·秦策一》："田肥美，民殷富，战车万乘，奋击百万。"（第118页）鲍彪注："殷，盛也。"（第126页）《广雅·释诂三》："殷，众也。"（第99页上）《淮南子·兵略》："夫兵之所以佐胜者众，而所以必胜者寡。甲坚兵利，车固马良，畜积给足，士卒殷轸，此军之大资也，而胜亡焉。"高诱注："殷，众也。"（第495、496页）《文选·陆机〈汉高祖功臣颂〉》"殷荐其勋"吕向注："殷，多。"（卷四十七，第二十页）从"殷"的文献用例和其语义发展轨迹看，与颜色义并无任何关联。可是，从《左传》中一例"殷"的注解却使其产生了"赤黑色"义。《左传·成公二年》："自始合，而矢贯余手及肘，余折以御，左轮朱殷，岂敢言病？"杜预注："朱，血色。血色久则殷，殷音近烟。今人谓赤黑为殷色。"（第797页下、798页上）既而，《广韵》《玉篇》等后世字书、韵书均列入此义。然而，上古汉语中，殷作"赤黑色"只有此一例。这不能不让人怀疑。前人已注意到此问题。但是并未能给出令人信服的答案。①

按：此处"殷"仍宜解作"盛、多"义。原因如下：首先，从语言

---

① 参见文正义《说"朱殷"》，《古汉语研究》1998年第1期。

使用情况来看，孤证难立。其次，结合文本，从上下文语境看，此处"左轮朱殷"当指"左轮上的血鲜红又多"。先来看其出现的上下文情况：

齐侯曰："余姑翦灭此而朝食。"不介马而驰之。郤克伤于矢，流血及屦，未绝鼓音。曰："余病矣！"张侯曰："自始合，而矢贯余手及肘，余折以御，左轮朱殷，岂敢言病？吾子忍之！"缓曰："自始合，苟有险，余必下推车，子岂识之？然子病矣！"张侯曰："师之耳目，在吾旗鼓，进退从之。此车一人殿之，可以集事，若之何其以病，败君之大事也？擐甲执兵，固即死也。病未及死，吾子勉之！"左并辔，右援枹而鼓，马逸不能止，师从之。（第797页上、下、798页上）

郤克受伤，血流到鞋子上，他认为自己伤得很严重，对其他人说"病矣"。而张侯、郑丘缓却认为郤克有些小题大做。张侯认为自己伤得比郤克还要严重，却没有敢叫喊自己受重伤。他对自己的伤的描述就是"左轮朱殷"。并认为即使如此，也"岂敢言病"。他的这番话是对郤克"怕死"的批评，然后一人承担了御车和鼓舞士气的工作。两个人都是战斗开始时受了箭伤，一个"流血及屦"，一个"左轮朱殷"，如果"殷"此处表示"血色"，或"朱红色"[1] 或"赤黑色"，郤克也应当与张侯一样，同时受伤，血色也应当一样。显然用此话批评郤克并无多少说服力。可见"殷"解作血的颜色，有些牵强。而如果用"殷"的"盛、大、众、多"义解，指左轮上的血不仅鲜红而且还流了好多，就可以准确表达张侯的不满情绪。

可见此处"殷"的正解为"盛、多"义、不作"赤黑色"解。

杜预将此处"殷"解作了"赤黑色"，并为其定新音：音近烟。由于其注解《左传》的权威性使得后世学者多袭其说，并开始在文字创作中使用殷的"赤黑色"义。鲍照《为柳令让骠骑表》："佐轮不殷，良马未汗。"[2] 杜甫《伤秋》："白蒋风飙脆，殷柽晓夜稀。"仇兆鳌详注："殷，赤黑色。"[3] 李贺《昌谷诗》："霞巘殷嵯峨，危溜声争次。"王琦注：

---

① 文正义《说"朱殷"》一文认为，齐侯所言"翦灭此而朝食"表明战争是速决战，无由血色变黑，所以"殷"同"朱"，当作"朱红色"解。事实上，此种推论难以成立。齐侯此言表明他的轻敌和草率，包括他的"不介马而驰之"，《左传》这样描写是为了为他的失败打下伏笔并形成鲜明的对照。并不能够成为战争时间长短的参照。

② 《全上古三代秦汉三国六朝文·全宋文》，第2690页上。

③ （唐）杜甫著，（清）仇兆鳌注《杜诗详注》，中华书局1979年版，第1782页。

"殷，当作于闲切，与黯音同，赤黑色也。"① 清黄遵宪《五月十三夜江行望月》："增城高赤嵌，夜照血痕殷。"②

要之，殷本义为"作乐之盛"，其表"赤黑色"义源于《左传》杜预的误释。

19—21. 鼆、靛、黤

鼆、靛、黤三字均为形声字。此三字构字特点，均由"色名＋色"左右结构构成，表色名。三字出现均较晚，靛字首次出现在《三苍》中，鼆字出现在《广韵》时代，黤出现在唐代作品中。"形声字的形成有一个从无意识到有意识、从不自觉到自觉创造的过程。"③ 鼆、靛、黤三字构字方式反映了古人造字自觉意识的强化及汉字表义功能的凸显。声符表明其义，义符表明其类属，形声字的构成为"种＋属"的命名方式。

鼆字从冥从色，冥亦声。《说文·冥部》："冥，幽也。从日从六，冖声。日数十。十六日而月始亏幽也。凡冥之属皆从冥。"（第141页上）冥如前，本指色光闇，从冥之字多从此义。详见"冥"字下。鼆字也当从冥得义。《集韵·迥韵》："鼆，青黑貌。"（第886页）暝实为鼆的本字，指阳光不足时呈现出的暮色，即灰黑色。二字音同义通。清《韵府拾遗·径韵》"暝"字条下："《集韵》《韵会》并莫定切，音鼆。"（第4681页）鼆极少单独使用，古籍中鼆常与靛组合成词，参见"鼆靛"。

靛，从青从色，青亦声。当与表倩之靓，俗作靛字相区别。青可表绿、蓝、黑、灰色，靛字为青字"黑色"义的又一后起分化字。

其色与鼆色相近，《俗书刊误·略记字义》"豉"条下："《三苍》解靛字，冥果，青色也。盖豉本豆也，以盐配之，闭瓮中而成，故曰幽菽，冥果，蜜煎果也。以铜青浸之加蜜，而冥于缶中，故曰冥果，取名幽冥，……与生菽生果异也。"（第561页下）靛，冥果，青色也。幽冥无光则为靛，由此可知，靛当为似冥色的黑色，为近黑的有彩色，区别于纯黑色。与冥相似，可表光色闇黑。如以下两例：唐李华《寄赵七侍御》：

---

① （唐）李贺著，（清）王琦等评注：《三家评注李长吉歌诗》，上海古籍出版社1998年版，第132页。

② （清）黄遵宪著，钱仲联笺注《人境庐诗草笺注》，上海古籍出版社1981年版，第686页。

③ 蔡永贵：《论形声字的形成过程》，《宁夏大学学报》2006年第3期，第16页。

"玄辕啼深茏，白鸟戏葱蒙。"原注："茏一作黯。"① 宋方岳《重修珠溪院记》："延宇垂阿，百楹相扶，其岑闻黯深以庐，吾佛而慭。"② 黯均表示光色闇黑。

佛经作品中多使用此字表闇黑色。唐阿质达霰《大威力乌枢瑟摩明王经》卷上："次左画大威力乌刍瑟么明王，大忿怒形，目赤色，通身黯黑色。"（《密教部 T21》，p. 143. 3）在续诸宗部第七册《行林》第五十六载此"黯黑色"作"青黑色"，青黑色为深闇蓝绿色，黯黑色也当为深闇蓝绿色，黯当解作深闇蓝绿色。宋天息灾《大方广菩萨藏文殊师利根本仪轨经》卷第十二："嗔相之人，颜色多黑或紫色，或杂色，或黯色，或黄赤色，远离最上真金之色。"（《密教部 T20》，p. 879. 3）黑与黯色并出，可知二色有别。《大威力乌枢瑟摩明王经》卷上："如来右金黑刚部母么么鸡，多发，美貌，通身黯色。"（《密教部 T21》，p. 143. 3）《慧琳音义》卷三十五："黯黑：《集训》云：靑，黑色也。古今正字从色青声也。靑字从生从丹也。"（《事汇部 T54》，p. 542. 1）

黯，从黑从色，黑亦声。《康熙字典》引《海篇》："黑也，深也。"（第 1519、1520 页）从黑之字多从黑义。黯字亦从之。黯，文献中出现极少，目前只查询到唐代作品中一例，知其至迟在唐代就已出现。唐王勃《春思赋》："葱山隐隐金河北，雾里苍苍几重黯。忽有驿骑出幽并，传道春衣万里程。"③

要之，黤、黯、黯表黑色，出现于中古时期。构形均为原表黑颜色词字形上添加强化类属的"色"字构成。黤表闇黑色，黯表深闇蓝绿色，多出现在佛经作品中。黯字表黑色，文献用例少。

由"黤""黯"为语素构成的表黑合成词：

[黤黯]宋时产生。对于其色，诸字书有两种意见，一种认为赤黑色。《集韵·径韵》："黤黯，赤黑色。"（第 1255 页）《音韵阐微》采纳《集韵》意见。另一种认为青黑色。《类篇·色部》："黤黯，青黑色。"（第 323 页上）《龙龛手镜·色部》："黤黯，青黑色。"（第 523 页）从上面对黤、黯字义的分析可见，二者均指青黑色，所以黤黯当从第二种意

① 《全唐诗》，第 1588 页。

② （宋）方岳：《秋崖集》，台湾商务印书馆（《景印文渊阁四库全书》本），1986 年版，第 576 页上。

③ 《全唐文》，第 1799 页下。

见，为青黑色，即深闇蓝绿色。为赤黑色于义无据，也无例可证。宋陆文圭《修泮宫赋》："鸾镳寂寥，侯未下车。茇儿牧竖，于刈于刍。鸭雏嗒其水荇，茧角蹴于园蔬，或趴而瓻，或洼而洇，或藟藗而不平，或颤艵而无色。"艵，原注："千定切，青黑也。"① 元郝经《原古上元学士》："何时倒银汉，与世开颤艵。"② 有的字书、韵书将颤艵释作无色，《广韵·青韵》："艵，仓经切。颤艵，无色。"（第 195 页）缘出陆文"颤艵而无色"也。颤艵，即深闇蓝绿近黑而无他色，故为"无色"。

二　源于染织词

1. 玄

玄，黑中泛红色，泛指黑色。③ 玄表黑义源于黑中泛红色织物"玄"。织物玄本又指丝。由于玄、幺形近，在探讨玄的本义时，人们往往与幺共同讨论。下面是前人时贤对于二者关系的一些代表性观点。

许慎认为玄、幺非同字，更非同词。将幺、玄分作两部，从幺之部均有细、小义，从玄部有黑义。《说文·玄部》："玄，幽远也。黑而有赤色者为玄。象幽而入覆之也。凡玄之属皆从玄。"（第 84 页上）《说文·幺部》："幺，小也。象子初生之形。凡幺之属皆从幺。"（第 83 页下）

一些学者认为玄、幺古同字。邹晓丽认为：古"幺""玄"同字。（第 125 页）何琳仪认为：古文字幺、玄同形。（第 1108 页）李孝定认为玄字与幺字无别。④ 即玄、幺二字古字形相同。

一些学者认为古文幺即玄。林义光对古文幺的解释："象丝形。本义当为悬。"并引《释名·释天》："玄，悬也。如悬物在上也。"⑤ 陈独秀

① （宋）陆文圭：《墙东类稿》，新文丰出版公司（《丛书集成续编》本），1989 年版，第 256 页上。

② （清）顾嗣立编《元诗选》，中华书局 1987 年，初集一，第 385 页。

③ 尹泳龙《中国颜色名称》"玄"字条下："黑中带红或泛指黑色，也叫作元色。"（地质出版社 1997 年版，第 49 页）

④ 转引自《古文字诂林》第四册，第 327 页。

⑤ 转引自《古文字诂林》第四册，第 292 页。

认为："此可证幺玄一字，丝兹亦一字也。"① 林氏、陈氏所言实为幺、玄为一词。

本书认为，持玄、幺古同字者是。玄、幺古文字形并无区别，这与中国文字往往一字多义或一义多字有关。

语音上，二者并不相近。玄，上古匣母真部字。② 《广韵·先韵》："胡涓切。"（第 138 页）幺，上古影母宵部字。③《广韵·萧韵》："于尧切。"（第 148 页）二字上古音、中古音声母均同属喉音。但韵母相差较远。从语音上来看，并无关联。

玄、幺古同形，但取义不同。根据考古资料至迟在新石器时代晚期，先民们已开始养蚕织帛。进入奴隶社会后，丝织业发展很快，商代已达到相当高的水平。出现了很多记录丝织业有关的甲骨文字。幺就用来表示丝。玄的本义，学界主要有两种观点：一种为玄本义当为悬。林义光、陈独秀主张"玄"本义当为悬（见上文），章炳麟在《文始·三》中也持"玄本义当为悬，牵"的观点，"详《释名》云：'天又谓之玄。玄，悬也，如悬物在上也。''玄孙，玄，悬也，上悬于高祖，最在下也。'牵字亦从玄声，盖玄字兼有悬、牵之义，或古与臣牵同文而引申之义有异，遂为二文乎？"④ 又举例，畜之从玄，玄即牵也。另一种为玄、幺同字，表示微小之义。李孝定认为玄、幺同字，实为"糸"之初文，后孳衍为两个意思：一是"丝"，这个"丝"是两缕并合而成，如果只是一缕就是"幺"，是极言其微小的意思，"幺"的俗体写作"么"；二是"丝长"，所以有"幽远"的意思。邹晓丽补充认为"玄"同"幺"，"黑而有赤色"是后起义。（第 126 页）何琳仪并从声韵角度加以证明："幺，影纽；玄，匣纽。影、匣均属喉音，玄为幺之准声首。"（第 1108 页）

本书同意"玄"本义为"悬"的观点。由于玄的牵、挂义同幺的丝义、微小、悠长之间意义关联不大，二者之间语义发展脉络难以勾连，语音上又不十分相近，所以当视作语源不同的两个词为胜。从字形上看，玄为悬的象形字。远古人的天地观中有"天似戴笠"说，盖用玄来表示悬着的戴笠之形，地如覆璜，用黄来表示。天玄而地黄乃为古人天地观的一

---

① 转引自《古文字诂林》第四册，第 292 页。

② 详参郭锡良《汉字古音手册》，北京大学出版社 1986 年版，第 225 页。

③ 详参《汉字古音手册》，第 161 页。

④ 引自《章太炎文集》第七册，上海人民出版社 1999 年版，第 245 页。

种具体体现。详见后"玄黄"条。且无论哪种观点，玄、幺本义均非颜色义。

那么，玄的颜色义是如何产生的呢？

玄、幺二词古字形相同，由于字形相同，在使用时往往就会将二词词义进行重新分析和解读，使二词词义发生相互交叉和沾染。经过相互交叉、沾染后的二词词义渐趋一致。二词词义系统也随之发生互相影响，《淮南子·主术》："瞑目扼腕，其于以御兵刃，悬矣！"高诱注："悬，远也。"（第274页）章炳麟认为此"悬"："亦与幺之训微义近。幽远复引申之为黑而有赤色，犹幽衍为黝也，孳乳为兹，黑也。为袗，玄服也。"①虽然这种引申不免有些牵强，但可见二者词义的互相影响、渗透。幺字表示丝，当染织工艺能够织出黑而微赤色时，就借用与幺字形同的玄字表示黑赤色，通过语音的不同来表示二者意义的差异。

在甲骨文、金文中就已出现"玄"字作颜色义黑赤色的记录：

乙巳，贞：奉禾于夒三玄牛《合》33276②

《颂壶》："易女（赐汝）玄衣黹屯。"③

《休盘》："王乎（呼）作册尹册易（赐）休玄衣黹屯，赤市朱黄。"④

由于二者形同，而古人往往会混淆二者的关系，强加附会，由此产生了许多新的词义。"玄"字受幺义影响，表示微小，细微，又因受幺表丝义，丝较长，玄又因此产生了幽远义，在文献中此义甚多，如"玄德""玄妙"等。

二词词义发展轨迹用图表示如下：（见下页）

由于受"天玄地黄"及五色说的影响，玄字成为表黑赤色义的正字。

在上古早期文献《周易》中，首次出现了"玄"，表示"天地玄黄""其血玄黄""玄黄，天地之杂也，天玄而地黄"，在《诗·国风·卷耳》作品中出现了"我马玄黄"，汉学家们一面解释"玄，天色"，一面认为"玄，黑而有赤色"，那么，天色真的为黑而有赤色吗？"玄"到底表什么颜色？

笔者以为"天玄地黄"之"玄"表天，源于古人的"天似盖笠"的

---

① 《章太炎文集》第七册，第246页。

② 引自汪涛《殷人的颜色观念与五行说的形成及发展》，第267页。

③ 引自钟旭元、许伟建编著《上古汉语词典》，海天出版社1987年版，第84页。

④ 同上。

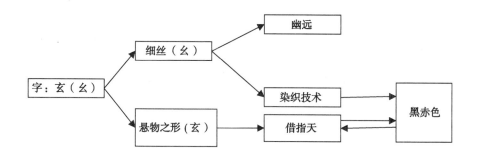

天地观。详见"玄黄"词条。与"玄"的"黑而有赤色"本属两义，后因五行五色说的影响，使二者语义人为地发生了联系。由于二者语义上无天然联系，所以经学家们为了解释"天玄地黄"的"玄"为"天，黑而有赤色"往往大费笔墨，而其解释由于未识"玄"的"天"义与"黑而有赤色"义的联系乃为文化所致，故而结论总为附会牵强。

　　事实上，"玄"表"黑而有赤色"义取自其染织工艺。"玄色"一词最早出现在汉郑玄《周礼》注中。郑玄认为"玄色"当在"缁缘"这两种颜色之间，《周礼·考工记·钟氏》"五入为缁，七入为缘"，郑玄注："凡玄色者，在缁缘之间，其六入者与？"（第1308页上）《尔雅·释器》："一染谓之縓，再染谓之赪，三染谓之纁。"邢昺疏："别众色之名也。一染谓之縓者，此述染绛法也。一染一入色名縓，今之红也。《说文》云：'帛黄赤色。'……再染名赪，即浅赤也。三染名纁。李巡云：'三染其色已成为绛。'纁、绛，一名也。"（第167页下、168页上）宋王与之《周礼订义》卷七十五"三入为纁，五入为缁，七入为缘"条下对此染织工艺的解释："康成谓：'玄，六入之色，自玄入黑汁则为缘矣。'故曰：'七入为缘。'缘，玄色之尤深也。"（第475页上）三国吴陆玑撰，明毛晋注《毛诗草木鸟兽虫鱼诗疏广要·蒹葭苍苍》："（蒹）一曰薕，玄色。《字说》曰：'薕中赤，始生未黑，黑已而赤，故谓之薕。'"（第15页）明陈士元《论语类考·冠服考·绀緅饰》："纁若入赤，汁则为朱。若不入赤，而入黑，汁则为绀矣。若更以此绀入黑，则为緅。而此五入为緅是也。绀緅相类之色，若更以此緅入黑，汁即为玄。是六入为玄。……更以此玄入黑，汁则为缘，是七入为缘。玄缘亦相类之色。"（第264页上、下）

　　吴淑生、田自秉《中国染织史》中据以上记载用图表的方式重现了这个染色过程。① 下面图表为仿原表所制：

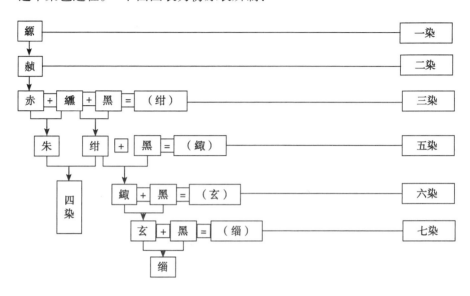

　　这幅图很形象地说明了"玄"的产生过程及其色调。"玄"在《周礼》《尔雅》时代及至唐代，织物染的玄色都为深黑红色为"黑中带红"，也即《说文》的"黑而有赤色"。

　　由于"玄"字既表"黑而有赤色"，又表"悬物之形"，于是在五方五色理论中，"天玄"对应方位中的"地黄"，"玄"对应"黄"，因之，"天玄"之"玄"也相应地将其颜色义"黑而有赤色"附加了上去。由此可见，在词汇的发展过程中，词义系统的形成不是简单的线性递进，也不是简单的辐射方式，而是会相互交合、渗透、沾染、影响，不断产生新的意义。这些或交合或渗透或沾染或影响的意义往往作为其附加义，凝固在词义中，成为具有特色的"这一个"，而非其他。这也是同一语义场中拥有众多同义词的原因，也是语言丰富的表征。这些意义的产生往往并非是符合科学原则或科学精神的，有时是人们在解读语汇时的有意拼合，或者是一种或通俗或大众的解读方式，非逻辑的，但久之，约定俗成，其义就固定下来，形成新的解读规范。

　　如：表示六染后的"黑中泛红"色的"玄"，往往用于重大的礼仪活动中的名物命名，如玄冠、玄纽、玄路等。《仪礼·士冠礼》："主人玄冠，朝服，缁带，素韠，即位于门东，西面。"（第7页上）《礼记·丧大记》："（大夫）纁纽二，玄纽二，齐三采，三贝。"（第1496页上）《礼记·月令》："（季冬之月）天子居玄堂大庙，乘玄路，驾铁骊，载玄旂，衣黑衣，服玄玉，食黍与彘，其器闳以奄。"（第646页上）这些含"玄"的名物词正是颜色词"玄"礼仪义的产物。

有些含"玄"的名物词由于常常用于礼仪，其礼仪义就会占据其理性意义，导致原来颜色义的消失，如"玄端"。《论语·先进》孔颖达疏中提道："'端，玄端也。衣玄端，冠章甫，诸侯日视朝之服'者，其衣正幅染之玄色，故曰玄端。案《王制》云：'周人玄衣而养老。'注云：'玄衣，素裳。'天子之燕服，为诸侯朝服。彼云玄衣，则此玄端也。若以素为裳，即是朝服。此朝服素裳皆得谓之玄端，故此注云'端，玄端'，诸侯朝服。若上士以玄为裳，中士以黄为裳，下士以杂色为裳，天子、诸侯以朱为裳，则皆谓之玄端，不得名为朝服也。"（第175页下）这些例子表明礼仪中的"玄端"之"玄"的黑赤义已渐消失，泛指正式礼仪中的服色。

又如：受"玄"的"幽远"义的影响，表黑义的"玄"所命名的名物中，往往蕴含了神秘的意味。如：玄玉、玄羽、玄乙、玄贝等。《尔雅·释鱼》："玄贝，贻贝。"郭璞注："黑色贝也。"（第335页上）《楚辞·宋玉〈招魂〉》："红壁沙版，玄玉梁些。"（第206页）晋傅玄《斗鸡赋》："玄羽黝而含曜兮，素毛颖而扬精。"[①]唐卢照邻《宴凤泉石翁神祠诗序》："夫坻上黄公，灵期已远；湘中元乙，化迹难征。"[②]"元乙"即"玄乙"。

又如：受五方理论的影响，表黑色的玄往往又附加了方位义"北方"，如：玄冬、玄堂、玄云、玄英。《汉书·扬雄传上》："于是玄冬季月，天地隆烈。"颜师古注："北方色黑，故曰玄冬。"（第3543、3544页）北周庾信《周柱国大将军大都督同州刺史尔绵永神道碑》："《冬官·考工记》：'玄云而授职。'"倪璠注："服虔曰：'黄帝以云名官，春官为青云氏，夏官为缙云氏，秋官为白云氏，冬官为黑云氏，中官为黄云

① 《全上古三代秦汉三国六朝文·全晋文》，第1720页上。

② 《全唐文》，第1695页上。

氏。'冬官黑云，故云'玄云'矣。"① 隋杜台卿《玉烛宝典·十月孟冬》："蔡雍《孟冬章句》曰……天子居玄堂左个，北曰玄堂，玄者黑也，其堂向玄，故曰玄堂。"（第 331 页）

受服色制度影响，在尚黑的时代，含黑义的"玄"往往还代表了吉祥、尊贵之义。夏代祭祀的太庙是黑色的"玄堂"。② 《论语·乡党》："羔裘玄冠不以吊。"杨伯峻注："'羔裘玄冠'都是黑色的，古代都用作吉服。"③《礼记·檀弓上》："夏后氏尚黑，大事敛用昏，戎事乘骊，牲用玄。"（第 208 页上）

由于受阴阳五行学说的影响，"玄色"也往往被赋予代表天、神祇、年节等的文化义。在一些重大的仪式里常常使用。《书·禹贡》："东渐于海，西被于流沙，朔南暨声教，讫于四海。禹锡玄圭，告厥成功。"孔颖达疏："以禹功如是，故帝赐以玄色之圭，告其能成天之功也。"（第 204页上、下）宋罗泌《路史·余论·太尉》："舜与大司空禹、临侯博望等三十人集发图，玄色绤，长三十二尺。中有七十二帝地形之制，天文位度之差。"（余论七，第七页）《金史·礼志·郊礼·方丘仪》："正、配位币并以黄色，神州地祇币以玄色，五神、五官、岳镇海渎之币各从其方色，皆陈于筐。"（第 715 页）《明史·凶礼志·睿宗帝后陵寝》："于是定议，岁除日变服玄色吉衣，元旦祭服于玄极殿行告祀礼，具翼善冠、黄袍御殿，百官公服致词，鸣钟鼓、鸣鞭，奏堂上乐。"（第 1464 页）

与此同时，"玄色"也被用于染织以外的领域，词义扩展，泛指黑色。

《文选·司马相如〈上林赋〉》："于是乎玄猿素雌，蜼玃飞蠝，蛭蜩蠼猱，獑胡縠蛫，栖息乎其间。"李善注："玄猿，言猿之雄者玄色也。"（卷八，第十页）《史记·天官书》："困敦岁：岁阴在子，星居卯。以十一月与氐、房、心晨出，曰天泉。玄色甚明。"（第 1315 页）明罗懋登《三宝太监西洋记》八十四回："国师道：'初然是个未牧，未经童儿牧养之时，浑身上是玄色；……第六是无碍，到了无拘无束的田地，浑身都白得来，只是后豚一条黑色。'"（第 1080、1081 页）此处"玄色"对应

---

① （北周）庾信著，倪璠注：《庾子山集注》，台湾"中华"书局（四部备要本），1981年，卷十四，第十一页。

② 参见何光岳《夏族尚黑的流传和影响》，《安徽史学》1994 年第 1 期。

③ 杨伯峻：《论语译注》，中华书局 1980 年版，第 101 页。

"黑色"，义同。明唐文凤《题折梅花》："墨沼移春春不知，却将玄色换仙姿。"①

到了明代，对于"玄色"染织工艺已发生了变化。《天工开物·彰施篇》对制染"玄色"提供了两种方法："靛水染深青，芦木、杨梅皮等分煎水盖。又一法，将蓝芽叶水浸，然后下青矾、栲子同浸，令布帛易朽。"（第119页）

据宋应星的介绍，玄色是通用采用复染和套染的方法得到的。有两种方法，一种是用蓝色染料浸染成深蓝色，然后用芦木和黑色染料杨梅皮同比例放入煎染。得到的颜色应该为深黑含蓝。另一种是蓝芽叶水浸后分解出靛蓝素，加入含单宁的染黑剂五倍子和青矾即媒染剂来进行套染，得到的颜色应该为深黑含蓝的颜色。可见，至迟到明代时，玄色已经不再指黑中带红了，而是黑中含蓝色。"玄色"此时已不再指"黑而有赤"，而是"黑中含蓝"了。"玄色"用于织物时已经泛指黑了。如：

明陆人龙《型世言》第二十六回："姨娘不像在舡中穿个青布衫，穿的是玄色冰纱衫，白生绢袄衬，水红胡罗裙，打扮得越娇了。"（第359页）

明冯梦龙《东周列国志》第三十七回："用玄色轻绡六尺，周围抹额，笼蔽凤笄，以防尘土。腰悬箭箙，手执朱弓。妆束得好不齐整！"（第108页）

清韩邦庆《海上花列传》第四十九回："子富一见翠凤，上下打量，不胜惊骇。竟是通身净素，湖色竹布衫裙，蜜色头绳，玄色鞋面，钗环簪珥一色白银，如穿重孝一般。"（第421页）②

要之，颜色词"玄"取义自黑中泛红色织物"玄"，与表示悬义后引申为表"天"的"玄"同形，因五行五色观念的出现，二者语义发生沾染，文字"玄"于是既可表天，又可以表示由染织物"玄"引申出的"黑中泛红色"，明代起制染的"玄色"为深黑含蓝色，泛指黑色。由于是观念文化的产物，所以"玄"表示颜色黑往往用于礼仪用语，具有典雅和庄重色彩。

---

① （明）唐文凤：《梧冈集》，台湾商务印书馆（《景印文渊阁四库全书》本），1986年版，第582页下。

② 《大词典》"玄色"词条"泛指黑色"义下只举了鲁迅《呐喊·药》的例子，未举古文献例。我们可以据以上的例子为其提前书证，并补例。

由"玄"为语素构成的表黑合成词：

[玄绀] 色闇黑而微红。《大词典》将其释为"青黑而带红之色"，所举例为：三国吴陆玑撰，明毛晋注《毛诗草木鸟兽虫鱼疏广要·胡为虺蜴》："〔虺蜴〕一曰蛇医，大者长三尺，色玄绀，善魅人。"此处"玄绀"解作"青黑而带红之色"恐未确。蛇医也即今之东方蝾螈，为蝾螈的一种。背部一般黑色有腊光，腹部朱红色。生活在"清寒的静水池内"。主要分布在我国南部省份。① 据此，此例"玄绀"当读为玄、绀，分指黑色和朱红色。

玄，黑中泛红之色；绀，闇黑色。详见"绀"字。"玄绀"成词，指"色闇黑而微红紫"，较早出现于晋崔豹《古今注》中。《古今注·鱼虫》："绀蝶一名蜻蛉，似蜻蛉而色玄绀，辽东人呼为'绀幡'，亦曰'童幡'，一曰'天鸡'，好以六月群飞闇天，海边夷貊食之，谓海中青虾化为之也。"（第14页）绀蝶，也即绀蟹，为蜻蜓目蜻科昆虫，有教科书描述为"体黑而有蓝光"。② 事实上，蓝色并不十分确切，当为红紫色。

[玄青] 深黑色。③ "玄青"一词出现在汉代作品中。此时的玄青，又名芫青，玄青本指在芫花上的一种黑色小昆虫，属鞘翅目芫青科的昆虫。④《太平御览·虫豸部·地胆》："《本草经》曰：'元青，春食芫华，故云元青。秋为地胆。地胆，黑头赤，味辛有毒，主蛊毒风。'"（第4224页下）李时珍《本草纲目·虫部·卵生类下·芫青》[释名]："青娘子。时珍曰：'居芫花上而色青，故名芫青。'"[集解]引弘景曰："二月、三月在芫花上，花时取之，青黑色。"（第2272页）玄，匣母真部字；芫，疑母元部字。真部、元部同属阳声韵，匣母、疑母上古均为浅喉音，语音的相近，"芫青"色黑，又被记作"玄青"。

久之，唐时"玄青"从"黑色昆虫"义中生发新义，指黑色。唐瞿坛悉达《唐开元占经》："甘氏曰：大渊献之岁，摄提在亥，岁星在辰，与轸角亢，晨出夕入，其名为大皇。其状色玄青，天下不宁，有归为政。"（第347页上）宋张君房《云笈七签·金丹部·七返灵砂论》："只如第一返伏火丹砂，服饵一两，即去除万病；服之二两，即髭发玄青。"

---

① 详参胡淑琴编著《中国动物图谱·两栖类 爬行类》，科学出版社1987年版，第9页。
② 详参蔡邦华编著《昆虫分类学》（上册），中国财政经济出版社1956年版，第89页。
③ 尹泳龙《中国颜色名称》"玄青"条下："深黑色。也叫元青色。"（第49页）
④ 详参李海霞《汉语动物命名考释》，巴蜀书社2005年版，第579页。

（第 1524 页）

后"玄青"表色时专用于织物，为了与"玄色"区分，"玄青"用于织物时指深黑色。明刘若愚《明宫史·篦头房》："皇子戴玄青绉纱六瓣有顶圆帽，曰瓜拉冠。至十余龄留发，约年余，又择吉入囊总束于后。冬用玄色纻、夏用玄色纱作囊，阔二寸许，长尺余，垂于后。"（第 22 页下）清夏仁虎《旧京琐记·仪制》："逢斋戒、忌日，皆青外褂，谓之常服。国丧则入临，皆反穿羊皮褂，余日玄青褂，至奉安始止。"（第 69页）且通常用于日常丧礼中的一般服色。清吴沃尧《二十年目睹之怪现状》第九十七回："这位县尊是穿了补褂来的，便在客座里罩上玄青外褂，方到灵前行礼。"（第 557 页）此外，"玄青"还用于指古人所划分的天文区域之一，是道教文化的产物。明徐应秋《玉芝堂谈荟·西王母》："八灵道母，西岳蒋夫人，在海六微玄青夫人，上真东宫卫夫人，北汉七紫石夫人，紫清上宫九华真妃，……"（第 694 页）明罗伦《三月初七日梦》："高皋一曲动玄青，春日春风拜考亭。不是昊天无处着，洁魂应送水成清。"① 明汤显祖《秦淮可游赋》："水光摇其瑧组，露气凉其簪绤，涤滞虑于玄青，玩回环于虚白，下濑疾而须款。"②

非颜色词辨：

[**玄英**]：《楚辞·东方朔〈七谏·沈江〉》："服清白以逍遥兮，偏与乎玄英异色。"王逸注："玄英，纯黑也，以喻贪浊。言己被服芬香，覆修清白，偏与贪浊者异行，不可同趣也。"（第 244 页）后代学者多从此。《大词典》也采纳此说。笔者以为此处可商。

"玄英"一词的出现是古人五方五色四时观念的产物。《尔雅·释天》："春为青阳，夏为朱明，秋为白藏，冬为玄英。"郭璞注："气黑而清英。"（第 184 页上、下）玄代表北，代表黑色。玄英代表冬季。玄英又称为玄冬。晋郭璞《答贾九州愁诗》："广莫戒寒，玄英启谢。感彼时变，悲此物化。"③《通典·开元礼纂类·吉礼·立冬后亥日祀司中司命司人司禄》："次献司禄，祝文曰：'玄英纪时，岁事云毕，聿遵典故，修其常祀。'"（第 1506 页）《太平御览·时序部·冬下》："《梁元帝纂要》

① （明）罗伦：《一峰文集》，台湾商务印书馆（《景印文渊阁四库全书》本），1986 年，第 778 页上。
② （清）陈元龙辑《历代赋汇》，北京图书馆出版社 1999 年版，第 11 册，第 519 页。
③ 《先秦汉魏晋南北朝诗·晋诗》，第 862 页。

曰：'冬日玄英，亦曰安宁，亦曰玄冬、三冬、九冬天。'"（第 126 页上）

"玄英"解作"纯黑色"，只出现在王逸的《楚辞章句》中，与东方朔同时代作品中"玄英"均指"肃杀、万物灭迹的黑色季节"。所以，笔者以为，此处"玄英"也可作此解。表明屈原不愿与时俗同流的志向。无须另立新解。所以"玄英"不宜解作"黑色"义。

玄英代表肃杀的季节，玄又代表幽冥，玄英又往往预示黑闇、邪恶。《西游记》第九十一回："幸四值功曹传信道：那山叫作青龙山。山中有一玄英洞。洞中有三个妖精，唤作辟寒大王、辟暑大王、辟尘大王。"（第 1037 页）

玄英又指黑石英。古代炼丹家将其视作制仙丹的重要材料。宋张君房《云笈七签·三洞经教部·老子中经上·第二十六神仙》："念玄英正黑润泽有光，三日。"（第 435 页）又《金丹部·七返灵砂论·第一返丹砂篇·阴阳制伏及火候飞伏法》："且丹砂是阳精，而须阴制。阴制者，水也；当用石盐、马牙消、玄英、化石是也。如玉座光明砂一斤，制之用石盐六两、黄英、化石各二两。"（第 1528 页）

又借指具有仙力的制成品。《警世通言》第二十七卷："洞宾不假思索，信笔赋诗四道：'黄鹤楼前灵气生，蟠桃会上啜玄英。剑横紫海秋光动，每夕乘云上玉京。'"（第 428 页）

玄英又可泛指各色石英。《云笈七签·内丹·鸡子石英证含光图》："英者暑也，清净一物含五色，玄英之令象也，故引凡而喻。此英出蜀岷山及中国华山，即白石英是也，映日而光生矣。"（第 1639 页）

颜色词辨：

[玄黄] 古汉语中使用频率较高的词，对于其词义学界众说纷纭。下面试勾勒其语义系统。

"玄黄"一词在《诗经》时代已出现。《诗·周南·卷耳》："陟彼高冈。我马玄黄。我姑酌彼兕觥，维以不永伤！"（第 47 页上）

对于此"玄黄"，学界虽然对于"玄黄"的解读见仁见智①，但普遍认为此属疾病。本书认为，"玄黄"宜视为联绵词，言病也。玄、黄二字上古声母均属匣母［ɣ］，直到中古时二者仍为双声，《广韵·先韵》：

---

① 孙炎认为"玄黄"为马病貌，郭璞认为"人病貌"，郭沫若《释玄黄》一文认为，"玄病则黄"。参见《郭沫若全集》，人民文学出版社 1990 年版，第 15 卷，第 329、330 页。

"玄，胡涓切。"（第 138 页）《广韵·唐韵》："黄，胡光切。"（第 183 页）可见，二者为双声联绵词。

《尔雅·释诂》："虺隤，玄黄，病也。"（第 34 页上）王引之《经义述闻·毛诗上·我马玄黄》："虺隤，叠韵字，玄黄，双声字，皆谓病貌也。……凡物病皆得称之。"（第 118 页下）陈奂《诗毛氏传疏·国风·卷耳四章》"我马玄黄"下注："传文'玄马病则黄'五字，当作'马病则玄黄'，与《四牡》传'马劳则喘息'句法相同，今本误也。……虺隤叠韵，玄黄双声，皆合二字成义；玄黄之不可分释，犹虺隤之不可分释耳。"（第 12 页上）

《周易》中有一例"玄黄"。《周易·坤卦》："上六：龙战于野，其血玄黄。"（第 35 页下）对于此"玄黄"学界历来纷争不断。其主张大体可分为两端。一种意见认为"玄黄"为颜色词，表明"龙血"的颜色。稍后产生的《易传》及大多解《易》者均持此种看法。《周易·说卦》："震为雷，为龙，为玄黄，为旉，为大涂，为长子，为决躁，为苍筤竹，为萑苇。"（第 390 页上）宋魏了翁《周易要义》："庄氏云：上六之爻，兼有天地杂气，所以上六被伤。其血玄黄也，天色玄，地色黄，故血有天地之色。"（第 149 页上）另一种意见认为"玄黄"非颜色词。《周易·坤卦》："夫玄黄者天地之杂也，天玄而地黄。"（第 39 页上）

本书认为此"玄黄"当与《诗经》中所讲"玄黄"义同，指病貌。爻辞此处讲败象，《象》曰："龙战于野，其道穷也。"所以"玄黄"指病貌，正符文义。廖名春认为"其血玄黄"的"血"当读作"率"，"率"即首领。"率"与"龙"都是指"大人""君子"，所以《文言》说"犹未离其类也，故称'血'焉"。[①]

按："天玄地黄"的概念盖源自古人的天地观。《晋书·天文志上》："古言天者有三家，一曰盖天，二曰宣夜，三曰浑天。……蔡邕所谓《周髀》者，即盖天之说也。其本庖牺氏立周天历度，其所传则周公受于殷商，周人志之，故曰《周髀》。髀，股也；股者，表也。其言天似盖笠，地法覆盘，天地各中高外下。"（第 278 页）古人对于天体的认识今人虽然看来荒谬不堪，但却真实反映了当时的天地观。"天似盖笠"，可看出天如同盖笠悬在地上。"地法覆盘"，盘，木盘；覆盘，即倒置的盘子，

---

① 参见廖名春《〈周易〉乾坤两卦卦爻辞五考》，《周易研究》1999 年第 1 期。

其形当为弧形，"中高外下"。这种观点正是"天玄地黄"的天地观的又一形象写照。玄，通悬，天玄即天悬在上。黄，通璜，古代重要的六大礼器之一，据考古发现，在新石器时代璜已产生。①《说文·玉部》："璜，半璧也。"（第 11 页上）璧为圆形，半璧则为其形呈弧形。"天玄地黄"即"天似玄，地似黄"。

"玄""黄"还用于指染织物的颜色。中国的染织工艺在新石器时代就已经开始应用矿物颜料，同时选用植物染料，且可以染织出色彩丰富的颜色。《诗·豳风·七月》："七月鸣鵙，八月载绩。载玄载黄，我朱孔阳，为公子裳。"（第 582 页上）可见，"玄""黄"此时为染织物的颜色。

"玄""黄"语义在五色五方说影响下的进一步发展。五行说产生于周代，是阴阳学说的发展。《书·洪范》："一，五行。一曰水，二曰火，三曰木，四曰金，五曰土。"（第 357 页上）五行说与颜色和空间相联系，产生了五色、五方说。五色五方说中，玄、黄一方面指代天、地，另一方面又指颜色，将其二义杂糅，就产生了"玄代表天，玄色代表天色；黄代表地，黄色代表地色"的新的观念。这种观念明确地提出出现在《周礼》中。《周礼·考工记·画缋》："画缋之事，杂五色，东方谓之青，南方谓之赤，西方谓之白，北方谓之黑，天谓之玄，地谓之黄。"（第 1305 页下）

也就有了用"玄、黄"丝织物代表天地，作为重要礼仪象征的文化义。《书·武成》："华夏蛮貊，罔不率俾。恭天成命，肆予东征，绥厥士女。惟其士女，篚厥玄黄。昭我周王。"（第 346 页上、下）明程敏政《篁墩文集·青宫直讲·尚书》对于此"玄黄"解释："商之民怨纣之恶，喜周之来，都以篚筐竹器盛着玄色、黄色的币帛相迎说，以明我周王有天地之德。"（第 43 页上、下）

进而"玄黄"成为染织的重要色调。《礼记·祭义》："及良日，夫人缫，三盆手，遂布于三宫夫人、世妇之吉者，使缫。遂朱绿之，玄黄之，以为黼黻文章。"（第 1553 页上）

东汉时，"玄黄"又产生了炼丹义。并在此物基础上，语义又进一步发展。东汉时，炼丹家们发现了一种神奇的物质，命之曰"玄黄"。"金

---

① 详参周南泉《玉璜综论——古玉研究之六》，《故宫博物院院刊》1996 年第 3 期。

属汞和铅在土釜中合炼，则生成一种紫色或金黄色 $Pb_3O_4 - PbO - HgO$ 混合物，但氧化铅占到99%以上，所以基本上是铅黄华。"[1] 东汉有许多书记录了"玄黄"的制作方法。东汉《黄帝九鼎神丹经》："欲作神丹，皆先作玄黄。玄黄法：取水银十斤，铅二十斤，纳铁器中，猛其下火，铅与水银吐其精华，华紫色，或如黄金色。以铁匙接取，名曰玄黄。"（第77页下）由于"玄黄"在制作过程中，颜色呈繁，所以炼丹家视为灵异之物。另一版本《九转流珠神仙九丹经》："玄黄一名伏丹，一名紫粉。"（第150页中）《周易参同契·先白后黄章》中记载了对水银与黄芽（笔者注：即玄黄）交配后最终变为大丹的过程，并对其颜色变化过程进行了记载："则药在胎内颜色形状随时变易而定貌不常，似蓝蘗之染绿黄，如皮曲之为胶酒，逐其本类变化而成也。"（第182页上）

炼丹过程中"玄黄"所呈现的多种颜色变幻，使其产生了绚丽的色彩义。于是"玄黄"产生了"绚丽的色彩"义。《新语·道基》："后世淫邪，增之以郑、卫之音，民弃本趋末，技巧横出，用意各殊，则加雕文刻镂，傅致胶漆丹青、玄黄琦玮之色，以穷耳目之好，极工匠之巧。"（第21页）《新语·无为》："秦始皇骄奢靡丽，好作高台榭，广宫室，则天下豪富制屋宅者，莫不仿之，设房闼，备厩库，缮雕琢刻画之好，博玄黄琦玮之色，以乱制度。"（第67页）《三国志·魏志·诸夏侯曹传》："虽上下等级，各示有差，然朝臣之制，已得侔至尊矣，玄黄之采，已得通于下矣。欲使市不鬻华丽之色，商不通难得之货，工不作雕刻之物，不可得也。"（第297、298页）《搜神记·华亭大蛇》："歘见大蛇，长六七丈，形如百斛船，玄黄五色，卧冈下。"（第434页）《抱朴子内篇·论仙》："入无绮纨之娱，出无游观之欢，甘旨不经乎口，玄黄不过乎目，芬芳不历乎鼻，八音不关乎耳，百忧攻其心曲，众难萃其门庭，居世如此，可无恋也。"（第18页）

绚丽的色彩又进一步引申为色彩绚丽，由名词变为形容词。《三国志·魏志·方伎列传》："高岳岩岩，有鸟朱身，羽翼玄黄，鸣不失晨，此山鸡毛也。"（第822页）《晋书·张华传》："惟鹪鹩之微禽，亦摄生而受气，育翮翾之陋体，无玄黄以自贵；毛无施于器用，肉不登乎俎味。"（第1069页）

---

① 引自赵匡华、周嘉华《中国科学技术史》（化学卷），第368页。

“玄黄”本为“道家”的不老灵丹，色彩多变，并与阴阳五行相关，视之为灵异之物，后被佛教文化所吸纳，在汉译佛经中，玄黄出现频率很高，有“泛指颜色”义、“绚丽的颜色”义、“色彩绚丽”义。[①]

要之，上古时期的“玄黄”为联绵词，表示一种疾病。五行说的产生，使玄、黄分别代表天与地、同时代表黑色与黄色。玄黄也成为礼仪中的重要色彩，但表此义的“玄黄”为并列式短语，非词。汉代时炼丹家们炼出了色彩绚丽的物质，命之曰“玄黄”，于是，玄黄产生了“绚丽的色彩”义，继而又引申出了“色彩绚丽”义。表此义的“玄黄”为词，其构词语素不可分析。

2. 滋（玆、滋、䵡）

玆，为二玄，表黑义，后为滋取代，滋与滋形近相混，滋又取代滋，成为正字。䵡为兹的又一异体字。

玆、兹、滋、滋、䵡常易相混，要想探究何字为黑义本字，还需一番辨识。以往学者对于这些字本义的观点主要如下：

（1）较多学者认为𢆶为丝的初文，并𢆶兹无别。

邹晓丽认为“𢆶”即“‘丝’的初文，象形”，“‘𢆶’在卜辞和铭文中均被借为‘兹’（代词）。”（第125页）罗振玉认为“𢆶”古金文用为训“此”之“兹”。[②] 胡厚宣在《释𢆶用𢆶御》一文中用大量例证说明：“诸‘𢆶’字亦无一不读为‘兹此’之‘兹’者。”[③]

李孝定认为“𢆶”为“象丝二束之形。卜辞金文皆假此为训‘此’之‘兹’。兹丝音韵并同，故得通假。至许书之𢆶训微，乃丝义之引申，读于虬切。音义并后起，如古即读于虬切则无由假为兹字矣。糸之为幺，亦犹丝之为𢆶。幺之读于尧切，亦犹𢆶之读于虬切也。”[④] 马叙伦、李孝定认为𢆶丝一字，杨树达认为古字丝兹无别。[⑤]

---

① 对其义的解释，详见侯立睿《佛经文献的语料价值——以“玄黄”一词为例》（《江南大学学报》，2007年第2期）。

② 转引自《古文字诂林》第四册，第297页。

③ 转引自《古文字诂林》第四册，第298—300页。

④ 转引自《古文字诂林》第四册，第300页。

⑤ 转引自《古文字诂林》第一册，第487—488页。

（2）丝兹为孳乳关系。商承祚认为丝兹关系为："丝孳乳为兹。"①

（3）兹即兹。何琳仪认为"兹"即"兹"："象二束丝之形。"（第91页）

（4）兹非兹、滋非滋。《说文·玄部》"兹"字段玉裁注："凡水部之滋，子部之孳，鸟部之鹚皆以兹为声。而兹、滋字只当音悬，不当音孜。"（第159页下）强运开："《广韵》七之作滋，一先作滋，音义各不同为是也。"②

（5）兹丝一字。《说文·玄部》"兹"马叙伦六书疏证："兹丝亦一字，今兹音子之切，从丝得声之音也。当为玄之重文。"（卷八，第一一页）

（6）兹兹形近义同。沈兼士认为："兹兹于古实为一文之小变，盖古文玄象束丝之形，兹为其叠文，故均有丝义。"③

按：丝、兹古文字无别，据姚孝遂、肖丁《殷墟甲骨刻辞类纂》，甲骨文中只出现了兹，表代词"此"。段玉裁、强运开的意见为是：兹非兹，滋非滋。兹当为玄产生"黑"义后产生的新词，表黑，染黑。《说文·玄部》："兹，黑也。从二玄。《春秋传》曰：'何故使吾水兹？'"（第84页上）段玉裁注《说文·玄部》"兹"字下引《春秋传》例"何故使吾水兹"，"兹"作"兹"，并详细注解为："《释文》曰：'兹音玄，本亦作滋，子丝反。浊也。《字林》云：黑也。'按：宋本如是。今本兹滋互易，非也。且本亦作滋，则仍胡涓切，不同水部滋水字'子丝反'也。陆氏误合二字为一。"滋为兹的后起字。黢为兹的异体字。《正字通·黑部》："黢，津私切，音咨，深黑色，通作兹。《说文》：'兹，黑也，从二玄。'俗加黑旁作黢。"（第828页下）

而兹、滋并无颜色义。兹，代词。滋，《说文·水部》："滋，益也。从水兹声。一曰滋水，出牛饮山白陉谷，东入呼沱。"（第231页下）

从语音来看，兹，上古为匣母真部字，而兹、滋上古为精母之部字。兹与兹滋二字语音上没有联系。

兹、黢除留存在字书、韵书中外，今在文献中已难以找到例证，而滋

---

① 转引自《古文字诂林》第四册，第297页。

② 转引自《古文字诂林》第四册，第328页。

③ 转引自《古文字诂林》第四册，第329页。

表黑义的用例却很多，究其原因，是文献传写中字形讹写所致。

兹表黑义，现有文献中今仅可从异文中窥见端倪。《左传·哀公八年》："初，武城人或有因于吴竟田焉，拘鄫人之沤菅者，曰：'何故使吾水滋？'"（第 1896 页上）依许慎《说文》，滋本作"兹"，而今天大徐本已讹写作"兹"。（第 84 页上）

从文献材料来看，兹、兹常常混用。兹表"此"义，但文献中常常用来表"兹"。上例《左传·哀公八年》中的"滋"，杜预注："滋音玄，本亦作'兹'，子丝反，《字林》云：'黑也。'"（第 1896 页上）陆德明释文"滋"作"兹"："音玄，本亦作滋，子丝反，浊也。"（第 1175 页）事实上，此"滋"当为"**兹**"，而"兹"当为"兹"。

而"兹"也常常表"兹"，此。《书·多士》："诞淫厥泆，罔顾于天显民祇，惟时上帝不保，降若兹大丧。"（第 501 页上）宋林之奇《尚书全解》此"兹"写作"兹"。（第 641 页下）文渊阁四库全书本宋卫湜《礼记集说》卷一百十二对《礼记·祭义》进行解释时有这样的叙述："此礼既行而民亲爱之心油然而生，上下之间率用情实而无浇伪之风，职此之由也，兹非礼之至也乎。"（第 423 页下）"兹"当作"兹"。

一些字书、韵书往往也混淆不清：《尔雅·释器》："蓐谓之兹。"（第 168 页下）文渊阁四库全书《经典释文·尔雅·释器》记作"兹"："兹，子斯反。"（第 900 页下）《广雅·释言》："况，兹也。兹，今也。"（第 146 页上、下）文渊阁四库全书本《广雅》将此"兹"写作"兹"。（第 444 页下）《玉篇·玄部》："兹，子狸切，浊也，黑也，或作黝、滋。"（第 99 页上）"子狸切"当为兹的音切，而非"兹"的音切。唐颜元孙《干禄字书·平声》将"兹、兹"分别视作通字、正字。（第 6、7 页）《龙龛手镜·杂部》："兹：古文音兹，此也。又姓，又音玄，亦古文黑也。"（第 544 页）将"兹""兹"相混。

由于"滋"往往被讹写为"滋"，后来，以讹传讹，"滋"就成为文献中表"黑"义的正字。

梁江淹《谢法曹惠连赠别》："摘芳爱气馥，拾蕊怜色滋。色滋畏沃若，人事亦销铄。"[1] 高适《同敬八卢五泛河间清河》："稍随归月帆，若

---

① 《先秦汉魏晋南北朝诗·梁诗》，第 1578 页。

与沙鸥期。渔父更留我，前潭水未滋。"① 元稹《大嘴乌》："群乌饱粱肉，毛羽色泽滋。远近恣所往，贪残无不为。"②《宋书·羊希传》："而占山封水，渐染复滋，更相因仍，便成先业，一朝顿去，易致嗟怨。"（第1537页）《诗·小雅·苕之华》中的"苕"明冯复京《六家诗名物疏》卷四十五"苕之华篇"提到了此物可作"滋"："陶隐居云：田野甚多人，采作滋染皂。"（第481页上）清厉鹗《辽史拾遗·地理志·黑山》："《梦溪笔谈》曰：'昔人文章用事多言黑山，黑山在大幕之北。'今谓之姚家族，有城在其西南，谓之庆州。予奉使尝帐宿其下，山长数十里，土石皆紫黑，似今之滋石。"（第939页上）清吴景旭《历代诗话·唐诗·红丝砚》："《东观录》云'红丝石出于青州黑山，……渍之以水，则有滋液出于其间，以手磨拭之，久而黏着如膏，若覆之以匣，至开时数日墨色不干。'"（上册，第744页下）

要之，兹，从二玄，表黑，为滋取代，玆为兹的异体字。后滋、滋因形近相讹，滋成为表黑义的正字，表示黑或染黑义。

由"滋"为语素构成的表黑合成词：

[滋黑] 滋黑，宋时产生，表示深黑色，形容黑的程度深。宋代后文献未见此词用例。宋李昉《太平广记·女仙·茶姥》："广陵茶姥者，不知姓氏、乡里，常如七十岁人，而轻健有力，耳聪目明，发鬓滋黑。耆旧相传云：晋元南渡后，见之数百年，颜状不改。"（第一册，第355页上、下）又《太平广记·再生·周哲滞妻》："群鬼乃迁延不敢动。二人既至，颜色滋黑，灰土满面。群鬼畏惧，莫不骇散。遂引席氏还家。"（第三册，第729页下）

3—4. 淄③、缁（缁、繵、紻、纯）

淄，本义指水名，淄水。初作甾。于省吾《甲骨文字释林·释甾》认为甲骨文甾"实则即淄之初文"。（第227页）后添加水旁突出其类属为水。刘桓指出甲骨文中的"淄"当指淄水，"要之，殷之淄水即今之淄

① 《全唐诗》，第2206页。

② 《全唐诗》，第4454页。

③ 淄本源于淄水，当列入自然现象类中，但由于其与"缁"同属一源，为了表述的方便，故置于此，一并讨论。

水，是可以确定的"①。由此可知，甲骨文中"甾"及"淄"当指淄水，也即今山东省的淄河。因其水黑故名淄。《书·禹贡》："峄夷既略，潍、淄其道。"（第169页下）《史记·夏本纪》引此文，张守节正义引《括地志》："俗传云，禹理水功毕，土石黑，数里之中波若漆，故谓之淄水也。"（第56页）

甾、淄都可表黑义。《书·禹贡》："峄夷既略，潍淄其道。"（第169页下）《汉书·地理志上》"潍"作"惟"，"淄"作"甾"，颜师古注："惟甾，二水名……甾水出泰山莱芜县。……甾字或作淄，古今通用也。"（第1526页）

秦汉时，淄抽象出黑义。表示黑泥或染黑。《太玄·更》"化白于泥，淄"司马光集注："淄，黑也。"（第59页）《后汉书·皇后纪上》"遂忘淄蠹"李贤注："淄，黑也。"（第400页）此两例淄，均指黑泥。《文选·崔瑗〈座右铭〉》"在涅贵不淄"吕向注："淄，黑色。"（卷五十六，第七页）此处淄，当指染黑。

缁，本指经染色后得到的黑缯名。因其入于黑色水中染色而成，黑色水类同淄水，故名。《周礼·考工记·钟氏》："三入为纁，五入为緅，七入为缁。"郑玄注："染纁者，三入而成……又复再染以黑，乃成缁矣。"（第1308页上）《尔雅·释天》"缁广充幅长寻曰旐"郝懿行义疏："缁者，帛黑色也。"②《广雅·释器》："纁谓之绛，缁谓之皂。"（第271页上）周时就已从黑色缯中抽象出黑义，表织物黑义。从出土文献来看，湖北省文物考古研究所、北京大学中文系研究《望山楚简》后认为，战国时就已出现过缁色织物："'肻緅联朕'之语简文屡见，似是一种织物的名称。……緅是此墓简文中最常见的织物，疑当读为'紬'，即后代的'绸'。战国文字'甾''由''占'等偏旁往往相混，疑'肻'为从'肉''甾'声之字，'肻緅'当读为'缁紬'，即黑色之紬。"③从传世文献看，《诗经》时代就已出现此种用法。《诗·郑风·缁衣》："缁衣之宜兮，敝，予又改为兮。"毛传："缁，黑色，卿士听朝之正服也。"（第326页上）汉以后语义扩大，可用来修饰各种事物。《文选·张衡〈东京

----

① 刘桓：《古代文字研究》，《内蒙古大学学报》1980年第4期。

② （清）郝懿行：《尔雅义疏》，上海古籍出版社（《清疏四种合刊》本），1989年版，第202页上。

③ 转引自《古文字诂林》第九册，第1196页。

赋〉》"黑丹石䊷"刘良注:"䊷,黑也。"(卷三,第八页)《文选·谢灵运〈晚出西射堂〉》"抚镜华䊷鬓"张铣注:"䊷,黑也。"(卷二十二,第十一页)《文选·班固〈典引〉》"扰䊷文皓质于郊"李周翰注:"䊷,黑。"(卷四十八,第二十九页)

从甾之字多表黑。鶅,《说文·隹部》"雉,有十四种,……东方曰鶅"段玉裁注:"鶅,今《尔雅》作鶅。"(第142页上)清陈启源《毛诗稽古编·辨物·禽虫类》"甾作鶅"注:"鶅音淄。"(第765页上)鶅盖得名于其毛色黑。菑可通淄。《战国策·齐策六》:"过菑,有老人涉菑而寒,出不能行,坐于沙中。"鲍彪注:"菑、淄同。"诸祖耿集注汇考:"《类聚》五引作:'过淄水,有老人涉淄而寒。'《书钞》三九同。《类聚》六七引作'过鲁,有老人涉淄。'"(第681页)錙可通䊷。明祝允明《前闻记·南京奸僧》:"诸民惟錙徒不可尽察。"(第63页)"錙徒"即䊷徒,指佛教徒,因其服黑色僧衣而得名。黐,其义取自黑。《类篇·皮部》:"黐,庄持切。手足肤黑。"(第106页上)

淄、䊷古均可表黑义,在文献中常出现混用的情形。《史记·孔子世家》:"不曰坚乎,磨而不磷;不曰白乎,涅而不淄。"(第1924页)今本《论语·阳货》作"䊷"(第268页上)。《文选·崔瑗〈座右铭〉》"在涅贵不淄"吕向注:"淄,黑色。"(卷五十六,第七页)《文选·潘岳〈夏侯常侍诔〉》"莫涅匪䊷"李周翰注:"䊷,黑。"(卷五十七,第四页)《释名·释采帛》:"䊷,滓也。泥之黑者曰滓,此色然也。"(第1057页上)《广雅·释器》"淄,黑也"王念孙疏证引《释名》"䊷"作"淄"(第273页上)。

事实上,淄、䊷还是有区别的,淄由于本义指黑水,后又指黑泥、染黑。而䊷指经黑色染料染织而成的黑色织物,后抽象出黑色义。文献中表示黑泥、染黑当用"淄"来表示,而表示黑色织物或抽象意义较强的黑色当用"䊷"来表示。只是二者意义常相联系,所以会出现混用的现象。从构词来看,淄表示黑,构词能力较差,多用来表示"染黑""沾染黑"之类义,这大概是其形旁为水的文字构形特点所致。《文选·谢灵运〈过始宁墅〉》诗:"淄磷谢清旷,波蓝惭贞坚。"(卷二十六,第三十二页)《后汉书·皇后纪上》:"虽御已有度,而防闲未笃,故孝章以下,渐用色授,恩隆好合,遂忘淄蠹。"李贤注:"淄,黑也。蠹,食禾虫。以谕倾败也。"(第400页)按:此处"淄"与"蠹"当作动词,分别表示"染黑"和"啃噬"。

那么，作为表抽象的黑义的正字缁，当为何色呢？据《考工记》所载"七入为缁"，缁所指当为深黑色。是明度极低、纯度极低的一种黑色。《仪礼·士丧礼》："冒，缁质，长与手齐，裎杀，掩足。"胡培翚正义："缁是深玄。"① 缁是比玄色程度更黑的颜色。

缁的构词能力强，可见，古人将"缁"视作表黑义的正字。从文献使用情况看，缁常用于表示一般的服色黑。佛教进入中国后，由于佛教徒所穿服色为黑色，缁构成的词语又常常用来表示佛教徒。"缁"成为主要表示与佛教有关的黑色颜色词。这也是其文化义所在。北魏就已出现。北魏郦道元《水经注·涑水》："是以缁服思元之士，鹿裘念一之夫，代往游焉。"（第 104 页）北魏杨衒之《洛阳伽蓝记·城内胡统寺》："〔诸尼〕常入宫与太后说法，其资养缁流，从无比也。"（第 63 页）缁衣表僧服时，缁并非同于一般服色的缁，而指近缁色的黑，即非纯黑。宋智圆《维摩经略疏垂裕记》卷一："缁素即僧俗也。西土僧服染衣。俗服白衣。故曰缁素。此方以六入为玄。七入为缁。缁实黑色。释子所服坏色。非五方正色及间色。但坏色近缁色故谓缁衣，实非缁色。"（《经疏部 T38》，p. 714. 2）

另外，缁总是与染色有关，缁构成的词语往往也与染、沾染等义有关。《论语·阳货》："不曰白乎，涅而不缁。"（第 183 页上）后以"缁涅"比喻身处浊世而不污。《北史·甄琛传》："李凭朋附赵修，是亲是仗，缁点皇风，尘鄙正化，此而不纠，将何以肃整阿谀，奖厉忠概？"（第 1472 页）

由于甾在传写中常可写作畄、菑，所以以其为构字部件构成的字往往也有此类异体字产生。菑常写作蓸，《奇字韵·支韵》："蓸，甾。"（第 378 页上）《广韵·之韵》："蓸，侧持切。亦同（甾）。"（第 64 页）《玉篇·艸部》："蓸，同上（菑）。"（第 66 页下）缁又写作䶂。张涌泉《汉语俗字丛考·皮部》："䶂，此字当是'缁'的俗字。"（第 836 页）所以缁也写作緇、繬，淄也写作緇。《吉成侯州辅碑》："摩而不磷，涅而不

---

① （清）胡培翚：《仪礼正义》，台湾中华书局（《四部备要》本），1981 年，卷二十六，第十九页。

緇。"① 宋洪适《隶释》解此字："緇即缁字。"（卷十七，第十六页）唐
张参《五经文字·糸部》："缁，庄时反，或作繬者，讹。"（第 60 页）唐
颜元孙《干禄字书·平声》："繬淄，上俗下正。"（第 7 页）

缁在传写过程中，除了缁、繬两个异体字外，还有两个不易被人识别
的异体字，即紂、纯。

缁在传写过程中常常被写作紃，由于"紃"与表丝的"纯"形近，
"紃"字往往被加笔成"纯"，于是"纯"字成为"缁"的又一形讹字。
《论语·子罕》："麻冕，礼也。今也纯，俭，吾从众。"（第 125 页上）陆
德明释文引郑玄注："纯，黑缯也。"（第 1366 页）《周礼·地官·媒氏》：
"凡嫁子娶妻，入币纯帛，无过五两。"郑玄注："纯，实缁字也。"（第
430 页下）《礼记·祭统》"君纯冕立于阼"孔颖达疏："纯，亦缁也。"
（第 1575 页上—1576 页上）

紂，也为缁转写中致误而来。唐张参《五经文字·糸部》："紂，与
缁同，古文字经典多作紃，转写从才误。"（第 60 页）加之古才、缁声近
义同。容庚、周法高认为子陕鼎"行甾"乃鼎之别名，假甾为鬲也。并
引《说文》鬲字："鬲，鼎之圜掩上者，从鼎才声。"诗曰'鬲鼎及鬲'，
子之切。""据周氏《上古音韵表》，鬲隶之韵精纽，甾隶之韵庄纽"。
"罗振玉《贞松堂集古遗文卷》（二页三十三）'贞'下注'鬲'字"。②
庄母、精母发音部位相同，韵部相同，故声符才、甾音近义同。所以紂也
成为缁的又一异体字。《玉篇·糸部》："缁，黑色也。紂，同上（缁）。"
（第 124 页下）文献用例中常常有"缁"写作"紂"的用例。《礼记·檀
弓上》："天子之哭诸侯也，爵弁绖紂衣。"（第 290 页上）陆德明释文：
"紂，本又作缁，又作纯。"（第 668 页）《礼记·祭统》："王后蚕于北
郊，以共纯服。"孔颖达疏："郑氏之意，凡言纯者，其义有二：一是丝
旁才，是古之缁字；二是丝旁屯，是纯字。但书文相乱，虽是缁字，并皆
作纯。"（第 1573 页上—1574 页上）

表丝的纯与表黑色的纯、紂常有混用现象，由其形均为缁的俗写紃增
笔而讹所致。《诗·召南·行露》："虽速我狱，室家不足。"毛传："昏礼

---

① （宋）洪适撰《隶释·吉成侯州辅碑》，上海书店（《四部丛刊三编》本），1985 年，卷
十七，第十四页。

② 参见周法高主编《金文诂林》，香港：香港中文大学出版社 1974 年版，第 7155 页。

纯帛不过五两。"郑玄笺："紂帛，侧基反，依字'糸'旁'才'，后人遂以'才'为'屯'，因作纯字。"（第96页上）《周礼·地官·媒氏》："凡嫁子娶妻，入币纯帛，无过五两。"郑玄注云："纯，实缁字也。古缁以才为声。纳币用缁，妇人阴也。"（第430页下）陆德明释文："纯，依字从糸、才。"（第455页）《礼记·玉藻》"大夫佩水苍玉而纯组绶"郑玄注："纯，当为'缁'。古文'缁'字或作糸旁才。"（第1065页下）对于纯表黑，王念孙、王引之父子认为纯为黗之借字。盖误。①

要之，淄之黑义取义于淄水之黑，缁因浸染于黑水而成黑色织物，抽象为黑色义时，表示为比玄颜色更黑的颜色。缁在传写过程中，出现了缁、繬、紂、纯等形讹异体字。

5—9. 绀、緅、缲、纔、繕

绀、緅、缲、纔、繕用于表示颜色，有语义上的联系。《说文·糸部》："绀，帛深青扬赤色。从糸，甘声。"（第274页上）《说文》"缲"、"纔"字解释作"如绀"。《说文·糸部》："缲，帛如绀色也，或曰深缯。从糸，喿声。读若喿。"（第274页上）《说文·糸部》："纔，帛雀头色。一曰微黑色如绀。纔，浅也。读若谗。从糸，毚声。"（第274页上）段玉裁注："纔，即緅字也。"（第651页下）《说文新附·糸部》："緅，帛青赤色也。从糸，取声。"（第278页上）《类篇·糸部》："纔，又初衔切。帛绀色。"（第484页上）《广韵·晧韵》："缲，子晧切。绀色曰缲。"（第304页）《集韵·沁韵》："繕，青色。"（第1288页）

那么这几者分别为何色，它们之间有什么联系呢？

绀色，《释名·释采帛》："绀，含也，青而含赤色也。"（第1058页下）《说文·糸部》"绀"字段玉裁注："以纁入深青而赤见于表，是为绀。"又"绀，此今之天青，亦谓之红青。"（第651页上）段说不十分确

---

① 《经义述闻·周官上·纯帛》"纯帛无过五两"王引之引王念孙曰："纯者，黗之借字也。……纯字自有黑义，无烦改读为缁。"并认为《仪礼·士冠礼》及《士昏礼》中的"纯衣"之"纯"当读为"黗"。（江苏古籍出版社2000年版，第203页下、204页上）王氏父子将纯释作黗，误。一者，纯、紂可互用，均表缁，从以上文献材料来看，是有依据的。二者纯所表色为黑，而黗所表色为黄黑，二者所表色名不同，当为二词。三者从先秦的礼仪来看，五色观念已经形成，正色、间色观也已形成，因此作为礼仪之用的织物必用正色，即纯色，不可能出现用混杂颜色的织物。故而纯不可释作黗。详见"黗"字下。

切。绀虽属天青色，但比天青明度、纯度都低。天青属蓝，用孟塞尔色彩体系表示为 7.5B 5.5/8.0，属蓝色；而绀色则为 2.5PB 2.5/4.0，属闇蓝色。绀色更为准确地说为蓝偏紫色，为纯度中、明度极低的蓝紫色。也即蓝中泛红，色深为黑。①

绀色初用于表示织物黑蓝紫色，《论语·乡党》"君子不以绀緅饰"刘宝楠正义引郑玄注："绀緅，紫玄之类也。"②《墨子·节用》："冬服绀緅之衣。"（第 166 页）汉卫宏《汉旧仪补遗》："高皇帝配天，居堂下，西向，绀帷帐，绀席。"（卷下，第二页）

中古时，"绀"的颜色义已经更为抽象，可用于描写其他事物。晋崔豹《古今注·鱼虫》："绀蝶，一名蜻蛉，似蜻蛉而色玄绀。辽东人呼为'绀幡'，亦曰'童幡'，亦曰'天鸡'。"（第 14 页）绀蝶取名自其色玄绀。北周·萧撝《霜妇吟》："悲生聚绀黛，泪下浸妆红。"《文选·祢衡〈鹦鹉赋〉》"绀趾丹嘴"刘良注："绀，青色。"（卷十三，第二十六，二十七页）《明史·南居益传》："红毛夷者，海外杂种，绀眼，赤须发，所谓和兰国也，自昔不通中土，由大泥、咬𠺕吧二国通闽商。"（第 6818 页）

多用于形容人的发黑。《文选·张协〈七命〉》"玄采绀发"李善注引《说文》："绀，深青而赤色。"（卷三十五，第十五页）《敦煌变文·金刚丑女因缘》："发绀旋螺文，眉如初月翠。"（第 1107 页）元乔吉《李太白匹配金钱记》第一折："〔后庭花〕你看那指纤长铺玉甲，鬓嵯峨堆绀发。"③《警世通言》第十回："希白即转屏后窥之，见一女子，云浓绀发，月淡修眉，体欺瑞雪之容光，脸夺奇花之艳丽。金莲步稳，束素腰轻。"（第 135 页）

古人虽然语言描色不如今人科学精确，但在生活实践中对于不同的黑的区分还是很细致入微的。《释名·释采帛》："蒸栗染绀，使黄色如蒸栗然也。"（第 1058 页下）栗壳是古代一种染黑染料。属含单宁的黑色染料植物。含有丰富鞣质的植物体。《天工开物·彰施·诸色质料》："染包头青色。此黑不出蓝靛，用栗壳或莲子壳煎煮一日，漉起，然后入铁砂、皂

① 尹泳龙《中国颜色名称》"绀碧蓝"条下："闇蓝。黑中发红的藏青色或天青色，也叫作绀碧色，简称绀色。绀表示深黑而微红的天青色。"（第 16 页）
② （清）刘宝楠：《论语正义》，第 208、209 页。
③ 《全元戏曲》第五卷，第 83 页。

矾锅内，再煮一宵，即成深黑色。"（第 119 页）《北齐书·魏收传》："公鼎为己信，私玉非身宝。过涅为绀，逾蓝作青。持绳视直，置水观平。"（第 494 页）①《金史·舆服志》："上衣谓之团衫，用黑紫或皂及绀，直领，左衽，披缝，两傍复为双襵积，前拂地，后曳地尺余。带色用红黄，前双垂至下齐。"（第 985 页）绀与黑紫、皂相对应，三者均为不同的黑。以上几例说明，绀在织染色中，是区别于纯黑色的。

緅色，即绀色，为绀色的方言俗称。《颜氏家训·书证》："或问曰：'东宫旧事何以呼鸱尾为祠尾？'答曰：'张敞者，吴人，不甚稽古，随宜记注，逐乡俗讹谬，造作书字耳。吴人呼祠祀为鸱祀，故以祠代鸱字；呼绀为禁，故以系傍作禁代绀字。'"（第 491 页）《集韵·沁韵》："緅，青色。陶隐居说蓝染緅碧所用。"（第 1288 页）《本草纲目·草部·隰草类·蓝》［集解］引陶弘景曰："此即今染緅碧所用者，以尖叶者为胜。"（第 1085 页）青色即黑色。緅碧即绀碧。可见，緅为绀的方言解读产生的新字。

緅，今颜色体系中已不出现此种色名。今据文献记载推测，当为比绀的明度纯度都要更低的颜色。《说文·系部》"绀"字朱骏声《说文通训定声》："以朱入深青，其色绀；若入黑，其色緅。"（第 140 页下）《说文·玄部》"玄"字段玉裁注："纁染以黑则为緅。"（第 159 页下）《广雅·释器》"緅，青也"王念孙疏证："绀、緅皆深青色，而緅又深于绀。"（第 271 页下）此处"深"则说明"黑"的程度深。《仪礼·士冠礼》："主人玄冠，朝服，缁带，素韠，即位于门东，西面。"贾公彦疏："又以绀入黑汁则为緅。"（第 7 页上—9 页上）

但是同绀一样，緅并非为纯黑色。为比绀更黑的深黑蓝紫色。《周礼·考工记·钟氏》："钟氏染羽，以朱湛丹秫三月，而炽之。淳而渍之。三入为纁，五入为緅，七入为缁。"（第 1307 页下，1308 页上）緅为介于纁缁之间的颜色。缁为正黑，纯黑。緅介于纁缁之间，有别于缁。《论语·乡党》："君子不以绀緅饰"刘宝楠正义引郑注曰："绀緅，紫玄之类也。"① 紫玄也即黑中仍透着红色，说明其纯度不高。

对于其染织技术，已在"玄"词条下有图示给出，详参"玄"字下。

缁的使用不同于绀，只用于表示织物颜色。《宋史·礼志·凶礼·山陵》："大祥，帝服素纱软脚折上巾、浅黄衫、缁皮鞡黑银带。"（第2849页）《金史·舆服志》："蔽膝，深青罗织成翟文三等，领缘，缁色罗织成云龙。"（第978页）

缁常出现在与"绀"连用的用例中。《墨子·节用》："古者圣王制为衣服之法曰：'冬服绀缁之衣，轻且暖。'"（第166页）《元史·舆服志一》："窄袖袄，长行舆士所服，绀缁色。"（第1941页）可见，二者色近。

缲，《说文·糸部》："缲，帛如绀色。"（第274页上）徐锴系传："缲，帛如缯色。"（第253页下）《广雅·释器》："缲，青也。"（第271页上）《广韵·皓韵》："缲，子晧切。绀色曰缲。"（第304页）张云龙《广社·萧豪韵》："缲，缣，纺丝绀。"（第163页）但从其文献使用情况看，缲，同缫，指缫丝。未见有作"帛如绀色"的用例。待考。

纔，《说文·糸部》："帛雀头色。一曰微黑色，如绀。纔，浅也。读若谗。从糸毚声。"（第274页上）段玉裁注："纔，即缁字也。"（第651页下）《广韵·衔韵》："纔，所衔切。帛青色。"（第233页）《玉篇·糸部》："纔，初衔、仕缄二切，雀头色也，微黑色也。"（第124页下）《类篇·糸部》："纔，又初衔切。帛绀色。"（第484页上）但从其文献使用情况看，只见到用作连词"才"的文例，未见有表颜色的用例。待考。

要之，绀、缁、缲、纔均本为近黑色织物，《说文》时抽象出颜色义。绀为闇蓝色，缁为深闇蓝色，缲为绀的方言俗称，缲、纔则由于缺少文献用例，语义待考。

由"绀"为语素构成的表黑合成词：

[绀青] 又名红青、绀蓝、绀紫。为黑中泛红的颜色。用孟塞尔色彩体系表示则为5RP 3.5/5.0，属中红紫色或中绛色。② 唐时出现。多用于佛经文献中。玄应《一切经音义》卷六"绀青"注引《说文》："帛染青

---

① （清）刘宝楠：《论语正义》，第208、209页。

② 《中国颜色名称》"绀紫"条下："中红紫。深黑而微红的中绛色，也叫红青色、绀青色或绀蓝色。"（第16页）

而扬赤色。"①《敦煌变文·变恩记》:"会中罗(汉)好仪形,月面长眉眼绀青。"(第 928 页)《云笈七签·七签杂法·沐浴七事获七福》:"四者髭发绀青,圆光映项。"(第 893 页)

[绀绿] 绿同碧,所以"绀绿"义同"绀碧"。绀碧如前所述,也即为绀色。多用于形容人毛发浓黑。绿常用表示发美,如:绿云扰扰。盖绿代表茂盛的生命力,投射到头发上即为头发浓密、美好。宋代产生。宋李祁《西江月》:"雾鬟新梳绀绿,霞衣旧佩柔红。"② 清屈大均《广东新语·地语·澳门》:"其发垂至肩,绀绿螺蜷,髯如也,面甚白,惟鼻昂而目深碧,与唐人稍异。"(第 37 页)也可用于形容色彩深近黑的绿色。宋华岳《望江南》:"罗雾薄、绀绿拥重重。八幅宝香熏锦绣,一床烟浪卷芙蓉。屏翠叠东风。"③

10—12. 黰、纂、䔄

黰、纂、䔄三字表黑义,纂为正字,黰、䔄为纂的后起字。

黰,《说文·黑部》:"黄黑而白也。从黑,算声。一曰短黑。读若以芥为韲,名曰芥荃也。"(第 211 页上)段玉裁注:"谓黄黑而发白色也。'一曰短黑',别一义。《艸部》曰:'荃,芥脆也。'是其物也。脆、荃、黰三字音同。"(第 488 页下)

纂,《说文·糸部》:"纂,似组而赤。从糸,算声。"(第 274 页下)④ 黰,只在字书中出现,未见于其他文献。对于其字,马叙伦所言较为可信。《说文·黑部》"黰"马叙伦六书疏证:"伦按本书'纂,似组而赤黑也',纂亦从算得声。疑其色当与黰同。'黄黑而白也'非本训。一曰'短黑',未详。疑短为豆之讹,豆黑即窦黑。窦、算,声同元类,则黰、黰或转注字,黰色当是黑中有赤者。《周礼》之'纁玄',纁为浅玄,纁为浅绛,绛为大赤。若谓纁字故书作窦,窦是梅雨著衣服败变为斑色者,古人必无取于此,经记固班然可考也,纁玄,正是黑中有赤者耳。上文,黰,黑有文也。"(卷十九,第一四二页)

① (唐)玄应:《一切经音义》,第 52 册,第 525 页中。
② 唐圭璋编纂,王仲闻参订,孔凡礼补辑《全宋词》,中华书局 1999 年版,第 1182 页。
③《全宋词》,第 5057 页。
④ 按:《说文》此处似误,"赤"后缺"黑"字。当为"似组而赤黑"。《慧琳音义》卷六十二"纂集"注所引《说文》有"黑"字:"纂,似组而赤黑也。"(《事汇部 T54》,p.725.1)

马氏所言纂、纂均为从算得声，所以"纂"，其色当与"纂"相同。从其构形来看，此说可信。马氏认为"纂"的"短黑"义未详，事实上，"短黑"之"短"，在文献中常用来借作叇（非叇之讹），表甄黑义。《魏书·世隆传》："车入，到省西门，王嫌牛小，系于阙下槐树，更将一青牛驾车。令王著白纱高顶帽，短小黑色，侯从皆裙襦袴褶、握板，不似常时章服。"（第 1670 页）"短小黑色"原本当为"短黑色"，中华书局版《魏书》对此处校勘意见是："诸本脱'小'字，今据《北史》卷四八、《册府》补。"（第 1679 页）按：诸本"短黑色"为是。从文义来看，短黑色是修饰"白纱高顶帽"的，表明其白纱色已败黑。如果作"短小黑色"则不知此云为何。如果修饰"白纱高顶帽"，则殊为不词。《太平御览·人事部·丑丈夫》引《续搜神记》曰："桓大司马从南州来拜，简文皇帝陵问左右商涓形貌，有人答涓为肥短黑色，形甚丑，公云：'吾见之亦如此。'意恶之。还州遂病，无几而薨。"（第 1764 页上）以上两例"短黑"皆为"甄黑"，表其色闇黑、不鲜。明·兰廷秀《韵略易通·入声·山寒韵》："纂，黑也，短也。"（第 623 页上）此处"短"也宜为"叇""甄"之假借。

但其言"黄黑而白非本训"就失之武断。古人对颜色的划分和认知并没有今人精确，尤其对于一些色相纯度不高、明度不高的颜色，命名时往往随意处之，如今普通人在描色时也如此。所以"黄黑而白"不一定"非本训"，而只是命名者根据自己的认知经验进行的命名。这反映了在认知过程中颜色的模糊性和人们认知的模糊性。

"赤"字来源于火色，火色所指红色盖指近黄的红。"赤黑"色、"黄黑而白"色二者本身都反映了其色为近深黄色，所以"黄黑而白"当近同"赤黑"，纂、纂二义当同。字书中的字，一定在文献中出现过，但由于文献散佚，加之这些字的使用较为生僻，往往被其他字所取代，所以寻找其语义线索较为困难。我们不妨大胆假设：纂盖取义自织物"纂"，抽绎出赤黑色义。

纂，本指赤黑色的织物。据《慧琳音义》卷六二"纂集"引《说文》："纂，似组而赤黑也。"（《事汇部 T54》，p. 725.1）后引申指织物赤黑色。《尔雅·释天》："素锦绸杠，纁帛縿，素升龙于縿，练旒九，饰以组，维以缕。"郭璞注："用綦组饰旐之边。"（第 206 页下）陆德明释文："綦，音其，本亦作纂。"（第 1646 页）此处"綦组"（纂组）指赤黑色的织物"组"，其中"綦"正作赤黑色义。

綦，由于属非单一颜色的织物，引申指五彩。《汉书·景帝纪》："夏四月，诏曰：'雕文刻镂，伤农事者也；锦绣纂组，害女红者也。'"应劭注："纂，今五采属綷是也。组者，今绶纷绦是也。"（第151页）后"纂"的"继""集"义居其主要义位，其赤黑义渐退隐。

纂、綦形近，于是綦就借作纂，表其赤黑义。

綦所指色，古注也各说纷纭。一种意见认为綦同綨，指苍艾色。《说文·糸部》："綨，帛苍艾色。……綦，綨或从其。"（第274页上）《诗·郑风·出其东门》"缟衣綦巾"李富孙异文释："綨为正字，綦，或体字。"① 《仪礼·士丧礼》："夏葛屦，冬白屦，皆繶缁絇纯，组綦系于踵。"胡培翚正义："綦，即綨之或体。"② 《广韵·之韵》："綦，渠之切。又苍白色巾也。"（第62页）一种意见认为綦为杂色。《逸周书·王会》："王玄缭碧綦十二。"上海古籍出版社1995年版汇校本："王应麟本'王'作'玉''碧'作'璧'，'綦'作'綦'，卢校从。"朱右曾注："綦，帛，苍艾色，或云杂文帛也。"（第873页）《礼记·玉藻》"世子佩瑜玉而綦组绶"郑玄注："綦，文杂色也。"（第1065页下）一种意见认为綦为赤黑色。《书·顾命》："四人綦弁，执戈上刃，夹两阶阰。"孔颖达疏引郑玄云："青黑曰綦。"又引王肃云："綦，赤黑色。"（第599上、下、600页上）《诗·秦风·小戎》："文茵畅毂，驾我骐馵。"毛传"骐，骐文也"孔颖达疏："色之青黑者名为綦，马名为骐，知其色作綦文。"（第486页上—489页上）

按：綦似宜解作赤黑色。从其之字多含黑义。萁，青黑色。《说文·艸部》"萁"字朱骏声《说文通训定声》："萁，〔叚借〕为綦。《汉书·五行志》：'屦弧萁服。'按：青黑色。注'萁草似荻而细'，未闻。"（第185页下）骐，马青黑色。《说文·马部》："骐，马青骊文如博綦也。"（第199页上）段玉裁注："如綦，各本作'如博綦'，不通。今依李善《七发》注、玄应书卷二、卷四、卷八正。"又"此云青骊文如綦，谓白马而有青黑纹路，相交如綦也。綦，《糸部》作'綨，白苍文也'。綦者，

<hr />

① （清）李富孙撰：《诗经异文释》，上海古籍出版社（《续修四库全书》本），2002年版，第163页上。

② （清）胡培翚：《仪礼正义》卷二十六，第二十一页。

青而近黑，《秦风》传曰：'骐，綦文也。'"（第461页上）青黑色、赤黑色，均为非纯黑，古人对于色的辨识、命名往往因人而异，青的色域又较广，所以，从含其之字多含黑义而言，綦字宜也从之，表黑义。所以宜从赤黑义解。

由于綥、綦音同，綦往往也被借作綥，表苍艾色，《说文·糸部》："綥，帛苍艾色。……綦，綥或从其。"（第274页上）由于綥、綦音同，綦借作綥，所以就会出现对于綦的种种解释，但是一个字、词本义只能有一个，从词源学入手方能得到确诂。

要之，纂，取义于赤黑色织物；纂为其表黑义的后起字。綦、纂由于其形近、具有同一"赤黑色"语源义，后"纂"的"继、集"义凸显、颜色义渐隐后，"綦"代替"纂"，表"赤黑色"义。

13. 袀

《说文》未收袀字，南唐徐锴《说文解字篆韵谱》卷一收有袀字。段玉裁《说文解字注·衣部》补之。段玉裁《说文解字注·衣部》："袀，玄服也"下注语为："各本无此篆，而'袗'篆下云：'玄服也'。盖误合二为一。正与《鼎部》鼏、鼐同，今依《文选·闲居赋》'服以齐玄'李善注所引《说文》正。"（第389页下）

袀、袗古篆文字形相近，请详参徐锴《说文解字篆韵谱》卷三、卷四"袗"的篆形和卷一"袀"篆形。袀常被讹写作袗。文献中较多出现的是"袀玄"写作"袗玄"。《说文·衣部》"袗"徐锴系传："袗，袨服，从衣㐱声。臣锴曰：袗，重衣也。邹阳书曰：'赵人袨服丛台之下。'袨服，盛服也。"（第169页下）清梁万方撰《重刊朱子仪礼经传通解·家礼·士冠礼·右陈器服》"兄弟毕袗玄立于洗东西面北上"条下："今按袗，古文作均。而郑注训：'同，《汉书》字亦作袀。'则是当从均，均是矣。"（第574页下）《玉篇》将"袨"释作"黑衣"盖受袀、袗相混影响，误将"袀"的黑衣义加于"袗"之上，而对"袀"的释解中却未加"黑衣"义。《玉篇·衣部》："袨，胡绚切，黑衣也。"（第128页下）同卷："袀，居纯切，戎服也，裳削副也，纯也。"（第128页下）

按：今应依注解将"袗玄"改为"袀玄"，《玉篇》所载"袨"字也取徐锴《说文系传》所言释作盛服，而非为黑衣的意见为是。"袀"字应解作"黑色（衣）"。

　　对于"袀"字，学界主要有两种看法，一为袀为均，表"同"义。《文选·左思〈吴都赋〉》"六军袀服"刘逵注："袀，同也。"李周翰注："袀，谓上下同服。"（卷五，第二十四页）二为袀表黑色，袀服为黑服。《汉书·五行志中之上》"袀服振振"颜师古注："袀服，黑衣。"（第1393页）

　　从文献来看，二者分歧主要出现在"袀服"一词上，在"袀"的其他构词中没有出现此种分歧现象。"袀服"一词常常被写作"均服"，《左传·僖公五年》："童谣云：'丙之晨，龙尾伏辰；均服振振，取虢之旂。'"（第394页下、395页上）陆德明释文："均服，如字，同也。字书作袀，音同。"（第912年）

　　本书认为，以上两种观点都有合理成分，但未达确诂。对于一个词的词义考释，不应局限于某个用例上，这样容易流于随文释义，难以描摹出其词义的真实状况。对词的考释，应当对其使用情况尽可能地进行全面考察分析，这样才有利于得出较为准确的分析和解释。对"袀"的词义考释，也应进行使用情况的全面调查了解，通过对"袀"在文献中出现的情况分析，本书认为，袀作黑色义讲更为妥当。

　　首先，根据段玉裁据李善注所补《说文》"袀"的情况看，许慎时代，"袀"字是存在的，且表玄服，袀表黑色服色是当时较为主流的一种用法。

　　其次，从"袀服"所出语例来说，是卜偃对于伐虢的预测，古代五行五色观念对于统治者来说至关重要，尤其是一些重大事件，往往要经过占卜和询问有关经验者来得出适合自己的时间和色彩，《左传纪事本末·勾践灭吴》："王亲秉钺，载白旗，以中陈而立。左军亦如之，皆赤常、赤旂、丹甲、朱羽之矰，望之如火。右军亦如之，皆玄常、玄旂、黑甲、乌羽之矰，望之如墨。"（第787页，总第1246页下）

　　所以，此例"袀服"解作是对出征所穿服色的描述更为妥帖。古代军服往往都为统一色彩，如果解作"同一服色"的话，恐怕失之烦冗和多余。

　　再次，从当时服色制度来看，军服为黑色，秦时祭祀所穿服色也为黑色，而袀常常与"袀服""袀玄"搭配，表示这种场合所穿服色。《战国策·赵策四》："老臣贱息舒祺，最少，不肖，而臣衰，窃爱怜之，愿令补黑衣之数，以卫王宫，没死以闻。"（第1121页）《后汉书·舆服志下》："秦以战国即天子位，灭去礼学，郊祀之服皆以袀玄。"（第3662页）《后汉书·舆服志下》："祀宗庙诸祀则冠之。皆服袀玄，绛缘领袖为中衣，绛绔袜，示其赤心奉神也。"刘昭注："《独断》曰：'袀，绀缯也。'《吴都赋》曰：'袀，皂服也。'"（第3664、3665页）元王恽《秋涧集·说·服色考》："考汉、晋志书，天子以袀玄皂缯为大祀之袍服，于孔子服色，非可据而明也。"（卷四十五，第七页）宋黄震《黄氏日抄·读杂史·宫阙器物》："袀音钧，皂也。秦尚水德。郊社服用皆以袀玄。"（卷五四，第二十页）明徐应秋《玉芝堂谈荟·五色赋》："皂色为袀。"（第1320页）清姚鼐《再复简斋书》："古人以元为服采之盛，礼所云冕服皆元也。衣正色裳间色谓之贰采，惟军礼乃上衣下裳同色，故曰袀服。宿卫之士当用军礼，衣裳同色，故赵世家有黑衣之列，其衣兼衣裳而名之也。"[1]

最后，袀之命名盖源自均，均，同一也。《集韵·谆韵》："袀，通作均。"（第260页）从前面所引例可见，作为军服，一般为黑色，当用袀来表示黑色军服时，袀就由均的"同一黑色戎服"义引申出"黑色"义，以区别于均。《广韵·谆部》："袀，居匀切。戎衣也。"（第110页）唐何超《晋书音义上·志卷十五》："袀，戎服也。"（第3235页）

袀又从黑色军服进而抽绎出（衣服）黑色义。《绎史·越灭吴》："越王句践食不杀而餍，衣服纯素不袀不玄，带剑以布，是人不死必为大。"（第173页下）《越绝书·越绝请籴内传》："越王勾践食不杀而餍，衣服纯素不袀不玄，带剑以布，是人不死必为大。"（卷五，第三页）

又平民年长者常服黑衣，于是"袀衣"一词又代指老人。清官保《云开榑桑暾摄衣人》："天门谁云袀衣贱，今日觐。"[2]

文献中的"绀袀"的"袀"往往被译作纯，此"纯"即为"缁"。《汉书·王莽传下》："时莽绀袀服，带玺韨，持虞帝匕首。"颜师古注："袀，纯也。纯为绀服也。"（第4190、4191页）"袀"为纯色，即绀色。绀袀即为赤黑色。袀义同于绀。

那么，袀到底为何色呢？袀实指闇蓝色。类似绀色。宋聂崇义《三

---

① （清）姚鼐：《惜抱轩全集·文集》，台湾"中华"书局（四部备要本），1981年，卷六，第十四页。

② （清）乾隆敕编《千叟宴诗》，台湾商务印书馆（《景印文渊阁四库全书》本），1986年版，第579页上。

礼图集注·长冠》："祀宗庙诸祀则冠之皆袀玄。"原注："袀，居匀反，《独断》曰：'绀缯也。'《吴都赋》注云：'袀，皂服也。'"（第47页上）如前所述，绀，指深青而扬赤色。即闇蓝色。《文献通考·王礼考·君臣冠冕服章》："秦灭礼学，郊社服用皆以袀元，以从冕旒，前后遂延。"原注："蔡邕《独断》曰：'袀，缯也。'以水德尚袀，音均。"（第1009页）段玉裁据李善所引《说文》"袀，玄服也"为是。"袀服"解作皂服，皂为黑色通称，袀为黑色系一种，用皂释袀是古人常用的用大名释小名的方法，即类归法。这也体现了古人对黑色系归类的一种认识。即对颜色分类时，对色彩纯度、明闇度要求较高，常把明度较低的色彩归入黑色系中，这也是古人正色、间色观念的一种体现。

　　要之，袀本指黑色戎服，后从中抽象出黑色义，只要用于形容服饰。其颜色类同绀色，即闇蓝色。

14. 元

　　元表黑色，源于其为"玄"字的避讳用字。古汉语中的避讳用字往往采用省笔或替代字的方法表示。[1] 因玄、元音近，玄，古匣母真部字，元，古疑母元部字，疑母、匣母古皆属喉音，音近。又因其语义有相通之处，玄、元均可指天。《周易·坤卦》："夫玄黄者天地之杂也，天玄而地黄。"（第39页上）后因以"玄"指天。《广雅·释言》："元，天也。"（第134页上）宋时，因避始祖玄朗讳，就用与玄音近、有相同义项的"元"替代了"玄"。如《重修政和证类本草·虫类·蜀州露蜂房》载《本草衍义》云："蜂色赤黄，其形大于诸蜂，世谓之元，本音犯圣祖讳，今改为元。"（卷二十一，第六页）到清时，为避康熙玄晔讳，亦改"玄"为"元"。如"郑玄"作"郑元"等是。"元"作为"玄"的避讳用字，也人为地产生了"玄"的"黑色"义。主要出现在宋、清代作品中，一些宋、清刻本也往往将"玄"改为"元"。文渊阁四库本《东京梦华录卷十·驾宿太庙奉神主出室》："驾乘玉辂，冠服如图画间星官之服，头冠皆北珠装结，顶通天冠，又谓之卷云冠，服绛袍，执元圭，其玉辂顶皆缕金大莲叶攒簇，四柱栏槛缕玉盘花龙凤，驾以四马，后出旗。"（第171

---

① 如（辽）行均编撰的《龙龛手镜》，宋翻刻时，因避太祖祖父赵敬名讳而用"鉴"替代了"镜"。

页上、下）元圭即玄圭，为黑色圭。清胡思敬《国闻备乘·戊申大丧失礼》：“予观当时丧仪，盖有三失，不独无戚容也。古者羔裘元冠不以吊，《大清通礼》云：‘遇大丧，凡应成服之人，礼部奏准后，各给白衣成服，由户部给发。’今王公百官皆反穿羊皮而内袭元缎，不知倡自何人，上下相习，不以为怪。此一失也。”（第481页下）元冠即玄冠，黑色的冠。元缎即玄缎，黑色缎。清吴广成《西夏书事》卷三十二：“政和三年，夏贞观十三年春三月，遣史入贡中国，以天赐元圭，册告永裕、永泰二陵，大享群臣。”（第276页下）

同理，元青、元色均为玄青、玄色的避讳写法。元青即玄青，深黑色。清孙静庵《栖霞阁野乘·道光甲申高家埝河决案》：“司空家丁，以空梁帽及元青褂献，相国遽止之曰：‘姑稍俟。’”（第750页下）《皇朝文献通考·职官考·官制》：“其三旗以黄白红色镶之，一旗纯用元青色，至是始编为八旗，增设各官，其色与满洲同。”（第5570页中、下）

要之，元因与玄音近义近，而被用为“玄”的避讳用字，同时，也人为地具有了“玄”的黑义。

由“元”为语素构成的表黑合成词：

[元青]　“元青”为“玄青”，因讳清康熙帝名玄烨而改“玄”为“元”。深黑色。明刘若愚《酌中志·内臣佩服纪略》：“凡见尊长则不穿其色，止有天青、黑绿、元青，不敢做大红者。或亦开摆如衬衣而束本等带者。”（第267页下）清李斗《扬州画舫录·草河录上》：“元青，元在缎缁之间，合青则为魆魆，虾青青白色，沔阳青以地名，如淮安红之类。佛头青即深青，太师青即宋染色小缸青，以其店之缸名也。”（卷一，第二十七、二十八页）清福格《听雨丛谈·绿压缝靴》：“亲郡王亦准用绿压缝靴，惟靴帮两旁少立柱耳，方靴仍用元青缎。”（第28页）

三　源于器具词

1—2. 黎（犁）、鬑

黎、鬑均以利得声。多数学者认为甲骨文中的𥝢为“利”。对于此“利”，也有几种不同的看法：（1）徐中舒、姜亮夫认为是农具。徐中舒认为：“利所从之𗃗、𗃗诸形即力形之变，象用耒端刺田起土形。铜器将力旁土移于禾旁，故小篆利或从刀，但古文利及从利之黎、梨、犁诸字仍是从⟍，可证从刀乃是省形。利，来母字，自是从力得声，刺地艺禾故得利义。利所从之⟍、⟍，或读为勿，勿、利古韵脂部字。《国语·越语》以'一物''失利'相叶，故得相通。勿之本义当为土色，经传多借物为之。"① 姜亮夫："从禾之字，还有一个重要的'利'，利即'秒'变体。'秒'者初民耕种之器也，'勿'即象耒耜，即甲文秬字。所从之⟍省写，也就是耒字的繁文，耒单体象形，'鉬'则象形兼会意，言耒耜所施，以禾为贵也。"② （2）屈万里认为此为犁之初文："利，当是犁之初文，从禾从刀，其小点当象犁出之土⊞也。"③ （3）王襄认为此为古黧字省黑："⟍，古黧字省黑。《说文解字》无黧字。惟利之古文作⟍。"④ （4）李孝定认为此为黎字："经典凡训黑之字多假此字为之。亦作黧。……卜辞言'秒马'当言黄黑色或黑色之马。王氏之说是也。今从经典假黎为黧之例，收秒作黎，利字重文。卜辞又假物、犁之初文为黧，亦并收之于此。犁字重文之字用为颜色字，皆假借，与黎之本义无涉也。"⑤ 此外，还有一些学者认为"勿"⑥"墓"⑦为犁之初文，"勿"在甲骨文中有表示"耕地"之义的语例：

　　翌勿（犁）田，七灾？（《真》一·七二）

　　甲子卜，……贞：勿（犁）？三月。（《存》一·一〇九）

　　贞：勿（犁）？八月。（《戬》三四·二）⑧

　　按：秒、勿从甲骨文字字形来看，为一种曲柄状翻土农具，只是一表农具，一表使用农具耕作。徐中舒、姜亮夫所认为的农具"秒"后来固定成为农具"犁"的构形基础，也即如屈万里所言"秒"为"犁"的

---

① 转引自《甲骨文字集释》，第 1515 页。

② 转引自《古文字诂林》第四册，第 526 页。

③ 转引自《古文字诂林》第四册，第 526 页。

④ 详参《甲骨文字集释》，第 2391 页。

⑤ 详参《甲骨文字集释》，第 2391 页。

⑥ 郭沫若、胡厚宣主此说，详参《金文诂林》所引，第 5813 页。

⑦ 谭步云主此说，详参谭步云《释墓——兼说犬耕》，载于《农史研究》第 7 辑，农业出版社 1988 年版。

⑧ 引自温少峰、袁庭栋著《殷墟卜辞研究——科学技术篇》中有关"土地的耕作与整治"的农业部分，四川省社会科学院出版社 1983 年版，第 191 页。

初文。语音方面，"周甲和殷甲相同，都存在后世韵部阴、阳、入三声混同的现象。利，来母质部字，黎，来母脂部字，质部属入声，脂部属阴声，二者音同互用。"① 犁、黎、黧均为来母脂部字，均有与利在语音上相同的特点，这也是矛为犁的初文的又一证据。

犁本指农具，原始"犁"的主体部位犁铧为灰褐色页岩，② 灰褐色为闇灰黄或闇灰黄红。用孟塞尔色彩体系表示则为5YR（或5Y）3.0/2.0，是明度和纯度都极低的黄色或黄红色，视觉上感受则为黑色泛黄或泛黄红色。根据伯林和凯对颜色认知规律的揭示，早期人类对颜色的认知和命名是逐渐丰富的，由基本颜色词逐步扩展为一般颜色词，早期人类对闇灰类即明度、纯度低的有彩系列颜色的认知往往归于黑色。犁的颜色义盖正是由此得名，进而专门分化出了表颜色义的黎。正是由于灰褐色中的黄或黄红，使后来"黎"的构词和表义往往为"黄黑色"，而非纯黑。"黧"产生较晚，是从"黎"的颜色义中分化出的专指面色的颜色义。由于黧字形中的形符"黑"表意明确，后取代了"黎"的颜色义，成为表黑黄色的"黎"的正字。

现在分别试将其发展途径揭示如下：

犁，作为一种翻土农具，是中国古代农业的一种重要工具，甲骨卜辞中就已有犁土之载，证明殷代已有犁耕。③ 据考古发现，最早出现的犁为石犁。在江苏吴县、上海、浙江吴兴、杭州、广西桂南等南方为代表的地区发现了一批新石器时代晚期的石犁。后世文献中，对此农具也有记载。如：

《管子·乘马》："距国门以外，穷四竟之内，丈夫二犁，童五尺一犁，以为三日之功。"（第91页）汉陆贾《新语·资质》："夫穷泽之民，据犁接耜之士，或怀不羁之能，有禹、皋陶之美，纲纪存乎身，万世之术藏于心；然身不容于世，无绍介通之者也。"（第108页）

在词的意义引申过程中，文字孳乳并非与之同步，总是会产生滞后的现象，并且文字使用也会经历混用的阶段，所以字形"犁"又常被借用

---

① 详参董琨《周原甲骨文音系特点初探》，《古文字与汉语史论集》，中山大学出版社2002年版，第189页。

② 详参钱小康《犁》，《农业考古》2002年第1期，第172页。

③ 详参温少峰、袁庭栋著《殷墟卜辞研究——科学技术篇》中有关"土地的耕作与整治"的农业部分，四川省社会科学院出版社1983年，第191—194页。

作表黑色的"黎"。如"犁黑""犁明""犁旦""犁曙"等（例证见后）。

黎，从甲骨卜辞记录的内容来看，已表颜色。如王襄所言，甲骨卜辞"牣马"表黄黑色的马。这个牣为颜色词，即为"黎"。甲骨"驷"字，罗振玉、李孝定、陈汉平、姚孝遂等学者均认为即为"骊"字。"骊"表"黑"义，古利丽同音，可知其声符牣表黑义在甲骨文时期已出现。

由于其色取自"灰褐色的页岩"，所以"黎"表示的黑色并不指纯黑，而是指灰褐色，也即古人所说的黄黑色，这种颜色描述的差异是由于古人对于色彩认知的不精确，这也与其时古人的颜色系统对色相的命名相对单一吻合。取义自原物的颜色决定了该词在进入颜色词系统后的色相，并决定了它的构词能力，即可以用来描述哪些事物。经过考察，我们发现，"黎"作为表颜色的词，其所修饰的事物分为两类：一为人及生物的体色，另一为天色。黎在上古汉语文献中总是出现在双音词中，如黎明、黎黑。按照词汇发展的规律来看，使用"黎"表颜色黑的时代应该出现得更早。据统计，"黎黑"在上古汉语文献里共出现了10次，《荀子》1次，《史记》1次、《淮南子》1次，《说苑》3次，《吕氏春秋》2次，《吴越春秋》1次，《礼记》1次。如：

《荀子·尧问》："彼正身之士，舍贵而为贱，舍富而为贫，舍佚而为劳，颜色黎黑而不失其所，是以天下之纪不息，文章不废也。"（第551页）《史记·李斯传》："禹凿龙门，通大夏，疏九河，曲九防，决渟水致之海，而股无胈，胫无毛，手足胼胝，面目黎黑，遂以死于外，葬于会稽，臣虏之劳不烈于此矣。"（第2553页）《史记·高祖本纪》："于是沛公乃夜引兵从他道还，更旗帜，黎明，围宛城三匝。"（第359页）汉刘安《淮南子·原道》："此齐民之所为形植黎黑，忧悲而不得志也。"（第38页）

到了东汉时期，黎仍为黑色的通名，用来解释一些语词。《说文·黑部》："黔：黎也。从黑今声。秦谓民为黔首，谓黑色也。"（第211页下）《礼记·间传》："苴，恶貌也。"孔颖达疏："苴是黎黑色，故为'恶貌也'。"（第1807页上—1810页上）

黧的出现较晚，作为黎的俗字，在牣声表黑义的基础上又添加了形符黑，意义叠加，使其黑义凸显。《说文》并未将其收入。在上古汉语文献中，多与黑组合成词。我们可以认为其承担了"黎"义中表面色黑的意义，与"黎"构成古今字。文献的最早用例出现在上古中期，即春秋后期至战国末期的文献里，《韩非子》出现 2 例，《墨子》4 例，《楚辞》2 例，《尔雅》1 例，如：

《墨子·兼爱》："比期年，朝有黧黑之色。是其故何也？君说之，故臣能之也。"（第 105 页）《韩非子·外储说左上》："文公反国，至河，令笾豆捐之，席蓐捐之，手足胼胝，面目黧黑者后之。"（第 276、277 页）

在上古汉语中，犁、黎、黧三字，从犁的主体石质犁铧为灰褐色而生发黑义。犁、黎及后起的黧都曾用以表黑义，后在使用过程中至迟在东汉时，黎作为正字确定下来。黧作为黎的分化字，初表示面色黑，后词义扩大，可泛指人及动物的体色。而在实际运用中，由于三字音同义近，其职责却并未划分得泾渭分明。

《尔雅·释鸟》："仓庚，黧黄也。"郭璞注："其色黧黑而黄，因以名云。"（第 359 页上）《楚辞·王褒〈九怀·蓄英〉》："纷蕴兮黴黧，思君兮无聊。"（第 276 页）《战国策·秦策一》："（苏秦）形容枯槁，面目犁黑。"（第 119 页）《史记·吕太后本纪》："犁明，孝惠还，赵王已死。于是乃徙淮阳王友为赵王。"（第 397 页）《史记·齐太公世家》："太公闻之，夜衣而行，犁明至国。"（第 1480 页）《史记·南越尉陀传》：楼船力攻烧敌，反驱而入伏波营中。犁旦，城中皆降伏波。（第 2976 页）

由于黧的义符"黑"的表义性强，于是颜色词"黧"渐被人接受，而颜色词"黎"则渐被淘汰。唐时，"黧"字已基本完成了替代"黎"的"体色黄黑"义，"黧"渐被纳入表"体色黄黑"义的词义系统中，"黎"则渐渐淡出表黑义的词义系统，只有表天色的一系列词中（如黎明、黎旦、黎曙）保留了其"黑"义。[1]但二者始终未渭泾分明，这与古人用字习惯有关。但二字表义发生了重大的分工是可见的。如：

唐张鷟《朝野佥载》卷二："监察御史李嵩、李全交，殿中王旭，京师号为'三豹'。嵩为赤黧豹，交为白额豹，旭为黑豹。"（第 34 页）元稹《青云驿》："逡巡吏来谒，头白颜色黧。馈食频叫噪，假器仍乞酏。"[2]唐李德裕《次柳氏旧闻》："会天寒甚，使以汁进果，果遂饮尽三

---

① 此处结论经汉文典籍库语料检索所得，唐代文献，未见一例表体色黑的"黎"，而均由"黧"表示。

② 《全唐诗》，第 4456 页。

卮，醇然如醉者，顾曰：'非佳酒也。'乃寝。顷之，取镜，视其齿，已尽焦且黧矣。"（第467页）

要之，颜色词黧、黧取义于犁铧体灰褐色的耕具犁。因此，黧、黧表示黑黄色。黧产生较早，商周已产生。黧，春秋战国时作为黧"面黑黄"的后起字产生，但二者常相混。至唐时，黧取代黧，表黑黄义，黧的颜色义渐隐。

由"黧"为语素构成的表黑合成词：

[**青黧**] 黑黄色。"青黧"一词初次出现在《尚书》中：《书·禹贡》："厥土青黧。"（第183页下）此"青黧"之"黧"本不作颜色义。古有学者如蔡沈集传注，近有《大词典》均将"黧"释作"黑色"。实则不确。

《禹贡》全篇对于不同地域的"土"进行了质量描述，从其上下文行文对应的规律来看，此处的"黧"当作土壤情况的描述，而非颜色描述。行文前后对"土"的描述摘录如下："厥土惟白壤""厥土黑坟""厥土白坟""厥土赤埴坟""厥土惟涂泥""厥土惟壤""厥土惟黄壤"。可知，除对土壤颜色进行描述外，此处重要的是对其土壤情况的描述，是否适宜农业耕种。而"青黧"的"青"对应前后文的"白""黑""赤""黑""黄"，"黧"对应"壤""坟""泥"，是对土壤状况的表述，对此孔传解释为"青黑而沃壤"，即"黧"传达的是"沃壤"信息。王肃注亦认为此"黧"非颜色义："黧，小疏也。"结合孔传王注，此处之黧当作耕种义的"犁"讲，指土地疏松易于犁耕，适宜耕种，故为沃壤。据《中国科学技术史》（农学卷）对《禹贡》所载土壤进行现代考古后鉴定，"厥土青黧"所在州为"梁"，李约瑟认为"在江汉河谷两侧为山地腐殖质闇色森林土"。（第117页）李氏用科学考察法证实了"梁州"的土壤状况为腐殖质闇色森林土，与孔传王注之说一致。"青"表黑闇色，"黧"指土壤的性质。后世史书中仍有此种土壤情况记载，当不误。《晋书·成公绥传》："青冀白壤，荆衡涂泥，海岱赤埴，华梁青黧，兖带河洛，扬有江淮。"（第2373页）

由于"黧"在汉代已成为"黑"色通用名，又与"青黧"结合，解经作注者望文生训将此"黧"释作"土色青"，如《释名·释地》，实为不确。此为文献最初出现的"青黧"，义为"黑而疏松"。王肃注："黧，小疏也。"孔传："色青黑而沃壤。"后使用过程中，"青黧"常常连用，词形固定下来，解经作注者将表"小疏"义的"黎"字重新解读作颜色词"黎"，使其成为表颜色的词，颜色义凸显，"黎"的"小疏"义渐消失，于是"青黎"成为同义复词，表黑色义。由于颜色词"黎"指黑黄色，所以此黑义多指黑黄色。明代开始此词具有"黑黄色"义。明张岱《陶庵梦忆·刘晖吉女戏》："轻纱幔之，内燃'赛月明'数株，光焰青黎，色如初曙，撒布成梁，遂蹑月窟，境界神奇，忘其为戏也。"（第68页）"光焰青黎，色如初曙"，初曙时当为有黄色阳光映照下的黑黄色，青黎为黑色可知矣。清李调元《南越笔记·龙涎》："或谓龙涎者，多积于海上枯木，如鸟遗状。其色青黎，其芬腥。"① 清法式善《陶庐杂录》卷二："张尔岐《蒿庵闲话》曰：'明朝宝钞之制，用绵纸，厚如钱。色青黎，外用墨栏周界。'"（第60页）《陶庐杂录》同卷："又曰，世传明钞，大学生课本仿纸为之，其青黎色是纸墨杂合所致。"（第61页）《广东新语·鳞语·龙》："或谓龙涎者，多积于海上枯木，如鸟遗状，其色青黎，其芬腥，杂百和焚之，翠烟千结，蜿蜒蟠空，经时不散。"（第545页）

非颜色义辨误：

[犂老]　"犂老"，也写作"黎老"。此词最早出现在《尚书》中。《书·泰誓中》："今商王受，力行无度，播弃犂老，昵比罪人。"（第326页上）关于"犂老"一词，学界众说不一，下面是其典型用例及几种代表性解释：

1. 犂老即"老人面色似梨"。《书·泰誓中》："今商王受，力行无度，播弃犂老，昵比罪人。"孔传："鲐背之耇称犂老。"孔颖达疏："《释诂》云：'鲐背、耇、老，寿也。'舍人曰：'鲐背，老人气衰，皮肤消瘠，背若鲐鱼也。'孙炎曰：'耇，面东② 犂色似浮垢也。'然则老人背皮似鲐，面色似梨，故'鲐背之耇'称'黎老'。"（第326页上）

2. 犂（犁）通黧。宋蔡沈《书经集传》释上例"犁老"："犂、黧通，黑而黄也。"③

3. 黎为冻梨。《国语·吴语》："昔吾先王世有辅弼之臣，以能遂疑

---

① 《笔记小说大观》第二十编第十册，新兴书局有限公司，1977年版，第6393页。

② 笔者按：此处"东"当为"冻"。

③ （宋）蔡沈：《书经集传》，第69页下。

计恶，以不陷于大难。今王播弃黎老，而孩童焉比谋，曰'余令而不违。'"韦昭注："鲐背之耆称黎老。"（第 601 页）上海师范大学古籍整理研究所校点版《国语》案语："公序本作'黎，冻梨，寿征也。'"（第 603 页）

4. 耆老。王引之《经义述闻·通说上》："黎老者，耆老也。古字'黎'与'耆'近，《尚书》'西伯戡黎'《大传》'黎'作'耆'，是其例也。"（第 739 页下）

5. 鲐背之耇。《尚书》孔传："鲐背之耇称犁老。"前引《国语·吴语》韦昭注也采此义。

以上几说，学界主流意见持"犁老"之"犁"指面色似（冻）梨。本书认为前四说颇值得商榷。

孔颖达认为"犁"当为"梨"，"犁老"为"老人面色似梨"，语义牵强。而《国语》公序本将"犁"释作"冻梨之色"，乃增字解义，更为谬矣。王引之《经义述闻·通说上》对于此解早有批驳："而《方言》郭注乃云：'言面色如冻梨。'案：《释名》：'九十曰鲐背，或曰冻梨。皮有班点，如冻梨色也。梨冻而后有班点，与老人面色相似。'若但言梨，则冻与不冻皆未可知，无以见其为老人之面色矣。冻梨之称，自取皮有班点，黎老之称，自以耆蚤为义，二者绝不相涉，不得据彼以说此也。"（第 739 页下、740 页上）

而蔡沈认为"犁""黎"解作"黑"，认为"犁老"乃年老所至黑义，也于理无据。人的脸色黑，与老并无关联，从文献材料来看，面色黎黑是无关年龄的。如：

《荀子·尧问》："彼正身之士，舍贵而为贱，舍富而为贫，舍佚而为劳，颜色黎黑而不失其所，是以天下之纪不息，文章不废也。"（第 551 页）《史记·李斯传》："禹凿龙门，通大夏，疏九河，曲九防，决渟水致之海，而股无胈，胫无毛，手足胼胝，面目黎黑，遂以死于外，葬于会稽，臣虏之劳不烈于此矣。"（第 2553 页）《宋史·后妃列传下》："理宗谢皇后，讳道清，天台人。父渠伯，祖深甫。后生而黧黑，瞖一目。"（第 8658 页）

王引之显然注意到前人注解的错谬，但其仅据一例《大传》所书"耆老"就擅改"黎老"，忽视了文献中众多的"犁（黎）老"，显然也是失于偏颇的。再者，《礼记·曲礼上》："六十曰'耆'。"（第 22 页上）

而"鲐背"据《释名·释长幼》，乃九十之称，二者相差殊异，王氏显然未曾顾及上古这些语词的语义差异，未达确诂。

事实上，"犁老"当义同"鲐背"，指年岁已高、背部佝偻的老人。下面试详解之。

笔者以为此处正字当为"犁"。取其"犁"为农具形制而来。首先，从文献材料看，甲骨文和金文已有"犁"字记载。从甲骨文𥝢可得知其"禾"旁的"刀"主要构形为弯弧状。文字学家普遍认为这是一种起土农具，屈万里明确指出："利当是犁之初文，从禾从刀，其小点当象犁出之土凷也。"①

其次，考古发现证明了这种推断。在已出土的新石器时代晚期南方水田使用的翻土农具来看，"从石犁的钻孔部位及有些石犁背部残留的痕迹，可知，石犁是安装在曲柄下端形似犁床上的铆钉内，由下而上插入犁孔，使石犁与床紧密配合。"② 钱小康《犁》一文对于"犁"的曲柄形制进行了详细论述。众所周知，汉字的构形、表义与文化传统密不可分，"文化传统是一种强大的力量，它不仅规定了汉字的产生、发展与存在，而且规定着汉字阐释的过程与结果。"③ 犁作为农业社会的主要生产工具，极易成为古人取义及喻指他物的对象，"犁老"即是取犁架的曲柄状形同老人佝偻的腰脊，喻指老人年高。

韦昭注"鲐背之耇称黎老"。鲐，身体纺锤形，即身体中部向两端逐渐由粗变细，背部侧看如同拱形。鲐背，言背部圆突，驼背之称。④ 耇，犹佝，背驼。用"鲐背之耇"来喻老人年岁高后，背部佝偻。

耇，《说文·老部》"耇"字朱骏声《说文通训定声》："当训老人背伛偻也。从老省从句，会意，句亦声。"（第 356 页下）《说文·句部》："句，曲也。"（第 50 页上）段玉裁注："凡曲折之物，侈为倨，敛为句。……凡地名有句字者，皆谓山川纡曲，如句容、句章、句余、高句骊，皆是也。凡章句之句，亦取可稽留钩乙之意。"（第 88 页上）耇从句得声，意指老人背部佝偻弯曲。

肖璋《耇老解》："古语有以'伛偻'等语表示一切弯曲或曲脊或与

---

① 转引自《甲骨文字集释》，第 1518 页。

② 钱小康：《犁》，《农业考古》2002 年第 1 期，第 172 页。

③ 黄德宽、常森：《汉字阐释与文化传统》，中国科学技术大学出版社 1995 年版，第 9 页。

④ 参见李海霞《汉语动物命名研究》，巴蜀书社 2002 年版，第 8 页。

曲相因之各义者，其语源最初当为复辅音，后则亦为连语，或分言，或连呼。其连语尚流传于今日北平方言中，'考老'之义，乃由曲脊之义而生。……可见'耇老'即伛偻、疴偻，与曲偻、踢偻、偶旅、枸篓、笱罶、岣嵝、穹隆等都是同源词，词源义是弯曲。"①

由上可知，鲐背、耇老都喻指曲脊，韦昭用"鲐背之耇"解释"犁老"，正是对"犁老"为"曲脊"认的揭示。

古人形容年老的人常常使用明显的外部特征来描绘，背部伛偻成为一大特征常用来描绘老者体态。如：

《诗·大雅·行苇》："曾孙维主，酒醴维醽。酌以大斗，以祈黄耇。黄耇台背。以引以翼。寿考维祺。以介景福。"（第 1277 页上—1278 页上）

《书·召诰》："今冲子嗣，则无遗寿耇。"（第 467 页上）

《左传·僖公二十二年》："且今之勍者，皆吾敌也，虽及胡耇，获则取之，何有于二毛？"（第 463 页下）

《仪礼·士冠礼》："再加，曰：'吉月令辰，乃申尔服。敬尔威仪，淑慎尔德，眉寿万年，永受胡福。'三加，曰：'以岁之正，以月之令，咸加尔服。兄弟具在，以成厥德。黄耇无疆，受天之庆。'"（第 55 页下、56 页上）

隋阇那崛多译《佛本行集经·劝受世利品下》："大王当知。老最可畏。所以者何。老来逼时。能夺年少。盛壮将去。摧折身形。腰脊伛偻。不能行步。犹如枯树。谁喜乐看。此最可畏。"（《本缘部 T3》，p. 764.1）

唐戴孚《广异记·张守一》："乾元有张守一，为大理少卿。性仁恕，以平反折狱，死囚出免者甚多。后当早期，有白头老人，伛偻策杖，诣马前拜谢。"（第 476 页）

宋吴处厚《青箱杂记》卷五："近代洛中致政侍郎张公师锡追次其韵，和成《老儿》诗，亦五十韵。今录之，曰：'鬓发尽皤然，眉分白雪鲜。周遮延客话，伛偻抱孙怜。无病常供粥，非寒亦衣绵。假温衾拥背，借力杖搘肩。貌比三峰客，年过四皓仙。'"（第 50 页）

清余金《熙朝新语》卷十四："乾隆三十年，高宗纯皇帝巡幸江浙。训导王世芳接驾，时年一百七岁，奉旨赏给匾额并赏缎二匹。三十六年，

---

① 引自宋子然《古汉语词义丛考》，巴蜀书社 2000 年版，第 209 页。

入都恭祝皇太后万寿。时世芳年一百十三岁，赐翰林院侍讲衔。还乡与第三子同行，白发飘萧，<u>背转伛偻</u>，不似乃翁之矍铄。问其年，曰：'八十五岁。'"（第71页）

可见，"犂（黎）老"当解为"似犂样背脊弯曲的老人"也即"年迈苍老之人"，而非"面色黑""面似冻梨""面色似梨"的老人，也非"黎为耆误"。

[**黎民**]此词在文献中出现较早。如：《书·大禹谟》："后克艰厥后，臣克艰厥臣，政乃乂，黎民敏德。"（第103页下）《诗·大雅·云汉》："周余黎民，靡有孑遗。"（第1407页下）对于词中的"黎"，古来有两种看法：一为众，二为黑。第一种看法略占上风，第二种意见以《说文》为代表。《说文·黑部》："黔，黎也。从黑今声。秦谓民为黔首，谓黑色也。周谓之黎民。"（第211页下）后也有学者主张此说。《诗·小雅·天保》："群黎百姓，遍为尔德。"朱熹集传："黎，黑也。犹秦言黔首也。"[1]《书·尧典》"黎民于变，时雍"蔡沈集传也将"黎"释作"黑也"。

按：前者为是。"黎民"指称依附于土地，以耕地为生的下层民众，以有别于"百姓""九族"等其他社会阶层。如：《书·尧典》："克明俊德，以亲九族。九族既睦，平章百姓。百姓昭明，协和万邦。黎民于变时雍。"（第31页上）由于其相对应的阶层的构词均以表数量的词"百""九"等为首，此文的"黎"表示数量的意义，即"众"。黎在此义基础上产生了一系列新词：黎庶、黎元、黎众、黎氓，等等。这些表示"民众"的复合词里，黎并未含有黑义，不同于黔首的黔。"黔"所修饰的中心语为"首"，即头巾；而"黎"所修饰的中心语为"民"。这是二者词义来源和语义指向分歧所在。而后世，随着"黎"字"黑"义的使用和解读增多，人们按照"黑"义去解读"黎民"之"黎"，并与"黔首"之"黔"对应，遂失"黎民"本义。如：梁周兴嗣《千字文》："爱育黎首。"原注："黎，黑也；首，头也。人首皆黑，故称民曰：'黎首'。"（第8页）

颜色义辨析：

[**黎明**]"黎明"一词，古今常用。它产生于上古后期，今所见最早

---

① （宋）朱熹：《诗经集传》，北京古籍出版社（《四书五经》本）1996年版，第557页。

用例是《史记·高祖本纪》：

"于是沛公乃夜引兵从他道还，更旗帜。黎明，围宛城三匝。"（第359页）

此是刘邦反秦时期一个成功的夜袭战例，"黎明"是一个必须准确定点的时间词，故此例成为该词释义的必备书证。但该词之辞书训释，一片乱象。较早《康熙字典·黍部》"黎"字下曰："又与'邌'同。黎明，比明也。《史记·高帝纪》（按，高祖本纪）'黎明围宛城'注《索隐》曰：'黎犹比也，谓比至天明也。'"（第1517页）以"黎明"为'邌明'，释为比明，比至天明，即天刚明。今《辞源》《汉语大词典》"黎明"条全同：释为"天将明未明之时"，全引《史记》此例为书证，也引司马贞《索隐》"黎犹比也"二语。《汉语大词典》并补证以毛泽东《抗战胜利后的时局和我们的方针》中对所引明朱柏庐《治家格言》的语释："'黎明即起，洒扫庭除'，黎明者，天刚亮也。"二典释义"天将明未明之时"与引注"比至天明"即天刚明、个别书证所表"天刚亮"相抵牾。《辞海》"黎明"条释为"天渐亮之时"，亦以《史记》此例为书证，但引《〈说文〉段注》释词素"黎"云："本作邌。徐徐。"则亦以"黎明"为'邌明'，而释"黎明"和"黎"皆与《康熙字典》异。《现代汉语词典》"黎明"条释义："时间词。天快要亮或刚亮的时候。"合指天将明和刚明两个时间点，即指天明前后。"黎明"是否为"邌明"？其词义究竟是指天将明未明时，或天渐明时，还是指天刚明时？抑或合指为天明前后？其词素"黎"为比及义，徐徐义，还是他义？于此，其实古代有种种训诂。本书试为辨诘，隐者揭之，误者抨之，正者申之，以确释"黎明"与"黎"。

首先释定"黎明"的词义。

其词义古今有异。今常语"冲破黎明前的黑阁"，显然已将"黎明"划出黑夜，归入昼明。前引毛泽东释"黎明"是"天刚亮"之语，可以作为现代对"黎明"的准确释义。但是，不能以今淆古。古代不是指天刚明，而是指天将明犹黑时，属于黑夜的后尾、末端。上引始见"黎明"的《史记》本例即然。文述沛公从张良避腹背受敌而必先取宛城之谏，乃连夜极其隐蔽地佯走他道并更换旗帜，在"黎明"时围了宛城三圈。从战术要求看，必须天明前毕其事方有奇效；《索隐》所引《楚汉春秋》更明言"鸡未鸣已围宛城三匝"，显示实际也是天明前结束围城。又，

《汉书》亦载其事而作"迟明"。颜注引文颖曰："迟,未也,天未明之顷已围其城矣。"颜注更明晰:"此言围城事毕,然后天明,明迟於事,故曰迟明。"(第19、20页)按,此"迟"是待义,"迟明"犹待明。尽管《汉书》诸注家于词素"黎"训义不一,但强调"黎明"处于天未明时则一。因此,最早的《史记》之"黎明"就是指天明前,将明犹黑时。

不仅早期如此,就是到明、清时期,"黎明"均如此用。

(1)忽然天已黎明,就叫:"春香起来,园中去寻罗帕去。"春香咽哝道:"方才着枕,睡思正浓,这天还是黑洞洞的,鸦雀未曾飞鸣,露湿泠泠,何处去寻觅?"(明方汝浩《禅真逸史》,第460页)

(2)文大人道:"你家被劫是什么时候?"郭氏道:"天尚未亮。"……众人道:"大人高见不差。欧阳春五鼓护送马强,焉有黎明从新带领人役打劫之理?此是众寇打劫无疑了。"(清石玉昆《七侠五义》,第513页)

(3)此时天已黎明,看不真切,似乎是个年幼之人。(同上,第538页)

以上三例,"黎明"分别对应"黑洞洞""天尚未亮""看不真切"的时态,均具体地显示了"黎明"之为黑夜末端的特征。前引及现代文所用明朱柏庐《治家格言》中的"黎明即起",也当解为天将明犹黑时起身,比"天刚亮"还要早一些。由此可以说,整个古代的"黎明",皆指天将明犹黑时,属黑夜的末端。

以此绳衡诸典,《康熙字典》释为"比明",即"比至天明",指天刚明,误。《辞源》等释为"天将明未明之时",诚确;但同时引《索隐》释为"比至天明",误。《辞海》释为"天渐亮之时",则欠准确,因未明示其黑夜末端特征。《现代汉语词典》指为天明前后,无论对现代或古代,均属浑解、误解。

释复词义必须兼明词素义。"黎明"之难解在于词素"黎"。上举诸辞书之所以释词义不一、词义与词素义不合、释义与引注抵牾,乃缘所取用训"黎"不当的旧注使然,其中主要是较早的唐代注家两条:一是《汉书》颜师古注,二是《史记》司马贞《索隐》。不可不辨。

文首引《史记》"黎明"例,《汉书·高帝纪》作"迟明围宛城三匝",颜注:"《史记》'遟'字作'邌',亦徐缓之意也。音黎。"(第20页)

116　　　　　　　　　古汉语黑系颜色词疏解

　　同样取"遟",《康熙字典》以"黎、遟"为古今字,故不以颜注而仍以《索隐》为释。《辞海》以"迟、遟"为古今字,而以为《史记》本就作"遟",故取《汉书》颜注为解,以"遟"为"徐徐","遟明"为"天渐亮之时"。二者取义不同,但以"黎明"作"遟明",皆失。盖颜注所言异本实不足据。持理有四:

　　其一,"遟明"迟见。从形声字产生先后看,"遟"必在"黎"之后。实际也是如此。《说文·辵部》虽有"遟",训"徐也",但《史记》前和《史记》时代尚不见文献用例。今所见文献最早作"遟明"的是《新唐书》,如《李怀仙传》:"遟明,泚(朱泚)惧欲亡。"颜注所言"或当时有此异本耳"(清吴玉搢《别雅》,1—34、35),即颜氏作注时所见《史记》有此异文本,此很大可能是《史记》以后至唐以前流传中为人所改易者。传本中的后见字,殆不可作《史记》原本。

　　其二,《史记》唯见"黎""犁"。今所见《史记》唯作"黎明"或"犁明"(《齐太公世家》),正文或三家注均无有作"遟明"的异文,故谓"黎""犁"是"遟"之古字或借字,未免武断。

　　其三,"遟""黎"义系不同。"遟"虽以"黎"为声,但二者非古今字,盖属不同义系。《说文·辵部》"迟""遟"二字相接,"迟"训"徐行也","遟"训"徐也"(大小徐本),而《集韵·脂韵》、《类篇·辵部》等"遟"字引《说文》皆作"遟,徐行也","遟""迟"二字音义同。而"黎""犁"是另一系同源词。故"遟"可以为"迟"的异体,但不会作"黎"或"犁"的异体或后起字。

　　其四,构词方式不合。从"黎明"同义的一类时间复词看,都是正反义组合的联合式结构(见下),若作"遟明",无论《康熙字典》所取比义,《辞海》所取徐徐义,均成偏正性状谓结构,此不合"黎明"一类时间词的构词方式。

　　有此四理,绝不能据颜氏注《汉书》时偶见之《史记》异本作"遟"字,以训释今《史记》之"黎明""犁明"。

　　影响最大的是《史记》"黎明"《索隐》之"黎犹比也"两句训语。①

_____

　　① 以"黎"为比义,见于《索隐》多处。《晋世家》"犁二十五年"索隐:"犁犹比也。"(第1657页)《太公世家》"闻之,夜衣而行,犁明至国。"索隐:"犁犹比也。一曰犁犹迟也。"(第1480页)但唯一此二语释词素与词义,最有代表性。

其全注是：

"黎音犁。黎犹比也，谓比至天明也。《汉书》作'迟'，音值。值，待也，谓待天明时。皆言早意也。《楚汉春秋》曰：'上南攻宛，匿旌旗，人衔枚，马束舌，鸡未鸣已围宛城三匝。'"（第360页）

此注本当是早期训"黎明"最到位的佳注：既训本词与其难解词素"黎"；同时又训《汉书》"迟明"与"迟"，所训音义甚确；引文献证弥足珍贵，并使表义显豁。但恰恰是作为"黎明"本训的"黎犹比也。谓比至天明也"二语，前训词素义，后训词义，却是十足的败注误训。推究起来，对"黎明"最早的训诂殆非《索隐》。《史记·吕太后本纪》"犁明，孝惠还"，南朝刘宋裴骃集解引徐广曰："犁犹比也。诸言犁明者，将明之时。"（第397页）① 徐广训词素"黎"为"比"，当是始作俑者。但徐氏此"比"，或取近义，② 近明，故下句训词义为"将明之时"，均不误。《索隐》显然本徐广此训，但取其非而弃其是：以"黎"为比义，而"比"取比及、及至义，故下句训"黎明"为"比至天明"，即等到天明，指天刚明，遂误上加误。如此，使《索隐》全注瑕大于瑜：首训"黎明"为"比至天明"，即天刚明；继训当为同义的《汉书》"迟明"却是"待天明时"，即将明犹黑时；二训分明有异，遂又调和"皆言早意"，隐指"黎明""迟明"皆可训为天明前后；最后引文献证又表"鸡未鸣"，即将明犹黑时。——本当表义同一的"黎明""迟明"及文献证三者，却表成语义迥别的二义，歧端即肇自"黎犹比也"二句误训。不可思议的是，如此误训，竟然成了古代对"黎"与"黎明"的经典性正诂，从《康熙字典》到《辞源》《汉语大词典》等皆屡屡征引，讹舛递相承传。

更不可思议的是，《索隐》的作者当年已幡然省悟，彻底纠误，对

---

① 《资治通鉴·汉孝惠帝元年——二年》"犁明"胡三省注引徐广曰："犁犹比也；比至天明也。诸言犁明者，将明时也。"（第410页）增了"比至天明也"一句，盖是混入了司马贞《索隐》语，《史记集解》引徐广注无此句。

② "比"作近义，《史记》三家注中已多见。如：《天官书》"危东六星两两相比"张守节正义："比，近也。"（第1309页）《平津侯主父列传》"下比于民"索隐："比者，近也。"（第2951页）而"比"作比及、及至义，《史记》及其他文献均鲜见其例。《汉语大词典》竟然据《索隐》此条的误训专列"黎"字第5义："比及，及至。参见'黎明'。"实是无证而列的险义、空义。

"黎"与"黎明"作了完全正确、今可全盘承用的训诂,今人却视而不见。请看:

《史记·卫将军骠骑列传》:"迟明,行二百余里不得单于。"张守节正义:"迟,音值。"裴骃集解:"徐广曰:迟,一作黎。"司马贞索隐:"迟音值。迟者,待也,待天欲明也。《汉书》作'会明',诸本多作'黎明'。邹氏云:'黎,遅也。'然黎,黑也,天将明而犹黑也。"(第2935—2936页)

不难看出,《索隐》本条也是《史记》三家注中最详备者。此"迟明"条与前引的"黎明"条,《索隐》的规格、注法均同:备注音义,皆训"黎明""迟明"两词的词义与词素义。两条对照即可发现,对"迟"与"迟明"之训全同,而对"黎"与"黎明"之训,则完全不同,明显是《索隐》作者特意纠彼条训"黎"与"黎明"之误。

本条对词素"黎"之义训,不仅放弃了自己曾承用的徐广"黎犹比也"的旧训,而且特意非否了邹氏的"黎"为迟义之训,即摈弃了对"黎"主要的两种误训;并首次提出了"黎,黑也"的新解。对"黎明"的词义,则继承了徐广"将明之时"的义训,而训"天将明而犹黑",即将明未明时,比徐训更明确地突出了处于黑夜末端的特征。此训使"黎明"的词素义与词义达到真正一致。《索隐》此条是"黎明"训诂史上最早出现的训解词与词素义的完善确诂;特别是第一次训释"黎"为黑义,解决了"黎明"训诂关键的难点与歧点。

《索隐》对"黎"与"黎明"的新解,也得到后世一些有识之士的重视与认可,其中继承与发扬较为突出的,是宋代程大昌《演繁露》。该书卷十"黎明"条曰:"《史记·吕太后本纪》'黎明孝惠还',徐广曰:'黎犹比也,将明之时也。'此说非也。犂、黎古字通。黎,黑也,黑与明相杂、欲晓未晓之交也。犹曰昧爽也。昧,闇也;爽,明也,亦明闇相杂也。"(第852册第155页)此条全文被引入《资治通鉴·汉孝惠帝元年—二年》"犂明"胡三省注。(第410页)

此后,清代赵翼亦重申并补例曰:"黎,黑也,黎明,犹《书》所云昧爽,《诗》所云昧旦耳。"(清赵翼《陔馀丛考·司马贞〈史记索隐〉》,第432页)

"黎明"训诂的关键在"黎"。《索隐》首倡"黎"为黑义,又经程大昌等的申发,何以至今犹若千年尘封,鲜为今辞书征用?或缘古人训而乏论，故藏在深闺人未识。今试申论之。

"黎明"之"黎"必为黑义，而不能为他义，可从二端申其理：

其一，从词义见用度观，黑义为"黎""犁"常用义。

"黎"，《说文·黍部》训"履黏也"，其本义是用黍米制，用以粘鞋的黏胶剂，但文献罕见，而常假借用为黑义。王襄曰："经典凡训黑之字，多假此字（按，指黎）为之。"（转引自李孝定《甲骨文字集释》，第2391页）《玉篇·黑部》："黧，黑也，亦作黎。""黧"是专表黑义的后出专字，不见于《说文》，故早期表黑义多用"黎"。也用"犁"。"黎明"出现以前，"黎黑""犁黑"的同义连用已甚多。《战国策·秦策一》："（苏秦）面目犁黑，状有归（愧）色。"（第119页）《荀子·尧问》："舍佚而为劳，颜色黎黑而不失其所。"（第551页）《史记·李斯列传》："禹……面目黎黑。"（第2553页）《说文·黑部》："黔：黎也。……秦谓民为黔首，谓黑色也。"已将"黎"作为黑色的训词。"黎""犁"之所以常被假借用为黑义，在于它们本就是属于从"利"得声的一组表黑义的同源词：黧、黎、鵹、䌫（犁）黎、犁等。因此，《史记》的"黎明""犁明"之"黎（犁）"，作黑义是用其常见义，而作比义、徐徐，都是难见未见义，自然当取前者。

其二，从复词构词特点观，"黎"必须是与"明"相反的黑义。

古代白昼的时段甚多，黑夜皆在寐寝，故时段少，但后半夜鸡鸣之后、且以前的黑夜末段特别重要，因关系官员的早朝、勤者一日之始、军事夜袭的节点。此时段异名尤多，且一律用独特结构的复词。因处黑夜之尾，又临昼明之始，就巧妙地用义素相反的并列式时间复词来表示：前词素表黑夜的特征，后词素表白昼的特征，合以表示时间处黑而有明，即天将明未明，索隐所谓"天将明而犹黑"。在"黎明"以前，最早是"昧爽""昧旦"。

（4）《书·泰誓下》："时甲子昧爽"孔传："昧，冥；爽，明。早旦。"孔颖达疏："冥是夜，爽是明，夜而未明谓早旦之时，盖鸡鸣后也。"清阎若璩曰："昧爽云者，欲明未明之时也。旦，早也，明也。"（阎若璩《尚书古文疏证》，第336页）

（5）《礼记·内则》："昧爽而朝，慈以旨甘，日出而退，各从其事。"宋卫湜注曰："文王之为世子，鸡初鸣衣服至于寝门外问安否何如，此晨省之事也。"（宋卫湜《礼记集说》卷三）

（6）《诗·郑风·遵大路》：“女曰鸡鸣，士曰昧旦。子兴视夜，明星有烂。”宋朱熹集传：“昧，晦；旦，明也。昧旦，天欲旦昧晦未辨之际也。明星，启明之星，先日而出者。”（宋朱熹《诗经集传》，第 521 页）

（7）《左传·昭公三年》：“《谗鼎》之铭曰：昧旦丕显，后世犹怠。”杜预注：“昧旦，早起也。丕，大也。言夙兴以务大显，后世犹懈怠。”（第 1223 页）

汉初出现了“黎明”，以后又有了“黎×”式同类时间复词“黎明”“黎旦”“黎曙”“犁曙”等。还有“昧×”“黑×”式的“昧旦”“昧明”“黑早（黑番）”等。

（8）明彭大翼《山堂肆考·时令·申旦》：“天将明而又黑曰黎旦，亦曰黎明。”（第 978 册第 515 页下）

（9）《资治通鉴·汉武帝元鼎五年—六年》：“楼船力攻烧敌，驱而入伏波营中。黎旦，城中皆降。”（第 670 页）

（10）《新唐书·赵昶传》：“巢之围，昶夜揪师，疲而寝，如有神相之者。犁曙决战，士争奋死斗，禽贼酋数人，斩级千余。”（第 5475 页）

（11）明唐汝楫《赠大学士吕璋墓志铭》：“公曰：‘是辈所过鸱张，意利掠夺及资犒耳。’密戒以夜半移舟，黎曙已渡琼矣。”（清汪森《粤西诗载 粤西文载》，第 1467 册第 317 页）

（12）《国语·吴语》：“鸡鸣乃定，既陈，去晋军一里。昧明，王乃秉枹，亲就鸣钟鼓、丁宁、錞于振铎，勇怯尽应。”（第 608 页）

（13）a.《北史·贺岳传》：“岳知其势分，密与天光严备。昧旦，攻围元进栅，拔之，即禽元进，自余诸栅悉降。”（第 1802 页）

b.《资治通鉴·梁武帝中大通二年》：“天光知其势分，晡时密严诸军，相继俱发，黎明围元进大栅，拔之。所得俘囚一皆纵遣，诸栅闻之皆降。”（第 1018 页）

（例 13a 句“昧旦”与 b 句“黎明”为异文。）

（14）《清平山堂话本·错认尸》：“次日，黑早起来，辞了船主人，背了衣包，急急奔武林门来。”（明洪楩《清平山堂话本》，第 263 页）

（15）《红楼梦》第四七回：“转眼到了十四日，黑早，赖大的媳妇又进来请。”（第 752 页）

（16）《醒世恒言·一文钱小隙造奇冤》：“且说邱乙大，黑番起来开门，打听老婆消息。”（卷三十四—十三）

以上诸同类时间复词，其前词黎、昧、黑，均表黑夜，后词旦、曙、明、早（旦）等均表明义，合而表天将明未明时。它们与先秦的昧爽、昧旦一脉相承，且使用更广，既用于正统文言，又见于后世语体作品。"黎明"是其中之一，其前词"黎"自然也是黑义。

〔犁牛〕此"犁"历来训释大致有三，一为"杂文"，二为"黑"，三为二义皆取。列举如下：

1. 杂文。

《山海经·东山经》："其中鳙鳙之鱼，其状如犁牛。"郭璞注："牛似虎文者。"（卷四，第一页）《论语·雍也》："犁牛之子骍且角，虽欲勿用，山川其舍诸？"（第80页上）陆德明释文："犁，利之反，杂文曰犁。"（第1360页）《集韵·脂韵》："犁，牛驳文。"（第94页）

2. 犁为颜色，表黑。

《论语·雍也》："子谓仲弓，曰：'犁牛之子骍且角，虽欲勿用，山川其舍诸？'"（第80页上）明陈士元《论语类考·鸟兽考》："朱子曰：'犁，杂文，骍，赤色。'……元按：《集韵》：'犁与黧通，黑黄色也。'"（第282页下）《论衡·自纪》："母骊犊骍，无害牺牲。"刘盼遂校释："'母骊犊骍'一语，盖本《论语》'犁牛之子骍且角'，惟'犁'作'骊'，与何晏所据本异。"（第1206页）梁僧佑《弘明集·释驳论》："仲弓虽骍，出于犁色，而举世推德，为人伦之宗。"（第36页中）

3. 二义皆取。

王引之《经义述闻·通说上》："犁与骍对举，则当以杂文之训为长。……犁者，黄、黑相杂之名也。《魏策》：'幽莽之幼也似禾，骊牛之黄也似虎。''骊'与'犁'通。《东山经》：'鳙鳙之鱼，其状如犁牛。'郭注'犁牛'曰：'牛似虎文者。'则犁牛即骊牛矣。《广韵》：'黧，黑而黄也。''黧'亦与'犁'通。然则犁牛者，黄黑相杂之牛也。"（第746页下、747页上）汉扬雄《法言·修身》："或问：'犁牛之鞹与玄骍之鞹有以异乎？'"（第99页）汪荣宝义疏引王引之《经义述闻》之"杂文"观点后，认为："王辨甚精。《说文》：'雞，雞黄也，一曰楚雀也，其色黎黑而黄。'然则鸟黄黑者谓之雞，牛黄黑者谓之犁，其义同也。"（第100页）

按：我们没有更多的资料可以呈现古时牛的毛色，据郭郛、〔英〕李约瑟、成庆泰认为，中国家养的牛是黄牛、水牛和牦牛或野牦牛。① 从今天所见所闻的牛来看，除了奶牛会呈规则不一的花白状外，无一见牛呈条纹状者。所以"犁牛"之"犁"不可解为杂色。所以疑此处"犁"当解作耕犁之犁，犁牛也即指用于耕犁的牛，即普通无别的牛。非指其外形特征。《山海经》中的"鯥鯥之鱼其状如犁牛"，盖指鱼的形状而非颜色。在一部主要讲述怪诞事物的书中讲述鱼的形状如犁牛般庞大要更符合文义，而呈杂文色的鱼就并无稀奇了。《论语·雍也》孔子论及冉雍时说："犁牛之子骍且角，虽欲勿用，山川其舍诸？"表明了孔子唯贤是举，不在乎出身贵贱的民本思想。"犁牛"即为耕牛，指其出身低贱，喻指冉父，但其子"骍且角"外形出众，可为重用，喻指冉雍本人为栋梁之才。而如果解作"黄黑色的牛"无由得出出身低贱的喻义来，也无法反映孔子打破门第观念的民本思想。

由于"犁"常借用作表颜色的"黎""黧"，所以历代注释家将"犁"也视作颜色词，直至《论衡》的"母骊犊骍"、《魏策》的"骊牛之黄也似虎"，《弘明集》的"犁色"也是经过历代的重新分析和认识所致。并非为"犁"义所固有。

3—4. 卢、鑪

鑪取义自卢。对于卢字本义，学界大致有以下几种意见：

1. 饭器。《说文·皿部》："卢，饭器也。从皿，虍声。"（第 104 页上）又有学者明确指出"卢为筥"。王国维《观堂集林·王子婴次卢跋》："余谓筥簬卢簠本是一字。"并举《上虞罗氏藏郘侯敦》中郘侯亦即筥侯等二例，证明筥卢为一字。又指出，"筐方筥圆。亦如簠方簋圆。皆以其角言之。非正方正圆之器也。"②

2. 炉。郭沫若《殷周青铜器铭文研究·新郑古器之一二考核》："器制似盘或盆而铭之以卢，余谓此乃古人爇炭之鑪也。"并认为鑐盧卢鑪实为一字，鑪字为后起字（今人作炉，又其后起）。《说文》释卢为饭器盖假借之义，古书必有假卢为筥的现象，所以许慎如是解之。③ 于省吾《双

---

① 详参郭郛、［英］李约瑟、成庆泰《中国古代动物学史》，科学出版社 1999 年版，第 386 页。

② 参见王国维《观堂集林》，中华书局 1959 年版，第三册，第 900、901 页。

③ 转引自《古文字诂林》第五册，第 183、184 页。

剑誃殷契骈枝续编·释卢》指出粹一百九片所载卢字，"即卢之象形初文"，"疑即古之炉也"。"虘卢同字，虘不从皿，为卢之初文，不应歧为二字。凡此皆卢字孳变之辜较也。"① 徐中舒《甲骨文字典》卷五："穴居时代，一室之内，中置炉火，昼则围炉而食，夜则围炉而卧。故甲骨文卢实为炉之初文。"②

本书认为：卢字本义从其古文字形看，依于省吾（同上，释卢）"上象炉之身，下象款足"，当为象鼎形的炉具，盖其形圆，依于省吾，"如善斋彝器图录四五之我方鼎，系椭圆形，四足，……盖形似盦，疑即古之炉字"。借以表"似筥"的无角圆形竹器。从卢之字多表圆义。如颅，《说文·页部》："顝颅，首骨也。"（第 181 页下）头骨。即头颅，其形圆，无角。如庐，圆形屋。《资治通鉴·汉章帝元和三年》："迷吾闻之，徙庐落去。"胡三省注："庐，穹庐。"（第 1508 页）《资治通鉴·晋孝武帝太元元年》："王将立慕容妃之子，欲先杀汝，故顷来诸子每夜戎服，以兵绕庐帐，伺便将发耳。"胡三省注："毡帐，汉人谓之穹庐，因曰庐帐。"（第 3279 页）毡帐即圆形围成的帐子，今天蒙古的游牧民族仍在使用。谓之穹庐，庐即圆义。如舻，船头有圆形屋的船。《说文·舟部》："舳舻也，一曰船头。"（第 176 页上）朱骏声《说文通训定声》："舻，或又曰船头有屋如庐舍者，亦名飞舻。"（第 402 页下）《广雅·释亲》"顝颅谓之髑髅"王念孙疏证："《说文》：'顝颅，首骨也。或但谓之颅。'船头谓之舻，义亦同也。"（第 202 页下）垆，即酒瓮。又写作卢、坜。《急就篇》卷三："甀甇甂瓯瓨甖卢。"颜师古注："卢，小瓮。今之作卢，酒者取名于此。"（第 174 页）《汉书·食货志下》："请法古，令官作酒，以二千五百石为一均，率开一卢以卖，醨五十酿为准。"臣瓒注："卢，酒瓮也。"（第 1182、1183 页）其形圆。卢可表筥，义取自形圆无角。

卢为炉（鑪）之本字，炉器多为黑色金属所制。炉（鑪），《仓颉篇·金部》："镕，炭炉所以行火销铁也。"（第 89 页）戴家祥《金文大字典》下："邵钟'玄鏐鑪铝'，句绎'铉鏐鏞铝'，'鑪'与'玄'相对，当为铝字的形容词，表示一种色彩。从声训上考察，以膚为声的字多含黑

①　转引自《古文字诂林》第五册，第 184 页。
②　徐中舒主编《甲骨文字典》，四川辞书出版社 1988 年版，第 535 页。

意……由此知鏞从膚声，本意当为黑色金属。在'玄镠鏞铝'句中，它只表示黑的含义。"（第 4948 页）依戴家祥，邵钟的"鑪铝"与句绎的"鏞铝"相对应，"鑪"义当同于"鏞"，表黑义。

卢为"黑色炉具"，后从中抽象出"黑色"义，含卢之字多表黑义。

垆，《书·禹贡》："厥土惟壤，下土坟垆。"（第 182 页上、下）陆德明释文引《说文》："垆，黑刚土也。"（第 157 页）[1]《释名·释地》："土黑曰卢，卢然而散也。"（第 1015 页上）此卢即垆，据李约瑟对《书·禹贡》中所载土壤的鉴定，认为垆是指黑色、带有黏盘和砂姜层的、坚硬致密的土壤。验证了垆的颜色性质与古人"黑刚土"相吻合。[2]

獹，因体色黑得名。《孔丛子·执节》："申叔问曰：'犬马之名，皆因其形色而名焉，唯韩卢、宋鹊独否，何也？'子顺答曰：'卢黑色，鹊白色，非色而何。'"（卷五，第八页）卢即獹。晋张华《博物志·物名考》："韩国有黑犬，名卢。"（第 211 页）《太平御览·兽部·兔》："《春秋后语》曰：'……有良狗曰韩子獹，亦一日而走百里。'"下注："黑犬也。獹读如卢也。"（第 4023 页上）

泸，《水经注·㶟水》："余按卢奴城内西北隅有水，渊而不流，南北百步，东西百余步，水色正黑，俗名曰黑水池。或云水黑曰卢，不流曰奴，故此城藉水以取名矣。"（第 190 页）字又作"泸"。清胡渭《禹贡锥指》卷九："薛氏曰：梁州北界，华山南距黑水。黑水今泸水也。郦道元说黑水亦曰泸水、若水。……渭按：……盖古之若水即禹贡梁州之黑水，汉时名泸水，唐以后名金沙江。"（第 477 页下、488 页上）宋陈祥道《论语全解》卷三"子曰：臧文仲居蔡，山节藻棁，何如其知也"条下解："冀多良马，天下命良马者因谓之骥；泸水之黑，天下命黑者因谓之卢。"（第 100 页下）清沈炳巽《水经注集释订讹·若水》："《禹贡锥指》云：'按今府县图志若水在建昌卫，俗名打冲河，……又东合泸水，……'泸本作卢，如卢弓、卢矢、卢橘之类，皆驯黑。刘熙《释名》：'土黑曰卢。'沈括《梦溪笔谈》云：'夷人谓黑为卢，汉中山卢奴

---

① 今本《说文》无"黑"字，《说文·土部》："垆，刚土也。从土，卢声。"（第 286 页下）马叙伦六书疏证引沈涛曰："《书·禹贡》释文、正义皆引作'黑刚土也'。以'埴，赤刚土'例之，当有'黑'字。《韵会》引亦有'黑'字。"并作按语为："黑刚土也。"（卷二十六，第三九页）

② 参见［英］李约瑟等《中国古代的地植物学》，《农业考古》1984 年第 1 期。

县有卢水。'郦道元云：'水黑曰卢，不流曰奴。'尤卢水为黑水之切证也。"（第621页上、下）

　　栌，《说文·木部》："伊尹曰：'果之美者，箕山之东，青凫之所，有栌橘焉，夏熟也。'"（第120页上）栌橘即卢橘。据文献记载，其色青黑故名。《史记·司马相如传》："于是乎卢橘夏熟。"司马贞索隐："《广州记》云：'卢橘皮厚，大小如甘，酢多，九月结实，正赤，明年二月更青黑，夏熟。'《吴录》云：'建安有橘，冬月树上覆裹。明年夏色变青黑，其味甚甘美。'卢即黑是也。"（第3028、3029页）栌可通卢，表黑义。《山海经·中山经》："又西四十里，曰白石之山。惠水出于其阳，而南流注于洛，其中多水玉。涧水出于其阴，西北流注于谷水，其中多麋石、栌丹。"郝懿行注："麋石或是画眉石，眉、麋古字通也；栌丹疑即黑丹，栌、卢通也。"（卷五，第十七、十八页）

　　矑，《广韵·模韵》："矑，落胡切。目童子也。"（第86页）目童子即瞳仁。蒙古人种瞳仁多为黑，所以命之以矑。《说文·目部》："矑，卢童子也。"（第71页上）卢童子即黑瞳仁。

　　鸬，即鸬鹚，其体羽色黑。《说文》"鸬"字段玉裁注："鸬，今江苏人谓水老鸦，畜以捕鱼。鸬者，谓其色黑也。"（第153页上）文献中鸬、鹚可单言可复称。《史记·司马相如传》有"鵁鸬"，裴骃集解引郭璞注："鸬，鸬鹚也。"（第3022页）

　　蠦蜰，即蜚蠊的一种。《尔雅·释虫》："蜚，蠦蜰。"（第313页上）有些蜚蠊身体黑褐色。如东方蜚蠊，《辞海》描写"体黑色"，陈启宗等《仓库昆虫图册》则说"深褐色"。①

　　蠦蟷，为守宫的别称。李时珍《本草纲目·鳞部·龙类·守宫》［集解］李时珍曰："守宫，处处人家墙壁有之。状如蛇医，而灰黑色，扁首长颈，细鳞四足，长者六七寸，亦不闻噬人。"（第2389页）《方言》第八："守宫，秦、晋、西夏谓之守宫，或谓之蠦蟷。"（第900页上）蠦，即卢，黑色，壁虎背面有虎纹状黑斑。②

　　黸，可视作卢表黑义的后起字。卢、黸均为上古来母鱼部字。黸是卢加黑旁后凸显其黑义的新字。《说文·黑部》："黸，齐谓黑为黸。从黑，

───────────────

①　详参李海霞《汉语动物命名考释》，第536页。

②　详参李海霞《汉语动物命名考释》，第314页。

卢声。"（第211页上）《广雅·释器》："黸，黑也。"王念孙疏证："黸，字通作卢。黑土谓之垆，黑犬谓之卢，目童子谓之卢，黑弓谓之旅弓，黑矢谓之旅矢，黑水谓之泸水，黑橘谓之卢橘，义并同也。"（第273页上，下）《广韵·模韵》："黸，落胡切。黑甚。"（第86页）从文献使用情况来看，黸多用于描述眼仁黑，偶有表示弓矢黑例。《方言》第二："黸瞳之子谓之矊。"郭璞注："黸，黑也。"（第806页下）汉扬雄《法言·五百卷》："彤弓卢矢，不为有矣。"汪荣宝义疏："世德堂本'卢'作'黸'。按：《说文》：'齐谓黑为黸。'经传通以'卢'为之。"（第273、274页）《说文·黑部》"黸"字桂馥义证："或通作卢。"（第876页下）

卢所表黑义，后被添加不同偏旁用来命名黑色名物词，如犬黑，獹；土黑，垆；水黑，泸；橘黑，枦；黑瞳仁，瞣；鸟黑，鸬；虫黑，蛂。这些黑义固定在名物词中，渐成专有名词。而卢的"黑色"词义一旦被凝固为专有名词，其抽象化过程被停滞下来，其作为颜色词缺少了活跃性，很快在黑颜色系统中被淘汰。除了先秦作品中产生的一些专有名词或复合词中保留了"黑色"义之外，"卢"在秦汉及其以后作品中已很少用于表黑，而主要由其产生的后起表黑义的名物词来承担其所指黑义。

要之，卢本指圆形的黑色炉具，后从中抽象出"黑色"义。黸是其黑色义的后起字。秦汉之后渐取代卢字表黑，但只用于描述眼睛或弓箭之黑色。

5. 旅（旅）

与卢、黸音同义近的还有一个字，即旅。旅本作旅，《诗·小雅·彤弓序》："彤弓，天子锡有功诸侯也。"郑玄笺："诸侯敌王所忾而献其功，王飨礼之，于是赐彤弓一，彤矢百，旅弓矢千。"（第730页上）陆德明释文："旅，音卢，黑弓也，本或作旅，讹。"（第297页）陆德明指出旅本作旅，同时指出旅字为讹写。事实上，旅字本不误。于省吾《双剑誃殷契骈枝续编·释卢》："卢旅音近相借。伯晨鼎：'旅弓旅矢。'《书·文侯之命》：'卢弓一，卢矢百。'旅弓旅矢即卢弓卢矢。《周礼·司仪》'皆旅摈'注：'旅读为鸿胪之胪。'《仪礼·士冠礼》'旅占'注：'古文旅作胪也。'《士昏礼》'妇执笲'注：'笲，竹器而衣者，其形盖如今之莒笭簋矣。'《方言》十三：'簋，赵魏之郊谓之笭簋。'是笭簋即笭簋。《汉书叙传》：'大夫胪岱，侯伯僭畤。'郑氏曰：'胪岱，季氏旅于太山是也。'师古曰：'旅，陈也，胪亦陈也。胪旅声相近，其义一耳。'"① 依于省吾《释卢》，卢旅音近相借。卢、旅上古均为来母鱼部字。为凸显其表黑义，部首"方"又被改为玄，表其色。旅字产生较晚，《说文新附·玄部》："黑色也。从玄，旅省声。义当用黸。"（第84页上）旅实为旅字黑义强化的新造字。桂馥义证"黸"字："字又作旅。"（第876页下）黸、旅可通用。《书·文侯之命》"卢弓一，卢矢百"孔颖达疏："'彤'字从丹，'旅'字从玄，故'彤，赤。旅，黑'也。"（第658页下—659页下）《资治通鉴·汉献帝建安十八年》："彤弓一，彤矢百，旅弓十，旅矢千。"胡三省注："旅与卢同，黑色也。"（第2119、2120页）宋王观国《学林·卢》："古之人臣有征伐之功者，君赐之以彤弓矢、旅弓矢。旅音卢，黑色也。而《王莽传》'九锡有卢弓矢'，卢亦黑色也。故通用之。杨雄《法言》曰：'彤弓黸矢，不为有矣。黸者，黑之甚也，于义无伤焉。'"（第135页上）从文献来看，旅只用来描述黑色弓矢，属于固定搭配。其在黑义系统中并不活跃。

旅又记作䪻、黸。《集韵·模韵》："旅，黑弓。《春秋传》：'赐晋侯旅弓矢千。'或作黸、张，通作卢。"（第182页）《类篇·黑部》："黸，龙都切，黑弓。旅，或作黸。"（第372页下）

要之，"旅"与"卢"音近亦表黑义，后为强化黑义遂将其改形为"旅"。只用于描述弓矢黑。

6. 黓（黓、黓）

黓，源自弋。黓黓为黓形近致讹的异体字。弋本指橛也，经削斫过的锐头木。《说文·厂部》："弋，橛也，象折木衺锐著形。"（第265页下）后来借指织物近皂色的黑色。盖橛色与此种织物色近。《广韵·职韵》："黓，与职切。早也。"（第529页）《汉书·文帝纪》："身衣弋绨，所幸慎夫人衣不曳地，帷帐无文绣，以示敦朴，为天下先。"如淳注："弋，早也。贾谊曰：'身衣皂绨。'"师古注："弋，黑色也。"（第134、135页）又《张安世传》："安世尊为公侯，身衣弋绨。夫人自纺绩。"（第2652页）为了突出其黑义，人们为弋添加了黑旁，于是黓就成为弋"黑义"的后起字。《广雅·释器》："黓，黑也。"王念孙疏证："字通作

_____

① 转引自《古文字诂林》第五册，第185、186页。

弋。"（第 273 页上）明董裕《寿乐澄溪六十序》："抱朴守素，用自适于
宽闲之墟，十金之家不黓绨，百金不练千则绮，万则舆，何必豪举乃
尔？"① 此黓绨同于上所云弋绨。

　　黓为何种黑呢？黓各字书皆释作深黑，但究其使用情况看，其多用来
描述颜色不鲜、发闇的黑色。

　　明杨慎《谭苑醍醐·间色名》："黑别为玄，此正色之别名也，近黑
曰弋，今作黓。"（第 60 页）表明其黑非纯黑，《汉书》所言"身服弋
绨"为崇尚俭朴之举，可知其色当为明度低纯度较低的黑色，即色不新
鲜又发闇的黑色。多用来形容具有此特点的事物。宋李廌《作塞上射猎
行》："塞云委地如泼墨，恶风吹沙变黄黑。……沙漠黓地古战场，寸草
不生地皮赤。"② 明文德翼《江西墨选序》："既而睨焉，贡于廷矣。恐或
佻厥任，柱寸蠹而题尺黓也，虽度惑也，又加选焉。"③《通雅·货贿》述
此"黓"作"黝"。（第 352 页下）

　　黮，《广韵·志韵》："黮，于记切。深黑。"（第 360 页）对于其音，
古来字书有多种音切记录。《类篇·黑部》："黮，英皆切，深黑也。又于
闲切。又于既切。又止忍切。黑谓之顈黮。又乙黠切。文一，重音四。"
（第 372 页下）《龙龛手镜·黑部》："黮，乌闲、乌八二反。"（第 531 页）
造成其音切繁多的原因，盖有二端，一是未搞清黮本于黓，未找到其本
字；二是时差地远，方音各异造成的。

　　笔者按：黮为黓的俗字。二字右部形近相讹，《正字通·黑部》：
"黮，余祭切，音意，深黑。……从黓为正。"（第 826 页上）《古今韵会
举要·既韵》："黮，深黑也。韩文《徐偃王庙碑》：'黮肤就灭。'"此
"黮肤"即"黮昧"，黮昧同于黓昧，详参［黓昧］。

　　黢，《玉篇·黑部》："深黑也。"（第 101 页上）黢为黓的又一形近讹
字。黢鸟为鹟科鸫亚科黑鸫的别名，因其"上体概黑，两翅和尾亦然，

---

　　① （明）董裕：《董司寇文集》，北京出版社（《四库未收书辑刊》本）2000 年版，第 578
页上。

　　② 《全宋诗》，第 13606 页。

　　③ （明）文德翼：《求是堂文集》，北京出版社（《四库禁毁书丛刊》本）2000 年版，第
368 页下。

下体黑褐",故名。①

要之,弋本指檡木,借表颜色不鲜发闇的黑色,黓为其后起字。黚、
黮为黓形近讹字。

此外,天文学范畴的"玄黓"之"黓",以往人们认为其表黑义,
《尔雅·释天》:"(大岁)在壬曰玄黓。"郝懿行义疏:"按玄黓,言物终
而幽翳也。"②《淮南子·天文》:"戌,在壬曰玄黓。"高诱注:"在壬,
言岁终包任万物,故曰玄黓也。"(第128页)明邵经邦《弘艺录·轩辕
问答》:"壬曰玄黓,北方水气之色,壬为阳水,外视之黓黓然所谓玄冥
者也。"(第509页上)清吴玉搢《别雅》卷五:"玄弋,玄墨,玄黓也。
《尔雅·释天》:'岁阳壬为玄黓。'升庵引作'玄弋',谷城引《汉碑》
作'玄墨',按《史记》'壬'作'横艾',亦与《尔雅》异。"(第342
页下)

其实不然。姑且证之。玄黓本为玄弋,为北斗九星之一。《说文·厂
部》"弋"字朱骏声《说文通训定声》:"凡褒锐之木皆得谓之弋矣。"
(第215页下)《文选·张衡〈西京赋〉》:"建玄弋,树招摇。"薛综注:
"玄弋,北斗第八星名,为矛头,主胡兵。招摇,第九星名,为盾。"(卷
二,第二十三页)玄弋,其名取自其形似矛头,与"招摇"形为盾构成
对比。《晋书·天文志上》:"北三星曰梗河,天矛也。一曰天锋,主胡
兵。……其北一星曰招摇,一曰矛楯,其北一星曰玄戈。"(第294页)
此处"玄戈"当为"玄弋"。

古人在对星宿的命名过程中,往往以其形命名之,如与招摇同属
"氐宿天区"的有"氐宿""天乳""梗河""帝席""亢池""骑官""阵
车""车骑""天辐""骑阵将军"等星座。无一不以其形命名。所以
"玄弋"也不例外。

据《尔雅·释天》,"玄黓"当表太岁在壬,太岁在壬《史记》中
又记作"横艾"。《史记·历书》:"横艾淹茂太始元年。"司马贞索隐:
"横艾,壬也。《尔雅》作'玄黓'。"(第1268页)横艾之艾,通刈,表
镰刀。《墨子·备城门》:"城上九尺一弩、一戟、一椎、一斧、一艾,皆

---

① 参看郑作新等原著、郑作新修订《中国动物图谱·鸟类》,科学出版社1987年版,第
155页。

② (清)郝懿行:《尔雅义疏》,第188页上。

积参石、蒺藜。"孙诒让间诂:"艾,刈之借字。《国语·齐语》云'挟其枪、刈、耨、镈',韦注云:'刈,镰也。'"(第505页)镰,当为锐头,弋也为锐头。横艾即为横放着的镰形,与玄弋形为矛头形似,都为拟形命名。

所以,将"玄弋"记作"玄黓"当为古人的错误认识。因为"玄弋"为太岁在壬,而壬主北方,水,古人依据五行五色说的观点,认为此弋也当与方位方色有观,所以将弋改为黓,遂附加上方位之说。这种学说被接受后,于是依照"玄黓",人们又创造出了新词"玄墨"来命名此星。这反映了语词发展过程中,文化的错误解读也是语义的产生的一种途径。

由"黓"为语素构成的表黑合成词:

[黓昧]黓,表示颜色不鲜发闇的黑,昧,也指不明。组合为词表示物历久色败,发闇、发黑。又作"黳昲"。唐代产生。韩愈《衢州徐偃王庙碑》:"而又梁桷赤白,陊剥不治,图像之威,黳昲就灭。"[1] 元王恽《河内修武县重修庙学记》:"至元癸酉不肖自郑秩满来归,顾殿庑肖像岁月浸久,风雨侵剥,黓昧倾藉,无复于旧。"[2]

又引申作学养浅陋黯昧。清吴肃公《明诚录自序》:"少尝听讲于里,会而废然返也,心疑而怪之,以谓圣人之旨归,先儒所日孳,孳者而如是,其黓昧纰陋乎!"[3]

四　源于动物词

1. 雀

"雀"表黑义源于动物麻雀。雀,即麻雀。雀形目,雀科(Linnae-

---

① 《全唐文》,第5681页上。

② (元)王恽:《秋涧先生大全文集》,上海书店(《四部丛刊初编》本),1989年,卷三十八,第一页。

③ (清)吴肃公:《街南续集》,北京出版社(《四库禁毁书丛刊》本)2000年版,第383页上。

us）。体背褐色，多黑色麻斑。上古溪母药部字，摹声词，拟其啁啾的鸣声。①《说文·隹部》"雀"字段玉裁注："今俗云麻雀者是也。其色褐，其鸣节节足足。"（第 141 页下）清李元《蠕范·物居》："（雀）性常依人，宿堂檐间，鸣曰啧啧喈喈。"（第 69 页）章炳麟《国故论衡·语言缘起说》："何以言雀？谓其音即足也。"（第 31 页）

古人亦视其背部毛为黑色，即赤黑色。商周时由雀"毛色黑"抽象出"黑色"。但此黑色当为如今的褐色。由于其色黑不典型，所以其使用范围也较窄。如雀弁，取其弁色赤黑。《书·顾命》："二人雀弁，执惠，立于毕门之内。"孔颖达疏引郑玄曰："赤黑曰雀，言如雀头色也。雀弁，制如冕，黑色，但无藻耳。"（第 598 页下—600 页上）雀鹰，鸟名。猛禽的一种。有赤褐色横斑，又名鹞鹰。取其色黑褐。②《诗·小雅·采芑》"鴥彼飞隼"陆玑疏："隼，鹞属也。齐人谓之击征，或谓之题肩，或谓之雀鹰，春化为布谷者是也。此属数种皆为隼。"③《周礼·春官·巾车》："漆车，藩蔽，犴𧜀，雀饰。"郑玄注："雀，黑多赤少之色韦也。"（第 851 页上）

要之，颜色词"雀"取义自动物麻雀，实为褐色，但古代将其归为黑色系列。由于其色不典型，所以使用范围较窄。

2. 蚁

"蚁"表黑义取义自动物蚂蚁。蚁本作螘，指小蚁，常见的为体深黑红色。《尔雅·释虫》："蚍蜉，大螘。小者螘。"（第 321 页上）《楚辞·宋玉〈招魂〉》："赤螘若象，玄蜂若壶些。"汉王逸注："螘，蚍蜉也。小者为螘，大者谓之蚍蜉也。"（第 200 页）

商周时从"蚁"的体色黑中抽象出了黑义。但其表黑义还仍停留在未完全抽象的阶段，蚁的黑色义还附着在物名上，这种表黑方式更类似于修辞中的"比喻"，也即从认知角度所言的隐喻。蚁裳，《书·顾命》："卿士、邦君麻冕蚁裳，入即位。"孔传："蚁，裳名，色玄。"孔颖达疏："'蚁'者，蚍蜉虫也，此虫色黑，知蚁裳色玄，以色玄如蚁，故以蚁名

---

①　参见李海霞《汉语动物命名考释》，巴蜀书社 2005 年版，第 299 页。

②　详见《中国保护动物图鉴》"雀鹰"图。中国地图出版社 2000 年版，第 32 页。

③　（三国吴）陆玑：《毛诗草木鸟兽虫鱼疏》，第 41 页。

之。"（第601页上—602页上）

大蚁为马蚁。由于"马蚁色纯黑"，文献中出现了以"黝驹"喻马蚁的诗句。清王汝璧《分赋夏小正得元驹赉》："伏阳才动屯，蛰虫未始振。黝驹独知时，得气已思奋。"① 诗后小注认为黝驹即为元驹，即玄驹："马蚁色纯黑，自以元驹为是。"② 清夏味堂《拾雅》："蚁，元也。"（第585页上）"元"即"玄"。但由于"蚁"的"蚂蚁"义一直为其核心义素，且其个体较小，难以在人们头脑中形成典型范畴，所以蚁的颜色义始终未能进一步抽象化，文献中只出现了由"蚁"表黑的个别词汇，如前面提到的"蚁裳"及下面的"蚁蚕""蚁色"。

蚁蚕，黑褐色蚕，形色似蚂蚁，故名。又名蚕蚁。元吴师道《止建德梅山寺四首》："黑蚁蚕生桑叶小，河豚鱼上荻芽肥。雨晴野外人声动，吏散庭前燕子飞。"③

蚁色，黑褐色。清陈确《同眉老昺公过二许子家园看桂再用前韵》："冷浸蟾光凝夜坐，清分蚁色映秋杯。"④ 清张振鋆《按摩要术·辨证·察耳》："耳后中间者属脾，凡出痘时，宜苍黄温和，不宜青色壮热。稀疏如黄蜡色者吉，稠密如蚁色带青者凶。"（第28页）

要之，颜色词"蚁"取义自动物蚂蚁，其抽象化程度低，使用范围窄，只限于个别名词前，表黑，修饰表名物的名词。

3. 乌

"乌"表黑义源于动物乌鸦。"乌"字本义指乌鸦，雀形科，鸦科（Swinhoe）许多种类的通称，羽毛多黑色。《小尔雅·广乌》："纯黑而反哺者谓之慈乌。"（第238页）⑤ 宋陆佃《埤雅·释鸟·乌》引林罕说："全象鸟形，但不注其目睛，万类目睛皆黑，乌体全黑，远而不分别其睛

---

① （清）王汝璧：《铜梁山人诗集》，上海古籍出版社（《续修四库全书》本）2002年版，第21页下。

② 同上。

③ （元）吴师道：《礼部集》，台湾商务印书馆（《景印文渊阁四库全书》本）1986年版，第91页上。

④ （清）陈确：《乾初先生遗集·诗集》，上海古籍出版社（《续修四库全书》本）2002年版，第419页上。

⑤ 此处采纳杨琳《小尔雅今注》的意见，作《广乌》。详参杨琳《小尔雅今注》，汉语大词典出版社2002年版，第238页。

也。"（第146页）古人对于乌鸦体色黑早有认识，《诗·邶风·北风》："莫赤匪狐，莫黑匪乌。"（第204页上）《庄子·天运》："夫鹄不日浴而白，乌不日黔而黑。"（第522页）

乌鸦之"乌"得名于其鸣声。乌，上古影母鱼部字，今拟音为a，正像乌鸦的鸣声。

乌字在春秋——战国时期从乌鸦体色黑中抽象出黑义。《国语·吴语》："万人以为方阵，皆白裳、白旗、素甲、白羽之矰，望之如荼。……右军亦如之，皆玄裳、玄旗、黑甲、乌羽之矰，望之如墨。"（第608页）"乌羽"之"乌"已不再是乌鸦之义，而是形容羽毛之色。此时的"乌"还局限于毛色上，抽象程度不高。汉代起，"乌"作"黑"义的语例增多，此时的"乌"抽象化程度已经很高，可以用于指称多种事物。汉张仲景《金匮要略·禽兽鱼虫并忌·治食犬肉不消成病方》："乌鸡白首者，不可食之。"（卷下，第二十三页）《金匮要略·跌蹶手指臂肿转筋阴狐疝蛔虫·乌梅丸》："蛔厥者，乌梅丸主之。"（卷中，第三十六页）汉刘向《说苑·杂言》："故曰：'丹之所藏者赤，乌之所藏者黑。君子慎所藏。'"（卷十七，第二十二页）宋高承《事物纪原·冠冕首饰部·帻》引《东观记》："赐段颎亦帻，故知自上下通服之，皆乌也。厨人绿，驭人赤，舆辇人黄，驾五辂人逐车色。"（第136页）

"乌"表黑义时，浑言则为黑，如《齐民要术·造神麹并酒》："瓮盛者则麹乌肠——乌肠者，绕孔黑烂。"（第486页）《晋书·天文志中》："四始之日，有黑云气如阵，厚大重者，多雨。气若雾非雾，衣冠不濡，见则其城带甲而趣。日出没时有雾云横截之，白者丧，乌者惊，三日内雨者各解。"（第334页）唐张鷟《朝野佥载》卷六："一乌犬解人语，应口所作，与人无殊。"（第82页）《敦煌变文·目连缘起》："其地狱者黑壁千重，乌门千仞，铁城四面，铜苟喊呀，红焰黑烟，从口而出。"（第1012页）以上几例"乌"浑指黑。

析言则其色当为深黑或黑亮。这是由于其得名于"乌鸦"毛色，乌鸦毛色一般为黑而亮，所以其表黑时，往往带有光亮的特点，而其所修饰的对象也往往具有此种特点。动物如乌骊马等，其毛色黑亮；人体如乌鬓，发美当为黑亮；服饰如乌纱帽，为涂黑漆而成；器物如乌篷船，用黑油涂抹；植物如乌梅，闪着黑光，等等。《南齐书·王敬则传》："敬则初出都，至陵口山下，宗侣十馀船同发，敬则船独不进，乃令弟入水推之，见一乌漆棺。"（第480页）宋蔡伸《蓦山溪》："晚来特地，酌酒慰幽芳，携素手，摘纤枝，插向乌云鬓。"① 以上几例"乌"则明显地带有深黑发亮的特点。

从乌之字含黑义。鰞从乌，取义于乌，黑色。《玉篇·鱼部》："鰞，音乌，鰞鰂鱼。"（第116页上）鰞鰂鱼即乌贼，应其能吐墨水得名。玄应《一切经音义》卷十七"乌鰂"注引《埤苍》："鰞鰂鱼，腹中有骨，出南郡。背有一骨阔二寸许，有髻甚长，口中有墨，瞑则渼人。"② 与"乌"同出一源的"於"，也含黑义。《穆天子传》卷三"於鹊与处"郭璞注："於，读曰乌。"（第14页）李孝定："'乌'字亦作'於'，乃文字之自然演变。"③ 故从於之字也多含黑义。如淤从於，淤泥黑色。瘀从於，血瘀亦黑也。

要之，颜色词"乌"取义于乌鸦毛色，产生于春秋——战国时期，作黑色总称，浑言则为黑，析言则为黑亮。比之"鸦"，抽象化程度高，适用范围广。

由"乌"为语素构成的表黑合成词：

[乌黑] 深黑色。乌黑为联合式合成词，乌与黑均表黑义。联合成词的表黑形容词语义往往较其构词语素语义程度加深。故"乌黑"表"深黑色"。《大词典》只引两例，其中古文献例只举了清和邦额《夜谭随录·禙襫》一例。其实，此词早有记载。笔者目力所及首次出现在隋代文献中。隋阇那崛多译《佛本行集经》卷十九："若当来世，乘彼马王。而其马王，遍体绀青，头乌黑色，鬃尾甚长。"（《本缘部T3》，p.734.2）"乌黑"已成词。其后历代多有出现。唐徐坚《初学记·天部上》在《周礼》"保章氏以五云之物辨吉凶"郑玄注"二至二分观云色，青为虫，白为丧，赤为兵荒，黑为水，黄为丰"下小注："又《东方朔传》曰：'凡占，长吏下车当视天，有黄云来如覆车，五谷大熟。青云致兵，白云致盗，乌黑云多水，赤云有火。'"（第14页）"黑为水"，对应"乌黑云多水"。"黑"变为"乌黑"，一方面是词表意生动化的体现，另一方面是词双音节化趋势的结果。宋时该词用例渐多。宋法天译《大方广总持宝光

---

① 《全宋词》，第1307页。

② （唐）玄应：《一切经音义》，第11页上。

③ 转引自《古文字诂林》第二册，第259页。

明》卷五："龙王宫中莲花色，坚守大力乌黑色。"（《华严部 T10》，p. 904. 1）宋王楙《野客丛书·乌鬼》引元微之诗"乡味尤珍蛤，家神悉事乌"及"病赛乌称鬼，巫占瓦代龟"注"南人染病，竞赛乌鬼"后，有这样的论述："此说又似不同，据《南蛮传》，乌即乌黑之乌，而元诗以蛤对乌，则以为乌鸦之乌。"（第 256 页）此例对"乌黑"之"乌"与"乌鸦"之"乌"的区别，强调了"乌黑"之"乌"已纯表黑义。后此种用法延续下来。清梁章钜《浪迹丛谈·巧对补录》："余同年果益亭将军由四品宗室入翰林，自言：'四品宗室中，有胸中甚不了了而口才颇佳者，或嘲之曰：胸中乌黑嘴明白。'"（第 113 页）

[乌油] 形容黑亮。用于形容具有黑亮特点的事物。《大词典》只举清代《红楼梦》一例，经笔者查考，此词元末明初就已出现，现提前书证。元末明初《水浒传》第六十七回："戴一顶浑铁打就四方铁帽，顶上撒一颗斗来大小黑缨，披一付熊皮砌就嵌缝沿边乌油铠甲，穿一领皂罗绣就点翠团花秃袖征袍。"（第 993 页）明代也有此词用例。明顾起元《客座赘语·陈后主沈后施物》："隋炀帝为晋王，嚫戒师衣物，有……乌油铁钵一口并袋。"（第 92 页）明吴承恩《西游记》第八十八回："好王子，大的个拿一条齐眉棍，第二个轮一把九齿钯，第三个使一根乌油黑棒子，雄赳赳，气昂昂的，走出王府。"（第 1002 页）

[乌青] 黑青色。也即深暗蓝绿色。明度、纯度都极低的蓝绿色。用孟塞尔色彩系统表示为 2B < 2.25/1.5—3.5。《大词典》无古文献例，并释作"多指淤血的肤色"。事实上，此义明代作品中已出现。明陆人龙《型世言》第七回："面皮靛样，抹上粉犹是乌青；嘴唇铁般，涂尽脂还同深紫。"（第 97 页）另外，清时"乌青"还多用于描写衣服颜色。清丁耀亢《续金瓶梅》第八回："只见他穿着一件乌青旧布坐马小衣，脚上两耳麻鞋，笑嘻嘻的迎出来，先关上门，忙迎来安小屋里去，拿出那匣子——可不原封未动！"（第 75 页）清西周生《醒世姻缘传》第五十三回："郭氏戴着幅巾，穿着白毡套袜、乌青布大棉袄、蓝梭布裙。"（第775 页）

[乌闇] 形容黑闇无光。清代已出现，用于形容天色。《大词典》只举了现代文学作品李广田《金坛子·水的裁判》一例，未举古文献用例，现补证。清李雨堂《万花楼》第二十四回："兄弟三人因天色乌闇，到底不知此物是什么东西，又见天晚难行，只得在平阳大地安扎，屯了军

马。"（第 136 页）清雪花飘《后西游记》第二十回："只这一声还未曾骂完，忽半空中豁喇喇一阵黑风，扬沙走石，将天地都罩得乌闇。"（第 203 页）

[乌溜溜] 形容黑而滑润、灵动。溜本义指水名。《说文·水部》："溜，水，出鬱林郡。"（第 226 页下）后语义引申为水流貌。《文选·潘岳〈射雉赋〉》"泉涓涓而吐溜"李善注："溜，水流貌也。"（卷九，第十二页）"溜溜"叠用作词缀，则表示滑润、灵动，具有水滴流动的特点。"乌溜溜"则表示"黑而滑润、灵动"。

《大词典》只举清代作品《花月痕》一例，其实，明代作品中已出现。现提前书证。明伏雌教主《醋葫芦》第十五回："雪白面庞，锁两条乌溜溜眉尖；朱红口嘴，喷几缕碧澄澄磷火。"（第 146 页）清代作品中也有多处用例。清李宝嘉《官场现形记》第十三回："这鲁总爷，是江南徐州府人氏，本是个盐枭投诚过来的，两只眼睛乌溜溜，东也张张，西也望望，忽而坐下，忽而站起，没有一霎安稳，好像有甚么心事似的。"（第 185 页）清吴沃尧《二十年目睹之怪现状》第九十六回："和尚抬起头，知县把他仔细一端详，只见他生得一张白净面孔，一双乌溜溜的色眼，倒也唇红齿白。"（第 548 页）

[乌洞洞] 形容黑得深幽莫测。洞，深也，幽也。《楚辞·宋玉〈招魂〉》"絙洞房些"朱熹集注："洞，深也。"（卷九，第七页）《文选·班固〈幽通赋〉》"洞参差其纷错兮"张铣注："洞，幽也。"（卷十四，第廿二页）《文选·王延寿〈鲁灵光殿赋〉》"洞杳冥兮"吕延济注："洞，深也。"（卷十一，第二十九页）"洞洞"作词缀则表示"深幽莫测"。与乌组合为乌洞洞，则表示黑得深幽莫测。

笔者经查，此词为清代出现。《大词典》只举清代小说《西游补》中一例，现补两例。《孽海花》第十二回："车门随手就关上了，却见车帘仍旧放着，乌洞洞闷死人。"（第 103 页）《孽海花》第十九回："那时天色已黑，屋里乌洞洞，伸手不见五指，金升在网篮内翻出洋蜡台，将要点上。"（第 173 页）

[乌漆墨黑] 形容很黑。乌、漆、墨、黑四字均表黑义。清代作品中始现①。清蘧园《负曝闲谈》第八回："一带短窗，紧靠着一个院子，院

子里堆了半院子的煤炭，把天光都遮住了，觉都乌漆墨黑。"（第39页）
至今还在许多方言中保留。还写作"乌七八黑""乌齐马黑"。在吴语、
湘语中表示光线昏闇，西南官话中表示颜色很黑。湖北武汉话："他的脸
晒得乌漆墨黑的。"

4. 鹊

"鹊"表黑义源于动物喜鹊。鹊，即喜鹊，雀形目，鸦科。身体大部
分为黑紫色。甲金文中未见"鹊"字，《诗经》中始见。《诗·陈风·防
有鹊巢》："防有鹊巢，邛有旨苕。谁侜予美？心焉忉忉！"（第527页上）
《诗·鄘风·鹑之奔奔》："鹑之奔奔，鹊之强强。人之无良，我以为兄。"
（第228页下、229页上）《诗·召南·鹊巢》："维鹊有巢，维鸠方之。
之子于归，百两将之。"（第77页上）

鹊，上古清母铎部字，也为摹声词，仿其喳喳、假假之鸣声。[①]《淮
南子·原道》："故夫乌之哑哑，鹊之唶唶，岂尝为寒暑燥湿变其声哉！"
（第39页）李时珍《本草纲目·禽部·林禽·鹊》［释名］李时珍曰：
"鹊鸣唶唶，故谓之鹊。"（第2662页）

汉时由鹊的体色近黑中抽象出黑义，出现以其色命名他物的语例。
《孔丛子·执节》："申叔问曰：'犬马之名，皆因其形色而名焉，唯韩卢
宋鹊独否，何也？'子顺答曰：'卢，黑色；鹊，白黑色。非色而何？'"
（卷五，第八页）这里的"白黑色"盖指黑中有白的鹊鸟颜色。

但使用范围较窄，只限于几个名词中，置于名词前作修饰语。表色黑，
仍处于抽象化程度较低的状态。如鹊衣，指黑色衣服。文献中常见以"鹊
衣"指代鬼役。唐王勃《常州刺史平原郡开国公行状》："台阶侧席，方膺
雉冕之尊；玉女停机，俄逢鹊衣之变。"[②]唐赵不疑《对无鬼论判》："生乎公
府，无闻鹤板之征；冥寞幽途，忽见鹊衣之召。"[③] 鹊豆，黑色的豆子。明
李时珍《本草纲目·谷部·菽豆类·藕豆》〔集解〕引苏颂曰："其实有
黑、白二种，白者温而黑者小冷，入药用白者。黑者名鹊豆，盖以其黑间
有白道，如鹊羽也。"（第1520页）鹊斑，黑色斑点。明李时珍《本草纲

---

① 详参李海霞《汉语动物命名考释》，第259页。

② 《全唐文》，第1887页上。

③ 《全唐文》，第4070页上。

目·禽部·原禽类·鸽》［集解］李时珍曰："处处人家畜之，亦有野鸽。名品虽多，大要毛羽不过青、白、皂、绿、鹊斑数色。"（第 2624 页）

要之，颜色词"鹊"取义于动物喜鹊，为近黑的黑紫色，古人视之为黑。抽象化程度低，使用范围窄。

5. 骊

"骊"表黑义源自动物骊，即深黑色马。《说文·马部》："骊，马深黑色。从马丽声。"（第 199 页上）《诗·秦风·小戎》："四牡孔阜，六辔在手。骐骝是中，骝骊是骖。"（第 489 页下）《礼记·檀弓上》："夏后氏尚黑，大事敛用昏，戎事乘骊，牲用玄。"郑玄注："马黑色曰骊。"（第 208 页上）

至迟汉时从具体表"黑色的马"义中抽取出黑色义，专表黑色。主要用于形容动物体色黑。《尔雅·释畜》"骊马白跨，驈"郭璞注："骊，黑色。"（第 375 页上）陆德明释文："骊龙：力驰反。骊龙，黑龙也。"（第 403 页）《史记·龟策列传》："择日斋戒，甲乙最良。乃刑白雉，及与骊羊；以血灌龟，于坛中央。"（第 3236 页）

骊表黑义，为正黑，纯黑色。《说文·马部》"骊"字段玉裁注："《鲁颂》传曰：'纯黑曰骊'。按：引申为凡黑之称。亦假黎、黧为之。"（第 461 页下）

骊字的声符"丽"含有黑的义素，也即"词的深层隐含意义"，即"核义素"。[1] 可以从以丽为声符的其他名物词命名中得到验证。鲡，取义于体黑色。《说文·鱼部》"鲡，鱼也"段玉裁注："此即今人谓鳗为鳗鲡之字也。"（第 577 页下）又名鳗。《埤雅·释鱼·鳗》："鳗无鳞甲，白腹，似鳝而大，青色。"（第 42 页）青色即黑色。《太平广记·文章·渔人妻》："每多得鳗鲡鱼以食之，久之病愈。"（第二册，第 437 页下）此处鲡、鲡通，均表黑色。这一点可以从现实实物中证实：鳗鲡体灰黑。因此鲡同样以鱼体黑色而命名。又鹂，是个后出本字，此前曾用离、丽、鲡、鸬等表示。后用表黑义的"丽"声符加义符"鸟"构成"鹂"字，字形固定了下来。清毛奇龄《续诗传鸟名卷·黄鸟于飞》："黄鸟，黄鹂

---

① 详见王宁《汉语词源的探求与阐释》，收于王宁著《训诂学原理》，中国国际广播出版社 1996 年版。

也。原作鵹黄，以鸟本黄色而间以黑色为缘饰，因两举其色而统名之曰鵹黄。旧注所云：'鵹黄，以色名。'是也。乃作字书者每遇鸟部必加以鸟文，因之有鹏黄、鹂黄诸名而古字通见。……顾野王《玉篇》始出'鹏'字，注：'鹏黄，而俗亦呼之曰黄鹏。'则是'鹏'者，其色黄、鹏兼两色。"（第278页下）又《续诗传鸟名卷·有鸣仓庚》："黄鸟见前，但此鸟有十余名而总以其色称，如鵹黄、黄鹏皆以一黄一黑为名。"（第290页上、下）

要之，颜色词"骊"取义自深黑色马"骊"。至迟汉时已抽象为颜色词，表纯黑色。常用于形容动物体色黑。

6. 羴（羬）

"羴"表黑义源于动物黑羊。羴本字为羬，羬本义指黑羊。《说文·羊部》："羬，群羊相羵也。一曰黑羊。从羊垔声。"（第78页下）段玉裁注："《字林》有'羴'字，黑色也。……许意黑羊曰羬，借为凡黑之称。"（第146页下）段说是。朱骏声《说文通训定声》："《说文》：'一曰黑羊。'《广雅·释器》：'羬，黑也。'此以烟熏得训。"（第821页上）张舜徽约注："黑羊谓之羬，犹火气谓之烟，语原同耳。"（卷七，第五十八页）古人从黑羊体色黑中抽绎出黑义。《广雅·释器》："羬，黑也。"（第272页下）《说文》"羬"字马叙伦六书疏证引钱坫曰："《史记》'羴然黑色'即此字。"（卷七，第一一九页）

抽绎出的"黑"义后来用新字"羴"代替。晋代时已完成替换。《广韵·山韵》："羴，五闲切。黑色。出《字林》。"（第132页）

《六书故·天文下》："羴，乌闲切，声义与黔通。《史记·天官书》曰：'羴然黑色甚明。'盖黑而有光泽也。"原注："别作黬。"（第30页下）由此得之，羴表黑色有光泽。唐元稹《台中鞫狱忆开元观旧事呈损之兼赠周兄四十韵》："道心常自愧，柔发难久羴。"[1]《广东通志·物产志·石志》："羴然黑色曰铁捺，如蚓曰凤涎，皆石疵。"（第483页上）

也可泛指黑色。宋强至《某蒙君章见宠、示樱桃佳篇、辄依韵奉和》："林园幸自有，圆颗赫不羴。"[2]宋郭印《龙渊》："相携示其处，止

[1] 《全唐诗》，第4482页。

[2] （宋）强至撰《祠部集》，商务印书馆（《丛书集成初编》本）1935年版，第18页。

水涵青黧。沉沉不见底，似有蛟蛇蟠。"① 宋刘宰《怀茅山寄句容江大夫》："遗墨堕中流，染此乱石黧。"② 清朱彝尊《宝晋斋研山》："君家藏四叶，冷光古益黧。"③

又义同"黕（黮）"，指色彩历时久远，色泽发暗发黑、不鲜艳。宋沈辽《走笔奉酬正夫即次元韵》："终日无人践茅营，冠带不修衣袂黧。"④ 元周伯琦《建大成殿轩记》："凡圣贤大儒塑像岁久黧昧，则重绘饰之。"⑤"黧昧"同于"黕昧""黮昧"。参"黕（黮）"字下。

要之，颜色词"黧（黧）"取义自黑羊黧，表色纯黑，又可泛指黑色，又义同"黕"，表物色历久色败。

7. 鸦

"鸦"表黑义源于动物乌鸦。鸦本指乌鸦，雀形目，鸦科（Swinhoe）许多种类的通称。鸦科通称古为乌，现为鸦。也写作雅、鵶。《广韵·麻韵》："鸦，乌别名。鵶，同上（鸦）。"（第169页）甲骨文、金文中未见鸦字，鸦字在《说文》中记作雅。《说文·隹部》："雅，楚乌也，一名鸒，一名卑居。秦谓之雅，从隹牙声。"（第76页上）但在一般文献作品中，雅通常作雅正讲，鸦作乌鸦。明代时，乌、鸦有分化的记载。明谢肇淛《五杂组·物部一》："乌与鸦似有别，其实一也。南人以体纯黑者为反哺之乌，而以白颈者为鸦，恶其不祥，此亦不然。古人乌、鸦通用，未有分者。乌言其色也，鸦象其声也。"（第223页）依谢肇淛，明代时南人把乌、鸦用来分指不同的鸟。表明二词分化。谢氏泥古认为这种区别不正确，理由是古人通用，"乌言其色也，鸦象其声也"，事实上，乌、鸦均象其声也。鸦，上古影母鱼部字，与"乌"音近，也为摹声词。唐韦应物《乌引雏》："日出照东城，春乌鸦鸦雏和鸣。"⑥

① 《全宋诗》，第18648页。

② 《全宋诗》，第33393页。

③ （清）朱彝尊：《曝书亭集》卷十三，上海书店（《四部丛刊初编》第278—280册）1936年版，第七、八页。

④ 《全宋诗》，第8271页。

⑤ 《吴都文粹续集》，台湾商务印书馆（《景印文渊阁四库全书》本）1986年版，第63页上、下。

⑥ 《全唐诗》，第1999页。

古人认为，乌是总称，鸦是乌的一种。《小尔雅·广乌》："纯黑而反哺者谓之慈乌。小而腹下白、不反哺者谓之雅乌。……雅乌，鸒也。"（第238页）《水经注·灅水》："而其山出雏乌，形类雅乌，纯黑而姣好，音与之同，缋采绀发，嘴若丹砂。"（第208页）鸦可单用，表示乌的一种；也可与乌连用，表示"乌鸦"总称。《庄子·齐物论》："民食刍豢，麋鹿食荐，蝍且甘带，鸱鸦耆鼠，四者孰知正味？"（第93页）唐常察《搜玄吟》："鹭鸶非雪覆，乌鸦岂漆漫。"①

乌鸦体色黑，古人由其体色黑中抽象出黑义。乌、鸦由于"乌"为总称，"鸦"为乌的下属称谓，因而，乌的颜色义更为抽象，而鸦则早期只用作喻称。

鸦作喻称出现在魏晋文献中。《大词典》在"鸦"字"比喻黑色"义项下，认为"多形容妇女鬓发"，而且所引最早例为唐谷神子《博异志·许汉阳》中一例："有二青衣，双发若鸦，素面如玉，迎舟而笑。"（第12卷，第1070页）事实上，"鸦"喻称黑义较早出现在魏晋文献中。早期用于比喻鬓发乌黑发亮。晋古辞《西洲曲》："单衫杏子红，双鬓鸦雏色。"②

宋时由喻称黑引申出新义：颜色黑。可用于形容眉色黑：宋洪适《满庭芳·再作》："草阁烟横，花蹊雨润，伤春谁画鸦眉。药囊未减，尊酒自然稀。"③

可用于形容墨迹黑。宋葛胜仲《水调歌头》："长短作新语，墨纸似鸦浓。"④ 宋仇远《摸鱼儿·答二隐》："碧笺空寄江南弄，鸦墨乱无行数。"⑤ 宋胡德芳《水调歌·寿黄邦彦、四月初八》："丹诏烂鸦墨，绿发映貂蝉。"⑥

要之，"鸦"为"乌"的一种，处于下位概念，形象特征更为具体，区别性特征未隐退，所以抽象化过程缓慢，故程度不高，多用于喻称。

---

① 《全唐诗补编》，第1379页。

② 《先秦汉魏晋南北朝诗·晋诗》，第1069页。

③ 《全宋词》，第1796页。

④ 《全宋词》，第928页。

⑤ 《全宋词》，第4293页。

⑥ 《全宋词》，第4529页。

由"鸦"为语素构成的表黑合成词：

[鸦青] 指如乌鸦般的黑色。[①]"鸦青"一词最早出现在宋代文献中。可用于指纸色、鬓色。宋张师正《括异志·刁左藏》："因怀中取鸦青纸一幅，有金书七十余字，授总曰：'善保持，勿失坠。'"（第657页）宋张榘《虞美人·借韵》："枕山轻亸宝钗声。粉褪香腮零乱、鬓鸦青。"[②]元代起，又用于指织物色。元汉语读本《老乞大》："我买的价钱，小绢一疋三钱，染做小红里绢。绫子每疋二两家，染做鸦青和小红。"（第10页）《元史·舆服志一》："百官质孙，冬之服凡九等，大红纳石失一，大红怯绵里一，大红冠素一，桃红、蓝、绿官素各一，紫、黄、鸦青各一。"（第1938页）明吴承恩《西游记》第六十回："他才卸了盔甲，穿一领鸦青剪绒袄子，走出门，跨上'辟水金睛兽'，着小的们看守门庭，半云半雾，一直向西北方而去。"（第691页）《明史·舆服志三》："五年令民间妇人礼服惟紫绅，不用金绣，袍衫止紫、绿、桃红及诸浅淡颜色，不许用大红、鸦青、黄色，带用蓝绢布。"（第1650页）

非颜色词辨：

[鸦深]《大词典》释作"深黑色"，举证闽徐㥄《勾践进西施赋》："波浅丹脸，鸦深绿鬓。颦翠黛兮惨难效，浣轻纱兮妖且闲。"（12卷第1072页）

按：经查文献，"鸦深"只出现过此一例。"鸦深"实非一词，《大词典》误作一词。"波"指目光流转；流转的目光。《楚辞·宋玉〈招魂〉》："娭光眇视，目曾波些。"王逸注："波，华也。言美女酣乐，愿望娭戏，身有光文，眺视曲眄，目采盼然，白黑分明，若水波而重华也。"（第209、210页）汉无名氏《杂事秘辛》："目波澄鲜，眉妩连卷。"[③]"波浅"指轻轻的目光流转。相当于"微波"。《文选·曹植〈洛神赋〉》："无良媒以接欢兮，托微波以通辞。"（卷十九，第十七页）此"微波"即指目光流转。从其上下文来看，"波浅"对应"鸦深"，"鸦"当为名词，对应"波"这个名词。笔者以为此处"鸦"似宜解作"鬓色"，鸦深即鬓色深，表示发鬓色深。

---

① 尹泳龙《中国颜色名称》"鸦黑"条下："像乌鸦那样的黑色。也叫作鸦青或鸦色。"（第49页）

② 《全宋词》，第3412页。

③ 吴曾祺编《旧小说》第一册，上海书店，1985年版，第16页。

"鸦深"为作者对应"波浅"的应时组合，且文献中无有成词之证，故不宜列为一词，"鸦深"表示发鬓色深，不必强解作"深黑色"。

[鸦色]《大词典》释作"鸦青色；闇青色"，书证为《红楼梦》第三十五回："宝钗道：'用鸦色断然使不得，大红又犯了色，黄的又不起眼，黑的太闇；依我说，竟把你的金线拿来配着黑珠儿线，一根一根的拈上，打成络子，那才好看。'"（12 卷第 1071 页）但是经查上海古籍出版社《红楼梦（三家评本）》（第 557 页）、东方出版社《脂砚斋全评石头记》（第 441 页）①，此处"鸦色"均为"杂色"，且"杂色"对应文后的"大红、黄、黑"，更符合文义。经查文献，无"鸦色"的其他用例。可见，古汉语中并不存在此词。《大词典》误引此处，且立为一词，宜更正。

8. 䵟

"䵟"表黑义源于动物苍蝇。出现于魏晋时代。《说文》未收，《广雅》始见。疑其义来自蝇。蝇，即今之苍蝇，多为体黑色，故名。黄侃《尔雅音训》："蝇，《诗》云'苍蝇'，其色黑，与䵟义近。《广雅》：'䵟，黑也。'《玉篇》：'䵟，面黑子也。'"（第 268 页）

由于苍蝇体黑、小，所以抽象出的黑义中附加有"小"义，用䵟表示。䵟字通常用来喻指面上的小黑子，也即今人所说的雀斑，多呈浅黑色。古人对黑颜色区分不细，将此色视作黑。《广雅·释器》："䵟，黑也。"（第 272 页下）《玉篇·黑部》："䵟，面黑子也。"② 朱骏声《说文通训定声·黑部》增补字："䵟，按苏俗谓之雀子斑。"（第 80 页）

"䵟"表面黑（详见"䵟"字下），"䵟"因与"䵟"常常连用，表面部黑，故词义受沾染，相应产生了"面黑"新义。随之，语音也发生变化。

玄应《一切经音义》卷第十二："䵟䵟，古旱反，下与证反，《通俗文》：'面黎黑曰䵟，䵟，面点黑也。'"③ 此"䵟䵟"中的"䵟"仍为原音原义，宋代起䵟已分为二音，以别义。《类篇·黑部》："黯䵟，昨亘切，䵟黯，面黑气。或从黾。䵟，又以证切，面黑子谓之䵟。文二，重音一。"

---

① 本书《红楼梦》语料均引自《红楼梦（三家评本）》，只此一处又参考了东方出版社的《脂砚斋全评石头记》的内容。

② 王念孙疏证引《玉篇》为"䵟，面黑子也。"今本《玉篇》为："䵟，面黑也。"（第 101 页上）"面黑"后脱"子"字，今当据《广雅疏证》及诸字书补之。

③ （唐）玄应：《一切经音义》，第 52 册，第 562 页上。

（第 374 页上）《正字通・黑部》："黦，许定切，音脛，面上黑子。又与晕同，佛书'颜色端妙，无诸奸黦'，即'黚晕'二字。"（第 829 页上）

"奸黦"浑言指"面黑"。唐王焘《外台秘要・面奸黶方二十一首》中有"《必效》疗黦奸，令面白悦泽，白附子膏方"的记载。（第 629 页）此处"黦奸"与"面白"相对应，当指"面黑"义。明周文华《汝南圃史・金灯（忽地笑附）》："《本草》谓之山茨菰，主痈瘇瘰疬结核等，醋磨传之亦除奸黦。闽人呼为天蒜，又名石蒜，别有一种名忽地笑。"（第 148 页下）清李光国《元旦后三日游万寿寺》："佛相特端丽，妙颜无奸黦。祖露兜罗臂，裹项白氎巾。"① 清顾景星《黑兔》："年来玉兔遍人闲，底贡初传出白蛮。天女自然无奸黦，曹妻何日借容颜。"原注："奸黦，音汗孕，见《法华经》。"② 以上"奸黦"当为"面黑"。

黦的"面黑子""面黑"义后又抽象出"黑"义。清孔继涵《勺药同瘦铜作》："少焉日上烘，水帚洒肆进。轮蹄红日高，点污作黵黦。"③ 清张佩纶《和东坡石炭》："炎炎火山石可樵，铮铮铁山戈乃锻。漆身黦面人作劳，何苦獠奴求阿段。"④

要之，颜色词"黦"取义自动物苍蝇，抽象化程度低，始终携带"小"的语义特征。只用于形容面部的小黑斑，受"奸"影响，产生"面部黑"义，语音也随之发生变化，偶可表抽象的黑义。

9. 翔（狄、翙）

翔，本作狄，指鸟名。疑其本字为表"黑色稚"的秩。《尔雅・释鸟》："秩秩，海雉。"郭璞注："如雉而黑，在海中山上。"（第 354 页上）《庄子・山木》："东海有鸟焉，其名曰意怠。其为鸟也，翂翂狄狄，而似无能。"（第 680 页）陆德明释文："狄狄，音秩。"（第 1515 页）狄

---

① （清）李光国：《定斋诗钞》，北京出版社（《四库禁毁书丛刊》本）2000 年版，第 464 页上。

② （清）顾景星：《白茅堂集》，齐鲁书社（《四库全书存目丛书》本）1997 年版，第 53 页上。

③ （清）孔继涵：《红桐书屋诗集》，上海古籍出版社（《续修四库全书》本）2002 年版，第 416 页下。

④ （清）张佩纶：《涧于集》，上海古籍出版社（《续修四库全书》本）2002 年版，第 102 页下。

音秩，也即黓同秩，为黑色雉。后引申为黑色（印迹）义。明瞿佑《归田诗话·竹雪斋》："予诗曰：'盱江才子世无匹，作字哦诗俱第一。酒酣落笔风雨生，满幅龙蛇飞黓黓。'"又："《春秋》家学畴可匹，道德文章追六一。吁嗟白璧点苍蝇，尘尾祛之犹黓黓。"[①] 此两例黓黓均为黑色（印迹）之义。

　　"翗"为"黓"结构异位的异体字，《中华字海·羽部》："翗，同黓。"（第1305页）这种构字组件相同、组合方式不同的异体字，文献中常见，如窥同覤；詢同翎；皲同翙，是书写习惯不同所致。《隋书》中出现了大量"翗"字。《隋书·礼仪志六》："皇后衣十二等。其翟衣六，从皇帝祀郊禖。……食命妇，归宁，则服翗衣。"原注："翗，玄色。"（第247页）又"诸男夫人，自翗而下五。其翟衣雉皆五等，俱以翗雉为领襈。又无鹝衣。"（第248页）又："三妃，三公夫人之服九：一曰鸐衣，二曰鹑衣，三曰翗衣，四曰青衣，五曰朱衣，六曰黄衣，七曰素衣，八曰玄衣，九曰鬐衣。"（第248页）"翗"与其他表示颜色的词在一起，其表颜色义是可以确定的。郑樵《通志》在引此处时，将翗误写作了翊。《通志·器服略一》："（周朝皇后之服）食命妇归宁，则服翊衣。"原注："翊，元色，音秩。"（第613页）由于"翊"为翗的讹字，所以造成了其语源难以探寻。一些字书如《中华字海》《汉语大字典》虽然也记录此字，也只是沿袭郑樵之说，未能阐明其义来源，成为只出现在字书里的"死字"。

　　又由于诸字书在记录"黓"时，均沿袭《庄子·山木》，陆德明释文引司马云"翂翂黓黓，舒迟貌"（第1515页）之说，未能揭示其语源中的黑色义，所以未能沟通黓、翗之间异体字的关系，致使"翗"的黑色义始终不能为人明了，而其形近讹字"翊"的黑义更是无从着手探寻。今加以沟通，还其本来面目。

五　源于矿物词

1. 青

　　"青"表黑义源于矿物青。

——————————

①　《笔记小说大观》第六编第六册，新兴书局有限公司1983年版，第3738页上。

学界对"青"字本义有六种看法：

（1）东方色也。《说文·丹部》："青，东方色也，木生火，从生、丹，丹青之信言象然。"（第106页上）

（2）草木生色。林义光："草木之生其色青也。"①

（3）生义。高田忠周："语谓信若丹青，言相生之理必然也。盖生亦当兼声。"②

（4）从丹，赤石。章炳麟："丹为赤石，青从丹生声，宜本赤石之名。故綪从青声而训赤缯。"③

（5）色之本字。《说文·丹部》"青"马叙伦六书疏证："青自是石名，《大荒西经》有'白丹青丹'。是青即丹之类。……戴侗谓'石之青绿者，从丹，生声'，是也。……盖丹是总名，故青从丹生声。其本义谓石之青者。……青即颜色之'色'本字。生、色音同审纽也。古曰丹青，今称颜色矣。"（卷十，第三、四页）

（6）从生，井声。草之青色。何琳仪："从生（本义为草生于地），井声。本义为草之青色。"（第821页）还有学者认为"青从生，从井亦声"，"古人造井与茂盛的植物有关。"④

按，"青"当从丹生声。丹、青均为矿物，丹为矿物总名，所以古人认为青从丹生，《周礼·秋官》记载有一种"职金"之官，是专管"金玉锡石丹青之戒令"的。《周礼·秋官·职金》："掌凡金、玉、锡、石、丹、青之戒令。受其入征者，辨其物之微恶与其数量，楬而玺之。入其金锡于为兵器之府；入其玉石丹青于守藏之府。"（第1117页上、下）《史记·李斯传》中载李斯《谏逐客书》："西蜀丹青不为采。"（第2543页）《说文·丹部》"青"字徐灏注笺："盖丹为总名，故青从丹生声，其本义为石之青者。引申之，凡物之青者皆曰青矣。"（第278页下）

青从丹生是没有问题的。从考古成果来看，古人很早就有使用矿物作为颜料的历史。在临潼姜寨遗址中发现了距今五千年的用以研磨矿物颜料的石臼、石杵及石砚、磨棒中还有黑色颜料。⑤北京山顶洞人的墓葬中发

---

① 转引自《古文字诂林》第五册，第261页。

② 同上。

③ 同上。

④ 详参潘峰《释"青"》，《汉字文化》2006年第1期。

⑤ 详参赵匡华、周嘉华《中国科学技术史》（化学卷），第617页。

现在死者身旁抛洒的红色颜料，并用赤铁矿粉涂染饰品。可以看出，用矿物作为颜料的历史非常悠久。

青的"东方色""草木生色""生"义均为后起义，"东方色"是五行五色说的产物。一般而言，颜色词往往均非原生词，必然是由某个名物词引申而来，所以"草木生色"不是"青"本义。"草木生色"是由"青"矿物中的绿色生发出的引申义。"生"义又是"草木生色"的引申义。"青为赤石"说，难以解释"青"在文献中大量出现的表示绿色、蓝色、绿——蓝色、黑色例的现象，却未见有"青"作红色义例的语言事实。所以青为赤石难以成说。马叙伦一方面认为"青自是石名"，另一方面又认为"青即颜色本字"，自相矛盾。采用某类中有代表性的词语表示其类名的修辞方法在古汉语中是一种常见现象，也即今天的借代修辞方式，但并不能因此就将代表性词语认为是其类名本字。如社稷、江山均表示国家，但不能因此就断言社、稷，江、山均是国家本字。马说谬矣。

事实上，青，本指孔雀石和与之共生矿物蓝铜矿。孔雀石形成于铜矿床的蚀变和氧化区域。通常为铜的溶液和石灰岩作用后，铜矿物受碳酸水作用变化，沉淀在岩石之孔隙，或岩脉中而形成。另外亦可为含铜硫化物氧化的次生产物。所以常出现于铜矿床之上，共生矿物以蓝铜矿、赤铜矿、自然铜、辉铜矿、黄铜矿及斑铜矿为主。孔雀石常与蓝铜矿共生，孔雀石又名青䂂，今名空青。是一种结构疏松的碱式碳酸铜矿石。颜色翠绿，绿色成分是 $CuCO_3 \cdot Cu(OH)_2$。明人对孔雀石的这种共生特点也有所论及。明缪希雍《神农本草经疏》卷二："空青味甘，寒，无毒。……能化铜、铁、铅、锡作金。生山谷有铜处。"（第 61 页）

蓝铜矿呈翠蓝色。蓝色成分是 $2CuCO_3 \cdot Cu(OH)_2$，名曾青、石青、大青、扁青。

孔雀石与蓝铜矿两者结合在一起的块体现称之为青孔雀石。由于缺乏矿物知识，古人将孔雀石和与之共生的蓝铜矿统称为"青"。因为共生矿中孔雀石、蓝铜矿的成分没有固定的比例，所以"青"的颜色呈现出多样性，可以表现为单纯孔雀石的"绿"或蓝铜矿的"蓝"，或者由孔雀石和蓝铜矿组合成的由绿到蓝的两个色调之间的所有颜色。

颜色词"青"的颜色义具有模糊性和多义性的特点，一个主要原因就是其原生物自身存在多色性，其次语言经济性原则规定了由"青"表示由"绿"到"蓝"这两个色调之间的色谱带色，也是原因之一。再次，由于青所代表的孔雀石和蓝铜矿两种矿物都被用来作颜料，所以往往由于距离时代较远而无法考证"青"的确指色。最后，"光谱上相邻的颜色，其语言表达也经常相混，而最容易混淆的是绿与蓝。"① 这就造成了目前学界对青确表何种颜色争讼不断，终无定论的现状。辞书解释也往往含混解释求得保险，用青释青，用"青"释其他颜色词。但是其确指何色却难得其解。

青，除表示绿色、蓝色及绿—蓝色之间所有颜色外，还可表示黑色。原因盖有两端：一方面孔雀石、蓝铜矿石二者本身也有颜色很深呈现为深蓝黑的矿石；另一方面早期二者就被用来冶炼青铜，而二者经过焚烧后就会变为黑色。这大概是"青"产生"黑"义的理据。

从先秦开始，青就有了黑义。《书·禹贡》："厥土青黎。"孔传："色青黑而沃壤。"孔颖达疏引王肃注："青，黑色。"（第 183 页下）据《中国科学技术史》（农学卷）中《禹贡》所载土壤鉴定表，"厥土青黎"所在州为"梁"，李约瑟鉴定为"在江汉河谷两侧为山地腐殖质闇色森林土"。（第 117 页）青表黑闇色，黎，指土壤的性质。王肃注"小疏也"即是指"黎"为一种比较疏松的土壤。② 徐朝华《析"青"作为颜色词的内涵及其演变》一文否定了《禹贡》中"青黎"之"青"解作黑义，又提出"在其他先秦两汉古籍中，未见'青'有表示黑色的"，并断言"'青'在先秦两汉时不表示黑色"。③ 这个结论未免失之武断。事实上，先秦两汉古籍中"青"表"黑"义并不少见。《说文·金部》："铅，青金也。"（第 293 页下）青金，铅的别名。铅，近黑色。"青"表"黑"义，明矣。《周礼·考工记·玉人》："大璋、中璋九寸，边璋七寸，射四寸，厚寸，黄金勺，青金外，朱中，鼻寸，衡四寸，有缫，天子以巡守，宗祝以前马。"（第 1316 页下、1317 页上）"青金"即黑色金属，盖指

---

① 德国眼科专家马格努斯在《关于原始民族的色觉的调查》（1880）一文中提到的主要观点之一，转引自姚小平《基本颜色词理论述评——兼论汉语基本颜色词的演变史》，《外语教学与研究》1988 年第 1 期，第 20 页。

② 徐朝华《析"青"作为颜色词的内涵及其演变》一文中认为："其实《禹贡》中所说的'青'当指闇绿色。'青黎'的'黑义'不从'青'出，是由'黎'而来。"（《南开学报》1988 年第 6 期。）此解恐难成立。首先，将青释作闇绿色，闇绿色的土质少有发现。其次，黎在此当依王肃注，解作"小疏也"，与全文行文相一致。详见"黎"字下。所以，"青黎"当解作"黑色的疏松土质"，"青"作"黑"解。

③ 详参徐朝华《析"青"作为颜色词的内涵及其演变》，《南开学报》1988 年第 6 期。

铅。《礼记·玉藻》："君子狐青裘豹褎，玄绡衣以裼之；麑裘青犴褎，绞衣以裼之。"（第 1049 页上）文中的"青犴"，为一种黑嘴或黑体的狗。《尔雅·释兽》："貔猲，似狸"，邢昺疏引《字林》："犴，胡地野狗。似狐，黑喙，皆貔之类。"（第 363 页下、364 页上）孙锦标《通俗常言疏证·动物》："青犴狗，今俗以大黑狗为青犴狗。犴，读若汗。"（第 675页）青犴之青，亦表黑义。《楚辞·宋玉〈招魂〉》："青骊结驷兮，齐千乘，悬火延起兮玄颜烝。"（第 213、214 页）"青骊"指"黑马"。《楚辞·屈原〈大招〉》："青色直眉，美目媔只。靥辅奇牙，宜笑嘕只。"（第 223 页）蒋骥《楚辞馀论·大招》："《礼器》：'或素或青，夏造殷因。'郑康成云：'变黑为青者。秦赵高欲为乱，以青为黑。民从之。至今语犹存也。'余按：以黑为青，今北人犹尔。然《大招》云'青色直眉'，青亦指黑。固非始于秦时。发美者言青丝青绺，皆以青黑相近耳。尝论阮步兵青白眼，青亦应指黑眸言，白眼则转眸不视，惟存白耳。"[1]《山海经·大荒西经》："有三青鸟，赤首黑目，一名曰大鵹，一名少鵹，一名曰青鸟。"（卷十六，第四页）鵹，与"鹂"音义同。《诗·周南·葛覃》"黄鸟于飞"陆玑疏："黄鸟，黄鹂留也，或谓之黄栗留。幽州人谓之黄莺，或谓之黄鸟，一名仓庚，一名商庚，一名鵹黄。"[2]明李时珍《本草纲目·禽部·林禽类·莺》［释名］："黄鸟、离黄、鸀黄、仓庚、青鸟、黄伯劳。"（第 2658 页）人民卫生出版社 1982 年版校勘："离黄，原作'黄鹂'。金陵本同。"（第 2658 页）依校勘，"离黄"本作"黄鹂"。黄鹂即鵹黄，鹂、鵹义同，均表黑色。大鵹、少鵹分别为"三青鸟"中之一，"青"义同"鵹"，表黑义。

由于青的黑义是由"青"这种矿物而来，所以其黑义中多含绿——蓝色，非纯黑。当其表示黑色时，其色实为明度和纯度较低的蓝绿色，只是视觉感受为黑色中泛绿或泛蓝。用青表示黑色时，往往用来指称非纯黑色的事物。如青金表铅，铅色为非纯黑色。

"青色为蓝绿的惯用名。经常混于蓝色、深蓝色、黑色。真正的青色是蓝与绿两种颜色混合而成的颜色。根据彩色的明度和彩度，可分为淡

① （清）蒋骥注：《山带阁注楚辞》，上海古籍出版社 1958 年版，第 243 页。
② （三国吴）陆玑：《毛诗草木鸟兽虫鱼疏》，第 44 页。

青、中青、闇青、浅青、青、深青、鲜青、灰青等。"① 概括地说，青既可以表示绿色——蓝色之间的色域，又可以表示黑色。那么如何判断文献中出现的数量众多的"青"字代表的究竟是什么颜色呢？

一般而言，当"青"出现在表示五行五色观念的行文中，青均代表东方色，代表木。同时，代表此方位名物的颜色为青。五行五色观念出现得较早，《周礼》中就有明确的记录：《周礼·考工记·画缋》："画缋之事，杂五色，东方谓之青，南方谓之赤，西方谓之白，北方谓之黑，天谓之玄，地谓之黄。"（第 1305 页下）此处的青，人们常常理解为绿色。然而，"绿"色早已出现。《诗·邶风·绿衣》："绿兮衣兮，绿衣黄里。心之忧矣，曷维其已。"（第 139 页上、下）《楚辞·九歌·少司命》："绿叶兮素枝，芳菲菲兮袭予。"（第 71 页）为什么不选用"绿"作为东方色，而用代表多种色彩的青作为东方色呢？原因大概如下：作为五行五色中的方位色，并非取其真正的颜色，重在取其代表的意义。如南方色赤，其色并非为正红，而为鲜橙黄红，取其作方色，在于取其代表大火，符合南方、夏季的气候特征炎热似火。青也一样，其色一般为蓝绿色，并非为纯绿色，由于矿物青能够生发出多种色彩，所以用青作为东方色，象征春天万物生长，生机勃勃。所以当修饰此方位的名物时，一般都用青，而不用绿。《周礼·春官·大宗伯》："以玉作六器，以礼天地四方。以苍璧礼天，以黄琮礼地，以青圭礼东方，以赤璋礼南方，以白琥礼西方，以玄璜礼北方。"（第 561 页下、562 页上）《周礼·夏官·职方氏》："正东曰青州，其山镇曰沂山，其泽薮曰望诸，其川淮泗，其浸沂沭，其利蒲鱼，其民二男二女，其畜宜鸡狗，其谷宜稻麦。"（第 1026 页上）《墨子·贵义》："且帝以甲乙杀青龙于东方，以丙丁杀赤龙于南方，以庚辛杀白龙于西方，以壬癸杀黑龙于北方，若用子之言，则是禁天下之行者也。"（第 448 页）所有与五行五色相关的名物如用"青"修饰，则此物的颜色定为代表东方色，包括动物、植物、器物等。

由于"青"代表春天，形容植物时，青包含"有生机""生命力旺盛""茂盛""未成熟"等春天的特征。《诗·卫风·淇奥》："瞻彼淇奥，绿竹青青。"毛传："青青，茂盛貌。"（第 256 上页）《楚辞·九歌·少司命》："秋兰兮青青，绿叶兮紫茎。"（第 72 页）《吕氏春秋·审时》："后

---

① 尹泳龙：《中国颜色名称》，第 37 页。

时者，茎叶带芒而未衡，穗阅而青零，多秕而不满。"（第228页下）汉崔寔《四民月令》"榆荚成及青，收干以为旨蓄"下注："旨，美也。蓄，积也。司部收青小麦暴之，至冬以酿，滑香宜养老。"①

中医类文献中，凡出现与五方五色说有关的论述，"青"都用来对应木、东方、春天及绿色。

青在形容动物毛色时，除在五方五色观念下表示蓝绿色外，当青出现在神话传说中用于描述某种传说中的动物时，一般也表示蓝绿色，以示其与众不同，传递一种神秘气息。《山海经·海外东经》："奢比之尸在其北，兽身、人面、大耳，珥两青蛇。"（卷九，第一页）

除此之外，青在形容动物毛色时，通常表示黑色。《山海经·大荒南经》："有盖犹之山者，其上有甘柤，枝干皆赤，黄叶，白华，黑实。东又有甘华，枝干皆赤，黄叶。有青马。有赤马，名曰三骓。有视肉。"（卷十五，第六页）"青马"之青当作黑色，此黑色实则为明度纯度极低的深灰蓝色。《山海经·大荒西经》："有虫状如菟，胸以后者裸不见，青如猿状。"（卷十六，第三页）"青"作黑色。

当修饰天空颜色时，"青"表示蓝色。

当修饰矿物、金属时，"青"表示黑色。同时，形容人的头发、肤色时，青也表黑色。②

"青"用于修饰织物颜色时，可表黑色、绿色和蓝色，常易于与"绿""蓝"相混。事实上，青与绿较容易区分，青表织物绿色只出现在描述五行五色说相关的内容中，《礼记·月令》："天子居青阳大庙，乘鸾路，驾仓龙，载青旂，衣青衣，服仓玉，食麦与羊，其器疏以达。"（第

---

① 《全上古三代秦汉三国六朝文·全汉文》，第729页下、730页上。

② 徐朝华认为"'青'表示蓝色，用于形容肤色。"此结论恐商。作者所举例为：（1）《论衡·物势》："孔子畏阳虎，却行流汗。阳虎未必色白，孔子未必面青也。"（2）《新编五代史平话》："郭威被刺污了脸儿，思量白净面皮今被刺得青了，只得索性做个粗汉。"（3）《水浒传》第三十回："武松就地下提起蒋门神来看时，打得脸青嘴肿，脖子歪在半边。"（4）《古今小说·新桥市韩五卖春情》："防御见吴山面青失色，奔上楼来，吃了一惊。"而从其所举例来看，无一表蓝色。（1）例《论衡·物势》"色白"对应"面青"、（4）例"面青失色"，按照常识，人恐惧时面色发青并非为蓝色，而当为浅灰黑色。（2）例《新编五代史平话》"刺得青了"，刺青当为古时的黥刑，其施刑过程为在面额上刺字，用墨染之。此"青"当解作"黑"。（3）例《水浒传》"脸青嘴肿"，按照常识，人的皮肤组织受到损伤后，皮下的毛细血管破裂，出现血淤现象，表现在皮肤上，通常为黑紫色，而非为"蓝色"。

552 页下）此时"青"表示绿色。除此之外，"青"均不表绿色。青在上古汉语中主要表织物蓝色。因为此时"蓝"只用于表示植物。"蓝"本指蓝草，是我国古代染蓝的主要植物染料。主要用于染料的植物有爵床科植物马蓝（Baphicacanthus cusia［Nees］Brem）、蓼科植物蓼蓝（Polygonum tinctorium Ait）、十字花科植物松蓝（Isatio tinctoria L.）、草大青（Isatis indigotica Fort）、豆科植物木蓝（Indigotera tinctoria L.），其中主要使用的是蓼蓝，简称"蓝"。①有关蓝的种植、使用很早就有记载了。《大戴礼记·夏小正》："启灌蓝蓼。启者，别也，陶而疏之也。灌也者，聚生者也。"（第 38 页）《诗·小雅·采绿》："终朝采蓝，不盈一襜。五日为期，六日不詹。"（第 1076 页下）《国语·楚语》中还记录了"蓝尹"这个专门负责染蓝的官员。蓝草染"蓝"的工艺是首先从它的叶中提取出靛蓝，再经过发酵还原为可溶性靛白、然后用它浸泡织物，浸泡后的织物经日晒后就成为蓝色。而经过蓝草浸染后得到的"蓝色"上古时用"青"表示。《荀子·劝学》："青，取之于蓝而青于蓝。"（第 1 页）用"青"表示蓝色的例子有很多：《诗·郑风·子衿》："青青子衿，悠悠我心。纵我不往，子宁不嗣音?"（第 367 页上、下）《汉书·百官公卿表》："御史大夫，秦官，位上卿，银印青绶，掌副丞相。"（第 725 页）《汉书·睦两夏侯京翼李传》："士病不明经术；经术苟明，其取青紫如俯拾地芥耳。"（第 3159 页）《汉书·成帝纪》："青绿民所常服，且勿止。"（第 325 页）青、绿同现，分别代表蓝色、绿色。魏晋起，蓝渐成为颜色词，表示蓝色。魏武帝《内诫令》："贵人位为贵人，金印蓝绶，女人爵位之极。"②魏文帝《送剑书》："仆有剑一枚，明珠标首，蓝玉饰靶，因给左右，以除妖氛。"③晋孙毓《七诱》："镂蓝画丹，实以徐梁，鲜若朝雪，流曜飞芳。"④晋郭璞《释木·柚》："厥苞橘柚，精者曰柑。实染繁霜，叶鲜翠蓝。"⑤《文心雕龙·祝盟》："季代弥饰，绚言朱蓝。"（卷二，第十一页）又《情采》："正采耀乎朱蓝，间色屏于红紫。"（卷七，第二页）蓝成为

---

① 此处参考了《中国科学技术史》（化学卷）中有关《中国古代染色化学史》中有关内容。

② 《全上古三代秦汉三国六朝文·全三国文》，第 1067 页上。

③ 《全上古三代秦汉三国六朝文·全三国文》，第 1091 页上。

④ 《全上古三代秦汉三国六朝文·全晋文》，第 1849 页上。

⑤ 《全上古三代秦汉三国六朝文·全晋文》，第 2155 页下。

颜色词后，属于新生词，用于记录日常、一般的事物颜色。而"青"此时表"蓝色"与"蓝"共现。二者区别之处在于，青常出现表示一些由过去沿袭而来的词语中，较"蓝"典雅，且固定在一些官制、礼仪用语中。如：《旧唐书·舆服志》："龙朔二年，司礼少常伯孙茂道奏称：'旧令六品、七品着绿，八品、九品着青，深青乱紫，非卑品所服。望请改八品、九品服碧，朝参之处，听兼服黄。'"（第 1952 页）官书记载的官员服色，青仍表示蓝色。蓝则用于较为通俗的语言中。二者似书面语与口头语的区别。且在较长的一段时间内，蓝的使用频率并没有青的高。据宋凤娣《青色与中国传统民族审美心理》①一文对晋·陶渊明、南北朝·谢灵运、唐·杜甫、李白、王维的诗作中颜色词使用的调查统计看，陶渊明128 首诗中使用青 4 次、蓝 0 次；谢灵运的 101 首诗中使用青 4 次，蓝 0 次；杜甫 1436 首诗中使用青 268 次，蓝 9 次；李白 997 首诗中使用青 273 次，蓝 4 次；王维 479 首诗中使用青 62 次，蓝 1 次。由此可见，青显然占据着"蓝色"语义场的主要位置，而蓝则较少被使用。直到明、清之际，青固定地用于指织物黑色时，蓝才正式地成为"蓝色"的主要颜色词。二者语体色彩的不同也是二者能够并存较长时间的原因之一。

　　"青"表示织物黑色，一般有以下三种情况：（1）与白相对应，表示对比时。《说苑·复恩》："魏文侯与田子方语，有两僮子衣青白衣，而侍于君前。"（卷六，第十九页）（2）出现在凶相、丧礼的相关仪式或服色中时。徐铉《稽神录·朱延寿》："寿州刺史朱延寿，末年浴于室中，窥见窗外有二人，皆青面朱发青衣，手执文书。一人曰：'我受命来取。'一人曰：'我亦受命来取。'"（第 165 页）《文献通考·王礼考·山陵》："太后魂车，鸾路，青羽盖，驷马，龙旗九旒，前有方相凤凰，率大将军妻参乘，太仆妻御，悉导。"（第 1119 页）宋刘延世《孙公谈圃》卷中："荆公薨之前一岁，凌晨，阍者见一蓬头小青衣送白杨木笏裹以青布，荆公恶甚，弃之墙下，曰：'明年祖龙死。'"（第 426 页下）（3）《天工开物》记载了新的染色技术，即用靛蓝能够染出深蓝近黑的颜色，青又用来指这种深蓝近黑色。同时该书又记载了新的深黑色染色技术，青也指此色。《天工开物·彰施·诸色质料》："染包头青色。此黑不出蓝靛，用栗壳或莲子壳煎煮一日，漉起，然后入铁砂、皂矾锅内，再煮一宵，即成深

---

① 《山东大学学报》2001 年第 1 期。

黑色。"（第119页）又"染毛青布色法。布青初尚芜湖，千百年矣，以其浆碾成青光，边方外国皆贵重之。人情久则生厌。毛青用出近代，其法取松江美布染成深青，不复浆碾、吹干，用胶水掺豆浆水一过。先蓄好靛，名曰标缸，入内薄染即起。红焰之色隐然，此布一时重用。"（第119、120页）这两种新染出的色一为深黑色，一为今天的藏青色，即深蓝近黑，都用"青"命名。明、清后"青"用于织物颜色时，一般指黑色。《金瓶梅》第七十二回："你过来，自古穿青衣抱黑柱，你爹既说开，就不恼你了。"（第1060页）清石玉昆《七侠五义》第二十七回："头刚着枕，只觉自己在丹墀之上，见下面有二青衣牵着一匹黑马，鞍辔俱是黑的。"（第186页）

　　以上对"青"表何种颜色规律的归纳，并非能够完全概括出"青"在文献中的使用情况，必须具体问题具体对待，要运用文化知识、日常生活经验、考古发现、上下文语境来解决。有一些以青命名的名物至今已难寻溯，只能阙而不论，而不可强意解之。

　　要之，颜色词"青"既可表示绿色——蓝色之间的色域，又可以表示黑色。表黑色义时，析言之，则指含绿——蓝色的非纯黑色；浑言之，则指黑色。

由"青"为语素构成的表黑合成词：

[青黑] 深闇蓝绿。明度、纯度都极低的发黑的蓝绿色。用孟塞尔色彩体系表示为 2BG < 2.25/1.5—3.5。此词汉代已产生。《说文·黑部》："黯，微青黑色。"（第211页上）黯为黑色，"微青黑色"，则"青黑"较"黯"明度低，发闇。《史记·夏本纪》："其土青骊。"裴骃集解引孔安国曰："色青黑也。"（第63、64页）此"青骊"当为《书·禹贡》中"青黎"的仿写，虽然"黎"字误释作"骊"，但当指一种土质，这种土质依前文，李约瑟鉴定为"山地腐殖质闇色森林土"，"青骊"指闇色的腐殖质土，"色青黑"则也当为闇色，指明度低的黑色。多用于描绘物色、人的面色、体色。《史记·大宛列传》"黎轩"张守节正义引万震《南州志》："海中斯调洲上有木，冬月往剥取其皮，绩以为布，极细，手巾齐数匹，与麻焦布无异，色小青黑，若垢污欲浣之，则入火中，便更精洁，世谓之火浣布。"（第3163页）《汉书·武五子传》："四年九月中，臣敞入视居处状，故王年二十六七，为人青黑色，小目，鼻末锐卑，少须眉，身体长大，疾瘘，行步不便。"（第2767页）《通典·刑法·杂议

上》："传曰：'遇人不以义而见疕者，与痏人之罪钧，恶不直也。'"杜佑注："以杖手殴击，破其皮，肿起青黑而无创瘢者，律谓之疕。"（第2264页）

偶有描绘植物色例。《初学记·果木部·橘》："张勃《吴录》曰：'建安郡中有橘，冬月于树上覆裹之。至明年春夏，色变青黑，味尤绝美。'《上林赋》云：'卢橘夏熟。'卢，黑色也，盖近是也。"（第681页）宋范成大《桂海虞衡志·志果》："乌榄，如橄榄，青黑色，肉烂而甘。"（第27页）

[青灰] 灰蓝色。又叫青石色，水泥色。明度、纯度都低的近黑的蓝色，用孟塞尔色彩体系表示为2.5PB4.0/2.0。青置于前，灰置于后，反应了古人将灰视作大的种名，而青为其中的属名，与今天色彩学对色彩的划分和归类不同。反应了古人颜色切分的标准：凡不属于典型范畴的有彩色系列的颜色统统归入无彩色系列中的黑色类中，中古时，又将黑分出灰、黑两种，代表浅和深两种黑。"青灰"一词魏晋时始现。《诗·小雅·常棣》"脊令在原"陆玑疏："脊令大如鸜雀，长脚长尾，尖嘴，背上青灰色，腹下白，颈下黑如连钱，故桂阳谓之连钱。"[1] 南唐释静、释筠《祖堂集·鼓山和尚》："年始十二，俗舍青灰之壁忽显白气数道。父曰：'此子必出家。'"（第353页）清代使用较多。清夏仁虎《旧京琐记·仪制》："汉人则伯叔父母之孝服同于所生，期服青灰布衣，帽履亦然。"（第72页）清邹弢《海上尘天影》第二十一回："只见折梅花的侍儿，年纪约二十左右，鹅蛋脸，明眸皓齿，洗尽铅华，穿着一件青灰宁绸玄缎镶边的羊皮紧身袄。"（第266页）清吴沃尧《二十年目睹之怪现状》第五十三回："那扛竹竿子的一个是一只眼的，一个满面烟容，火光底下看他，竟是一张青灰颜色的脸儿，却一律都穿着残缺不完全的号衣。"（第292页）

[青骊] （马）黑色。"青骊"一般用来指称骏马，指其毛色黑。"青"表"黑"义。《史记·夏本纪》："其土青骊。"裴骃集解引孔安国曰："色青黑也。"（第63、64页）《史记》将《书·禹贡》中"厥土青黎"写作"其土青骊"，这种误读是将表土质疏松的"黎"误解为颜色词"黎"，既而又用表黑的颜色词"骊"代替"黎"所致。由于骊多表示动

---

① （三国吴）陆玑：《毛诗草木鸟兽虫鱼疏》，第44页。

物毛色的黑，一般用来修饰马色，除此例表黑的"青骊"外，少见形容非动物毛色的语例。"青骊"作颜色词真正出现于南北朝文献。梁吴均《乐府·战城南》："蹀躞青骊马，往战城南畿。"① 《太平广记·杂传记·蒋防〈霍小玉传〉》："遂令家僮秋鸿，于从兄京兆参军尚公处，假青骊驹，黄金勒。"（第四册，第551页下）明陈继儒《珍珠船》卷四："韩干凡作马，必考时日，面方位，然后定形骨毛色。大抵以马为火畜，而南为离方，其色青骊骅骝，皆以支干相加，故得入妙。"（第79、80页）

[青青] 原表"植物茂盛绿意盎然"，后由"植物茂盛充满生机"义引申而来形容"头发茂盛黑亮"。最早出现在唐代作品中。此义产生是隐喻机制参与的结果：青青由源域"表植物茂盛"映射到目标域"表头发茂盛"。表现在语言使用层面则为比喻用法引申而来。多出现在文学色彩浓的诗词作品中。《南史·谢灵运传》："尝于江陵寄书与宗人何勗，以韵语序义庆州府僚佐云：'陆展染白发，欲以媚侧室，青青不解久，星星行复出。'"（第540页）宋袁去华《雨中花·按调乃满路花》："见柳叶满梢，秀色惊秋变。百岁今强半。两鬓青青，尽著吴霜偷换。"② 陆游《桃源忆故人·题华山图》："秋风霜满青青鬓。老却新丰英俊。云外华山千仞。依旧无人问。"③ 辛弃疾《鹧鸪天》："发底青青无限春。落红飞雪谩纷纷。黄花也伴秋光老，何似尊前见在身。"④ 苏轼《予去杭十六年而复来、留二年而去、平日自觉出处老少粗似乐天虽才名相远而安分寡求亦庶几焉、三月六日来别南北山诸道人而下天竺惠净师以丑石赠行作三绝句》："当年衫鬓两青青，强说重临慰别情。衰发只今无可白，故应相对话来生。"⑤ 此处"青青"语义双关，既表衣衫青青，为蓝色，又表鬓发青青，为黑色。清黄遵宪《续怀人诗》："得诗便付铜弦唱，对局何曾玉袜输。绕鬓青青好颜色，绝伦还似旧髯无？"⑥

[青黝] 黝为黑色，"青黝"则为含绿或蓝的非纯黑色。青和黝均为

---

① 《先秦汉魏晋南北朝诗·梁诗》，第1719页。

② 《全宋词》，第1944页。

③ 《全宋词》，第2061页。

④ 《全宋词》，第2531页。

⑤ 《全宋诗》，第9441页。

⑥ （清）黄遵宪著，钱仲联笺注：《人境庐诗草笺注》，上海古籍出版社1981年版，第580页。

表黑义，两个同义的黑义颜色词构组成词时，一般由前置的颜色词表示其黑义的特点，后一颜色词表示其类属。"青黝"的"青"表黑义时有"含绿——蓝"色的特点，则其表示的黑义词当为含绿或蓝的非纯黑色。

《大词典》引证时只列举了明代作品一例，事实上，该词在宋代作品中已出现。宋张守《毘陵集·四老堂记》："屋才五楹，轩牖四辟，饰以青黝，不侈不陋，随我力之所及也。"（第782页下）现提前书证。并补清代作品一例。清吴景旭《历代诗话·汉魏六朝诗·四十围》谈及"黛"字时，认为"凡青黝色通称"。（上册，第659页上）

[**铁青**] 闇灰蓝。明度、纯度都低的近黑的蓝色。用孟塞尔色彩体系表示为10B3.5/3.0。《大词典》解此词作"常形容人矜持、恐惧、盛怒或患病时发青的脸色。也表示脸色发青"。并未引古例，只举了现代文学作品的用例。事实上，该词最早出现在元代作品中。且并非只用来形容人的脸色，还可用来形容动物毛色。现引几例：（1）元汉语读本《朴通事谚解》："骑着一个十分腜铁青玉面马。鞍子是雪白鹿角边儿，时攘的黑斜皮鞍桥子，银丝事件。"（第229页）（2）明西湖渔隐主人《欢喜冤家》二十三回："连忙又拆一封，也是鹅卵石。国卿惊得脸上铁青，拆到底是石头。"（第253页）（3）《红楼梦》四十八回："薛蟠自骑一匹家内养的铁青大走骡，外备一匹坐马。"（第765页）（4）清曾朴《孽海花》二十回："唐卿去后，张夫人及彩云都在后房出来，看见雯青面色气得铁青。"（第190页）例1和例3中的"铁青"均用来形容动物毛色。例2和例4中的"铁青"则用来形容人的脸色。

2. 黳

"黳"表黑义源于玉石瑿。黳，从黑殹声。《方言》第十二："殹，幕也。"郭璞注："谓蒙幕也。"（第956页上）蒙幕即阻隔光线致黑。《说郛·尤射·学训》："秋九月拜丹牒于内殿，夜殹以占，冀有获。"（第4620页上）夜殹即夜黑。

从殹之字多表黑义。翳，从羽殹声，指遮挡使光线闇黑。《诗·大雅·皇矣》："作之屏之，其菑其翳。"孔颖达疏引郭璞注曰："翳，树荫翳覆地者也。"并释此句为："自毙者，生禾自倒，枝叶覆地为荫翳，故曰翳也。"（第1199页上—1201页下）《尔雅·释言》"薆，翳也"郭璞注："舞者所以自蔽翳也。"（第100页上）《周易·丰卦》："象曰：'丰其屋',天际翔也。"王弼注:"翳光最甚者也。"(第267页下)"丰其屋"至"天际翔",其光线被阻挡"最甚","翳"表光线被遮蔽,其视觉效果则无光闇黑。《左传·宣公二年》:"初,宣子田于首山,舍于翳桑,见灵辄饿,问其病。"杜预注:"翳桑,桑之多荫翳者。"(第687页上)《山海经·海内经》:"有五采之鸟,飞蔽一乡,名曰翳鸟。"(卷十八,第七页)此"翳"作蔽挡、蔽遮讲。

䃣,从石殹声。黑色美石。《广韵·齐韵》:"䃣,乌兮切。美石,黑色。"(第91页)《玉篇·石部》:"䃣,于兮切,黑石。"(第105页下)不论䃣是否为美石,其色黑是其重要的外观特征。汉荀悦《前汉纪·前汉孝武皇帝纪六卷》:"成阳宫南陨星于雍,声闻四百余里,坠而为石,其色黑如䃣。"(卷十五,第七页)唐李咸用《谢友生遗端溪砚瓦》:"连渐光比镜,囚墨腻于䃣。"①《说郛·鲁应龙〈括异志〉》:"每大雷人多于野中掘得䃣石,号雷公墨,光莹如漆。"(第5355页上)明董斯张《广博物志·食饮》:"更深一丈下有䃣珀,黑逾纯漆,或大如车轮,末而服之,攻妇人小肠症瘕诸疾。"(第334页下)䃣还有一个晚出的异体字璧,从玉殹声。是对其品质的不同认识所致的异体字。清《佩文韵府·上平韵·齐韵·䃣》"䃣"字下:"乌奚切,美石,黑色。或作璧。"(第356页下)文献中也常用此字。宋郑樵《通志·昆虫草木略·木类》:"璧曰璧珀,旧云琥珀,千年为璧,然不生中国不可知也。"(第875页)此"璧珀"即"䃣珀"。宋代唐慎微《重修政和证类本草·木部下品·南烛》:"(南烛)取茎叶捣碎,渍汁浸粳米,九浸九蒸九暴,米粒紧小正黑如璧珠,袋盛之可适远方。"(卷十四,第二十九页)明冯复京《六家诗名物疏》卷十五"漆"条下:"蜀本注云:'上等清漆色黑如璧,若铁石者好,黄嫩若蜂窠者不佳。'"(第180页上)以上"璧"均指黑色美石,同"䃣"。

鷖,从鸟殹声。有灰黑色羽毛的海鸥。宋罗愿《尔雅翼·释鸟五》:"鷖,鸥也。"(第180页)宋陆佃《埤雅·释鸟·鷖》:"凫属,苍黑色。"(第163页)

墍,从土殹声。本义指尘土。《说文·土部》:"墍,尘埃也。"(第289页上)多用于指浊污之尘。后也常借表黑义。金赵秉文《夜卧炕暖》:

---

① 《全唐诗》,第7402页。

"近山富墨墅，百金不难谋。"① 宋佚名《锦绣万花谷前集·馔食》载《明皇杂录》提到的"甘露羹"："李林甫壻郑平为省郎，鬓斑。林甫曰：上明日赐甘露羹，郑郎食之，能乌发。食之，一夕发如墅。"（第454页上）上海古籍出版社以《守山阁丛书》为底本的《明皇杂录·逸文》"墅"作"黳"，丁如明校点指出《海录碎事》载此事为"一夕鬓如黳"。（第975页）可见，墅、黳、黳均指黑色。元王逢《审安斋二首》之一："有皎者驹，刷朝秣晡，置之通衢，弗蹶弗瘃，子其驱。有华者衣，长佩带垂，蒙犯烟墅，以垢以淄，子其辞。噫！富贵倘来，尚相夫宜兮。"②《广东通志·物产志·木志》："无患，木名也。实可以去垢，核黑如墅栌。"（第434页上）

緊，从糸殹声。取义于赤黑色缯。《说文·糸部》："緊，戴衣也，从糸殹声。一曰赤黑色缯。"（第275页下）《广韵·齐韵》"緊"字："乌奚切。亦赤黑缯。"（第91页）《集韵》《韵会》并烟奚切，并音鹥。由之，緊得名于黑义。

騱，《集韵·齐韵》："騱，黑色马。"（第203页）

黳，殹本有黑义，又添加义符黑，强化其黑义。当视作黑色美石的黳（墅）的后起字。《说文》及众多字书认为其本义当为小黑子，《说文·黑部》："黳，小黑子。"（第211页上）《玉篇·黑部》："黳，于兮切，小黑子。"（第101页下）恐值得商榷。

首先，从文字字形来看，黳为典型的后起形声字，声符义符均表黑义，当为某字的后起字。

其次，从文献使用情况来看，未见有"黳"用作"小黑子"例，作"黑子"义当为黳表黑义后的引申义。《说文·黑部》"黳"马叙伦六书疏证也持此论："小黑子非本义。"（卷十九，第一三八页）

再次，黳为黳的后起字。《龙龛手镜·黑部》："黳，乌兮反，美石，黑色也。"（第531页）黳在文献中多用来表示黳（墅），盖黳当为黳的后起字。《汉书·郊祀志下》："陨石二，黑如黳。有司以为美祥，以荐宗庙。"（第1247页）《前汉纪》载此"黳"作"墅"。上文所提到的宋鲁

① （清）郭元釪原编《全金诗增补中州集》，台湾商务印书馆（《景印文渊阁四库全书》本）1986年版，第181页上。

② （元）王逢撰：《梧溪集》，商务印书馆（《丛书集成初编》本）1935年版，第236页。

应龙《括异志》中所载"磐石,号雷公墨,光莹如漆",宋苏易简《文房四谱·墨谱》引刘恂《岭表录异》作"黳":"岭表有雷墨,盖雷州庙中雷雨勃起,人多于野中获得石,状如黳石,谓之曰'雷公墨'也。扣之鎗鎗然,光莹可爱。"(第72页)上文所提到《广博物志·食饮》中所及"磐珀",明方以智《通雅·金石》作"黳珀":"黳珀色黑,入土更久。"(第100页上)《新唐书·西域列传下》:"行五百里有朅盘陀。东行八百里出葱岭,又八百里至乌铩,环千里,出白、黳、青三种玉。"(第6249页)黳即磐(瑿),指玉之一种。清和珅撰《热河志·山》:"黑山,在府治西北四十五里,山脉周围数十里,一峰拔起,高出群山,石色如黳,故名。"(第88页上)某如某,后一"某"当为实物,此处黳当指黳石。清魏之琇《续名医类案·眉发须》:"李林甫壻郑平为省郎,林甫见其鬓发斑白因曰:'上明日当赐甘露羹,郑郎食之能乌发。'翼日食之,一夕两髯如黳。"(第405页下)

　　磐、瑿、黳三字本指一物,却反映了不同的认知特点。磐、瑿是对其物的物质属性的不同认识,黳则是从其物的颜色命名的。古人又从"黳"这种黑色石中抽绎出黑义,《广雅·释器》:"黳,黑也。"(第272页下)《类篇·黑部》:"黳,一曰黑也。"(第372页下)其色彩义特点具有磐(瑿)的特点,黑而有光泽,多用于形容具有黑而有光泽的事物。唐白居易《和新楼北园偶集、从孙公度、周巡官、韩秀才、卢秀才、范处士小饮、郑侍御判官、周刘二从事皆先归》:"有奴善吹笙,有婢弹琵琶。十指纤若笋,双鬟黳如鸦。"[1] 唐贯休《塞上曲二首》之一:"一握黳髯一握丝,须知只为平戎术。"[2]《宋史·刘审琼传》:"审琼尝给事外诸侯,雅善酒令、博鞠,年八十余,筋力不衰,髭发黳黑。"(第9365页)元陆友《墨史·宋》:"张滋,真定人,善和墨,色光黳,胶法精举,胜江南名手。"(第41页)

　　也可泛指黑色。宋苏辙《买炭》:"积火变深黳,牙角犹忿怒。"[3] 宋陈敬《陈氏香谱·传·天香传》:"曰黄蜡,其表如蜡,少刮削之,黳紫相半,乌文格之次也。"(第334页上、下)元黄玠《辛未七月廿三日大

---

① 《全唐诗》,第4986页。

② 《全唐诗》,第9315页。

③ 《全宋诗》,第10123页。

雨》："孟秋之月月在毕，雨气斗集云深黳。"① 明孙瑴《古微书·雒书灵准听》："舜长九尺，太上员首，龙颜日衡方庭，甚口，面颐亡髦，怀珠握褒，形卷娄，色黳，露目童重曜，故曰舜。"（第 679 页）明徐应秋《玉芝堂谈荟·帝王符命》："谢皇后生而黳黑，翳一目，会元夕，有鹊巢灯山，众以为后妃之祥。忽病疹，肤蜕，莹白如玉。"（第 103 页）

也有偶作重叠式例，表示黑色：宋王安国《夏日独居》："皙皙池沼儵，绿萍随下上。黳黳堂庑燕，白昼容俯仰。"②

要之，颜色词"黳"表黑义，取义于黑色美石瑿（瑿），其表色多为纯度高且有亮度的黑亮。浑言则泛指黑色。

3. 黛（䵠）

"黛"表黑义源于矿物黛。黛本作䵠，甲金文中未见，《说文》始见。《说文·黑部》"䵠，画眉墨也"段玉裁注："䵠者，妇人画眉之黑物也。……服虔、刘熙字皆作黛，不与许同。汉人用字不同之征也。黛者，䵠之俗。《楚辞》《战国策》遂无作'䵠'者。"（第 489 页）朱骏声《说文通训定声》："䵠，画眉也，从黑朕声。锴本作'画眉墨'，字亦作黛。䵠、代双声，《通俗文》：'染青石谓之点黛。'"（第 69 页上）《玉篇·黑部》："䵠，徒载切。画眉黑也。深青也。黛，同上（䵠）。"（第 101 页上）依段玉裁，朕、代二声古通用，"螣蟆"字古亦作"螾䵠"。可见，黛、䵠二字古通用。

古代"妇人画眉之黑物"之"黛"，有石黛、铜黛、青雀头黛和螺子黛。③ 最早当为石黛。石黛也称青金石，④ 从章鸿钊《石雅》所附"青金石"图看，其受光处为深蓝色，其他处则为深蓝近黑色，近似于今天所说的藏蓝、深藏蓝色。南朝徐陵《玉台新咏·序》："南都石黛，最发双蛾。"（第 12 页）此种石黛最初被磨研成粉末后，用于画眉。今天在已发

---

① （元）黄玠：《弁山小隐吟录》，新文丰出版公司（《丛书集成续编》本）1989 年版，第 730 页下。

② 《全宋诗》，第 7536 页。

③ 此处有关"黛"的名物介绍参考了周汛、高春明《中国古代服饰大观》部分内容。（《中国古代服饰大观》，重庆出版社 1995 年。）

④ 详参章鸿钊《石雅·玉石·琳琅·璆琳》中关于"石黛"的叙述。（《石雅》，上海古籍出版社 1993 年版，第 15 页。）

掘的汉墓里已多次发现磨黛用的黛砚。有的器物上还存有石黛的黑色痕迹。在广西贵县罗泊湾汉墓里，还发掘出放置在妇女梳篦盒里的一包完整的"黛黑"。铜黛是一种铜锈状的化学物质。青雀头黛是一种深灰色的画眉颜料，在南北朝时由西域传入。隋唐时妇女开始使用产于当时波斯国的螺子黛。这种画眉材料是一种经过加工，呈各种形状的黛块，使用时只需蘸水即可，由于此种螺子黛形制与墨锭相似，被命之以"石墨"或"画眉墨"。宋赵彦卫《云麓漫钞》卷三："前代妇人以黛画眉，故见于诗词，皆云'眉黛远山'。今人不用黛，而用墨。"（第 86 页）文中的"黛"指"石黛"，"墨"指"螺子黛"。宋代笔记中还有此种"墨"的制作方法的记载。宋陶谷《清异录·装饰·胶煤变相》："自昭、哀来，不用青黛扫拂，皆以善墨火煨染指，号熏墨变相。"（第 91 页）

黛，本指用于画眉的灰黑色颜料。首见于《释名》。《释名·释首饰》："黛，代也，灭眉毛去之，以此画代其处也。"（第 1062 页上）汉王粲《神女赋》："质素纯皓，粉黛不加。"①《慧琳音义》卷五十七"黛眉"注引《声类》云："粉黛，可以画眉也。"（《事汇部 T54》，p. 685.1）

黛，古人常将其释为"青色"，《慧琳音义》卷一百"粉黛"注引《韵英》云："黛，青色，女人可以画眉也。或黑色也。"（《事汇部 T54》，p. 931.3）杜甫《阆水歌》"石黛碧玉相因依"杨伦镜铨："《六书故》：'黛，青黑色，用为画眉墨。'《说文》：'碧，石之青美者。'言水浅处如碧，深处如黛也。"②青黑色，即深闇蓝绿。此种颜料不仅用于画眉，古人还用以涂眼。《通典·边防·西戎·疏勒》杜佑注引杜环《经行记》云："妇人不饰铅粉，以青黛涂眼而已。"（第 2724 页）

古人从这种颜料中抽象出黑色。清吴景旭《历代诗话·汉魏六朝诗·四十围》谈及"黛"字："凡青黝色通称。"（上册，第 659 页上）青黝即青黑色。文献中多用于描写眉色、面色、须发色、土色、发闇发黑的植物色、天色渐黑、墨迹色。

眉色。梁徐君蒨《别义阳郡二首》之一："颊上红疑浅，眉心黛不青。"③

①《全上古三代秦汉六朝文·全后汉文》，第 960 页上。

②（唐）杜甫著，（清）杨伦笺注《杜诗镜铨》，上海古籍出版社 1998 年版，第 499 页。

③《先秦汉魏晋南北朝诗·梁诗》，第 2067 页。

面色。《新唐书·南蛮列传下》："有绣面种，生逾月，涅黛于面。有雕题种，身面涅黛。"（第6325页）《西游记》六十四回："长老抬头观看，乃是三个老者：前一个霜姿丰采，第二个绿鬓婆娑，第三个虚心黛色。"（第733页）

须发色。唐张祜《惠尼童子》："可惜绿丝梳黛髻，枉将纤手把铜瓶。"①

土色。梁江淹《齐太祖高皇帝诔》："宝圭黛壤，俾王于东。"②

天色。梁何逊《照水联句》："临桥看黛色，映渚媚铅晖。"③ 唐独孤霖《书宣州叠嶂楼》："晓黛频入，夕蟾娟来，秋以扬。"④ 明张大复《梅花草堂笔谈》卷四载顾靖甫先生诗《孙齐之招饮桃花涧》："坐久城霞微敛黛，晚来山翠尚成阴。尊前惜别须沉醉，每负年华折寸心。"（第264页）

墨迹色。唐黄滔《误笔牛赋》："笔为锋也，无惭卖剑之年。墨作池焉，岂愧蹊田之日。……况乎鸟文黛闇，驳彩花新。兔翰初停，旁起落毛之想。"⑤ 清丁绍仪《听秋声馆词话》卷二十载"杨维宁、李崧词"："笔锐针尖，黑浓黛色。红冰泪渍鲛绡湿。薛涛笺短奈情长，欲书一字终无得。"（第208页上）

从文献查考，"黛"可表示黑色、绿色、蓝色和灰色，义类于"青"。产生这种一词指称多种颜色义的原因，一是由于所指物颜色属于纯度明度都较低的色谱带，给命名和指称带来了难以精确的模糊度，如描写山色，其纯度属于绿——蓝之间的混色，其明度往往呈现出白——黑之间偏黑的闇色，纯度（绿——蓝）＋明度（偏黑），使得其色难以准确描摹；二是人眼辨识能力的差异，日常人们对绿、蓝色的辨识差异最大，所以对同一物色往往会有不同的认知体验，命名物色的颜色词也会产生不同的认知体认。三是语言经济性原则，人们依靠日常经验能够补足语言表述上的含混不清或分辨得出一词的多个表述时，为了语言的经济、简洁，还保留其词的存在和使用。还有一点重要原因在于：中国文学作品历来讲求言有尽而

---

① 《全唐诗补编》，第196页。

② 《全上古三代秦汉三国六朝文·全梁文》，第3176页上。

③ 《先秦汉魏晋南北朝诗·梁诗》，第1713页。

④ 《全唐文》，第8424页上。

⑤ 《全唐文》，第8667页下。

意无尽，描写景物时营造回味悠长的意境。这些未能显示精确颜色的颜色词往往能够使文章达到这种引人遐思千里的表达效果。

从语言发展不断走向精确性的发展规律来说，"黛""青"等词能够长期保持着一词指向多种颜色义，究其因，缘自人们的认知体验、上下文语境能够帮助找到准确的颜色义。如"黛"用于植物时表示绿色，刘宋谢庄《曲池赋》："北山兮黛柏，南溪兮赪石，赪岸兮若虹，黛树兮如画。"① "黛柏"，柏树四季常青，黛作绿色义。梁江淹《灵丘竹赋》："于是绿筠绕岫，翠篁緜岭，参差黛色，陆离绀影。"② 前有"绿"形容"筠""翠"形容"篁"，"黛色"作绿色，明矣。

用于眉色、须发色时表示黑色，梁萧纲《筝赋》："黛眉如扫，曼睇成波。"③ 唐陈乔《新建信州龙虎山张天师庙碑》："天师绀发黛髯，青眸朱口。"④

用于天色时表示视觉上黑的深闇蓝绿色。唐任华《荐福寺后院送辛屿尉洛郊序》："僧院少客，苍苔满地，终南晓晴，洗然黛色，日暮饮罢，钟声傍山。"⑤

用于水色、山色时多表示蓝绿色。唐符载《长沙东池记》："湘西有山，黛色沉沉，或时无风，影堕池心。"⑥ 唐元稹《咏廿四气诗·谷雨三月中》："谷雨春光晓，山川黛色青。"⑦ 谷雨季节，水色、山色应季节变化而呈现出了明媚的"黛色"。依据日常经验，这个季节的水色、山色多呈现出蓝绿色。有生活体验的人读此句，不难理解此处"黛色"具体呈现出的颜色当为蓝绿色。

"黛"与其他颜色词连用表示颜色时，前置时，往往表示颜色的明度低，表示"色深"，修饰后一颜色词。见"黛青""黛黑""黛绿"条。

要之，颜色词"黛"取义自矿物黛，可表绿色、蓝色、黑色。表示黑色时，主要用于描写眉色、面色、须发色、土色发黑发闇的植物色、天

---

① 《全上古三代秦汉三国六朝文·全宋文》，第 2625 页下。
② 《全上古三代秦汉三国六朝文·全梁文》，第 3149 页下。
③ 《全上古三代秦汉三国六朝文·全梁文》，第 2996 页下。
④ 《全唐文》，第 9160 页上。
⑤ 《全唐文》，第 3822 页下。
⑥ 《全唐文》，第 7062 页下。
⑦ 《全唐诗补编》，第 1039 页。

色、黑迹色。置于其他颜色词前起修饰作用时，表示色深。

由"黛"为语素构成的表黑合成词：

[**黛青**] 文献中出现不多，首见于汉代。《盐铁论·国疾》："躬耕身织者寡，聚要敛容，傅白黛青者众。"（第334页）此处黛青指用灰黑色颜料（把眉）描黑，为述补式合成词。"黛青"表颜色义，成词于唐，义指深青色，用于描绘山峰颜色。如：唐岑参《刘相公中书江山画障》："粉白湖上云，黛青天际峰。昼日恒见月，孤帆如有风。"① 唐贯休《将入匡山宿韩判官宅》："黛青峰朵孤吟后，雪白猿儿必寄来。"②

[**黛黑**] "黛黑"本指用灰黑色颜料（把眉）涂黑及眉黑，《楚辞·屈原〈大招〉》："粉白黛黑，施芳泽只。"（第222页）《淮南子·修务》："嫫媵哆咮，籧蒢戚施，虽粉白黛黑弗能为美者，嫫母、仳催也。"（第639页）唐代始抽象为颜色词，表黑青色。较"黛青"颜色更为黑。唐佚名《大唐传载》："水浮数尺，纵广一里余，色如黛黑，云雨常自中出，焦旱祈祷无不应焉。"（第893页）宋苏辙《次韵张禹直开元寺观画壁兼简李德素》："并船有歌姝，粉白眉黛黑。"③ 明江南詹詹外史《情史·情灵类·邹曾九妻》："妇曰：'我亦觉十分相似，只是面色黛黑耳。'"（第285页）

《大词典》释"黛黑"词条作"描上青黑色的眼眉"，并举证金元好问《赠莺》诗："宫额画眉阔，黛黑抹金缕。"未列出其颜色义"黑青色"，现补义补例如上。

[**黛绿**] "黛绿"由"黛青"一词仿词而来。黛青可指深青色、黑青色，黛绿也可指深青色、黑青色。这是由于青可指绿，使得绿也因此沾青的其他颜色义，也即语义发展过程中的一种相因生义现象。同"黛青"产生途径一样：

（1）用于形容植物时表示深青色。宋时出现此义。宋方千里《蕙兰芳》："庭院雨晴，倚斜照、睡馀双鹭。正学染修蛾，官柳细匀黛绿。"④宋吴潜《贺新郎·寓言》："长恨春归无寻处，全在波明黛绿。"⑤

---

① 《全唐诗》，第2048页。

② 《全唐诗》，第9434页。

③ 《全宋诗》，第10162页。

④ 《全宋词》，第3196页。

⑤ 《全宋词》，第3473页。

（2）用于形容眉色时表示黑色。唐时出现此义。唐和凝《天仙子》："一片春愁谁与共，洞口春红飞蕨蕨，仙子含愁眉黛绿，阮郎何事不归来。"[1] 宋丘崈《浣溪沙·即席和徐守元宵》："罗绮十行眉黛绿，银花千炬簇莲红。座中争看黑头公。"[2] 宋无名氏《西江月·贺人女中秋日满月》："黛绿旋闻香发，桃红新晕芳腮。春风满面笑容开。长似观音自在。"[3] 明末清初吴白云道人《赛花铃》第八回："红生抬头一看，只见两脸胭脂，双眉黛绿，那女子非别即花神也。"（第 168 页）清褚人获《隋唐演义》七十九回："黛绿双蛾，鸦黄半额。"（第 839 页）

4. 铅

"铅"表黑义源于金属铅。铅本义指金属铅，本属亮灰紫，如金属铅般的浅灰紫色。为明度较高、纯度较低的紫色。用孟塞尔色彩体系表示为 3P8.25—6.25/1.5—3.5。视觉上则为浅黑色或灰紫色，古人将其视为黑系范畴中的一员，命之为青金。《说文·金部》："铅，青金合声。"（第 293 页下）《汉书·地理志上》："岱畎丝、枲、铅、松、怪石，莱夷作牧，厥篚檿丝。"颜师古注："铅，青金也。"（第 1526 页）铅即铅。《玉篇·金部》："铅，役川切，黑锡也。"（第 84 页下）《正字通·金部》："铅，一名黑锡。锡白，故铅为黑锡。"（第 624 页下）常用来表示浅黑色。但其色不典型，抽象化程度低，使用范围窄，只与"色"构成合成词表示具有像"铅"一样的颜色，处于抽象化水平较低的颜色词。明谢肇淛《滇略·产略》："《博物志补》云：'（银）产于细花明光诸场者，微有铅色，扑之其声黯。'"（第 130 页下）明何白《重过瓠阁和前韵》："铅色横侵阁，涸波曲抱台。"[4] 明张应文《清秘藏·论古铜器》："古铜，色有以褐色为最上品者，余以为铅色最下，朱砂斑次之，褐色胜于朱砂而不如绿，绿不如青，青不如水银，水银不如黑漆，虽然黑漆最易伪造，在具真眼者辨之。"（第 5 页上）此处铅色与黑漆同现，可见其黑色有差异。

要之，颜色词"铅色"产生于明代，取义于金属铅，表示浅黑色。

---

① 《全唐诗》，第 10089 页。

② 《全宋词》，第 2262 页。

③ 《全宋词》，第 4788 页。

④ （明）何白：《汲古堂集》，北京出版社（《四库禁毁书丛刊》本）2000 年版，第 188 页上。

其色不典型，使用范围窄。

六　源于植物词

1. 苍（仓）

"苍"表黑义源于植物茂盛时草色深绿。从苍的古陶文、汉简字形来看，苍本义指草盛貌。《说文·艸部》"苍，草色也"马叙伦六书疏证："草色非本义。……苍盖葇之转注字。"（卷二，第一〇〇页）《诗·秦风·蒹葭》"蒹葭苍苍"毛传："苍苍，盛也。"（第494页上）《广雅·释训》："苍苍，茂也。"（第184页上）

苍由"草盛貌"引申出"绿色"义。草茂盛时的颜色一般都为深绿色，所以"苍"多用于形容具有此种颜色特点的事物，如植物、山色。《周易·说卦》："震为雷，为龙，为玄黄，为旉，为大途，为长子，为决躁，为苍筤竹，为萑苇。"（第390页上）《吕氏春秋·季夏纪》："是月也，命妇官染采，黼黻文章，必以法故，无或差忒，黑黄苍赤，莫不质良，勿敢伪诈，以给郊庙祭祀之服，以为旗章，以别贵贱等级之度。"（第46页上）苍还可用于指蓝色。多用于形容天空颜色。《诗·王风·黍离》："悠悠苍天，此何人哉！"毛传："苍天，以体言之……据远视之苍苍然，则称苍天。"（第298页上）《尔雅·释天》："穹苍，苍天也。"郝懿行义疏："天形穹隆，其色苍苍，因名之。"[1] 绿色和蓝色色谱临近，古人往往将属于绿色、蓝色色谱的颜色归为一类，加以命名。苍、青均为此类。（参见"青"字下）《吕氏春秋·审时》："后时者弱苗而穗苍狼，薄色而美芒。"毕沅校注："苍狼，青色也。在竹曰苍筤，在天曰仓浪，在水曰沧浪，字异而义皆同。"（第229页上）依毕沅注，穗"苍浪"、竹"苍筤"、天"仓浪"、水"沧浪"实为一义，表青色。事实上，前二者的"青色"指绿色，后二者的"青色"指蓝色。古人视之为同类颜色。

苍由"草色"引申出"黑色"。《说文·艸部》"苍，草色也"段玉裁注："引伸为凡青黑色之称。"（第40页上）盖"苍"常用于表示茂盛

---

① （清）郝懿行：《尔雅义疏》，第185页下。

植物的颜色，而这些植物的深绿色远观则近黑，所以段玉裁解作"青黑色"，即非纯黑色。古人常将明度、纯度低的有彩色系列之色归为无彩色系列中的黑。这反映了古人对颜色分类的一种认识。《说文·马部》"骓，马苍黑杂毛"段玉裁注："苍者，青之近黑者也。"（第461页下）《尔雅·释畜》"苍白杂毛，骓"邢昺疏："苍，浅青也。"（第377页下、378页上）《汉书·鲍宣传》"苍头庐儿皆用致富"孟康注："汉名奴为苍头，非纯黑，以别于良人也。"（第3089、3090页）邢昺时代的"浅青"之"青"表示黑，浅青即黑色纯度不高。段注的"青黑色""青之近黑"表示非纯黑色，古人的深"青"色到"黑"的色域，即明度极低、纯度极低的色调。由此，此处的"苍"实指绿色或蓝色明度、纯度均极低的色调。

苍，析言指此种明度极低、纯度极低的近黑色，浑言指黑色。

《诗经·齐风·鸡鸣》："鸡既鸣矣，朝既盈矣。匪鸡则鸣，苍蝇之声。"（第384页上）苍蝇，昆虫名。通常指家蝇，身体呈灰黑色。《战国策·魏策四》："夫专诸之刺王僚也，彗星袭月；聂政之刺韩傀也，白虹贯日；要离之刺庆忌也，仓鹰击于殿上。"（第1344、1345页）吴师道注："仓，即苍。"诸祖耿集注汇考："仓乃苍字之省，苍头亦作仓头，苍颉又为仓颉，并其例也。"（第1347页）由此，仓鹰即苍鹰，体色灰黑。[1]"苍蝇""苍鹰"之"苍"为"近黑色"。

《战国策·魏策一》："今窃闻大王之卒，武力二十余万，苍头二千万，奋击二十万，厮徒十万，车六百乘，骑五千匹。"（第1154页）鲍彪注："盖以青帕首。《项纪》注：'士卒皂巾。'"（第1166页）《史记·项羽本纪》："少年欲立婴便为王，异军苍头特起。"裴骃集解引应劭曰："苍头，谓士卒皂巾，若赤眉、青领，以相别也。"司马贞索隐引晋灼曰："苍头，谓著青帽。"（第298、299页）"苍头"即"青帕首"，也即"皂巾"，此均为浑言指黑色头巾。

由于"苍"表黑色不典型，所以其使用范围并不广。

"苍"表黑色，多用于形容动物毛色。如以上所提"苍蝇""苍鹰"，还有"苍狗"。唐杜甫《可叹》："天上浮云似白衣，斯须改变如苍

---

[1]　详参《中国保护动物图鉴》"苍鹰"图。（第26页）

狗。"①"白衣"对应"苍狗",表明事物变化无常,"白"对应"苍",苍表黑义,喻指变化之大。明屠隆《昙花记·严公冤对》:"[前腔]昔彭生枉死,黑豕人啼,如意酖亡,苍狗昼现。"②"黑豕""苍狗"均为不祥之征,中国古人认为黑色象征着死亡,所以"黑豕""苍狗"也因色黑成为不祥物。

也可用于形容头巾黑色,如上例"苍头"。

苍字叠用时可用来描述天色灰黑。《文选·江淹〈杂体诗三十首〉》"太谷晦苍苍"李善注引《尔雅》郭璞曰:"苍苍,昏冥也。"张铣注:"苍苍,晚也。"(卷三十一,第四十页)李贺《追赋画江潭苑四首》:"吴苑晓苍苍,宫衣水溅黄。"王琦注:"苍苍,晓色。"(第105页)

"苍"还可和"黑"组成"苍黑"一词,表示纯度低、明度低的非纯黑色调。详见"苍黑"条。

《大词典》"苍"字下未将"黑色"列入义项,据以上诸例,应列入"黑色"义。

唐代起,"苍"又可表灰白色,多用于形容人的鬓发。《北齐书·询祖传》:"询祖初闻此言,实怀恐惧,见丈人苍苍在鬓,差以自安。"(第321页)杜甫《赠卫八处士》:"少壮能几时,鬓发各已苍。"仇兆鳌注:"陶潜诗:'鬓发各已白。'"③苍即灰白。

要之,"苍"可用来指绿色、蓝色、灰白色、黑色。一般情况下,描述植物时表示绿色,描述天色时表示蓝色。描述须发时表示灰白色,描述动物毛色、头巾时表示黑色。与其他颜色词并用,前置时,苍表示纯度低、明度低的非纯黑色调。

由"苍"为语素构成的表黑合成词:

[**苍黑**] 纯度低、明度低的非纯黑色。《大词典》此词条古文献例只引举《晋书》和苏轼作品文例。事实上,经查考文献,该词产生于春秋后期到战国末期,后多有使用。《山海经·西山经》:"有兽焉,其状如牛,而苍黑大目,其状曰掌。"(卷二,第九页)又《海内南经》:"兕在舜葬东,湘水南,其状如牛,苍黑,一角。"(卷十,第三页)《汉书·天

---

① 《杜诗详注》,第1830页。

② (明)毛晋:《六十种曲》第六册,海南国际新闻出版中心(《传世藏书》本)1997年版,第1949、1950页。

③ 《杜诗详注》,第512、513页。

文志》：“枉矢，状类大流星，蛇行而仓黑，望如有毛目然。”（第 1293 页）

2. 秬（巨）

“秬”表黑义源于植物黑黍。秬，本指黑黍，为古代粮食作物的优良品种之一。《诗·大雅·生民》：“诞降嘉种，维秬维秠，维穈维芑。”毛传：“秬，黑黍也。”（第 1257 页下、1258 页上）《尔雅·释草》：“秬，黑黍。”（第 267 页上）《吕氏春秋·本味》：“饭之美者，玄山之禾，不周之粟，阳山之穄，南海之秬。”（第 104 页下）《管子·地员》：“其种大秬、细秬，黑茎青秀。”尹知章注：“秬，黑黍。”（第 1132 页）

春秋战国时从其色黑中抽绎出黑色，但只限用于形容黍类。《左传·昭公四年》：“其藏之也，黑牡秬黍，以享司寒。”（第 1377 页上）王引之《经义述闻·尔雅下·芑白苗秬黑黍》引此，解作：“秬亦黑也”，同时引《山海经·大荒南经》“维宜芑芑，穋杨是食”，认为“芑与秬同”。并引《素问·五常政大论》“少阳在泉，其谷苍丹。阳明在泉，其谷丹素。大阳在泉，其谷黅秬。厥阴在泉，其谷苍赤。少阴在泉，其谷白丹。太阳在泉，其穀黅秬”，认为“是古谓黑为秬也”。（第 664 页上）《风俗通·桃梗，苇茭，画虎》：“古者日在北陆而藏；冰，深山穷谷其藏之也，黑牡秬黍以享司寒，其出之也。”（第 200 页）秬对应黑，表黑义。清吴其濬《植物名实图考·谷类·黍》：“黍，《别录》：‘中品有丹黍黑黍及白黄数种。……丹黍、秬黍，北方亦种之，而黄白者用广。’”（第 119 页下）黑黍即秬黍。

秬从禾巨声，秬、巨音同，所以巨也偶借作秬，表黑色，专用于形容黍色。《孟子·梁惠王下》孙奭在对本章句疏解中提到：“本起于黄钟之长，以子谷巨黍中者，子谷，谷子在地，即黑黍。”（第 35 页下）清吴文镕《冰嬉赋》：“享司寒则黑牡巨黍之陈，纳凌阴则穷谷深山之适。”①

要之，颜色词“秬”取义自黑黍，抽象化程度低，只限于修饰黍类。

3. 漆（桼）

“漆”表黑义源于植物漆树之可做黑色涂料的汁液。据文献记载，

---

① （清）吴养原编《吴文节公遗集》，文海出版社（《近代中国史料丛刊》本），1973 年版，第 1959 页。

"漆"并非单独指一种木本植物，以"漆"命名的有三种植物、一种矿物：

（1）植物。明冯复京《六家诗名物疏·定之方中篇》"漆"字时引《本草图经》云："木高二三丈，皮白，叶似椿，花似槐，子若牛李，木心黄。"（第 180 页上）清姚炳《诗识名解·木部》对《诗经》同篇"漆"的产地进行了说明："出汉中山谷及峡，严歙州皆有之。"（第 512 页）

（2）植物。《诗识名解·木部》又记录了另一种"漆"："今广南又有漆树，似小榠而大，六月取汁漆物，黄泽如金，又是一种。"（第 512 页）

（3）一种不明植物，海漆。清陈大章《诗传名物集览·椅桐梓漆》又记录了海漆："又《广舆记》：'琼州有海漆，出海上，花似芍药，曰倒黏子，浸为膏，可代柿漆。'"（第 291 页）

（4）矿物，石漆。也即今所谓石油。因其色黑，因命之以漆。《后汉书·郡国志·酒泉郡》"延寿"县下注："《博物记》曰：'县南有山，石出泉水，大如筥篚，注地为沟。其水有肥，如煮肉洎，羡羡永永，如石凝膏，然之极明，不可食，县人谓之石漆。'"（第 3521 页）唐李吉甫《元和郡县图志·陇右道·肃州·玉门县》："（肃州玉门县）石脂水，在县东南一百八十里。泉有苔如肥肉，燃之极明，水上有黑脂，人以草蘸取用，涂鸱夷酒囊及膏车。"（第 1025 页）

作为植物的第一种漆，当为古时漆涂料的主要物质材料。

语言中的"漆"字，本指漆水名。《说文·水部》："漆，水。出右扶风杜陵岐山，东入渭。一曰入洛。从水桼声。"（第 225 页下）

桼字，本指漆树汁。"桼"字形表示木汁。《说文·桼部》："桼，木汁。可以髤物。象形。桼如水滴而下。"（第 128 页下）马叙伦六书疏证认为："从木象形"，"桼从木水声"，"桼为木汁，故即得声于水"。[①]

从现有文献看，漆表"漆树汁"义，使用频率远远高于桼。这是由古人的认知和通俗解读决定的。认为桼树汁为液体，故以漆字作为正字。清姚炳《诗识名解·木部》解《诗·鄘风·定之方中》"椅桐梓漆"中"漆"字："漆本作桼，从水者，乃雍州水名。然诗书每通用，罕作桼者，

疑因取汁之义，故亦从水为漆。"（第 512 页）

　　后漆取代桼，表示漆树汁，《说文·桼部》"桼"字段玉裁注："《诗》、《书》'梓桼'、'桼丝'皆作'漆'，俗以今字易之也。《周礼·载师》：'桼林之征，二十而五。'大郑曰：'故书桼林为漆林。'杜子春云：'当为桼林。'是则汉人分别二字之严。今注疏讹舛，为正之如此。《周礼·巾车》注'髤、桼'字皆作桼，不作漆。"（第 276 页上）《说文·桼部》"桼"马叙伦六书疏证："《急就篇》作'漆'，盖传写以通俗增水旁。"（卷十二，第二一、二二页）

　　古人使用漆树汁做黑色涂料由来已久，文献中单独出现的漆往往即指黑漆。春秋战国始，"漆"已表黑义。《周礼·春官·巾车》"漆车，藩蔽"郑玄注："漆车，黑车也。"贾公彦疏："知漆是黑者，凡漆不言色者，皆黑。且大夫所乘黑车及纂缦之饰，直得黑名，是凡车皆黑漆也。"（第 851 页上）《六家诗名物疏·定之方中篇》同时又引蜀本注云："上等清漆色黑如璧，若铁石者好，黄嫩若蜂窠者不佳。"（第 180 页上）

　　漆字表黑义始终处于抽象化的初期，黑义中还包含着"漆"这种名物的特点。《宋书·后废帝纪》："初昱在东宫，年五六岁时，始就书学，而惰业好嬉戏，主帅不能禁。好缘漆帐竿，去地丈余，如此者半食久，乃下。"（第 188 页）《资治通鉴·唐高祖武德元年》："萧后与宫人撤漆床板为小棺，与赵王杲同殡于西院流珠堂。"（第 5782 页）《宋史·舆服志·诸臣服上》："进贤冠以漆布为之，上缕纸为额花，金涂银铜饰，后有纳言。"（第 3558 页）"漆帐竿""漆床板""漆布"义分别为黑色（漆）帐竿、黑色（漆）床板、黑色（漆）布。从其语义中还可找寻到其物质材料。这是颜色词抽象过程中的初始阶段的一种真实反映。

　　漆树汁液所成涂料色纯黑而亮，《急就篇》卷三："革轙髤漆油黑苍。"颜师古注："髤漆者，以漆漆之；油者，以油油之；皆所以为光色而御尘泥，其色或黑或苍，故云黑苍也。"（第 228、229 页）所以古人常用"漆"来形容有光泽的纯黑色事物或颜色纯正的黑色事物，这也成为漆"黑色义"的语义特点之一。《诗·唐风·蟋蟀》"蟋蟀在堂"陆玑疏："蟋蟀似蝗而小，正黑有光泽如漆，有角翅。"[1]"泽如漆"即是漆色光亮的映证。又如"漆瞳"，唐黄涛《灵山塑北方毗沙门天王碑》"铁须

---

①　（三国吴）陆玑：《毛诗草木鸟兽虫鱼疏》，第 59 页。

卓坚，漆瞳曝昳，捧足神俯，持剑将列。"①② 唐高适《奉和李泰和鹘赋》："貌耿介以凌霜，目精明而点漆。"③ 用"点漆"形容"目睛明"，即黑亮。宋苏轼《云师无著自金陵来见予广陵且遗予支遁鹰马图、将归以诗送之、且还其画》："玉骨犹寒富贵余，漆瞳已照人天上。"④ 元张宪《古乐府·房中思》："红象作小梳，髻龙盘漆发。"⑤ 清吴景旭《历代诗话·明诗·宣庙器》："墨欲黑，古墨色光如漆，浓不湮沁，淡不脱神，今其法不可得。"（下册，第232页下）"古墨色光如漆"即如漆般即黑且亮。"所有简牍，都是用墨笔书写，没有刻字的。古人有'漆书'之说，前人已指出'漆'是指墨色黑而有光，并不是用漆写字。"⑥ 以上"漆"均表有光泽的纯黑色义。

《释名·释车》："墨车，漆之正黑。无文饰，大夫所乘也。"（第1091页上）"漆之正黑"即漆涂后色正黑。清厉鹗《宋诗纪事·宋初谣·宋时谚》："凤州三出手柳酒，宣州四出漆栗笔蜜。"（第2357页）以上"漆"表纯黑色义。

"漆"除表示无彩色系列的黑外，还可用来修饰明度极低近黑的有彩色系列之色。如漆绿，表深黑色绿。陶宗仪《南村辍耕录·写像诀》："柏枝绿，用枝条绿入漆绿合。"（卷十一，第三页）

要之，颜色词"漆"本为水名，借表桼树，由桼树汁为黑引申出黑义，表示色纯黑而有光泽之色。抽象化程度低，限于修饰漆饰物、似漆物。也可以用于置于其他颜色词前，表示明度极低近黑的颜色。

由"漆"为语素构成的表黑合成词：

[漆黑] "漆黑"一词由"表示用漆涂黑"的动词短语转化而来。汉刘向《说苑·反质》："尧释天下，舜受之作，为食器，斩木而裁之，销铜铁修其刃，犹漆黑之以为器，诸侯侈国之不服者十有三。"（卷二十，

① （唐）黄涛著《莆阳黄御史集·碑铭》，商务印书馆（《丛书集成初编》本）1936年版，第288页。

② 《大词典》"漆瞳"一词只举宋苏轼诗一例，现查考，较早文献记载为唐代。详见《大词典》第六卷，第67页。

③ 《全唐文》，第3622页下。

④ 《全宋诗》，第9363页。

⑤ （元）张宪：《玉笥集》，商务印书馆（《丛书集成初编》本）1935年版，第35页。

⑥ 李学勤：《古文字学初阶》，中华书局2003年版，第63页。

第九页）此处"漆黑"即表"用漆涂黑"。

文献中有多例"黑如漆"之例。《陈书·张贵妃传》："而张贵妃发长七尺，鬒黑如漆，其光可鉴。特聪惠，有神采，进止闲暇，容色端丽。"（第 132 页）唐段成式《酉阳杂俎·前集·境异》："木耳夷，人黑如漆，小寒则掊沙自处，但出其面。"（第 591 页）宋代唐慎微《重修政和证类本草·虫部下品·乌蛇》："（乌蛇）背有三棱，色黑如漆，性善不噬物。"（卷二十二，第二十八页）

"黑如漆"的语言简化结果为即是"漆黑"。即是借用"用漆涂黑"的语词形式表达"黑如漆"的语义。"漆黑"成为偏正式合成词。与"乌黑"不同在于，"乌黑"之"乌"已完全抽象为颜色词，而"漆黑"之"漆"则仍处于涂料漆的名物词状态。

"黑甚曰漆黑"① 可用于表示程度很深的黑色，也可用于表示光线不明、微弱的黑闇，即明度极低的黑。文献记录较早出现于唐代，唐孙樵《祭梓潼帝君文》："今于张君信有灵云，会昌五年，夜跻此山，冻雨如泣，滑不可陟，满眼漆黑，索途不得，跛马愠仆，前仆后踣。"② 宋绍隆《圆悟佛果禅师语录》卷二十："景元侍者请赞：生平只说聱头禅。撞着聱头如铁壁。脱却罗笼截脚根。大地撮来墨漆黑。"（《诸宗部 T47》，p. 808.1）

也可表示纯度极高的黑，纯黑。且黑中带有漆的光泽。唐韩愈《殿中少监马君墓志》："姆抱幼子立侧，眉眼如画，发漆黑，肌肉玉雪可念，殿中君也。"③ 唐阙名《旌表门闾令式奏》："柱端安瓦桶漆黑，号乌头。"④ 元周伯琦《天马行应制作·并序》："至正二年岁壬午七月十有八日，西域拂郎国遣使献马一匹，高八尺三寸，修如其数而加半，色漆黑，后二蹄白，曲项昂首，神俊超逸，视他西域马可称者，皆在髃下。"⑤ 明冯时可《雨航杂录》卷上："《楚志》称百岁杨不知何许人，常往来太和

---

① 《土风录·漆黑》："黑甚曰漆黑。见东坡《赠潘谷诗》：'布衫漆黑手如龟。'俗呼如测黑，声之变也。"详见《明清俗语辞书集成》第一册，上海古籍出版社 1989 年版，第 274 页。

② 《全唐文》，第 8341 页上。

③ 《全唐文》，第 5705 页上。

④ （清）陆心源纂辑，陈尚君校订《唐文拾遗》，海南国际新闻出版中心（《传世藏书》本），1997 年版，第 535 页。

⑤ 《元诗选》初集三，第 1864 页。

及荆襄间，人有见之，四十年前发已二毛，今更漆黑，口皆龃齿，似重生者。"① 明清时期《平岔·太平年儿》："舡头上站着一个小女孩，那个女孩他会顽，身穿一件素罗衫，漆黑的头发挽着水鬏，鬏上带上妙常冠。"②

[**漆漆**] 经查考文献，仅清代作品一见：清蒲松龄《聊斋志异·查牙山洞》："底际一窦，蛇行始可入，烛之，漆漆然闇深不测。"（第 1830页）"漆漆"叠用，表示黑的程度深。漆漆常出现在"黑漆漆"一词中，详见"黑"义条下"黑漆漆"。

4. 皂（皁、草）

"皂"表黑义源于能作黑色染料的植物果实皂斗。皂本指皂斗，栎树果实，为黑色染料。皂斗树也即《说文》中的"栩"。《说文·木部》："栩，柔也。从木羽声。其皁，一曰样。"（第 116 页上）《尔雅·释木》："栩，杼。"郭璞注："柞树。"（第 300 页上）柞树，栎属壳斗科植物，其果实是我国古代主要的黑色染料植物。《诗·唐风·鸨羽》"集于苞栩"陆玑疏："栩今柞、栎也。徐州谓栎为杼，或谓之栩，其子为皂，或言皂斗。其壳为汁，可以染皂。今京洛及河内多言杼斗，或云橡斗。读栎为杼，五方通语也。"③ 栎树果实皂斗（又名橡斗、柞栗、橡栗）④ 含鞣质，与亚铁盐与高铁盐相反应会生成深黑色的化合物。古人将皂斗破碎用水抽取鞣质，加入媒染剂可染黑。媒染剂可以是绿矾（即涅），也可以是一种含铁质或腐殖质的塘泥，经过浸泡和空气氧化即可。今天仍有少数民族用植物染料初染织物后放入泥里放置一段时间后染出黑色织物。⑤

皂，作为植物栎树果实皂斗，本写作草。甲骨文、金文中无"皂"，有"草"。《说文》无"皂"，有"草"。《说文·艸部》："草，草斗，栎实也。一曰象斗子。从艸早声。"（第 27 页上）草之言草，义源自早。《释名·释采帛》："皂，早也，日未出时，早起视物皆黑，此色如之也。"（第 1057 页上）由《释名》得之，"早"表"日未出时"，日未出时，天

---

① 《笔记小说大观》第四编第五册，新兴书局有限公司，1978 年版，第 2837 页。

② 《明清民歌时调集》，上海古籍出版社 1987 年版，第 412 页。

③ （三国吴）陆玑：《毛诗草木鸟兽虫鱼疏》，第 28 页。

④ 详参赵匡华、周嘉华著《中国科学技术史》（化学卷），第 626、627 页。

⑤ 详参陈维稷主编《中国纺织科学技术史（古代部分）》，科学出版社 1984 年版，第88 页。

空当为铅黑色，当人们发现栎树果实能够作为黑色染料后，就将"早"所代表"灰黑"天色用来表示这种颜色。并用艸旁加以分化，表明其类属植物。徐铉在《说文·艸部》"草"字下曰："今俗以此为艸木之艸，别作皁字，为黑色之皁。案：栎实可以染帛，为黑色，故曰草。通用为草栈字。今俗书皁或从白从十，或从白从七，皆无意义，无以下笔。"（第27页上）"栎实可以染帛，为黑色"，原作"草"，明矣。但由于草久借作表艸木之"艸"字，久借不归，后取代"艸"字成为表"草本植物总称"的正字。于是"草斗"在文献中稀见，而其源于早的"灰黑色"义也隐而不见，其"灰黑色"义也未能够得到进一步发展。

徐铉认为，皁、皂表黑色之义皆语出无据。事实上，皁是"早"的又一分化字。皂为皁字传写过程中的形讹字，久之，取代皁字，成为正字。《诗·小雅·大田》："既方既皁，既坚既好，不稂不莠。"毛亨传："实未坚者曰皁。"郑玄笺："谓孚甲始生而未合时也。"（第993页上）毛传的"皁"表示孚甲刚生长出来还不到（成熟）时候。《说文·日部》："早，晨也，从日在甲上。"（第137页下）段玉裁注："晨者早，昧爽也。二字互训。引申为凡争先之称。《周礼·大司徒》'早物'，假早为草。甲象人头，在其上则早之意也。"（第302页下）早由晨而生"初始义"，"皁"的"实未坚"即"孚甲始生而未合时"义。指称植物处于"始生"状态。

由于"皁"源于"早"，所以早的一些特征也为皁所吸收。上所举《释名·释采帛》所言"皂，早也，日未出时，早起视物皆黑，此色如之也"例，即可证明，皂从早的语义特征中继承了其表"（天色）黑"的特征。《释名》对皂、早的语源进行了揭示，早晨太阳未出之时，由于光线较弱，所以"视物发黑"，但此"黑"并非为纯黑，而只是较常色明度闇了许多，视觉上感受为物体变黑了。从"皂"所染色来看，其色为纯度不高、明度较闇的灰黑色，并非纯黑。与"早"时所观物色相近。

那么，"皂"取代"草"，表示植物染料是什么时候出现的呢？从《释名》对"皂"的解释中可见，至迟到汉代时皂就已取代"草"，表示植物染料。

《广雅·释器》："皁，黑也。"王念孙疏证："《说文》作'草'，俗作'皁'。"（第272页下、273页上）古人从植物染料"皁斗"可以染黑中抽象出黑义。初主要用于表示织物颜色，且多用于表示官吏服色。这是由于秦尚黑，汉沿秦制。官吏服饰当为黑色服饰，而当时主要的黑色染料为皂斗，故而皂衣往往还表示官职。

《汉书·谷永传》："永奏书谢凤曰：'永斗筲之材，质薄学朽，无一日之雅，左右之介，将军说其狂言，擢之皂衣之吏，厕之争臣之末，不听浸润之谮，不食肤受之诉，虽齐桓晋文用士笃密，察父恶兄覆育子弟，诚无以加！'"（第3454、3455页）此"皂衣"代指一种官职。《汉书·萧望之传》："敝备皂衣二十余年，尝闻罪人赎矣，未闻盗贼起也。"如淳注："虽有五时服，至朝皆著皂衣。"（第3277、3278页）

皂的"黑色"义由于产生于黑色植物染料，所以其后来发展为所使用范围主要集中于织物色，包括服色、旗帜色，偶见描述皮革色。

皂游：《史记·秦本纪》："帝舜曰：'咨尔费，赞禹功，其赐尔皂游。'"司马贞索隐："游音旒。谓赐以皂色旌旆之旒，色与玄玉色副，言其大功成也。"（第173、174页）

皂巾：《魏书·西域康国传》："其王索发，冠七宝金花，衣绫、罗、锦、绣、白叠；其妻有髻，幪以皂巾。"（第2281页）《晋书·刑法志》："传曰'三皇设言而民不违，五帝画像而民知禁'，则《书》所谓'象以典刑，流宥五刑，鞭作官刑，扑作教刑'者也。然则犯黥者皂其巾，犯劓者丹其服，犯膑者墨其体，犯宫者杂其屦，大辟之罪，殊刑之极，布其衣裾而无领缘，投之于市，与众弃之。"（第917页）《酉阳杂俎·黥》引《尚书大传》："虞舜象刑，犯墨者皂巾。"（第616页）《太平广记·妖妄·邺城人》："忽逢一妪，年可五十余，而作白妆，漫糊可畏，以皂巾抹头。"（第三册，第157页上）

皂衫：《宋史·舆服志·士庶人服》："进士则幞头、襕衫、带，处士则幞头、皂衫、带。"（第3577页）

皂皮：《宋史·舆服志·诸臣服上》："宋初之制，进贤五梁冠：……白绫袜，皂皮履。"（第3550页）《元史·舆服志一》："五品以下以乌犀。并八胯，鞓用朱革。靴，以皂皮为之。"（第1939页）

皂靴：《元史·礼乐志五》："乐正副四人，舒脚幞头，紫罗公服，乌角带，木笏，皂靴。"（第1765页）

偶用于描述动物色，如：皂雕：指羽毛大面积黑色的雕。[①] 唐王昌龄

---

① 参见李海霞《汉语动物命名考释》，第228页。

《城傍曲》："邯郸饮来酒未消，城北原平掣皂雕。"① 皁鲢：清厉荃《事物异名录·水族·鳙》："〔鳙〕一名鳡鱼，俗呼皁鲢。"（第 211 页上）

　　皁、皂字形相近，乃字形传写过程中的笔画变易，其与早字形相近。早，上古精母幽部字，皂（皁）上古从母幽部字，精母、从母古均属齿音，韵母相同，二字语音相近，音近义通，有同源特征。皂（皁）、早还有通用的现象。宋蒋捷《解佩令·春》："春晴也好。春阴也好。著些儿、春雨越好。春雨如丝，绣出花枝红袅。怎禁他、孟婆合皂。"② 皂通早。皂雕，宋陆佃《埤雅·释鸟·雕》作"早雕"。（第 150 页）早通皂。

　　"草"与"早"也同为一源，草，上古清母幽部字，早，上古精母幽部字，声母精、清只有送气不送气之分，韵部相同。字形方面二者只是"草"多了区别符号"艸"旁，也可见二者语源关系之近。朱骏声《说文通训定声》将草归入早部，并云："早二名，凡早之派，皆衍早声。"（第 278 页下）

　　虽然"皂（皁）""草"其各自语义产生途径不同，但均可表示植物染料"皂斗"，语义中均含有黑义。后"皂"取代"草"表示皂斗，又进而从皂斗可作为黑色染料中抽象出"黑色"义。草则代替艸，表示"百卉"类草本植物，其本义"皂斗"义渐隐，其源于"早"的天色黑义更为后人不识。

　　要之，"皁""皂""草"均为早的天色"灰黑色"抽象为灰黑色的文字符号。"皂（皁）"本源于"早"的"初始义"，后又由"早"包含的"黑色"义中也相应引申出"黑色"义，用于指黑色植物染料，并进而抽象为"黑色"义。"皂"表黑色时，多用于描述织物颜色，偶可用于描述动物毛色。其黑色特征为：明度较低，纯度不高。

5. 黮

　　"黮"表黑源于植物果实桑葚。桑葚，为桑树果实，成熟时为黑紫色。桑葚，或作黮、或作葚、或作椹。这是由不同的认知决定的，"黮"取其色黑，"葚""椹"是对其物质属性为草本还是木本的不同认识的产物。《说文·黑部》："黮，桑葚之黑也。从黑甚声。"（第 211 页下）《六

书故·植物四》"菌蕈葚"条下："桑实本谓之黮，取其熟而紫黑也，亦作椹，今人以草牙之卷者为蕈。"（第458页上）《诗经》中就出现了葚、黮并存的现象。《诗·卫风·氓》："桑之未落，其叶沃若。于嗟鸠兮，无食桑葚。"（第271页下）《诗·鲁颂·泮水》："翩彼飞鸮，集于泮林。食我桑黮，怀我好音。"（第1653页上）清徐鼎《毛诗名物图说·木上·桑》："愚按：桑实为葚，荆桑多椹，鲁桑少椹，又有白黑二种，《泮水》诗作'黮'，并同。"（第646页下）

魏晋时由"桑葚黑"义抽象出黑色义。《广雅·释器》："黮，黑也。"（第272页下）

主要用于指人的肤色黑。《孔子家语·辩乐》："丘迨得其为人矣，近黮而黑，颀然长，旷如望羊，奄有四方，非文王其孰能为此？"王肃注："黮，黑貌。"（第88页上）表示肤色黑时，常与表"黑色"的黎（棃、黧）连文，《说文·木部》"棃"字朱骏声《说文通训定声》："《通俗文》：'斑黑谓之棃黮。'"（第588页下）西晋竺法护译《正法华经·应时品》："自见吾我，颜色黧黮。"（《法华，华严部T9》，p.79.2）唐玄奘等著《大唐西域记·乌茶国》："气序温暑，风俗犷烈，人貌魁梧，容色釐黮，言辞风调，异中印度。"（第812页）① 此处的"釐黮"之"釐"为"黧"之记音词。

可形容服色黑。宋王明清《挥麈后录》卷十一："适康国翌日再造，有黮袍后生武士复在焉。"（第3746页）

语义进一步抽象，表示深黑色，可用于指其他物体颜色。《文选·左思〈魏都赋〉》"榱题黮黮"李善注："言橡头黮黮而深黑色，谓染之然也。"（卷六，第十一页）清王衡《游盘山记》："越数岭倏陡，下俯瞰巨谷，窅然深黮，百谷之缕纷出而缪聚于此。"②

"黮"叠用时，表示黑色加深。《文选·束皙〈补亡诗〉》："黮黮重云，习习和风。"李善注："黮黮，黑貌。"（卷十九，第二十三页）清胡

---

① 此处"釐黮"应作"黧黮"。据季羡林校注的《大唐西域记》所作校勘："《石本》《宋本》《资福本》《明南本》《明北本》《径山本》及《音释》釐并作黧。《慧琳音义》作黧云：'俗字也，亦作釐。'"（第812、813页）笔者按：黧、黮二字皆作黑义讲，作"釐"无义，黧当为正字。

② （清）蒋溥：《盘山志·艺文志·赋》，台湾商务印书馆（《景印文渊阁四库全书》本）1986年版，第253页上。

文英《吴下方言考·真韵》引《黄帝内经》"黮黮"认为:"黮黮,深黑貌。字从甚黑。吴中谓深黑色曰黑黮黮。"(第143页)

由深黑色又可引申为意识不明、不清。《春秋繁露·深察名号》:"故凡百讥有黮黮者,各反其真,则黮黮者还昭昭耳。"(第290页)

还可引申用来表示云气浓黑,表此义时又写作黮、黮、霮、霮。常与"黪(霸)、黗"等其他黑义词连用。郑珍《说文新附考》卷五:"霸,黮霸,云黑貌,从雨对声,徒对切。"(第222页)《文选·何晏〈景福殿赋〉》:"绵蛮黮霸。"李善注:"黮霸,黑貌。"(卷十一,第三十四页)《文选·王逸〈鲁灵光殿赋〉》"欻欻幽蔼,云覆霮霸,洞杳冥兮"李善注:"皆幽邃之貌。"(卷十一,第二十九页)《玉篇·雨部》:"霮霸,云貌。"(第94页上)《龙龛手镜·黑部》:"黮黮黮,徒感反。云黑也。"(第532页)另外,黮常与黗、黯连用成词,表示深黑不明。详见"黗黮""黯黮"条下。

要之,颜色词"黮"取义于植物果实桑葚,魏晋时抽象出颜色义。通常表深黑色,用于修饰人的肤色、服色,物色。叠用时,表示黑色加深,也引申表示意识不明、不清。还可引申用来表示云气黑浓。

由"黮"为语素构成的表黑合成词:

[黮闇] 黮,表深黑色,闇表光线不明,黮闇指黑闇无光。战国时期就已出现。《大词典》"黑闇;没有光"义下只举宋陆游《入蜀记》古文献一例,现提前书证并补例。《庄子·齐物论》:"我与若不能相知也,则人固受其黮闇。吾谁使正之?"(第107页)此处"黮闇"喻心智不明。一般来说,基本义的产生要早于比喻义,证明"黮闇"一词表黑闇无光出现得还要更早些。后代也多有用例。明曹学佺《蜀中广记·名胜记·巫山县》载《入蜀记》云:"二十三夜泊清水洞,洞极深,后门自山背出。色黮闇,水流其中,鲜能入者。"(第272页上)《吴下方言考·翰韵》"黮闇"条:"黮闇,不明也。吴谚谓将黑为黮闇。"(第281页)

6. 黔

"黔"表"黑"义源于植物黑木。黔,本义当为黑木。《说文·黑部》:"黔,黑木也。丹阳有黔县。"(第211页下)朱骏声《说文通训定声》:"《周书·王会》'夷用闟木'注:'生水中,色黑而光,其坚若铁。'又崔豹《古今注》:'乌文木,出波斯国,树高七八丈,色正黑,如

水牛角。'皆黟木类也。"（第 491 页上）①

黟与从殹声字音近同源。从殹之字多表黑，详见"黳"字下。《集韵·齐韵》："黟，《说文》：'黑木也。丹阳有黟县。'或作𣯧。"（第 203 页）《六书故·天文下》："黟，烟奚切，又于夷切，漆色黑而泽也。字亦作黳。"（第 30 页下）

黟字本指黑木，文献中又多用作地名，黟县。对于其地名来历，古人曾做过分析和推测。唐李吉甫《元和郡县志·江南道·歙州·黝县》："本汉旧县，理在黝川，因以为名，属丹阳郡。隋平陈，省入休宁县。十一年复置，隶宣州，十二年改隶歙州。按县南有墨岭，出墨石。又昔贡柿心木，县由此得名。《说文》'黟'旁'多'，后传误遂写'黝'。"（第 678 页）朱骏声也承此说。② 对于其命名，无论源自墨石还是源自柿心黑木，二者都与黑义有关。该县之命名为黟，当由黑义而来。黟作县名又可写作黝、黟，即又是一明证。③ 黝、黟表黑，黟也当表黑。

魏晋时"黟"由黑木中抽象出黑义。《广雅·释器》："黟，黑也。"（第 272 页下）多用于形容墨、砚、石等实物。用于形容墨、砚、石等物时，黟色当为深黑色，且有光泽。宋米芾《砚史·夔州黟石砚》："色黑，理干，间有墨点，如墨玉光。发墨不乏。"（第 4、5 页）"黟石砚"如"墨玉光"，深黑而有光泽。清于敏中等校订《西清砚谱·石之属·御制题宋宣和梁苑雕龙砚》："懋勤殿旧庋砚一圭角半刓矣，古色黟然，铭小篆文，语甚大。"（第 282 页上）清倪涛《六艺之一录·石刻文字·宋王象之舆地碑目·十三年立》："灵仙观碑，张编云：兴国七年，舒州怀宁县有老僧，诣万寿山取宝，掘得黟石，刻志公记。"（第 175 页下、176 页上）

也可用于指头发黑亮。唐张读《宣室志》卷五："自是逸人听视聪明，状貌愈少，而发之秃者尽黟然而长矣，其齿之堕者亦骈然而生矣。"（第 1021 页）

---

① 黟又作𣯧，𣯧当视作黟的后起分化字，用来表示黑木。这反映了文字发展过程中趋同和类化的规律。由语音相近逐渐显性化为形近，文字的表意功能渐趋增强。

② 参见朱骏声《说文通训定声》，中华书局 1984 年版，第 491 页上

③ 《广韵·脂韵》："黝，于脂切，县名。……黟，于脂切，同上（黝）。"（第 56 页）《集韵·脂韵》："黟黝黟，县名，在丹阳。一曰黑水。或作黝、黟。"（第 100 页）《类篇·黑部》："黟黟，于夷切。县名，在丹阳。一曰黑木。或作黟。"（第 372 页下）

也可用来形容肤色黑。明高濂《遵生八笺·破幻章》："为枯槁黟然如黑者，星星矣，一旦忘形弃质，同于臭腐，虽亲于妻子亦掩鼻而不敢近，睥睨而不敢视，禽兽不若也。"（第 597 页下）用于形容肤色黑时，黟色当非指纯黑，而指浅黑色。清魏之秀《续名医类案·暑》："更进，少顷，黑色退而为黟，薄暮色如羊肝。诘朝但微紫，于是加补剂，五日始张目能言，逾日如故。"（第 93 页上）"黑色退而为黟"即黟色浅于黑。

"黟"词义进一步抽象，光泽义消失，表黑。可用于形容他物。宋黄庭坚《午寝》："目昏生黟花，耳瞆喧鼓鼙。"[1] 宋赵彦卫《云麓漫钞》卷二："一堂五室，中室置五世祖，东二昭，西二穆，夫人并。袝屋九架，厦两间，饰以黟垩。"（第 55 页）明夏时正《二卿祠堂记》："乃独水火其土木偶，而绸缪其牖户，汛洁其丑秽，正其唐涂，饬其湮漫黯黟，斥其非度者，琢美木为二公之主。"[2]

由"视觉"源域的"黑"经隐喻机制投射到"心理感受"目标域时产生了相似的联想，生发出新义"心智不明"义。宋郑獬《还汪正夫山阳小集》："今复夺去心黟黟，室中斗觉无光辉。"[3] "黟黟"义同"黟"，由源域"视觉黑"又经隐喻机制投射到感觉域，生发出"植物败枯"的联想义，于是"黟黟"又可喻指生物的萧条。明孙一奎《赤水玄珠·原痘》："余思其繇，天地之气，春夏生养之纪也，其物熙熙。秋冬杀戮之纪也，其物黟黟。"（第 1004 页）

要之，颜色词"黟"取义自黑木，魏晋时期抽象为颜色词，用于修饰黑、砚、石、头发时，语义特点为黑而发亮；修饰面色时，表浅黑色。语义进一步抽象为黑，又经相似联想、隐喻机制等认知过程产生了心智不明，生物萧条义。

由"黟"为语素构成的表黑合成词：

[黟黑] 指黑而有光泽也。其光泽义是在"黟"的"光泽"义的特征上发展而来的。宋时出现。黟黑为偏正式复合词，即"如黟般地黑"。宋曹士冕《法帖谱系·杂说上·二王府帖》："元佑中亲贤宅从禁中借板墨百本，分遗宫僚，但用潘谷墨，光辉有余而不甚黟黑，又多木横裂纹，

----

① 《山谷集》，第 782 页下。

② 《吴中金石新编》，台湾商务印书馆（《景印文渊阁四库全书》本）1986 年版，第 178 页下。

③ 《全宋诗》，第 6841 页。

士大夫不能尽别也。"（第 2 页）宋黄庭坚《与载熙书》："前辱载熙书勤重累纸，并手作珍墨，煤细质坚，色黟黑，几兼前辈之妙，不独今士大夫好事之比也。"[1] 明汪砢玉《珊瑚网·法书题跋·有芒氏墨两碎金》："古人论墨之佳曰：轻坚黟黑，入砚无声。"（第 426 页下）清倪涛《六艺之一录·石刻文字·宋王象之舆地碑目·泸州碑记》："黄太史铭曰：'泸川之桂林有石黟黑，泸川之人不能有而富义有之，以为砚，则宜笔而受墨。'"（第 225 页上）

也有偶用于形容人皮肤黑而有光泽之例。黄庭坚《非熊墓铭》："（非熊）儿时黟黑腯肥，甚可念。"[2]

《大词典》释作"黑貌"，未能揭示其有光泽的语义特点，且其所举证仅为元末明初陶宗仪《辍耕录·淳化阁帖》一例，书证较晚。现重新正义、补例。

7. 绿

"绿"本指帛青黄色。《说文·糸部》："绿，帛青黄色也。"（第 273 页下）周时产生了颜色义"绿"。《诗·邶风·绿衣》："绿兮衣兮，绿衣黄里。"孔颖达疏："绿，苍黄之间色。"（第 139 页上、下）《急就篇》卷二："缥綟绿纨皂紫硟"颜师古注："绿，青黄色也。"（第 120 页）

植物茂盛时颜色为绿色，因之，绿用来喻指"草木茂盛"义。《后汉书·边让传》："振弱支而纤绕兮，若绿繁之垂干，忽飘飘以轻逝兮，似鸾飞于天汉。"（第 2642 页）《西京杂记·梁孝王忘忧馆时豪七赋》："枚乘为《柳赋》：'……枝逶迟而含紫。叶萋萋而吐绿。'"（第 103 页）唐李冶《柳》："东风又染一年绿，楚客更伤千里春。"[3] 唐广宣《寺中柿树一蒂四颗咏应制》："当夏阴涵绿，临秋色变红。"[4]

南北朝时，"绿"产生了"黑"义，用于形容鬓发黑亮。"绿"表"黑"义是用"绿的茂盛义"比喻"头发的茂盛"。是从对两种不同事物的相似特点产生的相似联想作用而产生的认知。多出现在文学作品中。梁

---

① 《山谷集》，第 271 页上。

② 《山谷集》，第 631 页下。

③ 《全唐诗》，第 10039 页。

④ 《全唐诗》，第 9270 页。

吴均《和萧洗马子显古意诗六首》之一："绿鬓愁中改，红颜啼里灭。"[1]
白居易《闺妇》："斜凭绣床愁不动，红绡带缓绿鬟低。"[2] 宋陆游《清商
怨·葭萌驿作》："梦破南楼，绿云堆一枕。"[3] 也用来形容眉色黑。清蒲
松龄《聊斋志异·褚生》："低头转侧看弓鞋，强解绿蛾开笑靥。频将红
袖拭香腮，小心犹恐被人猜。"（第1600页）

　　要之，表黑颜色词"绿"是由"表绿的茂盛"义由隐喻机制产生的
"黑头发的茂盛"义，由此产生出"黑"义。南北朝时产生，多出现在文
学作品中。

七　源于自然现象词

1. 冥

　　"冥"表黑义源于日光幽闇，不明。冥本指日光幽闇，不明。《说
文·冥部》："冥，幽也。从日从六，冖声。日数十。十六日而月始亏幽
也。凡冥之属皆从冥。"（第141页上）段玉裁注："冖者，覆也，覆其上
则窈冥。"（第312页下）冖部，表示覆盖，"冥"字字形表示日即太阳光
被覆盖，于是此字形既可表示光线闇黑，又可表示夜的概念。即一字寓含
两义。《尔雅·释言》："晦，冥也。"邢昺疏："冥谓闇冥。"（第93页
上）《汉书·五行志下之上》："夷伯，世大夫，正昼雷，其庙独冥。"颜
师古注："冥，闇也。"（第1445页）《汉书·高帝纪上》"是时雷电晦
冥"颜师古注："晦冥皆谓闇也，言大雷电而云雾昼闇。"（第1、2页）
《文选·孙绰〈游天台山赋〉》"浑万象以冥观"李善注："冥，昧也，言
不显视也。"（卷十一，第十二页）以上"冥"表示光线不明，闇黑。

　　《诗·小雅·斯干》："哙哙其正，哕哕其冥，君子攸宁。"郑玄笺：
"正，昼也。……冥，夜也。"（第804页上）《周易·升卦》"冥升"陆
德明释文："冥，闇昧之义也，注同。又云日冥也。"（第107、108页）
《楚辞·天问》："冥昭瞢闇，谁能极之。"蒋骥注："冥昭，昼夜也。……

---

①　《先秦汉魏晋南北朝诗·梁诗》，第1746页。

②　《全唐诗》，第4947页。

③　《全宋词》，第2052页。

冥昭瞢闇，指昼夜未分时言。"① 《文选·王粲〈杂诗〉》"白日忽已冥"
吕向注："冥，暮也。"（卷二十九，第十八页）玄应《一切经音义》卷
十七"诸冥"注："冥，夜也，夜无所见也。"② 《类篇·冥部》："冥，夕
也。"（第 237 页下）

丶部俗又讹写作宀部，冥字俗又作宾，《慧琳音义》卷七十五"盲
冥"注："冥，经作宾，俗字。"（《事汇部 T54》，p. 793. 2）《干禄字书·
平声》："宾冥：上通下正。"（第 14 页）

冥由最初的表示光线闇黑，引申出幽远义、黑义。这是由人的认知感
受体验引发的引申义。古人对此已尝试揭示：《诗·小雅·斯干》"哕哕
其冥"孔颖达疏引孙炎曰："冥，深闇之窈也。"（第 804 页下）《说文·
穴部》："窈，深远也。从穴幼声。"（第 153 页上）《庄子·逍遥游》
"北③冥有鱼"陆德明释文引东方朔《十洲记》："水黑色，谓之冥海，无
风洪波百丈。"（第 1407 页）清徐文靖《管城硕记·天文考异》："《抱朴
子》曰：'宣夜之书亡，而郗萌记先师相传宣夜说，云：天体无质，仰而
瞻之，高远无极。譬远望黄山皆青，俯察千仞之谷而黝黑。夫青冥色黑，
非体也。'"（第 512 页）"青冥色黑"，是古人对冥、黑之间关系的揭示。

冥表光线闇黑是古人对光源色的认识。颜色分光色和物色。颜色是光
的折射、反射和吸收作用产生的光学现象。当没有光线或光线很少时，人
的视觉就会捕捉不到物体颜色，冥即表示这种由于光线不足而产生的视觉
黑闇现象。由冥构成的字往往表示此义。

瞑，闭目，视觉无法视物，黑。《说文·目部》："瞑，翕目也。从
目、冥，冥亦声。"（第 72 页下）瞑，闭目，闭目即无法感知光线，即视
觉黑。

螟，居于幽深光线黑闇处的昆虫。今俗称钻心虫。幼虫多营潜伏或钻
蛀生活，为我国稻麦的大害虫。④

宵，夜，黑闇无光。《说文·宀部》："宵，夜也。从宀，宀下冥也；
肖声。"（第 151 页上）《庄子·列御寇》："宵人之离外刑者，金木讯之；

---

① 　（清）蒋骥注《山带阁注楚辞》，第 68 页。

② 　（唐）玄应：《一切经音义》，安徽教育出版社（《中华汉语工具书书库》本）第 53 册，
第 9 页中。

③ 　按：释文作"比"，当作"北"。

④ 　详参李海霞《汉语动物命名考释》，第 594 页。

离内刑者，阴阳食之。"成玄英疏："宵，闇夜也。"（第1053页）闇夜即冥夜，宵即黑夜。

暝，晦暝。《广韵·青韵》："暝，莫经切。晦暝也。"（第199页）《文选·谢灵运〈登临海峤与从弟惠连〉》"暝投剡中宿"吕延济注："暝，闇也。"（卷二十五，第三十六页）

幎，幔，覆物隔光。《说文·巾部》："幎，幔也。从巾冥声。"（第159页上）段玉裁注："谓蒙其上也。《周礼》注曰：'以巾覆物曰幎。'"（第358页下）覆物即阻隔光线不见。

覕，由于光线遮蔽闇黑导致的微见。《说文·见部》："覕，小见也。从见冥声。"（第178页上）《尔雅·释诂》："覕莽，茀离也。"郭璞注："覕莽，谓草木之丛茸翳荟也。"（第46页上）《集韵·锡韵》："覕，微见也。"（第1545页）微见，小见皆指光线闇黑所致视物不明。

溟，闇，黑。《说文·水部》："溟，小雨溟溟也。从水冥声。"（第233页下）《慧琳音义》卷十八"溟渤"注引《集训》："溟，昧也，闇也。"（《事汇部T54》，p.416.3）《列子·汤问》"有溟海者"殷敬顺释文引《十洲记》："水黑色谓溟海。"（第156页）

冥通常用来表示光线不足所致的昏黑。唐韩偓《江行》："浪蹙青山江北岸，云合黑雨日西边。"[1][2]唐李白《当涂赵炎少府粉图山水歌》："此中冥昧失昼夜，隐几寂听无鸣蝉。"（第425页）"冥昧"共指深远处光线黯淡，昏黑。明皇甫冲《维摩寺雨坐》："冥雨从东来，惊雷自西往。林峦忽不见，但闻山涧响。"[3]此处"冥雨"相当于"黑雨"，表示大雨时天色昏黑的景象。清蒲松龄《聊斋志异·商三官》："一仆往觇之，见室内冥黑，寂不闻声。"（第573页）

要之，冥本指日光昏黑，后引申为表示光线不足所致的昏黑。

由"冥"为语素构成的表黑合成词：

[冥色]"冥色"一词由"冥"的"夜、暮"义演变而来。"冥色"先被用来借指颜色发闇、发黑。战国时就已出现。《吕氏春秋·辩土》："垆埴冥色，刚土柔种。"（第228下）《大词典》将此"冥色"释作"浅

---

① 《全唐诗》，第7813页。

② 《大词典》释此"冥雨"作"密云大雨"，恐离"冥"义较远。

③ （清）沈德潜、周准编：《明诗别裁集》，上海古籍出版社1979年版，第169页。

黑色"。所据为：陈奇猷校释引夏纬瑛曰："冥色，当是色闇的意思。"本书认为，冥色即色闇，此处"冥色"是用来比喻"垆植"颜色的。从"冥色"的使用情况看，均指暮色及色闇黑，但据此推出"冥色"为浅黑色，盖属臆造，无据。

　　唐时出现了"暮色"义。李白《春于姑熟送赵四流炎方序》："天与水远，云连山长，借光景于顷刻，开壶觞于洲渚。黄鹤晓别，愁闻命子之声；青枫冥色，尽是伤心之树。"（第1265页）宋郭印《登致爽阁观山用种字韵同赋一首》："晨光霁雾搴，冥色寒烟重。幽人每登临，气与秋山耸。"① 明史谨《游清凉寺》："冥色护楼台，阴云昼未开。"②

2. 阴

　　"阴"表黑义源于山北阴闇之处。阴字字形本义盖指山北处为阴闇之处。《说文·阜部》："阴，闇也。水之南、山之北也。从阜侌声。"（第304页下）段玉裁注："按山北为阴，故阴字从阜。"（第731页上）《诗·大雅·公刘》"相其阴阳"郑玄笺："观相其阴阳寒暖所宜。"孔颖达疏："山北为阴。"（第1314页上、1315页下）《春秋公羊传·桓公十六年》"越在岱阴齐"何休注："山北曰阴。"（第126页上）

　　阴字本义指山北，后根据认知经验，与水相对应，生发出"山北水南为阴"义。《古文苑·周宣王〈石鼓文〉》"或阴或阳"章樵注："水北为阳，南为阴。"（卷一，第五、六页）《逸周书·大聚》："道别其阴阳之利，相土地之宜、水土之便，营邑制，命之曰大聚。"朱右曾注："山北水南为阴。"（第414、415页）《玉篇·阜部》："阴，水南山北也。"（第106页上）阴阳相对，背阳处光线闇，于是"阴"引申出"光线不明"义，即闇、晦。《周礼·考工记·轮人》："凡斩毂之道，必矩其阴阳。"贾公彦疏："此欲斩毂之时，先就树刻之，记识其向日为阳、背日为阴之处。"（第1254页下）《书·说命上》："王宅忧，亮阴三祀。"孔颖达疏："'阴'者，幽闇之义。"（第293页上）《楚辞·九歌·大司命》"壹阴兮壹阳"王逸注："阴，晦也。"（第70页）

---

① 《全宋诗》，第18646页。
② （明）史谨：《独醉亭集》，台湾商务印书馆（《景印文渊阁四库全书》本）1986年版，第116页上。

阴的光线不明、幽昧义，同"冥"相似，表示光色黑。《楚辞·刘向〈九叹·惜贤〉》"日阴曀其将暮"王逸注："日以喻君，阴曀，闇昧也。"（第 297 页）①《后汉书·周盘传》："吾日者梦见先师东里先生，与我讲于阴堂之奥。"李贤注："阴堂幽闇之室。"（第 1311、1312 页）汉甘公、石申《通占大象历星经》卷下："河鼓三星，中大星为大将军，左星为左将军，右星为右将军……左右旗各九星……左旗黑色，主阴幽之处，备警急之事。"②"阴幽"处光线闇黑，与黑色相关，"黑色"对应"阴幽之处"，这是感觉域与视觉域之间的相似联想产生的颜色与方位对应的观念。③唐韩愈《射训狐》："乘时阴黑止我屋，声势慷慨非常粗。"④唐王建《温门山》："洞门昼阴黑，深处惟石壁。"⑤清黄景仁《雨中入山访曹以南二首》："危礄入深樾，阴黝百不省。"⑥

由光色黑又引申出物色黑。《尔雅·释畜》："阴白杂毛，骃。"郭璞注："阴，浅黑也。"（第 377 页上）《逸周书·王会》："成周之会，墠上张赤帟阴羽。"朱右曾引王引之说："今案阴羽与赤帟对文，谓浅黑色之羽也。《说文》：'阴，闇也。'闇谓之阴，故浅黑色亦谓之阴。《尔雅·马》：'阴白杂毛骃。'孙炎曰：'阴，浅黑也。'是其证。"并注云："阴，浅黑色。以黑羽饰赤帟。"（第 852 页）唐郪昂《岐邠泾宁四州八马坊颂碑》："六尺之骄，三尺之果下，文臂花肩，阴唇白颠。"⑦

要之，"阴"本指山北处阴闇之处，后引申出光线不明义，表示光线黑。又可泛指物色黑。

3—6. 黯、黤、闇、黭

黯、黤、黭、闇今均读为 àn，字书、韵书、解经作注者常常视作一词。《集韵·感韵》将"黤、黭"视作一字："黤黭，深黑色，或从音。"

---

① 白化文点校的中华书局 1983 年版《楚辞补注》释作"日以喻君，阴曀闇昧也"。（第 297 页）按：此处"闇昧"是用以解释"阴曀"的，所以当断为"阴曀，闇昧也"。

② （明）程荣纂辑《汉魏丛书》，吉林大学出版社 1992 年版，第 742 页上。

③ 《大词典》认为此处"阴幽"所指为"边远幽僻"。与文义不符。

④ 《全唐诗》，第 3819 页。

⑤ 《全唐诗》，第 3372 页。

⑥ （清）黄景仁：《两当轩全集》（五），清光绪二年木刻本，卷廿一，第十三页。

⑦ 《全唐文》，第 3671 页下。

（第 920 页）明《洪武正韵·琰韵》：“潀，云雨貌。《诗》：‘有潀凄凄。’亦作渰，《汉书》作‘黤’。”①《集韵·感韵》：“霮，云气盛也。”（第 920 页）《龙龛手镜·云部》：“靆，正作黤，青黑色也。”（第 191 页）《正字通·雨部》：“靆，与黤通。”（第 693 页上）黄征《敦煌俗字典》“霮”字下：“P.3906《碎金》：‘霮靆：乌敢反，七敢反。’按：《玉篇·水部》：‘潀，《毛诗》：有潀凄凄。’……《广苍》为霮字。”（第 479 页）潀、霮被视作一字。

事实上，它们并非为一词，都有各自不同的语源。从其语音来看，据郑张尚芳的拟音，四者各不相同。黤，《广韵》乌感切，拟音为qɯɯmʔ；靆，《广韵》于槛切，拟音为 qoomʔ 或 qraamʔ；黲，《广韵》乙减切，拟音为 qrɯɯm 或 qrɯɯmʔ；闇，《广韵》乌绀切，拟音为qɯɯms。②且四字中，靆的语义抽象化程度最高。

下面一一详为之解。

3. 黤

黤，义源自潀。《诗·小雅·大田》“有潀萋萋”毛亨传：“潀，云兴貌。”（第 996 页上、997 页上）③《说文·水部》：“潀，云雨貌。从水弇声。”（第 233 页下）

无论“云兴貌”还是“云雨貌”都是指大雨前乌云密布的景象。《说文·水部》“潀”字段玉裁注：“‘有潀凄凄’谓黑云如髼，凄风怒生，此山雨欲来风满楼之象也。”（第 557 页）黤字即是潀“云黑”义的后起字，多与黲合用，表示云黑貌。唐张说《奉和圣制喜雨赋》：“山浟潨而出云，天霿霈而下雨，速一言而感应，剋三日而周溥，气瀴霭以黤黲，声飒洒以萧条，灌如云汉之屑落，散似珠泉之歕浇。”④ 唐张志和《玄真子·鸑鷟》：“而云之气腾然曰翕乎忽乎之灭没乎者，滏浮泗煴之翁郁乎者，蒙乎昧乎之昏晦乎者，暧碟黤黲之霎霸乎者，翳海吞山遏日漫天，其

---

① 《洪武正韵》，安徽教育出版社（中华汉语工具书库本）第 61 册，第 515 页。

② 详参郑张尚芳《上古音系》，上海教育出版社 2003 年版。

③ 对于黤本义，还有一说，为果实黑坏。《说文·黑部》：“黤，果实黤黲，黑也。”（第 211 页下）后字书、韵书也多沿袭此说。《玉篇·黑部》：“黤，果实黤黲也，深黑色也。”（第 101 页上）但从文献检索情况来看，“黤”并无此义用例。所以，此义不可取。

④ 《全唐文》，第 2227 页下。

孰能大乎?"（第556页上）元贡师泰《玩斋集·拾遗》："神之驻兮斾墨墨，云黦黦兮沍霮则。"① 清厉鹗《春寒（以下戊戌）》："初月已既鱼上冰，峭寒陡作相凭陵。浓阴黦黮天地凝，欲见白日何时升。"② 以上几例"黦黮""黦黦"义均指云黑貌。《吴下方言考·翰韵》："黦，（音闇），《荀子·强国》：'黦然而雷击之。' 案：黦，黑气貌。吴中谓骤然云密曰陡黦。"（第280页）

　　黦的"云黑貌"的语义可分析为［＋云］［光线黑貌］，后从中抽绎出［光线黑貌］，用于表示光线闇黑。金刘祁《归潜志·游西山记》："阑外石如掌平，其首骞下窥，黝黦无底。"（第478页上）清徐枕亚《玉梨魂·灯市》："甫出港，阳乌渐隐，风雨骤至。一望无大，忽作黦惨色昏黑模糊，浑不辨山光树影。"（第92页）

　　"乌云密布大雨欲来"时天色昏闇，昏黑。古人又从"黦"字"昏闇、昏黑"义中抽象出闇黑义，用于形容人或物颜色晦闇。用于形容人时，表示病容。《马王堆汉墓帛书·阴阳十一脉灸经乙本释文》："不欲食，面黦如炱色，欬（则）有血，此为（骨厥，是少）阴之脉主治。"（第90页）

　　用于形容物时，多表示物历久失色，发黑发闇。明杨士奇《题竹鹤双清图寄宾畿弟（有序二首）》："宾畿老弟寄古画一幅求题诗，曰：'将见诗即见兄也。' 然画历久色黦，不可题。"③

　　也可表示物色闇黑。柳宗元《梦归赋》："类曛黄之黦漠兮，欲周流而无所极。"④ 宋代周南《西峰大圣送水祝文》："色黦騺騺兮水之玄，吹云雾兮涵星躔。"⑤

　　黦的"乌云密布，天色昏黑"义又往往用来比喻人的心志不明，混沌，糊涂。《文选·王子渊〈四子讲德论〉》："鄙人黦浅，不能究识，敬

————————

　　① （元）贡师泰撰，明沈性编：《玩斋集·拾遗》，台湾商务印书馆（《景印文渊阁四库全书》本）1986年版，第737页下。

　　② （清）厉鹗：《樊榭山房全集》，台湾"中华"书局（《四部备要》本），1981年，卷一，第十五页。

　　③ （明）杨士奇：《东里续集》，台湾商务印书馆（《景印文渊阁四库全书》本）1986年版，第548页上。

　　④ 《全唐文》，第5757页下。

　　⑤ （宋）周南：《山房集》，线装书局（《宋集珍本丛刊》本）2004年版，第602页上。按：原文"騺"作"騺"，疑为"騺"的讹字。

尊所闻，未克殚焉。"（卷五十一，第二十三页）宋郑獬《还汪正夫山阳小集》："今复夺去心黬黟，室中斗觉无光辉。"① 明谢肇淛《滇略·俗略》："滇，故夷也。侏僮卉服比于鹿豕，刀耕而火耨，茹毛而饮血，喜相劘，怒相啮，如斯而已。明圣继作，移风易俗，顿使黬督狂狨之习，不百年而比迹中华，争衡上国。即三皇五帝神圣其速化不至此。"（第135页上）也偶用于表示身世未显赫，郁郁不得志。宋梅尧臣《正仲见赠依韵和答》："平生好书诗，一意在抱槧。既无鈌云剑，身世遭黮黬。"②

要之，黬取义自潬，为潬"云黑"义的后起字，由"云黑"义引申出光线闇黑、人或物色败，发闇发黑、人的心志不明，混沌。其语义特点是物色明度较低，相应地纯度也较低，近黑色。黬一般常与其他表黑义的词连用成词，表示黑义。

由"黬"为语素构成的表黑合成词：

［黬黮］明代出现。有二义，一是可用于表示光线闇黑。明夏原吉《应制赋瑞应玄兔并序》："露滋黬黮玄云湿，日映晶荧黑玉明。"③ 明罗玘《一道清风图为李侍御题》："天色黬黮湘妃出，雨声如泪滴石窟。"④ 明祝允明《短长行》："徒为蔽天氛曀日黬黮，人物惨懔无精光。"⑤ 二是表示物色深黑。明夏原吉《洪熙乙巳秋仲赐观内苑珍禽奇兽应制赋诗》："须臾玄鹿来轩墀，丰肌黬黮犹乌犀。若非食野沾煤雨，应是寻泉堕墨池。"⑥

4. 黬

黬，取义自晻。《说文·日部》："晻，不明也。从日奄声。"（第138页下）《广雅·释诂一》："晻，障也。"（第63页上）又《释诂四》：

---

① 《全宋诗》，第6841页。

② （宋）梅尧臣：《宛陵先生文集》，上海书店（《四部丛刊初编》本）1989年版，卷四十，第十二页。

③ （明）夏原吉：《夏忠靖公集》，书目文献出版社（《北京图书馆古籍珍本丛刊》本），第703页下。

④ （明）罗玘：《圭峰集》，台湾商务印书馆（《景印文渊阁四库全书》本）1986年版，第313页下。

⑤ （明）祝允明：《怀星堂集》，台湾商务印书馆（《景印文渊阁四库全书》本）1986年版，第436页上。

⑥ （明）夏原吉：《夏忠靖公集》，第670页下、671页上。

“晻，冥也。”（第 118 页下）又《释训》：“晻晻，闇也。”（第 181 页上）《汉书·匡衡传》“阳蔽则明者晻”颜师古注：“晻与闇同。”（第 3337 页）

从奄之字多含“覆盖”义。奄，《说文·大部》：“覆也。大有余也。又欠也。从大从申，申展也。”（第 213 页上）《诗·鲁颂·閟宫》：“奄有下国，俾民稼穑。”郑玄笺：“奄，犹覆也。”（第 1655 页下、1656 页上）腌，《说文·肉部》：“渍肉也。从肉奄声。”（第 90 页上）用酱汁覆盖肉。裺，《说文·衣部》：“褗谓之裺。从衣奄声。”（第 173 页上）朱骏声《说文通训定声》：“小儿次衣掩头下者。”（第 132 页上）裺，相当于今天的罩衫，将小儿上身裹围。同样，晻的不明义是指日光被遮蔽后光线昏黑不明。

黤是晻“光线昏黑不明”义的后起字。由于光线昏黑不明时，视物均为明度极低近黑的颜色，所以《说文·黑部》释“黤”为：“青黑也。”（第 211 页上）即原物色的明度极低，呈现出近黑或黑的颜色。

主要用于形容日光被遮蔽呈现出的天气阴沉或云雨天气。杜甫《渼陂行》：“天地黤惨忽异色，波涛万顷堆瑠璃。”[1] 宋梅尧臣《张太素之郊幕》：“悠悠关戍遥，黤黤烟云属。塞邑多苦寒，国风遗旧俗。”[2] 又《早行道中相逢》：“黤黤雨云晦，骎骎车马鞚。唯忧不及见，及见反无言。”[3] 元末明初陶宗仪《九日》：“江城黤惨伤秋莫，人事艰难感恨长。”[4]

古人由“光线昏不明”造成的视物呈现“近黑或黑色”中抽绎出“黑”色，形容物色。此时的黑色指明度低、纯度也低的黑色。宋文同《石姥赋》：“色黤黕而骨劲劣兮，具支节而带文缕。”[5] 宋牟子才《治道》：“但见其气象泮涣，晶光黤黮，鼓而不张，挈而不动，日趋乎轻矣。”[6] 元黄溍《重登云黄山》：“岚光乍璘瑞，石状终黤黔。”[7] 明黄佐《登越王

---

① 《杜诗详注》，第 179 页。

② 《宛陵先生文集》卷一，第十五页。

③ 《宛陵先生文集》卷三，第二页。

④ （元）陶宗仪：《陶南村集》，新文丰出版公司（《丛书集成续编》本）1989 年版，第 721 页下。

⑤ 《历代赋汇》第 2 册，第 717 页。

⑥ （明）杨士奇等编《历代名臣奏议》，台湾商务印书馆（《景印文渊阁四库全书》本）1986 年版，第 732 页上。

⑦ 《元诗选》初集二，第 1090 页。

台》："潇潇雨初霁，冉冉日欲晻。川光溢寥廓，野色开黗惨。长谣出金石，英论照肝胆。"① 晻、黗义相承。一为日光闇，二为景色闇。

用于形容物色时，常指事物历久色败。宋孙应时《别黄岩范令》："春风花气馥，秋月寒江湛。贞刚谢瑕缺，洁白消黗黮。"② 宋陈元靓《岁时广记·夏景·黄梅雨》引《风土记》："夏至雨名黄梅雨，沾衣服皆败黗。"（卷二，第五页）宋王黼《重修宣和博古图·周乳彝》："二者制作相类，特前一器铜淬渐渍，黄绿相间，后一器黗如铅色，非久于潜壤者，不能如此。宜皆出于周。"（第351页上）元张铉《至大金陵新志·摭遗》："许坚，南唐人，嗜鱼，炙火上，不去鳞肠食。每和巾带入溪涧，浴坐干风日中，衣服黗气，人恶之，多梦中吟诗。"（第625页上）清倪涛《六艺之一录·金器款识·商伯申鼎》："而又二器铭识皆同，形模大率相似，惟前器铜色凝绿，后器土花黗渍，为小异耳。必一时所作之器也。"（第15页上）又《周尹鼎》："观其铜色黗黑间以赭晕斓斑，古意可爱，非三代无此物也。"（第56页上）又《周父乙甒》："是器文饰制作与商甒相类，加以铜色黗渍，间以红绿，殊为观美。必周初物也。"（第192页下）

此色也用于形容人容色发黑。晋葛洪《肘后备急方·治病癣疥漆疮诸恶疮方》："姚方云熛疽者，肉中忽生一黗子，如豆粟，剧者如梅李大，或赤或黑或白或青。"（第94页上）黗子即今人视之痣，其一般为灰黑色。

由于"黗"的语源义中包含有"被遮蔽"的附加义，又用来比喻身世不显赫或未大白于天下。宋胡寅《左宣教郎江君墓志铭》："志曰：学士大夫莫难于有识志意，诚立行治，诚修记诵，诚富文词，诚美施之于为政，又诚才以敏，而或黗然，则其立其修其富其美其才以敏，未必中乎理。"③ 明黄佐《粤会赋》："百万王师尽化为鱼，贞后忠臣之气，恒黗惨而不舒然。"④

又用来比喻行事不光明磊落，有悖公义道德。宋牟子才《灾祥》：

① 《广东通志·艺文志》，台湾商务印书馆（《景印文渊阁四库全书》本）1986年版，第845页下。

② 《全宋诗》，第31708页。

③ （宋）胡寅：《斐然集》，台湾商务印书馆（《景印文渊阁四库全书》本）1986年版，第693页上。

④ 《历代赋汇》第3册，第797页。

“故其不能明白洞达以廸其德性之和，而惟晦昧黤黯以行其物欲之私者，意之所感则为惑昵，为蒙蔽，为柔邪，为闇僻，为朋比，为憸谗，皆阴也。”①

要之，黤，取义自晻，表示光线被遮蔽，不明，昏黑。后由“光线不明、昏黑”义中进一步引申出人或事物颜色近黑或黑色，即明度低、纯度也低的黑色。也用于形容物色历久色败发黑。也用来喻指身世不显赫或未大白于天下或行事不光明磊落。

由“黤”为语素构成的表黑合成词：

[**黤黮**] 当指明度极低、纯度低的颜色。一般视觉看来，为黑或深黑色。《说文·黑部》“黤”字朱骏声《说文通训定声》引《苍颉篇》：“黤黮，深黑不明也。”（第132页上）

晋代时出现。可指光色闇。晋刘伶《北芒客舍诗》：“泱漭望舒隐，黤黮玄夜阴。寒鸡思天曙，拥翅吹长音。”② 宋牟子才《治道》：“见其气象泮涣，晶光黤黮，鼓而不张，挈而不动，日趋乎轻矣。”清赵执信《海潮庵观出月》：“晚潮碧黤黮，寒月金玲珑。谁持琉璃盘，捧出蛟龙宫。”③

可指物色明度极低，为黑色。唐齐已《行路难》：“行路难，君好看，惊波不在黤黮间，小人心里藏崩湍。”④ 唐张九龄《奉和圣制喜雨》：“无皋无隰，黍稷黯黯。无卉无木，敷芬黮黤。”⑤ 宋刘攽《望荆山》：“宿云收叠岭，初日上危岑。黤黮千重黛，光芒一线金。”⑥ 宋胡寅《题全州礲岩》：“劈开青石壁，黤黮乌龙窟。”⑦ 宋程公许《题射洪显惠庙》：“带水净涵青黤黮，画屏中嵌玉孱颜。”⑧ 元吴澄《玄庵铭后序》：“色之中正者黄也。昺明者赤也。质素者白也。黤黮者黑与青也。”⑨ 这里的“黤黮”

---

① 《历代名臣奏议》，第649页下。

② 《先秦汉魏晋南北朝诗·晋诗》，第552页。

③ （清）赵执信：《因园集》，台湾商务印书馆（《景印文渊阁四库全书》本）1986年版，第338页上。

④ 《全唐诗》，第9591页。

⑤ 《全唐诗》，第563、564页。

⑥ 《全宋诗》，第7226页。

⑦ 《全宋诗》，第20927页。

⑧ 《全宋诗》，第35584页。

⑨ （元）吴澄：《吴文正公文集》，新文丰出版公司（《元人文集珍本丛刊》本），1985年版，第224页下。

即是从色的明度进行讨论的。

也可指物色纯度极低，为近黑色。宋洪迈《夷坚志支乙第七·岳阳吕翁》："淳熙十六年，章骃为丘阳守，闻城南老松之侧有吕公祠宇，因往瞻拜睹其塑像，袍色黤黮不鲜，命工整治，未暇扣其讫工与否也。"（第844页）明戴奎《发澄江述事言怀》："吞声不发出城去，澄江万顷寒悠悠。缁尘上衣日黤黮，飞雨洒面风飕飕。"①

可喻指不明不白。韩愈《为河南令上留守郑相公启》："虽然，岂敢生疑于万一？必诸从事与诸将吏未能去朋党，心盖覆黤黮，不以真情状白露左右。"②宋刘克庄《与游丞相》："死罪，凡人负谴必有罪名，使天下晓然知之，惟某所坐最为黤黮不明。"③

5. 闇

闇，从门音声；黯，从黑音声。从音之字多表"隔绝（光）"义。《说文·日部》："闇，日无光也。从日音声。"（第138页下）日无光即指日食现象。日食时，太阳光被遮蔽无光，视物受到光线影响，天地万物呈现出颜色变闇，变黑的景象。窨，《说文·穴部》："地室也。从穴音声。"（第152页上）朱骏声《说文通训定声》："今苏俗犹曰地窨子。"（第92页下）窨，也即地窨，为储藏食物需要，通常要隔绝光线、空气，以免发生氧化反应导致食物变质。

"闇"字形本义指掩门状，与外界隔绝，包括外界阳光。《说文·门部》："闇，闭门也。从门音声。"（第249页上）段玉裁注："借以为幽闇字。"（第590页上）同闇，可表日食。《周礼·春官·眠祲》"五曰闇"郑玄注引郑司农曰："闇，日月食也。"孙诒让正义："此闇即所谓昼盲。"④闇，指隔绝阳光后的闇黑。《尔雅·释言》："陪，闇也。"邢昺疏："闇，谓冥昧也。"（第90页上）《小尔雅·广诂》："幽、曀、闇、昧，冥也。"（第52页）《礼记·礼器》："子路为季氏宰。季氏祭，逮闇

---

① （明）曹学佺编《石仓历代诗选》台湾商务印书馆（《景印文渊阁四库全书》本），1986年版，第五册，第347页上。

② 《全唐文》，第5611页下。

③ （宋）刘克庄：《后村集》，台湾商务印书馆（《景印文渊阁四库全书》本），1986年版，第509页下。

④ （清）孙诒让：《周礼正义》，中华书局1987年版，第1980、1981页。

而祭，日不足，继之以烛。虽有强力之容、肃敬之心，皆倦怠矣。"（第891页上）

"闇"表隔绝阳光后的闇黑，多用于形容此种光线闇黑。《广雅·释言》："阴，闇也。"王念孙疏证："阴、闇古同声而通用。"（第159页下、160页上）《吕氏春秋·期贤》："明火不独在乎火，在于闇。"（第191页下）《荀子·赋》："天下不治，请陈佹诗：天地易位，四时易乡。列星殒坠，旦暮晦盲。幽闇登昭，日月下藏。"（第480页）《鹖冠子》卷中："夫生生而倍其本则德专己。知无道，上乱天文，下灭地理，中绝人和。治渐终始，故听而无闻，视而无见，白昼而闇。"（第141、142页）《艺文类聚》卷八十载《笑林》："某甲夜暴疾，命门人钻火。其夜阴暝，未得火。催之急。门人忿然曰：'君责之亦大无道理。今闇如漆。何以不把火照我？我当得觅钻火具。'"（第1366页）闇即夜黑，无一丝光。

闇由"隔绝光后的闇黑"进一步引申为指具有此种特点事物的颜色闇黑。梁孝元帝《金楼子·立言篇》："其《虾蟆科斗赋》云：'纤青拖紫，出入苔中'，以比当时令仆也；'科斗唯唯，群浮闇水。唯朝继夕，聿役如鬼'比令史咨事也。"（第592页下）闇水即没有光线照射的颜色呈现黑的水域。隋薛道衡《秋日游昆明池》："鱼潜疑刻石，沙闇似沉灰。"小注："《类聚》作'闇'。"[1] 此闇即指水深光线无法到达，视物颜色为黑。

梁刘孝威《苦暑诗》："栖禽动夜竹，流萤出闇墙。"[2] 闇即夜里无光照映，墙呈现出的黑色。白居易《上阳白发人愍怨旷也》："上阳人，红颜闇老白发新。绿衣监使守宫门，一闭上阳多少春。"[3] 此闇有两层含义，一指被与世隔绝，二指"红颜"随着时光流逝也变得闇老，失去鲜艳的颜色，即面色由红变得黯淡发黑，衰老之态。金刘祁《归潜志·游林虑西山记》："望绝壁有石窍，曰青龙洞尾，盖门在天平也。其中闇黝多水。"（第481页上）

也偶用于指原物色（非黑色）历久颜色发黑、发闇。北魏贾思勰《齐民要术·杂说》："凡潢纸灭白便是，不宜太深，深则年久色闇也。"

---

① 《先秦汉魏晋南北朝诗·隋诗》，第2683页。

② 《先秦汉魏晋南北朝诗·梁诗》，第1880页。

③ 《全唐诗》，第4692页。

（第 226 页）缪启愉校释："闇，颜色变闇褐。"（第 231 页）①

要之，"闇"本指闭门，隔绝外界包括光线，后引申出"隔绝光后光线闇黑或事物闇黑"义，也可偶用来表示物色历时久远色败发闇发黑。

6. 黯

黯，是闇或闇的后起字，表示隔绝光后事物呈现出的黑色。《说文·黑部》："黯，深黑也。从黑，音声。"（第 211 页上）《广雅·释器》："黯，黑也。"王念孙疏证："黯之言闇也。"（第 272 页下、273 页上）《文选·谢庄〈宋孝武宣贵妃诔〉》"重扃闟兮灯已黯"张铣注："黯黯，不明貌。"（卷五十七，第三十三页）

也可用于形容类似于"隔绝光后呈现出的黑色"。《史记·孔子世家》"黯然而黑"裴骃集解引王肃曰："黯，黑貌。"（第 1925 页）

要之，黯，取义自闇或闇，主要用于隔绝光线时事物呈深黑色，也用于形容类似黑色。

由"黯"为语素构成的表黑合成词：

[黯黑] 深黑色。此词为偏正式复合词，黯用来修饰黑，指明底极低、纯度极低的颜色。汉代始，通常用于形容人的肤色病态的黑色。《韩诗外传》卷三："陶叔狐谓咎犯曰：'吾从而亡，十有一年，颜色黯黑，手足胼胝。'"（第 225 页上）《金匮要略·血痹虚劳病脉证并治》："五劳虚极羸瘦，腹满不能饮食，食伤、忧伤、饮伤、房室伤、饥伤、劳伤、经络荣卫气伤，内有干血，肌肤甲错，两目黯黑，缓中补虚，大黄䗪虫丸主之。"（卷上，第二十六页）《北史·孟栾传》："孟栾字龙儿，不知何许人也。坐事为阉人。灵太后临朝，为左中郎将、给事中。素被病，面常黯黑。"（第 3040、3041 页）《月波洞中记》卷下："鼻为中岳，其形如木黯黑仄薄者，不贱则夭。"（第 707 页上）②

唐时起，也可泛指深黑色。唐张读《宣室志》卷十："唐李林甫方居相位，尝退朝坐于堂之前轩，见一玄狐，其质甚大，若牛马，而毛色黯黑

---

① 《大词典》"闇"字"深黑"义项下，列举了此例。按：此例"色闇"似应解为"颜色发深、闇，不新鲜"，而非"深黑"。

② 据文渊阁四库全书本《月波洞中记》卷前之提要载，此书分两卷，上卷为原郑樵《通志·艺文略》、晁公武《郡斋读书志》所载原书，下卷为后人续入，载唐时人、事，故下卷当为唐以后人所作。此处所引为下卷，当为唐以后语例。

有光，自堂中出，驰至庭，顾望左右。"（第 1069 页）又《宣室志》卷一："其亭亘空，栏槛云矗，见一人袒而瞬目，发长数十尺，凝腻黯黑，洞莹心目。"（第 994 页）

明代起，也用于形容光线昏黑。《二刻拍案惊奇》卷三十九："中间拿住一个老头儿，天色黯黑之中，也不来认面庞，一步一棍，直打到铺里。"（第 723 页）明陆粲《庚巳编·昭陵银兔》："乃入隧道中，颇觉黯黑，其旁累铜缸十数，皆盛油，设关揆流注。"（第 108 页）

［黯然］深黑貌。然，形容词词尾。有二义：（1）指脸色深黑。汉代产生。《史记·孔子世家》："丘得其为人，黯然而黑，几然而长，眼如望羊，如王四国，非文王其谁能为此也！"裴骃集解引王肃曰："黯，黑貌。"（第 1925 页）（2）指光线昏黑。唐、宋时产生。唐宋间人托名之作《关尹子·一宇》："重云蔽天，江湖黯然，游鱼茫然，忽望波明食动，幸赐于天，即而就之，渔钓毙焉。不知我无我而逐道者亦然。"（第 2 页）

［黯黮］该词产生于战国时期，最早表示光线闇，不明。《楚辞·刘向〈九叹·远游〉》："望旧邦之黯黮兮，时溷浊其犹未央。"王逸注："黯黮，不明貌也。"（第 311、312 页）后此义被沿用。《南齐书·高帝本纪》："太祖率军击破之，贼马自相践藉死。索儿走向锺离。太祖追至黯黮而还。"（第 5 页）① 此处"黯黮"实指天色黑闇。

也用于表示云色黑。《楚辞·宋玉〈九辩〉》："彼日月之照明兮，尚黯黮而有瑕。"洪兴祖补注："黯黮，云黑。"（第 193 页）唐清远道士《游春台诗》："清波滔碧天，乌藏黯黮连。"（第 9740 页）元吴师道《三月十八日张仲举赵伯器吴伯尚王元肃同游西山玉泉遂至书山》："归来门巷木深黑，春云黯黮明疏星。"② 明谢肇淛《北河纪馀》卷四载《天津诗》："黯黮平林含雨气，迷茫远岸吐潮痕。"（第 781 页上）

语义进一步抽象后，表示物色黑。宋胡仔《渔隐丛话后集·东坡四》："又云仆好用风味石研，然议者异同。盖少得真者皆为黯黮滩石所乱，尽出于逐利之所为。"（卷二十九，第三页）

------

① 《大词典》引《南史·齐·高帝纪》："及徐州刺史薛安都据彭城归魏，遣从子索儿攻淮阴，又征帝讨破，索儿走锺离，帝追至黯黮而还。"认为"黯黮"为古地名。参见《大词典》第 12 卷，第 1374、1375 页。经查文献，"黯黮"一词无作地名的其他例证。"黯黮"为古地名甚为可疑。此处"黯黮"事实上为其本义，指天色不明。意指高帝萧道成追至天黑时才返还。

② 《元诗选》初集二，第 1563 页。

由物色"不明"义进而喻指凄惨（的心境）。《古文苑·宋玉〈笛赋〉》："武毅发沈忧结，呵鹰扬叱太一，声淫淫以黯黮，气旁合而争出歌，壮士之必往悲猛勇乎！"章樵注："黯黮，凄惨也。"（卷二，第二页）

还用于喻指政治不明，或因政治黑闇导致的陷害。宋沈辽《奉送伯才都官代归》："一遭黯黮诚非辜，人为叹愤我若无。"[①]《宋史·赵汝愚传》："汝愚以枢臣独不避殒身灭族之祸，奉太皇太后命，翊陛下以登九五，勋劳著于社稷，精忠贯于天地，乃卒受黯黮而去，天下后世其谓何？"（第11988页）

7. 黲

"黲"表黑义取自"惨"。惨原指日闇色，也即光线不明，昏闇。《文选·王粲〈登楼赋〉》："风萧瑟而并兴兮，天惨惨而无色。"李善注："《通俗文》曰：'闇色曰黲。'惨与黲古字通。"（卷十一，第三页）唐蒋凝《望思台赋》："烟昏日惨，全非望月之中。"[②]惨正解作色闇。黲又作墋。《文选·陆机〈汉高祖功臣颂〉》："茫茫宇宙，上墋下黩。"李善注："墋，不清澄之貌也。"（卷四十七，第十二、十三页）惨、黲音同，上古均为清母侵部字。黲当为惨的后起字，表色闇。惨、黲在文献中常常通用。《说文·黑部》"黲"字朱骏声《说文通训定声》："《通俗文》：'色闇曰惨。'以惨为之。"（第101页下）段玉裁注则将'惨'写作'黲'。（第488页上）《广韵·感韵》："黲，七感切。闇色。"（第333页）明杨慎《古音丛目·感韵》："黲，与惨通。"（第262页上）文献中"黲"表"色闇"例很多，如：杜甫《三川观水涨二十韵》："何时通舟车？阴气不黲黩。"[③]《明史纪事本末·高煦之叛》："城中黑气黯黲，大军壁其四门，贼乘城举炮，大军发神机铳箭，声震如雷。"（第405页）

由于黲的语源义中有"色闇"的语义特征，所以抽象为表示色彩不明，灰闇，也即《说文》所言的"浅青黑也"，即比深闇蓝绿颜色稍浅的颜色。《说郛·段成式〈肉攫部〉》："青斑唐，谓斑上有黑色也，一变为鹇，其色带青黑，鹇转之后乃至累变，横理虽细，臆前之色仍常闇黲，此

---

① 《全宋诗》，第8283页。

② 《全唐文》，第8455页下。

③ 《杜诗详注》，第306页。

下色也。"（第 4921 页上）元黄溍《重登云黄山》："岚光乍璘瑜，石状终黮黔。"①《救荒本草·草部·根叶可食·牛旁子》："壳中有子如半麦粒而匾小，根长尺余，粗如拇指，其色灰黔，味辛，性平，一云味甘无毒。"（第 75 页上）明刘绩《三礼图·弦缨色说》："深青色马青骊曰駬，浅则为黔。"（第 199 页下）《明史·食货志五》："于是铸工竞杂铅锡便剉治，而轮郭粗粝，色泽黯黔。"（第 1966 页）

由于黔表"色彩不明"义，常用于服色方面，表示颜色发闇的黑色，宋沈括《梦溪笔谈·故事二》："近岁京师士人朝服乘马，以黔衣蒙之，谓之'凉衫'。"（卷二，第二页）用于物色时，通常指败色，坏色。《广雅·释诂三》："黔，败也。"（第 89 页下）《玉篇·黑部》："黔，浅青黑色也。今谓物将败时颜色黔黔也。"（第 101 页上）用于表示服色坏色时，特指丧服或僧衣。《朱子语类·祭礼》："先生母夫人忌日，著緅墨布衫，其巾亦然。友仁问：'今日服色何谓？'曰：'公岂不闻"君子有终身之丧？"'"（第 2322 页）緅，即黔字。《宋史·礼志·服纪》："宰执奏事去杖，小祥去冠，余官奏事如之。大祥，素纱软脚折上巾、黔公服、白韠锡带。禫除毕，去黔服，常服仍黑带、皂鞍鞯。"（第 2921 页）又"在禫服内，合服素纱软脚幞头、黔色公服、黑韠犀带，青伞，皁鞍鞯；俟禫除，即从吉服，仍系黑带，去鱼，凉伞、鞯并从禫制，并去狨座。"（第 2921 页）以上黔都用于表示丧服黑色。宋释道成《释氏要览·法衣》"染色"下小注："今详禅僧多着墨黔衣若深色者可，是律中皂黑衣摄，缘用墨锭，与杂泥不远故。若淡而青白者可，是律中青衣摄，以用铜青、板绿杂墨染故。"（《事汇部 T54》，p. 269.1）此黔衣表示僧衣。

也可用来表示气色发黑，明江瓘《名医类案·积块》："一妇因哭子后，胸痞，有块如杯，食减，面淡黄黔黑，惫甚。"（第 6861 页）《续名医类案·下血》："见兄在室烦乱，其言支离，户外徐视之，死气黔黔，弟妇速，桥未入，则弟自卧内号咷。"（第 298 页下）②

黔常置于前，用于修饰另一颜色词。表示其色纯度低，偏闇，色不正。这是由其黑义包含"纯度不高，色败不鲜"引申而来。黄侃《说文段注小笺·黑部》："黔，今云惨绿色、惨白色，本作黔。"（第 211 页）

---

① 《元诗选》初集二，第 1090 页。

② 速，当义指速请医，疑此处有脱字。

文献中有很多用"黥"表示颜色不纯的用例。《通雅·衣服（彩色）》："黥紫，浅紫也。北紫，今之正紫也。"（第534页上）此处浅紫指紫的纯度低，非是今天明度高的浅紫色。① 明朱橚《救荒本草·草部·叶可食·绵丝菜》："生辉县山野中，苗高一二尺，叶似兔儿尾叶，但短小又似柳叶，菜叶亦比短小，梢头攒生小菁葵，开黥白花，其叶味甜。"（第27页上）黥白即色不正的白。《救荒本草·米谷部·实可食·山菉豆》："生辉县太行山车箱冲山野中，苗茎似家绿豆，茎微细，绿比家绿豆叶狭窄尖艄，开白花，结角亦瘦小，其豆黥绿色，味甘。"（第115页下）黥绿指色不正的绿。《救荒本草·菜部·叶及实皆可食·山药》："叶青有三尖角，似千叶狗儿秧叶而光泽，开白花，结实如皂荚子大，其根皮色黥黄，中则白色。"（第144页上）黥黄指色不正的黄。

要之，黥取义自惨，色闇为惨。汉时产生。引申为黑义，指物颜色不鲜艳，发闇。可用于修饰事物、服色、气色。置于前，修饰另一颜色词时，表示所修饰颜色不正或发闇。

8. 潏

《说文·水部》："潏，青黑色，从水叾声。"（第232页上）潏，从水叾声，其声符叾表示冥，不明义。《说文·日部》："叾，尚冥也，从日勿声。"（第137页下）朱骏声《说文通训定声》记作"叾"（第633页下）。《广雅·释诂四》："叾，冥也。"（第118页下）《汉书·郊祀志》："十一月辛巳朔旦冬至，叾爽，天子始郊拜泰一。"颜师古注："叾爽，谓日尚冥，盖未明之时也。"（第1231页）

潏还可作涸、潨。《集韵·队韵》："涸潏潨，青黑色，隶作潏。或从忽。"（第1100页）又作湄。《玉篇·水部》："湄，呼滑切。青黑貌。又大清也。今作潏。"（第88页下）从文字形体来看，涸，隶变作潏，从忽当为形讹字，涸也为形讹字。《说文·水部》"潏"字朱骏声《说文通训定声》："涸，青黑色，错本：'青黑貌，从水回声。'鲍榮宋本作：'潏，素黑色，从叾声。'"（第636页上）

潏字本义盖指水幽深时呈现的黑色，当水深时，由于光线无法折射、

反射，所以往往呈现出光线不明的黑色，类同冥时光线不明。这种深水区域的水色由于受水中植物或周围景象影响，呈现出纯度低明度低的深黑色。戴侗《六书故·地理三》："汩，莫骨切，水青黑悠闇也。《贾谊赋》曰：'汩穆亡间'，又曰：'汩困潜以自珍'。"原注："汩，又作滑，《说文》曰：'水青黑色。'"（第 102 页下）

滑字多用来形容此种水色。清王煐《游黑龙潭投宿闇峪寺》："突兀两山逼，蛮壑肖天姥。三潭水深滑，厓峭削双堵。"① 进一步引申为纯度明度均低的深黑色，用于形容具有此种颜色特点的事物。清王昶《金石萃编·本愿寺舍利塔碑》："积以曾峻口②巉峰起，嵯峨山盘，周际滑合，间不容发，俨若地涌，郁犹浑成，肖哉！实荒劫之宏镇也。"（卷七十三，第一页）清汪孟鋗《龙井见闻录》："方圆庵，……登凤凰岭引目周览以索其居，岌然群峰密围，滑口口不蔽翳，四顾若失，莫知其乡。"（卷二，第五页）清姚莹《鬼神篇》："形声与人殊，而所以亭毒化育以为形声者不殊而亦有物焉，滑乎无形，寂乎无声，独主乎所为飘、所为溽、所为激、所为凝与？"③ 严复译《天演论·导言·广义》："且伊古以来，人持一说以言天，家宗一理以论化，如或谓开辟以前，世为混沌，滑泯胶葛，待剖判而后轻清上举，重浊下凝。"（第 6 页）

由于滑本指水深色不明，发黑。所以又可喻指内心混沌不明，愚昧。清王铎《少傅兼太子少傅户部尚书武英殿大学士臣王铎谨》："臣不才忝居政地，不揣闇滑，念系善言敢剖悃诚，恳求皇上矜其为国之苦心，不恤利害，区区一心，笃实无他，赐之宽宥，收其震叠，不加以督责。"④

要之，滑取义自水深呈现出的纯度低明度低的深黑色。引申出深黑色。可喻指内心混沌不明。

9. 默（默）

默，义取自沈，滓垢也。沈本指所积雨水。《说文·水部》："沈，陵

---

① 《盘山志·艺文志·诗》，第 293 页上。

② 凡文中口处为文献原文阙文。

③ （清）姚莹：《东溟文集》，上海古籍出版社（《续修四库全书》本），2002 年版，第 378 页上。

④ （清）王铎：《拟山园选集》，书目文献出版社（《北京图书馆古籍珍本丛刊》本），2000 年版，第 121 页下。

上滴水也。从水尤声。一曰浊黕也。"（第 234 页上）段玉裁注："谓陵上雨积停潦也。"（第 558 页上）朱骏声《说文通训定声》："沈，又为黕。"（第 87 页下）沈既为所积雨水，所以又指积水所产生的淤泥。《荀子·解蔽》"湛浊在下而清明在上"杨倞注："湛，读为沈，泥滓也。"（第 401 页）《庄子·达生》"沈有履"陆德明释文引司马云："沈，水污泥也。"（第 1510 页）

滓垢色黑，黕由沈"积水、淤泥"中引申出垢黑义。《说文·黑部》："黕，滓垢也。从黑尤声。"（第 211 页下）《楚辞·宋玉〈九辩〉》："窃不自聊而愿忠兮，或黕点而污之。"（第 193 页）

又由"垢黑"义抽绎出"黑"义。

较多用于表示光色闇。魏丕《愁霖赋》："玄云黯其四塞。"小注："《文选·潘岳〈藉田赋〉》注作'黕'。"① 《文选·潘岳〈藉田赋〉》："青坛蔚其岳立兮，翠幕黕以云布。"（卷七，第十五页）宋苏舜钦《丙子仲冬紫阁寺联句》："北野才沉著，南天更勃兴。恣睢超一气，黤黕起孤鹏。"② 宋文同《和陈基载大雨》："黕黕云如涌，淙淙雨若倾。骤翻银汉浊，匀洒玉绳明。"③宋梅尧臣《题玉汝遗油》："明明白昼有阳乌，黕黕闇室无蟾蜍。目睛须藉外物光，日月不到卑蔀居。"④ 这首诗反映了古人对光对颜色辨识作用的认识。元·元好问《下黄榆岭》："北厓玄武暮，黕黑如积铁。"⑤ 又《刘曲龙潭》："寒潭海眼净，黕黑自太古。"⑥ 明刘基《泾县柬宋二编修长歌》："阴气黯黕天地闭，仰面不见扶桑鸦。"⑦ 明倪元璐《三乞归省疏》："仰视屋梁动旋如荡，一灯荧然，望犹黕漆。"⑧

也可表示颜色不明，发黑。李白《秋日于太原南栅饯阳曲王赞公、贾少公、石艾尹少公应举赴上都序》："有从兄太原主簿舒，才华动时，

---

① 《全上古三代秦汉三国六朝文·全三国文》，第 1072 页上。

② 《全宋诗》，第 3927 页。

③ 《全宋诗》，第 5461 页。

④ 《宛陵先生文集》卷五十二，第十页。

⑤ 《元诗选》初集一，第 40 页。

⑥ 《元诗远》初集一，第 11 页。

⑦ （明）刘基：《诚意伯文集》上海书店（《四部丛刊初编》本），1989 年，卷十一，第二十页。

⑧ （明）倪元璐：《倪文贞集·奏疏》，台湾商务印书馆（《景印文渊阁四库全书》本），1986 年版，第 245 页下。

规谋匠物。乃黗翠幕，筵虹梁，琼羞霞开，羽觞电举。"（第1273页）唐刘禹锡《唐故朝散大夫检校尚书吏部郎中兼御史中丞赐紫金鱼袋清河县开国男赠太师崔公神道碑》："昔为望族，今为兴门。天爵人爵，蔚然两尊。先德阴骘，黗如重云。孕和含粹，濯润本根。"① 宋刘攽《寄老庵》："异源判炎凉，及物万尘黗。西南江路永，水墨画色淡。"②

由"物色不明"义的"不明"义中引申出"物色置久色闇色黑"义。唐元稹《闲二首》："青衫经夏黗，白发望乡稠。雨冷新采簟，星稀欲曙楼。"（第4547页）清屈大均《广东新语·天语·风》："故恒暖，暖风所至，百腾蠕蠕，铁力木出水，地蒸液，墙壁湿润生碱，衣裳白醭，书册徽黗。"（第9页）

由于"黗"的语源义"淤泥"含有"不洁"之义，所以又产生出"心志不明，糊涂"义。宋吕祖谦《尚书汪公得请奉祠饯者十有四人分韵赋诗某得敢字》："宁知达士胸，万牛眇难撼。清风满后车，一洗世氛黗。"③ 元耶律铸《四痴子赋》："非圣不无过，过则勿惮改，改过不吝，是谓自爱。浊流黗黩龙光彩，敢批逆鳞诚可骇。"④

有时叠用或与其他表黑颜色词构成合成词，表示物色不明。宋代宋祁《石楠树赋》："黗黗幄密，童童盖圆，非同江北之枳。"⑤ 元揭傒斯《天华万寿宫碑》："香城郁其在望兮乃匡仙之故居，枕墨潭之黗淡兮大江淘而右趋。"⑥ 清朱彝尊《徐尚书载酒虎坊南园联句》："层楼窗面面，远目水黗黗。"⑦ 钱大昕《宋徽宗画龙歌》："宣和道君亦能事游，戏落笔俦神工。空斋欻忽风雨晦，粉墨黮黗吐光怪。"⑧

字书中还有一个"黮"字，只见于字书中。为黗的异体字，盖形近

---

① 《全唐文》，第6161页下。

② 《全宋诗》，第7114页。

③ 《全宋诗》，第29142页。

④ （元）耶律铸：《双溪醉隐集》，新文丰出版公司（《丛书集成续编》本），1989年版，第584页上。

⑤ （宋）宋祁：《景文集》，台湾商务印书馆（《景印文渊阁四库全书》本），1986年版，第19页下。

⑥ （元）揭傒斯：《揭文安公全集 文集》，新文丰出版公司（《丛书集成续编》本），1989年版，第620页上。

⑦ （清）朱彝尊：《曝书亭集》卷十四，第八页。

⑧ （清）钱大昕撰，吕友仁标校：《潜研堂集》，第925页。

讹字。《字汇补·黑部》："黬，丁感切。与黕同。黑色也。"（第 590 页上）

要之，黕，取义于沈，垢滓义。引申为黑义，用于光线阴黑，又可指物色不明，发黑。进而引申出"物置久色败，发闇，发黑"。由语源义"淤泥"的"不洁"义中引申出"心智不明，糊涂"义。

10. 黮（黖、黮、黩、黮）

黮、黖、黮、黩、黮，均为异字同词。黮，《类篇》、《集韵》始收。《类篇·黑部》："黮黮，黮黮，黑也，或从队。"（第 373 页下）《集韵·队韵》："黮，黮黮，黑也。或从队。"（第 1093 页）又《代韵》："黮睐黮，暖睐，闇也，或省①，亦作黑。"（第 1102 页）黩，《玉篇》始收，《玉篇·黑部》："黩，黑云行，黩黩也。"（第 101 页下）黖，《六书故》始收，《六书故·天文下》："黖，黮黖，黑气屯浓也。"（第 31 页上）黩，《正字通》始收，《正字通·黑部》："黩，俗黮字。《玉篇》：'黑云行貌。'非。"（第 828 页下）黮同黮，《龙龛手镜·黑部》："黮黮，二音逮。"（第 532 页）

黮、黖、黮、黩、黮字语音同。黮，《类篇·黑部》："徒对切。"（第 373 页下）黩，《玉篇·黑部》："徒对切。"（第 101 页下）黖，《六书故·天文下》："徒对切。"（第 31 页上）黩，俗黮字。黮同黮。

疑其本义当为"云气黑浓"，取义于"霮"。《说文·雨部》："霮，黮霮，云黑貌。从雨对声。"（第 242 页下）《类篇·雨部》："霮霮霴，霮霮云貌，或从队、从逯，文三。"（第 425 页上）《文选·何晏〈景福殿赋〉》"绵蛮黮霮"李善注："黮霮，黑貌。"（卷十一，第三十四页）《文选·王延寿〈鲁灵光殿赋〉》"歇歘幽霭，云覆霮霮"李善注："皆幽邃之貌也。"吕延济注："霮霮，繁云貌。"（卷十一，第二十九页）后为了突显黑义，记作黖。《六书故·天文下》："黖"字下："黮黖，黑气屯浓也。"（第 31 页上）义同《说文》中的"黮霮"。《康熙字典·黑部》："黖，同霮。"（第 1522 页）但此字文例少见。柳宗元《梁之余、保荆衡巴巫、穷南越、良将取之、不以师、为苞桥》："苞桥黖矣，惟根之蟠。

———————————

① 此处盖脱"乏"字。

弥巴蔽荆，负南极以安。”①

黲从隊，与对（對）音同，乃为换用同音偏旁所造之新字。《玉篇·黑部》：“黲，黑云行黲黲也。”（第101页下）

黰从逮，与对音近，逮，古定母月部字；对，古端母物部字。定端旁转，月物对转，二者音近，为换用音近偏旁所造之新字。《文选·左思〈魏都赋〉》：“榱题黮黰，阶陊嶙峋。”李善注：“黰，亦黑也。”（卷六，第十一页）

黰又音徒戴切，为曃的后起字。《类篇·黑部》：“黰，又待戴切。暧曃，闇也。亦从黑。”（第373页下）

黬为黲的声符省形字，《正字通·黑部》：“黬，俗黰字。”（第828页下）

黵为黰的形近讹字。《龙龛手镜·黑部》：“黵黰，二音逮。”（第532页）

要之黰、黓、黲、黬、黵均为异字同文。取义自“霴”，表“云气黑浓”。以上诸字在文献中极少出现，且《字书》所载，或未沟通其义或未详解，今补证如上。

11. 黚

黚，一说认为取义于绀。《说文·黑部》：“黚，浅黄黑也。从黑甘声。读若染缯中束緅黚。”（第211页上）緅黚即緅绀。《广雅·释器》：“黚，黑也。”王念孙疏证引《说文》后认为“黚”即“绀”：“是读与《论语》绀緅同。故郑注以绀緅为元类。”（第273页下）一说认为黚与黔同。《说文·黑部》“黔”字朱骏声《说文通训定声》：“《易·说卦传》：‘艮为黔喙之属。’马注：‘肉食之兽。’郑本以‘黚’为之。”（第94页下）《说文·黑部》“黚”字段玉裁注：“《地理志》犍为郡‘黚水’作此字，许《水部》作‘黔水’，音同故也。”（第488页上）《广雅·释器》“黚，黑也”王念孙疏证引《玉篇》“黚音巨炎、巨今二切”后认为：“则读与黔同，黔亦黑也。”（第273页下）

按：黚盖与绀无关。绀，如前，属深黑蓝紫色。而黚依《说文》为“浅黄黑也”，二者色差较大，所以当为两种不同的颜色。黚与黔音同，

① 《全唐诗》，第3919页。

均可表黑义。二者在语义"黑"上相同。所以常常会发生通用的现象。二者当为不同的二词。但其语源为何,仍待考。

黔,字书一般均袭《说文》"浅黄黑"义,如:清毛奇龄《古今通韵·盐韵》:"黔,黪。"(第127页上)但从文献用例来看,通常泛指黑。黔水即黑水。《汉书·地理志·犍为郡》"符"县下小注:"温水南至鳖入黔水,黔水亦南至鳖入江。"(第1599页)清傅泽洪《行水金鉴》卷九一引此认为:"则是黔水即黑水矣。犍为汉郡今四川叙州府治,此即张机所谓北金沙江,一名黑水,下流至叙州,入岷江者是也。"(第424页上、下)黔可泛指黑。明杨廷宣《连云栈赋》:"远视极黔,迩之则黔,黪于石罅,黩于深谷,媛碟淹留,氛氲隐天,冪幙屯需,落落寞寞,异于常态。"[1]明李东阳《烧丹灶赋》:"外隆内霱,下承上覆,其形则非黼非鬵,不甗不甂,匪潏以涂,匪黔以黝,芴庞为崇,直堁为衺。"[2]

要之,颜色词"黔"《说文》时代已产生,其本源义仍待考。字书一般均袭《说文》解作"浅黄黑"色,但从文献使用来看,泛指黑色。

八　源于发肤色词

1—3. 鬒、顤、缜

鬒、顤、缜均可表黑义。源于头发黑。三字音同,上古均为章母真部字,《广韵》均为章忍切。三字常可互用。《诗·鄘风·君子偕老》"鬒发如云"马瑞辰传笺通释:"鬒,通作顤,……又通作缜。"[3]《文选·谢朓〈晚登三山还望京邑〉》"谁能鬒不变"旧校:"善本作缜字。"(卷二七,第八页)

鬒字出现较早。《诗经》作品中就已出现。《诗·鄘风·君子偕老》:"鬒发如云,不屑髢也。"(第220页上)对于此"鬒"义,古代经学家认识不一,许慎《说文》认为此鬒同今,表稠发。《说文·彡部》:"今,稠发也。从彡从人,《诗》曰:'今发如云。'鬒,今或从髟。"(第185

---

[1] 《历代赋汇》第11册,第440页。

[2] 《历代赋汇》第8册,第55页。

[3] (清)马瑞辰:《毛诗传笺通释》,中华书局1989年版,第173页。

页上）段玉裁注："稠者多也。禾稠曰穊，发稠曰鬒。其意一也。《鄘风·君子偕老》文，今《诗》作'鬒'，盖以或字改古字。"并认为《左传·昭公二十八年》"昔有仍氏生女，鬒黑，而甚美"的"鬒"字"正谓稠发，发多且黑而貌甚美也。服、杜皆云'美发为鬒'，不言黑发。"（第424页下）陆德明释文解释《左传·昭公二十八年》"鬒黑"时也承袭《说文》："作鬒，又作鬒，云稠发也。"（第1142页）也有人认为此鬒即为发黑。《诗·鄘风·君子偕老》"鬒发如云"毛传："鬒，黑发也。"（第220页上）宋李樗《毛诗李黄集解》卷六对此"鬒"释作"发黑也。"（第144页下）

以上两种观点都言之有理，但都未达确诂。段氏一方面认为鬒为"发多且黑而貌甚美也"，另一方面又认为鬒只表稠发义不表黑发义，自相矛盾。事实上，"鬒"是古人对于美发的一种描述。古人乃至今人对于头发的审美标准是：稠密、黑亮。《诗·鄘风·君子偕老》"鬒发如云"马瑞辰传笺通释："发多者必黑，故毛传曰：'黑发'，《说文》曰：'稠发'，其义相成而不相背。段玉裁疑黑字非毛公之旧，失之。"[1] 宋蔡伸《浣溪沙·壬寅五月西湖》："虚掉玉钗惊翡翠，缓移兰棹趁鸳鸯。鬒鬒风乱绿云长。"[2] 宋陈允平《醉桃源》："环佩小，领巾斜。绿云双髻鸦。佯羞无限托琵琶。笑拈萱草芽。"[3] 以上两例中用绿云表示美发。既包含了稠发义也包含了黑发义。

而"鬒"字即是古人对于这种美发的又一指称。《左传·昭公二十八年》："昔有仍氏生女，鬒黑，而甚美，光可以鉴，名曰玄妻。"孔颖达疏："鬒即鬒也……然则鬒者，发多长而黑，美之貌也。"（第1716页下、1717页上），鬒既可表稠发，也可表黑发。后来用鬒字代替了鬒的稠发义。《说文·彡部》："鬒，稠发也。"《集韵·震韵》："鬒，发多貌。"（第1111页）而鬒就专属黑发，既而抽象出黑义，表示发黑，后来又扩大为指人头部的毛发黑，包括须、发、眉。《左传·昭公二十六年》"有君子白皙，鬒须眉，甚口"陆德明释文："鬒，之忍反，黑也。"（第1135页）《楚辞·屈原〈大招〉》"粉白黛黑"王逸注："黛画眉鬒，黑而

---

[1] （清）马瑞辰：《毛诗传笺通释》，第173页。
[2] 《全宋词》，第1311页。
[3] 《全宋词》，第3933页。

光净。"（第222页）《荀子·解蔽》："故人心譬如槃水，正错而勿动，则湛浊在下而清明在上，则足以见须眉而察理矣。"（第401页）杜甫《昔游》"虽悲发鬒变"仇兆鳌详注："鬒，黑发也。变则白矣。谢脁诗：'谁能鬒不变。'"①《陈书·张贵妃传》："而张贵妃发长七尺，鬒黑如漆，其光可鉴。"（第132页）唐寒山《诗三百三首》之一："唯当鬒发时，行住须努力。"②《太平广记·神仙·薛肇》："又服半粒，即神气迈逸，肌肤如玉，髭发青鬒，状可二十岁许人。"（第一册，第97页下、98页上）《新唐书·王远知传》："隋炀帝为晋王，镇扬州，使人介以邀见，少选发白，俄复鬒，帝惧，遣之。"（第5804页）宋李纲《次韵谪居三适·旦起理发》："金丹变鬒色，缘合亦易逢。"③

　　䐃可视作鬒表发黑义的一个后起字。这是汉字表意呈显性化的表现。用形符黑来表示其义，代替了以往的影旁，颜色义得到了突出，也是鬒由普通名词转变为抽象名词的标志。但䐃在实际使用过程中，并不多见，只活跃于唐宋时期。这反映了语言选择的结果，也反映了鬒在语义抽象过程中仍未脱离其修饰毛发的使用范围，鬒字的影旁仍具有语义识别作用，所以䐃未能取代鬒。

　　《诗·鄘风·君子偕老》："鬒发如云。"朱熹集传："鬒，黑也。"④马瑞辰传笺通释："鬒，通作䐃，……又通作缜。"⑤《集韵·震韵》："鬒，发黑。"（第1111页）

　　《广韵·轸韵》："䐃，章忍切。黑貌。"（第277页）《集韵·轸韵》"䐃"字下："黑谓之䐃。"（第735页）《龙龛手镜·黑部》："䐃，染色黑也。"（第531页）《太平广记·禽鸟·乌·吕生妻》："妾平生时无状，今为异类，生于郑之东野丛木中，䐃其翼，嗷其鸣者，当是也。"（第四册，第411页下）《太平广记·草木·芝·地下肉芝》："发之秃者，尽䐃然而长矣；齿之堕者，亦骈然而生矣。逸人默自奇异，不敢告于人。"（第四册，第110页下）

　　缜与鬒声符同为真声，且语音相同，上古同为章母轸部字，声同义

① 《杜诗详注》，第1797页。

② 《全唐诗》，第9071页。

③ 《全宋诗》，第17678页。

④ （宋）朱熹：《诗经集传》，北京古籍出版社（《四书五经》本），1996年版，第506页。

⑤ （清）马瑞辰：《毛诗传笺通释》，第173页。

近。两字核心意义相同，都有稠密义、黑义。二者"稠密"义差别只在于鬒所指为人体头部毛发，缜所指为织物。缜可用来形容织物细密，也可用来形容黑。其表黑疑为受鬒的语义沾染所致，属于词义发展过程中的同步引申。这也可反映出词义发展过程中容易呈类化发展的规律，是受语言使用过程中类推作用影响所致。但缜作黑义的语例极少，这是因为缜的细密义居于其使用中的主要地位，所以其黑义居于次要位置，其构词能力及使用频次也较低。

《方言》第四："繜谓之缜。"郭璞注："谓繜缕也。"（第849页上）缜，即细丝，密丝。《六书故·工事六》："缜，章忍切。密致也。记曰：'缜密以栗。'与鬒通。"（第564页上）缜、鬒音同，故语义也发生沾染。《广雅·释器》："缜，黑也。"（第272页下）《文选·谢朓〈晚登三山还望京邑〉》"谁能鬒不变"旧校："善本作缜字。"李善注文选释此"缜"字引《广雅》后认为："毛苌诗传曰'鬒，黑发也'，缜与鬒同。"（卷二十七，第八页）《太平广记·奇物·紫米》："紫米有类巨胜，炊一升，得饭一斗。食之令人髭发缜黑，颜色不老。"（第四册，第61页下）《太平广记·神仙·轩辕先生》："有笑集貌古布素者，而缜发朱唇，年始二八，须臾变成老妪，鸡皮鲐背，鬒发如丝，于宣宗前涕泗交下。"（第一册，第244页下）《徐霞客游记·游嵩山记》："两崖石壁宛转，色较缜润；想清流汪注时，喷珠泄黛，当更何如也！"（卷二，第一页）"色较缜润""喷珠泄黛"，缜对应黛，缜表黑义，明矣。

要之，鬒、顚、缜三字均可用于表示黑义。鬒较为早出，原兼表稠发黑发，后专表黑发，由此抽绎出"人头部毛发黑"义，顚为鬒"黑"义的后起字，使鬒"黑"义得到进一步扩展，可以形容动物毛发，但生命力不强，只活跃于唐宋时期。缜受鬒语义同步引申的影响，也产生了黑义，但使用并不活跃。

4. 黬（黫）

黬，皙而黑，指面白有黑点。与"点"双声。音近义近。《说文·黑部》："黬，虽皙而黑也。从黑弇声，古人名黬字皙。"（第211页上）黬，又记作黫。《广韵·咸韵》："黫，五咸切。釜底黑也。"（第232页）《类篇·黑部》："黬，居咸切，虽皙而黑。又鱼咸切，黑色。又邬感切，釜底黑也。又于琰切，中黑也。又乙减切，直聚气也。文一，重音四。"

（第 373 页上）《集韵·咸韵》："黬，《说文》：'虽晳而黑。'古人名黬字晳。一曰釜底黑。或作黬。"（第 618 页）《古今韵会举要·减韵》："黬，直聚气也。一云釜底黑。《庄子》：'有生黬也。'"（第 298 页上）

《庄子·庚桑楚》："有生，黬也，披然曰移是。"郭象注："黬，有疵也，有疵者，欲披除之。"（第 805 页）只存在于上古人名中，未见其他用法。《说文》"黬"字朱骏声《说文通训定声》："孔子弟子曾黬、奚容黬，皆字子晳。……按：字与点略同。箴占双声。"（第 104 页下）清惠栋《惠氏读说文记》："黬，古人名黬字晳。郑公孙黑字子晳，曾点亦字晳，疑黬古点字声。《史记列传》'曾点'作'曾蒇'，疑黬字之讹。"（第 528 页下、529 页上）

要之，"黬"指面白而有黑点。只用于人名。

5. 黰

"黰"字指肤色不白，泛黑。《说文·黑部》："黰，白而有黑也。从黑旦声。"（第 211 页上）徐锴系传："虽白而色滋。"（第 202 页下）滋即黑。诸字书均沿袭《说文》所载，上古人用黰以命名肤色不白的人物。但此字在后世文献中罕见，也未见其他用法。

妲己即黰己。清王棠《燕在阁知新录·妇人脸用颜色》："周静帝时禁天下妇人不得用粉黛，令宫人黄眉黑妆。夫女人粉面不用而用黑妆，岂好元妻之类乎？古有元妻其貌如漆，黑光可鉴。又'妲己'，古书作'黰己'。《说文》云：'白而有黑曰黰。'《字说》：'黑而有艳曰黰。'皆以黑见宠者。"（第 166 页下、167 页上）俞樾《茶香室续钞·妲己亦作黰己》："明杨慎《升庵外集·字说》云：'黰己即妲己。'引《字统》云：'黑而有艳曰黰。'按：《说文·黑部》：'黰，白而有黑也，从黑旦声；五原有莫黰县。'今据此说，则黰即妲己之本字矣，不特得其字，且可想见其容，亦奇闻也。"（第 589 页）黄侃《说文新附考原》："妲，女字，妲己，纣妃。从女，旦声。当割切。侃云，黰之别。焯谨案，《说文》：'黰，白而有黑也。'此当为妲己正字，盖如古所称玄妻之类。"（第 302、303 页）

熊黰、黰己均以容色名之。俞樾《茶香室续钞·妲己亦作黰己》："《史记·楚世家》有熊黰，《前汉功臣侯表》有仆黰，疑皆以容色名之。"（第 589 页）

要之，"皯"指肤色不白，泛黑。只用于人名。

6. 黚（皯）

颜色词"黚"表黑义源于面黑"皯"。黚，从黑干声，为皯的后起字。面黑色。皯，《说文·皮部》："面黑气也，从皮干声。"（第67页上）《广雅·释诂一》："皯，病也。"（第14页下）《列子·黄帝》："又十有五年，忧天下之不治，竭聪明，进智力，营百姓，焦然肌色皯黣，昏然五情爽惑。"（第40页）皯、黣义同，均指面黑。清吴谦等编《医宗金鉴·头部·鬓黑皯黵》："皯黵如尘久炲黯，原于忧思抑郁成，大如莲子小赤豆，玉容久洗自然平。"原注："此证一名鬓黑斑。初起色如尘垢，日久黑似煤形，枯黯不泽，大小不一。"（第9832页）黚为皯的后起字。《广韵·旱韵》："黚，古旱切。同上（皯）。"（第286页）《集韵·旱韵》："皯，《说文》：'面黑气也。'或作黚皯。"（第766、767页）《类篇·黑部》："黚，面黑气也。"（第373页上）《龙龛手镜·黑部》："黚，面上黑黚也。"（第532页）义符的改变表明人的认知的变化及对色彩特征的强化。

黚，既可指面黑色，与"黸""黵"连用时，也可指面部黑子。《说文》"皯"字朱骏声《说文通训定声》引《通俗文》："面黎黑曰皯黸。"（第737页上）《慧琳音义》卷七十五"黸黚"注引《文字集略》云："黸黚，面上黑斑点病也。"（《事汇部T54》，p.791.3）多出现在医书中，为皮肤病。晋葛洪《肘后备急方·治面皰发秃身臭心惛鄙丑方》："面多皯黵，或似雀卵色。"（第119页下）黚与皯，义同。皯黵指面上黑子。唐孙思邈《千金要方·妇人方·养胎》："妊娠食雀肉并豆酱，令子满面多黚黵黑子。"（第21页上）《千金要方·窍病·面药》："治黚子、面不净方。以上朱砂研细如粉，和白蜜涂之，且以酢浆洗之，大验。"（第135页上）

从干声之字多表黑义。旰，表天黑。《说文·日部》："旰，晚也。"（第138页上）《左传·襄公十四年》："卫献公戒孙文子、宁惠子食，皆服而朝。日旰不召，而射鸿于囿。"杜预注："旰，晏也。"（第1057页上、下）《左传·哀公十三年》："赵鞅呼司马寅，曰：'日旰矣，大事未成，二臣之罪也。'"杜预注："旰，晚也。"（第1923页下）晏、晚均指天黑。豻，《说文·豸部》："豻，胡地野狗，从豸干声。豻或从犬，《诗》曰：'宜豻宜狱。'"（第198页上）得名于其嘴或身体为黑色。又名青豻，为犬科的一种黑嘴或黑体的狗。《尔雅·释兽》："貀貜，似狸。"邢昺疏引《字林》："豺，胡地野狗。似狐，黑喙，皆貀之类。"（第363页下、364页上）豺是青藏高原出产的藏獒，后泛指大黑狗。孙锦标《通俗常言疏证·动物》："青豺狗，俗似大黑狗为青豺狗。"（第675页）① 馯，《集韵·删韵》："丘颜切，马青黑色。"（第318页）

要之，黔、骭均表黑义，黔为骭的后起字。用于形容人面部黑或面部有黑子。其所表示的黑色是属于病态的黑，所以当为黄黑色，正如《肘后备急方》所言，"如雀卵色"。

由"黔"为语素构成的表黑合成词：

[黔黵] 又写作"骭黵"。表示面部黑子。多出现于医书中，表示一种皮肤病。骭（黔）黵为双音节单纯词，黵为不自由语素，不可单独使用，只能与"骭（黔）结合表示面部黑子。《广韵·嶝韵》："黵，都邓切。骭黵。"（第435页）《类篇·黑部》："黵，骭黵，面黑气。"（第374页上）《千金要方·窍病·面药》："治黔黵、乌靥，令面洁白方。"（第135页上）又"面膏，去风寒，令面光悦，却老去皱方，……右十味哎咀，以水酒各半升，浸药经宿，煎三上三下，候水酒尽，膏成，去滓，傅面作妆，如有黔黵，皆落。"（第133页上）

7. 黰

颜色词"黰"表黑义源于"身体上黑茧"。《说文·黑部》："黰，黑皴也。从黑开声。"（第211页下）《说文》"趼"字朱骏声《说文通训定声》："趼[假借]为黰。"（第730页上）《庄子·天道》："吾固不辞远道而来愿见，百舍重趼而不敢息。"郭象注："趼，胝也。"（第481页）趼黰均为开旁，趼指胝，即厚茧。黰，从黑开声，即指黑茧。

"黰"从黑茧义中抽象出黑义，金韩道昭《五音集韵·狝韵》："黰，古典切，黑皴也。"② 《类篇·黑部》："黰，多殄切。黑色。又吉典切。《说文》：'黑皴也。'"（第373页上）其语义特点为黑而皴，常用于形容具有此特点的事物。清查嗣瑮《流泉砚歌》："子男蒲谷各有执，浑然其

---

① 详参李海霞《汉语动物命名考释》，第47页。

② （金）韩道昭：《五音集韵》，安徽教育出版社（《中华汉语工具书书库》本），2002年版，第189页。

形圆且直，温然其质和且栗，苍然其色蠶且黑。不知何年失其国，流落人闲几案侧。"① "其色蠶且黑"之物为研磨之墨，经研磨之后的墨通常呈黑皱状。清傅山《李宾山松歌》："小松无数不成材，龙子龙孙尽麻藁。蓬颊蔓委不作气，蠶鯹苟具培塿保。"② "蠶鯹"形容病树黑皱干枯之状。

　　也可泛指黑。明杨廷宣《连云栈赋》："其云则黵黯黔黯，雯曼衣被肤寸渐深，候于木末，远视极黪，迩之则黮，蠶于石罅，黤于深谷，暧霴淹留，氛氲隐天，幂幕屯需，落落寞寞，异于常态。"③ 黪、黮、蠶、黤均指黑。

　　要之，颜色词"蠶"取义于黑茧，其语义特点为黑皱。

8. 黔

　　"黔"字义从何来，无从考证。《说文·黑部》"黔"马叙伦六书疏证："黭、黔皆同舌根音转注字，黔字出《仓颉篇》，见《颜氏家训》引。黔、黔疑为一字异文，或此篆本在黭下，为正篆，黔是重文。今黔下训'黄黑'也，乃传写涉'黭'字说解而讹衍。或此篆讹移于此，而重文未移。校者谬为说解耳。"（卷十九，第一四三页）依马叙伦，黔字最初出自《仓颉篇》。

　　周时黔已表黑义。《周易·说卦》："艮为山，为径路，为小石，为门阙，为果蓏，为阍寺，为指，为狗，为鼠，为黔喙之属。"（第 392 页上）黔喙即指黑喙。《左传·襄公十七年》："筑者讴曰：'泽门之皙，实兴我役。邑中之黔，实慰我心。'"杜预注："子罕黑色而居邑中。"（第 1084页上）《墨子·贵义》："今瞽曰：'钜者白也，黔者黑也。'"（第 443 页）秦时，"黔首"成为民的通称。《说文·黑部》："黔，黎也。从黑今声。秦谓民为黔首，谓黑色也。周谓之黎民。"（第 211 页下）元梁益《诗传旁通》卷六解"黔首"："《史记·秦皇帝》：'更名民曰黔首。'黔，黑也。谓其黑头无知也。《礼记·祭义》曰：'明命鬼神以为黔首则。'按：古无'黔首'之称，而云为'黔首则'，此汉儒窜入之说，无疑非《礼记》旧文。"（第 745 页上）《小尔雅·广诂》："玄、黔、骊、黝，黑

---

① （清）查嗣瑮：《查浦诗钞》，北京出版社（《四库未收书辑刊》本），1997 年版，第 52页下。

② （清）徐世昌编：《晚清簃诗汇》，中国书店（十函八十册），1982 年版，卷十二，第三页。

③ （清）陈元龙辑：《历代赋汇》第 11 册，第 440 页。

也。"（第 71 页）

　　黔字表黑，较多用于"黔首""黔黑"词中，用于表示面黑或中黑。清叶方蔼等编《孝经衍义·士之孝·爱亲》："持锸荷土以为坟，手胝面黔，亲友不能识。"（第 198 页下）清纳喇性德《陈氏礼记集说补正》："孔子曰：'黔，黑也。凡人以黑巾覆头，故谓之黔首。'"（第 228 页下）"黔首"之得名，盖与五行五色说有关。秦人崇尚水德，《史记·秦始皇本纪》："始皇推终始五德之传，以为周得火德，秦代周德，从所不胜。方今水德之始，改年始，朝贺皆自十月朔。衣服旄旌节旗皆上黑。"（第 237 页）上黑即尚黑。故规定普通民众黔首，即用黑巾覆头，并用此命名民众。

　　黔也表示"染黑"。《韩非子·奸劫弑臣》："及襄子之杀智伯也，豫让乃自黔劓，败其形容，以为智伯报襄子之仇。"（第 106 页）此处"黔"表刑法，将面染黑，义同"黥"。《朱子语类·本朝·法制》："进士入试之日，主文则设案焚香，垂簾讲拜。至学究，则彻幕以防传义，其法极严，有渴至饮砚水而黔其口者！当时传以为笑。"（第 3079 页）

　　要之，"黔"周时已产生黑义，主要用于指称民众的"黔首"或表示"面色黑"的"黔黑"中，也表示染黑义。

　　由"黔"为语素构成的表黑合成词：

　　［黔黑］黔黑由"日黔而黑"一语而来，《庄子·天运》："鹄不日浴而白，乌不日黔而黑。"（第 522 页）南北朝时出现作"染黑"义的语例：南朝宋鲍照《园葵赋》："乌非黔黑，鹤岂浴净?"① 宋代起出现表"黑"义的语例：《说郛》载宋杜绾《云林石谱》："西蜀石，又一种微黔黑，石理稍麄涩。"（第 4423 页上）清吕履恒《关门行》："瓦砾崩翻烧黔黑，荒冢草白天黄昏。"②

① 《全上古三代秦汉三国六朝文·全宋文》，第 2689 页上。
② （清）沈德潜选编：《清诗别裁集》，河北人民出版社 1997 年版，第 335 页。

第三部分

综 论①

一 范畴

　　研究黑系颜色词，首先要确定黑系颜色词的范畴。本书所探讨的古汉语黑系颜色词指古汉语中所有以黑命名且可以固定用来指称物色黑的词语。这里的"古汉语"所指时域，即上自商周下迄清代。这里的"固定"指使用上不是临时产生的修辞义，而是已被固定下来用于描述黑色物体颜色的那些词。此外，不包括以黑色命名的具体名物词、未能完全从所属名物词中抽离出来的词。如：鹥，取义于灰黑色羽毛的海鸥；矑，取义于黑色眼仁……这些名物词虽因具黑色之特征而得名，但只能指称黑的物，不能用来指称事物的黑色形态，不属于颜色词范畴，故不在本书考察范围之内。与其他颜色词一样，黑系颜色词都是对自然界色彩的认知范畴化的结果，也包括对语言中语词的颜色认知结果。这种认知具有"心理上的显著性和稳定性"，即"受试者不因语境的变换而改变对颜色的看法，不因个人用法而有不同的判断"②，以区别于那些临时用来比喻物色黑的词语。正因为是反映了古人对色彩的认知，因而所谓的"黑"不同于今天色彩学理论中谈及的无色彩系中的"黑"，古人眼中的黑除了无色彩系中对应于"白"的黑之外，还指那些明度、纯度都较低，视觉上呈灰、黑的有彩色系列中的颜色。

---

　　① 本部分内容可详参侯立睿《古汉语黑系颜色词的构成、来源及其特点》，日本早稻田大学《中国语学研究开篇》2015 年总第 33 期。

　　② 引自姚小平《基本颜色词理论述评——兼论汉语基本颜色词的演变史》，《外语教学与研究》1988 年第 1 期。

本书就按照古人对颜色词的认知方式，对辞书、字书和古代文献进行调查、分析、甄别，共审定出古汉语黑系颜色词 151 个，其中单音节词 80 个，双音节词 45 个，三音节词 24 个，四音节词 2 个。（见附录二表一：古汉语黑系颜色词表）

二 来源及其分类

颜色词作为一个较为抽象的词类，是从概念角度进行的分类。对古汉语黑系颜色词的研究发现，这个系统内部成员的来源是复杂的，这反映了古人"远取诸物，近取诸身"的造词造字取象来源。为了更适切地反映其成词及词义特点，本书按其取象范畴的不同分为八类，分别是：

（一）源于生活现象词。如：炱，也写作"炲"。本指火烟凝聚成的黑灰，其词义可概括为［＋黑色的］［＋火烟］［＋灰］，汉代起从词义中抽绎出［＋黑色的］义素，用于指面色呈病态的晦闇发黑。《素问·风论》卷十二："肾风之状，多汗、恶风、面疣然浮腫，脊痛不能正立，其色炲，隐曲不利，诊在肌上，其色黑。"王冰注："炲，黑色也。"①

（二）源于染织词。如：缁，本指经染色后得到的黑缯名。《周礼》中详细记录了此种缯的染色过程。《周礼·考工记·钟氏》："三入为纁，五入为緅、七入为缁。"郑玄注："染纁者，三入而成……又复再染以黑，乃成缁矣。"其词义可概括为［＋经染］［＋黑色的］［＋缯］，战国时代的《望山楚简》就出现了"缁"用于修饰黑色的丝织品的记载。"'肯緅联膝'之语简文屡见，似是一种织物的名称……'肯緅'当读为'缁紬'，即黑色之紬。"② 从传世文献看，《诗经》时代就已出现此种用法。《诗·郑风·缁衣》："缁衣之宜兮，敝，予又改为兮。"毛传："缁，黑色，卿士听朝之正服也。"此处表颜色的"缁"正是从表黑缯的"缁"中抽绎出［＋黑色的］义素而成颜色词的。

（三）源于器具词。如：黑颜色词"黎"是从表农具的"犁"中抽

---

① （唐）王冰注，（宋）林亿等校：《内经素问 灵枢经 难经集注》，台湾"中华"书局（《四部备要》第 180 册），1981 年版，第 3 页。

② 转引自《古文字诂林》第九册，上海教育出版社 1999 年版，第 1196 页。

绎而出的，原始犁的主体部位犁铧为灰褐色页岩，[1] 灰褐色为闇灰黄或闇灰黄红。用孟塞尔色彩体系表示则为5YR（或5Y）3.0/2.0[2]，是明度和纯度都极低的黄色或黄红色，视觉上感受则为黑色泛黄或泛黄红色。犁的颜色义盖由此得名，进而专门分化出了表颜色义的"黎"。由于其来源于灰褐色的犁，故其构词和表义时往往为"黄黑色"，而非纯黑。如甲骨文中有关"𥝢马"的记载，"当言黄黑色或黑色之马。"[3] "黎"后来被表义性强的"黧"字替代，但其始终表示"黄黑"色，多用于形容人皮肤及动物皮毛黄黑。如：《墨子·兼爱》："比期年，朝有黧黑之色。是其故何也？君说之，故臣能之也。"[4] 唐张鷟《朝野佥载》卷二："监察御史李嵩、李全交，殿中王旭，京师号为'三豹'。嵩为赤黧豹，交为白额豹，旭为黑豹。"[5]

（四）源于动物词，如："乌"表黑色义源于乌鸦。古人对乌鸦体色黑早有认识，《诗·邶风·北风》："莫赤匪狐，莫黑匪乌。"春秋—战国时期，颜色词"乌"就从动物乌鸦［＋毛羽］［＋黑］［＋油亮］［＋鸟］的词义中抽绎出［＋黑色］义，由于其颜色义取自乌鸦，因此往往还会携带"乌鸦"词义中的［＋油亮］义。故所修饰事物也多具此特点。如宋蔡伸《蓦山溪》："晚来特地，酌酒慰幽芳，携素手，摘纤枝，插向乌云鬓。"[6] 此处用"乌"形容头发油黑发亮。

（五）源于矿物词。如颜色词"青"是从矿物"青"中提取颜色义而来。"青"字本义即为矿物。《说文·丹部》"青"字徐灏注笺："盖丹为总名，故青从丹生声，其本义为石之青者。引申之，凡物之青者皆曰青

---

① 详参钱小康《犁》，《农业考古》2002 年第 1 期。

② 现代色彩学中一种通用的色彩标示法，能够准确表示所代表色谱颜色。一般标示方法为：HV/C，H 代表色相 Hue，V 代表明度 Value，C 代表纯度 Chroma。

③ 此引自李孝定编《甲骨文字集释》，台湾中央研究院历史语言研究所 1970 年版，第 2391 页。

④ （清）孙诒让撰：《墨子间诂》，中华书局（《新编诸子集成》本），2001 年版，第 105 页。

⑤ （唐）张鷟撰：《朝野佥载》，（《隋唐嘉话 朝野佥载》合订本），中华书局 1979 年版，第 34 页。

⑥ 唐圭璋编纂，王仲闻参订，孔凡礼辑：《全宋词》，中华书局 1999 年版，第 1307 页。

矣。"①《周礼·秋官·职金》："掌凡金、玉、锡、石、丹、青之戒令。受其入征者，辨其物之媺恶与其数量，楬而玺之。入其金锡于为兵器之府；入其玉石丹青于守藏之府。"众所周知，颜色词"青"既可指绿色、蓝色，又可指黑色，所指颜色范围很广。究其因，正是由其来源于矿物"青"的缘故。古人将孔雀石和与之共生的蓝铜矿统称为"青"。孔雀石又名青腴，或空青，颜色翠绿，绿色成分是 $CuCO_3 \cdot Cu(OH)_2$。明缪希雍《神农本草经疏》卷二："空青味甘，寒，无毒。……能化铜、铁、铅、锡作金。生山谷有铜处。"② 蓝铜矿呈翠蓝色，蓝色成分是 $2CuCO_3 \cdot Cu(OH)_2$，名曾青、石青、大青、扁青。由于共生矿中孔雀石、蓝铜矿的成分没有固定的比例，所以"青"的颜色呈现出多样性，可以表现为单纯孔雀石的"绿"或蓝铜矿的"蓝"，或由孔雀石和蓝铜矿组合成的由绿到蓝的两个色调之间的所有颜色，包括明度低纯度低呈现为深蓝近黑的颜色。加之二者都被用来冶炼青铜，而二者经过焚烧后就会变为黑色。"青"由此产生"黑"颜色义。也正因矿物"青"的多色性，使得颜色词"青"表黑义时多用来指非纯黑色，即隐含有蓝绿色的明度纯度都较低的近黑色。

（六）源于植物词。如：皂，本指能作黑色染料的柞树果实皂斗。柞树，栎属壳斗科植物，其果实是我国古代主要的黑色染料植物。《诗·唐风·鸨羽》"集于苞栩"陆玑疏："栩今柞、栎也。徐州谓栎为杼，或谓之栩，其子为皂，或言皂斗。其壳为汁，可以染皂。"③ 栎树果实皂斗（又名橡斗、柞栗、橡栗）④ 含鞣质，与亚铁盐与高铁盐相反应会生成深黑色的化合物。古人将皂斗破碎用水抽取鞣质，加入媒染剂可染黑。古人从植物染料"皂斗"可以染黑中抽象出"黑"义。最初主要用于表示经其染黑的织物颜色，且多用于表示官吏服色。《汉书·谷永传》："永奏书

---

① （清）徐灏撰：《通介堂经说》，上海古籍出版社（《续修四库全书》第177册），2002年版，第278页下。

② （明）缪希雍撰，夏魁周、赵瑗校注：《神农本草经疏》，中国中医药出版社1997年版，第61页。

③ （三国吴）陆玑撰：《毛诗草木鸟兽虫鱼疏》，商务印书馆（《丛书集成初编》第1346册），1936年版，第28页。

④ 详参赵匡华、周嘉华著《中国科学技术史》（化学卷），科学出版社1998年版，第626，627页。

谢凤曰:'永斗筲之材,质薄学朽,无一日之雅,左右之介,将军说其狂言,擢之皂衣之吏,厕之争臣之末,不听浸润之谮,不食肤受之诉,虽齐桓晋文用士笃密,察父忧兄覆育子弟,诚无以加!'"此"皂衣"代指一种官职。是秦尚黑,汉沿秦制的官吏服饰制度的真实反映。再如:《汉书·萧望之传》:"敞备皂衣二十余年,尝闻罪人赎矣,未闻盗贼起也。"如淳注:"虽有五时服,至朝皆著皂衣。"

(七)源于自然现象词。如:阴,本指于山北阴闇之处。《说文·阜部》:"阴,闇也。水之南、山之北也。从阜侌声。"① 段玉裁注:"按山北为阴,故阴字从阜。"② 由于背阳处光线闇,"阴"又引申出光线不明义,即闇、黯。唐王建《温门山》:"洞门昼阴黑,深处惟石壁。"③ 后又由"光色黑"引申出"物色黑"。《尔雅·释畜》:"阴白杂毛,骃。"郭璞注:"阴,浅黑也。"

(八)源于发肤色词。如:鬒,表"黑"义源于"黑发"。《诗·鄘风·君子偕老》"鬒发如云"毛传:"鬒,黑发也。"既而抽象出黑义,表示发黑,后来又扩指人的毛发黑,包括须、发、眉。《左传·昭公二十六年》"有君子白皙,鬒须眉,甚口"陆德明释文:"鬒,之忍反,黑也。"《楚辞·屈原〈大招〉》"粉白黛黑"王逸注:"黛画眉鬒,黑而光净。"④

对上述表黑颜色词语义来源进行分类研究,可以总结出古人的一些命名和认知规律、特点。这些命名和认知规律简单地可以概括为:一方面,不同来源的颜色词数量的多寡不同。取义于自然现象、生活现象、染织类词的数量较多,反映了人们对于自然界中日月星辰、昼夜晨昏、生活实践的细致观察和高度重视。反映了越是与生活密切相关的范畴就越易成为颜色词命名的类别。另一方面,从每个表黑颜色词的来源内部来看,可以反映出古人的认知特点:(1)生活中经常出现的事物,常被作为颜色词的取象物。如动物类中乌、鸦、雀都为古老中国文化发源地黄河中下游地区的常见鸟类,古人对于它们的外形特征、生活习性都很熟悉,用这些常见的具体的动物的颜色特征来喻指其他事物,是一种思维和命名惯式。这一

---

① (汉)许慎撰,(宋)徐铉校定:《说文解字》,中华书局(影印本),1963 年版,第304 页下。

② (清)段玉裁注:《说文解字注》,上海古籍出版社1988 年版,第731 页上。

③ (清)彭定求等编:《全唐诗》,中华书局1960 年版,第3372 页。

④ (宋)洪兴祖补注,白化文等点校:《楚辞补注》,中华书局1983 年版,第222 页。

点可从大量的文学作品中这些事物常用来当作文学意象得到印证。
（2）重视具有功用的事物，常将这类事物作为颜色词取象物。如植物、矿物类中的大部分词，或可用于黑色染料、涂料，如：漆、皂、青、黛、铅；或为黑的果实、食物，如：柜、葚（黮）；或可用于装饰物，如：磬（䃂）。又如器具类中的卢、犁（黎、𪗉）。这些来源于不同范畴的黑系颜色词，绝大部分都与当时的社会、生产有着密切的联系，反映了人们在命名颜色词时的功利思想及实用色彩，越对生产生活起重要作用的事物，其颜色识别及命名就越要更为细致、迫切。根据这样的认知特点，也可以从古汉语黑系颜色词的来源反观蛮荒及上古时代人们的生存状态和认知水平。

三　特点

古汉语黑系颜色词有五个特点：

1. 模糊性

模糊性是颜色词的一大特点，一者归因于自然界中色彩的模糊性。自然界中存在的色谱是一个连续的颜色体，每个代表色之间存在着过渡色，这些代表色及过渡色本身存在着模糊性。黑系颜色词也不例外，作为色彩中无彩色系列的白、黑色系列，是由白到黑的 N 种按照黑、白两种不同比例混合出来的灰色系列，黑色只是接近于黑闇的灰色。有彩色系列中明度、纯度低的颜色视觉上也接近于黑色，汉民族也将其纳入黑色。这些色彩本身存在着界限不明，畛域难分的特点。

二者归因于对于颜色的认知及感受方面的差异。社会语言学的研究表明，对颜色的命名和识别往往受多种因素的影响。杨永林在对中国大学生色彩语码认知模式的社会语言学调查后，认为"大学生母语色彩编码能力的形成和发展，是受多种协变因素制约的，有的是来自于语言学方面的，有的是来自认知心理学方面的，还有一些是来自遗传生理学方面的。"[1] 古代汉民族对黑色的认知也存在同样的差异。如"雀"本指麻雀。

---

① 杨永林：《中国学生汉语色彩语码认知模式研究》，清华大学出版社 2002 年版，第132 页。

体背褐色，多黑色麻斑。《说文·隹部》"雀"字段玉裁注："今俗云麻雀者是也。其色褐。"（第 141 页下）褐色指深黄红色。而《书·顾命》："二人雀弁，执惠，立于毕门之内。"孔颖达疏引郑玄曰："赤黑曰雀，言如雀头色也，雀弁制如冕，黑色，但无藻耳。"（第 598 页下—600 页上）段玉裁认为"雀"为"褐色"，孔颖达对"雀"的认知和感受是"赤黑"色，既而认为雀弁为"黑色"。褐色和黑色本属两个不同的色系，孔颖达、段玉裁却对同一种动物麻雀作了不同的颜色体认，这是不同的人对颜色的认知和感受造成的。

　　三者归因于自然界中繁多的颜色与语言中有限的颜色词之间的客观现实存在。据研究表明，人眼能感受到颜色细微差别的数量达七百万。[①] 而目前我国出版的权威性颜色色名集《中国颜色体系》收集到的中国色名有 2500 余种，同色异名归类后为 1867 种。可见用有限的颜色词去指称几万、几十万乃至几百万的色彩，一个颜色词涵盖的色彩数目该有多少！所指物的众多与能指词的有限必然造成颜色词的所指模糊性。古汉语黑系颜色词作为颜色词的一部分，也必然存在此种模糊性。如"灰"本指"死火余烬"，由于燃料的不同，会产生不同颜色的灰烬，于是古人用"灰"来指称由浅黑到深黑的颜色。明王守仁《德山寺次壁闲韵》诗中在描写天色刚黑时拜访寺僧时提道："乘兴看山薄暮来，山僧迎客寺门开。……岩根老衲成灰色，枯坐何年解结胎。"[②] 光线将闇时，视物会发黑，此处"灰色"即指"浅黑色"。而元无名氏《冻苏秦衣锦还乡》第三折："止不过腕悬着灰罐，手执着毛锥，指万物走笔成章。"[③] 此处"灰罐"指"墨罐"。"灰"对应"墨"，表深黑色。可见，同一"灰"字古人既用以指称"浅黑色"，又用来指称"深黑色"，是黑颜色的多样性与古汉语黑系颜色词的有限的内在矛盾直接导致的结果。从浅黑到深黑的色谱带里人眼可辨识的颜色很多，难以精确地记录其数字，但古汉语黑系颜色词问题不超过 200，其指称的模糊性是必然的。

---

　　① 详参伍铁平《论颜色词及其模糊性质》，《语言教学与研究》1986 年第 2 期。

　　② （明）王守仁撰：《王文成公全书》，上海书店（四部丛刊初编本），1989 年，卷十九，第六十五页。

　　③ 《全元戏曲》第六卷，人民文学出版社 1999 年版，第 256 页。

2. 属物性

任何颜色词都是由其原附属物抽象而来的（对语言的错误解读产生的颜色词除外）。前人也提到过类似的观点，如"借物呈色"的观点，[①] "依附性"的观点。[②] "借物呈色"观点强调汉民族思维的具象性和直觉性决定了用具体事物来表达颜色词的抽象概念。"依附性"观点则立足于现代汉语主要从颜色词的构形也即词形上探讨其依附性。本书所提出的"属物性"则强调颜色词对于原生事物语义上的依附从属性。一方面，颜色词是由名物词中抽象而来，这是人所共识的。这种抽象的结果在语义上的表现是：抽象化了的颜色词的词义特点往往包含了原物的某些特点，这属于颜色词语义发展中的共同特点。黑系颜色词也不例外。如黑颜色词"黎"及其后起字"黧"表黑义，其所表黑义实为"黄黑色"。究其因缘于其取义于农耕工具"犁"，从前文提及的考古发现来看，汉民族古老的"犁"的"铧体"为灰褐色的页岩，这种灰褐色被古人视作黑色，实为黄黑色，来源于"犁铧"的黑颜色词"黎"在使用中始终携带了原物色彩的色相、明度及纯度，即明度低纯度低的黄黑色。又如黑颜色词"黮"表黑义，其所表黑义实为紫黑色，是由于其取义于桑树果实桑葚，成熟的桑葚为紫黑色。这些都是颜色词所表颜色受其所属物的限制和影响的结果。另一方面，颜色词的属物性还表现在由于颜色词的语义生成中往往携带或沾染了原生词颜色义之外的语义特点，所以在语词的搭配与使用过程中也会受到原词语义的一定的限制和影响，这一特点在抽象化程度不高的黑系颜色词中非常明显。如"鬒"表黑义，取义于人的黑亮的头发"鬒"。由于其在使用过程中，受到原生词［＋油亮］［＋头发］的语义

---

① 于逢春《论汉语颜色词的人文性特征》（载于《东北师范大学学报》1999 年第 5 期）一文首次提出，广为后学者采纳。该文认为"汉民族用语词表达概念时，总是习惯于通过自己身边的具体实物作比造词，这就是以具体有形的客观事物使语义获得心灵的呈现，从而使概念生动可感而有所依托。……由于颜色词表达的是比较抽象的概念，所以，当古人注意到颜色这种自然现象后，在语义的'包装'上便运用了借物呈色的方法。关于这一点，无论是从古代代表五色的颜色词的字形分析上，还是从古今字典的释义上，都可以找到确凿的证据。"

② 叶军博士论文《现代汉语色彩词研究》第五章第一节"色彩词的客观性特点"中提出：色彩词的客观性是通过色彩词对具体事物的依附性表现出来的。并概括了两种表现形式：一为基本色彩词词形的"非原生性"，是依附性在色彩词词形上的一种表现；另一为大量色彩词的内部组成中包含有"表物词素"，如：葱绿、茶色、樱桃红、象牙色等。

牵制，只适用于形容人的头发或动物毛发黑亮的场合。这是颜色词属物性的又一表现。又如"蠅"表黑义，取义于动物苍蝇。由于苍蝇个体小，所以在黑颜色义的语义发展过程中，"蠅"始终携带了原生词苍蝇形体"小"的语义，因此使用范围也受到限制，多用于表示"面上黑子"。

3. 抽象化程度不同

颜色词由所附属的原生物抽象而来，这个抽象过程往往不是一次性完成的，有的颜色词经过了几次抽绎过程后，抽象化程度很高，表现为原生物的语义特点已经隐去，只留下纯粹的颜色义，使用范围较广，可以用于形容不同物体的黑。而有的颜色词往往只经历了一次抽象过程，把颜色义由非核心义素变为了核心义素，在表达颜色义时，往往携带有原生物的语义特征，其所修饰的范围受到限制。

造成这种内部成员抽象化程度不同的原因主要有：（1）形成时间的早晚不同。一般而言，产生时代较早的表黑颜色词，其抽象化程度就较高。漫长的历史时间为它们语义的不断抽象提供了可能。反之，则抽象化程度就较低。如黑系颜色词系统的上位概念"黑"，在甲骨文时代就已出现了，其抽象化程度最高。而汉以后产生的颜色词，抽象化水平一般较低。如"黚"，《说文》中始见，其语义始终停留在"面黑"或"面黑子"上，未有进一步抽象的迹象，抽象化程度低。（2）表黑颜色词其附属的原生物之黑色的典型性与否也是重要因素之一。尽管人们很难界定到底黑所涉及的色域有多大，有时很难用肉眼对非彩色的黑与彩色系中纯度、明度都较低近黑的彩色进行区分，但是往往会在意识中有一个典型性"黑"的认识。一些原生物其黑色接近人们心目中的典型色，则其抽象出的表黑颜色词往往抽象化程度高。反之，如果一些原生物的黑色距离人们心目中典型的黑较远，则其抽象出的表黑颜色词抽象化程度不高。如：表黑颜色词"乌"是从原生物乌鸦中抽象而来，由于乌鸦通体乌黑，与人们心目中典型的"黑"非常接近，所以其抽象化程度很高。而同样抽象自动物的表黑颜色词"雀"，取义自"麻雀"，由于麻雀色为"赤黑色"，与典型的"黑"距离较远，所以其抽象化程度不高。（3）表黑颜色词所依附的原生物受人们重视与否也决定了表黑颜色词的抽象化程度的高低。一些与人们的生活、生产密切相关的原生物，往往成为人们的关注对象，也较易掌握和接受它们的颜色特征，所以其抽象化程度较高。而一些易于被人忽视的原生物，其所抽象出的颜色词也往往易于被人忽视，其抽象化程度自然也就很低。如：皂，取义于植物栎树果实皂荚，由于其能作为助染剂用于染色，尤其是染黑色织物，所以为人们所重视，其抽象化程度较高。又如：蚁，取义于动物小蚂蚁，由于其与人们的生活、生产很少发生关系，所以人们对其的关注度并不高，其抽象化程度不高。（4）一个词颜色义的抽象化程度高低也要受该词其他语义的影响，尤其是原生词语义的影响。如颜色词"漆"其表黑义为正黑，纯黑，但由于其取义于"漆树汁"，一种涂料，而这种涂料是日常生活中经常使用的材料，所以漆的"涂料"义一直处于其核心义素位置，致使其"黑色"义长期处于非核心位置，抽象化进程受到抑制。反映了一个词内部语义的发展是此消彼长，相互牵制的。（5）语言使用者的习惯也是重要因素之一。语言使用者在使用过程中的喜好往往也会导致某些颜色词的使用频率较高，使用频率高的黑义颜色词往往其抽象化程度也较高。如绀、縓本指同一色：黑蓝紫色。由于"绀"成为通用语，"縓"则仍为方言，人们更习惯于使用"绀"，所以其抽象化程度高，而"縓"只有方言之称的记载，更谈不上使用了。（6）文化因素的干扰。五色说与服色制度在中国古代社会里占据着重要的地位，属于上层建筑中诸如意识形态、制度等组成部分，这些制度文化人为规定了何种颜色代表正统，何种代表低贱，使颜色成为尊卑贵贱的象征，颜色词也相应产生了尊卑贵贱的附加义。这种文化因素的干扰往往也会导致表黑颜色词在使用过程中的使用范围受限，阻碍了其进一步抽象化过程。如："玄"在上古社会里作为五色五行说的产物，代表天，所以一直被作为重要礼仪制度中表"黑"义词，而它固有的尊礼特色，也限制了其语义的进一步抽象。

4. 内部不平衡性

从颜色词形成的八个来源来看，具有不平衡性。源于生活现象的表黑颜色词是最多的一类，光单音节词就有 22 个。是古人对身边生活现象的细致观察的结果。如取火技术的发明与使用，产生了大量与之相关的表黑颜色词的产生，如：灰、炱、焦、焌、黢等。源于染色织物的表黑颜色词与源于自然现象的表黑颜色词的总量次之，源于染色织物类的表黑颜色词居多的原因主要有两点：一是古人染色技术的高超直接导致了多种不同黑色织物的产生，于是就产生多个专名来命名这些织物。染色产生的多种黑色织物专名为多个表黑颜色词的产生提供了现实条件。二是中国古代服色文化的发达是形成其大量存在的人为原因。服饰文化是中国礼文化中的一个重要部分。不同的礼仪、场合、身份对服饰都有严格的要求，不容僭越。对衣服、配饰，冠冕的颜色都要求有明确的区分。为了体现这种区分，必须用多种颜色来加以区分，也必须用不同的颜色词来记录这些繁冗的服饰颜色要求，于是命名这些不同颜色染色织物的颜色词也就应运而生了，其中就包含了大量的近黑颜色词。源于自然现象的表黑颜色词居多说明古人对日月星辰的依赖与重视。

从其构词能力来看，也具有不平衡性。居于黑系颜色词语义场核心部分的表黑颜色词显示出了强大的构词能力，如："黑""乌""玄"。构词能力的强弱与其抽象化程度呈正相关，抽象化程度越高的表黑颜色词其构词能力越强，反之，抽象化程度越低的表黑颜色词其构词能力越弱。

从其使用频率来看，也具有不平衡性。从单音节、双音节表黑颜色词的使用角度观察，上古汉语文献中单音节表黑颜色词使用频率较高，继之，汉代起双音节表黑颜色词大量产生，使用频率渐趋走高。从语义场内部成员角度观察，居于黑系颜色词语义场核心部分的表黑颜色词的使用频率要远远高于语义场内其他成员。

5. 历史层累性

颜色词系统不是一个共时平面的构成态势，而是由不同历史时期的颜色词不断累积形成的。古汉语黑系颜色词也如是，是漫长的古代社会不同时期的产物，反映了不同的时代特点。文献材料中最早见到的表黑颜色词出现在商周时的甲骨文、金文中，如"黑""玄"等，从文献用例来看，这些词的使用已经完全摆脱了其所依属的名物，呈现出较高的抽象性，表明其产生的时代要更早于商周。而最迟出现的表黑颜色词则出现在古代社会的末期清朝，如四音节词"乌漆墨黑"。从上古汉语时期单音节表黑颜色词的产生和使用到中古汉语时期双音节表黑颜色词的大量涌现，再到近代汉语三音节、四音节表黑颜色词的形成，这期间跨越了商、周、秦、汉、魏、晋、南北朝、隋、唐、宋、元、明、清等几千年，黑系颜色词也随着人们生活和生产实践的不断发展，数量由少而多，取象对象、命名、语义及构词形式不断发生着变化。颜色词系统本身就是一部人类文明史。

6. 与现代色彩学色系划分不一致

现代色彩学把色彩分为三个系列：无彩色、有彩色及特殊色。黑归于无彩色系列，即 N 个按照黑、白两种不同比例混合而成的灰色系列中倾向于黑闇的灰色都属于黑色。所以黑不属于有彩色、特殊色系列。而古汉语黑系颜色词所反映的黑色系列却大大地超过了现代色彩学对黑色系列设定的范围。它不仅包括了无彩色系列中的"倾向于黑闇的灰色"，而且还包括了有彩色系列中明度、纯度都较低的有彩色。一些非纯黑色的颜色词即属于此类。这反映了古今人对于颜色划类的不同认识。（请参看附录二表四：古汉语单音节黑系颜色词谱系）如：古汉语中的"青黑"，按今天色彩学角度，为"深闇蓝绿。发青的黑青色，也叫作青黛色"。[1] 用孟塞尔色彩体系表示为 2BG—2B，< 2.25/1.5—3.5。此色在今天被归为蓝绿色中的深、闇色调，并用"黑青色"来命名。青、黑的位置发生了变化，二者之间的修饰与被修饰关系发生了倒置，这个倒置反映了两种不同的色彩归属观念。造成这种色彩划定范围大小不一致现象的原因有：（1）古人对于黑的重视要胜于今人。作为与"白"相对立的颜色，古人对"黑"投注了更多的人文情怀。表现在黑、白都蕴含了丰富的文化义，作为人类语言最早产生的两种颜色，早期的人类文明对黑的体认要超越其他颜色。同时这也是古代哲学观中二元对立思想的具体反映。因而，人们对事物颜色命名中，习惯性地对黑色予以重视，把它作为划分事物类别的主要标准，大量表黑颜色词的产生也是这种对黑的体认的产物。（2）古人的辨色能力较之今人要略逊一筹。尽管德国眼科专家马格努斯在其《关于原始民族的色觉的调查》一文中提出"颜色的命名与感知能力的高低并没有必然联系"，[2] 但是现代社会语言学的调查表明人对于颜色的辨别和感受会受到学习因素的影响，即经过对颜色研究和学习的人对于颜色的辨别和感受力会更强。今天的色彩学理论是人们在光学、物理学、视觉生理学等多种学科的相关理论的支持下发展而来的一门学科。其内部对于色彩的形成和分类要较之前人更为科学、精确。所以会将不同的黑色与近黑色的

---

[1]　参看尹泳龙《中国颜色名称》，地质出版社 1997 年版，第 38 页。

[2]　转引自姚小平《基本颜色词理论述评——兼论汉语基本颜色词的演变史》，《外语教学与研究》1988 年第 1 期。

色彩进行严格的区分，这种区分把原属于黑色系列中的非纯黑色划入其本所归属的色系，大大地缩减了庞大的黑色系成员。与之相应，古汉语黑系颜色词中的非纯黑颜色词被现代色彩学划入了有彩色系列，区别于纯黑颜色词。

综上所述，古汉语黑系颜色词系统的形成具有深厚的民族特征和文化烙印，需参以文化及人文科学相关知识加以研究。作为颜色词语义场中一个分支，其语义形成及演变有何规律，其内部成员相互关系如何，仍值得进一步深入探讨。

四 构词及语义特点

古汉语黑系颜色词构词按音节划分可分为：单音节词、双音节词、三音节词、四音节词。按语素划分可分为单纯词、合成词。

1. 单音节单纯词的语义形成及其演变

古汉语黑系颜色词中单音节词都为单纯词、单纯词都为单音节词。前文提及，黑系颜色词都由原附属物抽象而来，那么，这些单音节的黑系颜色词的词义在抽象过程中，是通过哪种方式发生了质的转变呢？又有哪些规律可循呢？本书认为，古汉语表黑颜色词词义的转变通常有以下几种：（1）黑作为核心义素的提取。即黑本作为原属名物词的认知特征而加以命名的。在抽象化的过程中，黑作为词义的核心义素被凸显，经提取成为颜色词。而这一抽象过程的心理学解释是联想机制中的感觉联想，"诱因多次出现而产生的正规的（一般的）变化"。[1] 经验主义认知观的解释则是："思维具有想象性。间接的概念（不是直接来源于经验的概念）是运用隐喻、转喻思维方式的结果，并以此超越对外部世界的直接映象或表征。就是这种想象力才产生了'抽象'的概念。"[2] 如：古汉语的"黑"本指墨刑，其语义可分析为［+施加］［+黑］于［+面部］，而墨刑被

---

[1] 德国心理学家、哲学家冯特的观点，引自高名凯、石安石《语言学概论》，中华书局1963年版，第223页。

[2] 引自赵艳芳《认知语言学概论》，第33页。

命名为"黑",也意在涂黑以示惩戒。墨刑"黑"的颜色义经相似联想一旦被人们提取用来比喻其他事物,其他义素逐渐消隐,其颜色义就会得到凸显,并被人们正式地抽象为颜色词。有学者也曾提到此种词义演变属词义引申,是词义中区别性义素被保留的结果。① 区别性义素的概念重在突出该义素在词的语义系统内的特征、位置,而本书所提出的核心义素则强调在语言命名过程中人们对事物主要特征的认识和掌握。这一点也可从系列以黑命名的同源词中得到映证。这个核心义素也即张永言所说的词的"内部形式"。② 也有学者提出类似的概念"源义素",认为其特点为隐含性、抽象性、意象性、延展性。③ 但是从古汉语黑系颜色词的词义发展分析来观察,推动词义发展的核心义素并非是隐含性的,而是人们认知事物掌握事物的重要特征,这也是词义内部语义发展的内在动因,同时也是同源词构词时的重要理据,而且这种核心义素会不断趋于显性化,用文字形式记录、表示出来。所以,本书特用"核心义素"来指称这个词义发展过程中特殊的词义成分,以示区别。(2)黑作为非核心义素,在语义竞争中渐占上风,成为核心义素,抽象为颜色词。以卢为例,卢本指圆形的炉具,其核心义素本为[圆形],并以此为造词理据产生了以卢为义符表圆形的同源词。由于上古炉具通常都为青铜、铁等金属所制,其经燃料熏染后颜色为黑,于是人们又从卢的语义中提取出黑义,并以卢为义符表"黑"义产生了大量的同源词,详见"黸"字下。这说明在语义竞争中,颜色义往往要胜于其他非颜色义(如形状),成为人们认知事物、理解词的核心义素。同时也反映了词抽象化的过程事实上是对其义素的取舍过程,以及词的命名理据与解读理据的不一致性。(3)对非颜色义词的颜色义的错误解读。这种错误解读,也即张永言所说的"民间词源"或"俗词源学",即"所根据的不是科学的词源学,而是错误的联想,把一个词跟另一个不相干的词扯到一块儿,结果是歪曲了这个词原来的内部形式和语音。这种语言现象就叫作'民间词源'或'俗词源学'(folk ety-

---

① 张联荣持此观点,参见张联荣《古汉语词义论》,北京大学出版社 2000 年版。

② 张永言提出:"同作命名根据的事物的特征在词里的表现就叫作词的'内部形式',又叫词的理据或词的词源结构。"(张永言:《词汇学简论》,华中科技大学出版社 1982 年版,第 27 页。)

③ 参看谭宏姣《试论一种特殊的词义成分——源义素》,《古汉语研究》2005 年第 4 期。

mology）"①。又可以看作是"习非成是"的产物。② 如：殷本指"作乐之盛"，后引申出"盛，大、众"义，并不表黑色，因《左传·成公二年》"其血朱殷"杜预误注"血色久则殷"而产生"黑"义，后人也沿用此义，殷由此产生"黑"义，是误释所致的颜色义。（4）词的相因生义使非颜色词产生了颜色义。"相因生义"说是由蒋绍愚提出的词义演变中的一种方式，指的是甲乙两词在一个义位上同义，甲词的其他义位会使乙词相因而产生同样的义位。黑系颜色词中的"元"即是通过"相因生义"而产生了颜色义"黑"。玄、元用于指"天"时同义，因"玄"又可指黑义，"元"也因此产生了黑义，虽然"元"颜色义的产生是作为"玄"的避讳用字，人为原因的结果，但其共表"天"义是其内在理据，产生黑义的方式不管属人为还是非人为的，都是相因生义的产物。

表黑颜色词从原附属物抽绎出来后，语义的演变一般都为：进一步经相似联想得到抽象，而这个抽象过程一般为隐喻机制参与的结果。如：默，本取义自沉，滓垢也，后从"滓垢"义中抽象出"黑"义。这种从"滓垢"中抽象出的"黑"义往往会产生不洁的心理印象，于是"默"作为视觉所见的黑从源域"视觉"通过相似联想投射到目标域"心理感受"，产生新义："心志不明，糊涂"。参见"默"字下。

古汉语表黑颜色词系统的内部由于抽象化程度不同，所以语义演变的层次也不同。表现形式为：抽象化程度越高的颜色词则居于语义场的核心位置、即上位概念，附加义少且使用范围广。而抽象化程度较低的颜色词则处于语义场的边缘位置，受其原附属物的语义限制，使用范围窄且固定。如：黑，为语义场系统中的上位概念，处于语义场的核心位置，没有附加义，义素组成单一，抽象化程度很高，从甲骨文时代开始它的核心地位就一直就未曾改变过。又如：黗，取义于面色黑，附加义［面色］决定了其使用范围只能限于类似的事物，抽象化程度低，使用频率也低，处于语义场的边缘位置。

语义场内部语义之间还存在一个规律：即愈接近核心位置，使用频率越高，抽象化程度也随之越高；反之，抽象化程度越高的颜色词，使用频率越高，越接近核心位置。而越远离核心位置，使用频率越低，抽象化程

---

① 引自张永言《词汇学简论》，第 32 页。
② 参见王艾录、司富珍《语言理据研究》，中国社会科学出版社 2002 年版。

度也因此停留在原处，始终处于较低的水平；反之，抽象化程度低的颜色词其使用频率也越低，越远离核心位置。这说明使用频率与抽象化程度之间呈正相关，而对颜色词在语义场中地位起最终决定因素的则是该颜色词是否属于人们认知中最具有代表性的颜色，即焦点色。"焦点色在感知——认知上的凸显源于人类视觉器官对颜色的感知，从而为颜色范畴形成和命名起到了定位的作用。"①

2. 多音节合成词的构词及语义特点

所谓多音节合成词，作为黑系颜色词，有双音节合成词、三音节合成词、四音节合成词。

双音节合成词的产生原因。以往词汇双音化的研究表明，双音化的原因有语言内部和语言外部两个方面。语言内部原因，概括而言包括三个方面：音节的简化、声调的产生，单双音步的演变。② 语言外部的原因，则主要是社会生产、经济发展、科技水平的提高，大量新生事物的产生促生了词汇双音化。

古汉语黑系颜色词中双音节合成词按语素与语素之间的关系可分为以下四种：联合式、偏正式、附加式、重叠式。联合式合成词的语素之间关系是并列的，含有至少一个表黑颜色语素。如：乌闇、乌油、黔昧、玄绀、黢艳等。偏正式合成词，其语素特点：前一语素与后一语素之间的关系为具体与抽象；上下位；种属关系、典型与非典型，也即居于前的语素通常为具体的、语义场下位概念、属概念、非典型，而居于后的语素通常为抽象的、语义场上位概念、种概念、典型概念。值得注意的是，这种关系是<u>相对而言</u>的。如：青在"元青、绀青、黛青"等词中居于后位，因其与元、绀、黛要更为抽象、处于语义场较上的位置，为种概念、典型概念；而与黑相较，青则表现为具体的、下位概念、属概念、非典型概念，所以组合时居前位：青黑。

附加式合成词，有两种构成方式：X + 色（X 为表黑颜色语素）、X + 然（X 为表黑颜色语素）。其表黑语素的原附属物特征明显，抽象化程度低，如玄色、青色、黝然、黯然等。

---

① 赵艳芳：《认知语言学概论》，第 60 页。

② 详参徐时仪《汉语词汇双音化的内在原因考探》，《语言教学与研究》2005 年第 2 期。

　　重叠式合成词，如漆漆、青青、黝黝等，其特点是表黑语素义叠加，使黑义程度加深。

　　三音节合成词的出现时间及原因。"汉语里的三音节词，中古开始产生，元以后有了巨大的发展。"[①] 内部原因主要是：语音的简化促使通过词的延长，增加单个词的音节数量来补偿。[②] 外部原因：社会的发展，大量新生事物的出现，促使语言记录时使用在原双音节基础上添加区别语素的方式来表新义，俗文学的兴起，尤其是元、明戏曲为了适应曲调产生了大量的 ABB 形式的摹声词，符合俗文学生动诙谐、轻松明快的特点。古汉语黑系颜色词的三音节合成词的出现也符合以上原因。据查考，三音节黑系颜色词唐时就已出现了，至元时，数量增多。其构词形式主要为 ABB、ABC 形式。ABB 形式中 A、B 语素之间的关系分两种：（1）A 为表黑颜色语素，B 为状形词缀。如黑洞洞、黑蒙蒙、黑扑扑、乌溜溜等。（2）A、B 均为表黑颜色词，二者之间具有具体与抽象、下上位、种属关系、非典型与典型关系，即 A 通常为抽象的、语义场上位的、种的、典型的概念，B 通常为具体的、下位的、属的、非典型的概念。如黑漆漆、黑乌乌等。

　　ABC 形式的三音节合成词的语素特点是：A 为表黑颜色语素，BC 通常为表音的衬字，无义，是戏曲中为了曲调需要而产生的一种构词方式。如：黑促吕、黑没促、黑林侵等。

　　四音节合成词，较少，只有两个：乌漆墨黑，黑没焌地。这种四音节合成词的产生同双音词一样也是汉民族"偶字易适，奇字难安"求偶求雅的表现。

五　构字、用字特点

　　无论单音节词或多音节词，都是用汉字表达的。黑系颜色词内部成员的字形主要有象形、会意和形声三种。一般来说，字形为象形、会意字的表黑颜色词形成较早。如：乌、黑、幽等这些颜色词在甲骨文时代就已出

---

① 　向熹：《简明汉语史》，高等教育出版社 1993 年版，第 630 页。
② 　详参杨爱姣《近代汉语三音节词发展原因试析》，《武汉大学学报》2000 年第 4 期。

现，这些象形、会意字往往描绘了其所属物的外形特点，重在摹形。这部分字在整个黑系颜色词中数量很少，只占总数近九分之一。但这部分字在黑系颜色词系统内部占据着重要的位置，它们一般抽象化程度很高，表黑语义更为凸显。而且这部分早期出现的象形、会意字，虽在造字时重在摹形，但对其语义的认知中颜色是重要特征。所以其中的大部分词都被作为表黑义核构成了表黑义同源词群。如：利，犁的初形，以利（利）为义符构成了一组同源词，（详见"黎"字下）以黑为义符构成的庞大的黑色词族。

　　形声字在黑系颜色词中数量居多，一般情况下，义符不是"黑""糸"的形声字出现得较早，属于造字过程中摹声的阶段，如：鸦、鹊、鬒、滋等，这部分形声字在黑系颜色词中的数量，占总数近三分之一。义符为黑的形声字为数最多，占总数三分之一强。这部分形声字产生较晚，大部分为在原表黑义的文字通过更换义符或累加义符的方式构成的新的表黑义字。如：黯，取义自碧，一种黑色美石，在黑义的抽象过程中，"碧"的义符"石"被更换为"黑"来凸显其黑义。（详见"黯"字下）卢，表黑义，到中古时又产生了黸。（详见"卢"字下）这是汉字不断追寻理据的结果，使表意文字的形义更趋统一，"满足了人们据形识义的心理，更便于字形的理解、记忆与识读。"[①] 黑系颜色词中还有一批产生较早的表黑形声字，这就是以糸为义符构成的表黑形声字，占黑系颜色词的总数的九分之一强。这些糸部表黑颜色词本是各种有细微差别近黑色织物的名称，是古代染色工艺技术高超的产物，同时通过这些文字也可以反观文化及古人的辨色能力。中古时还出现了个别以"色"为义符的表黑颜色词。如：艶、艳、黗。这些文字的产生反映了古人已把颜色作为一个类属进行文字创造，是对以往以"黑""白""赤"等颜色义符的又一次概括和提升过程，产生了"颜色类"的大的上位概念。应该指出的是，黑系颜色词系统里还有极个别的人为制造的表黑颜色词，如：元，为"玄"的避讳用字而产生了与"玄"同样的"赤黑"义。（详见"元"字下）由于它们的黑义属于突变，所以字形上显示不出其语义演变痕迹。

---

① 引自齐元涛、符渝《汉字的理据缺失与重构》，《北京师范大学学报》2006 年第 1 期。

六　疏解方法

本书上述对黑系颜色词的许多认识，都是通过对该系词的全面系统疏解而获得的。正确的疏解是从语言上研究颜色词的关键。本书运用了以下的方法：

1. 训诂与文化相结合

当语言不明时，可求诸文化。古汉语黑系颜色词是个来源复杂运用较广的词群，在对词义训释时，需要借助文化的相关知识来进行疏解。现略举三例：

古汉语黑系颜色词除了具有一般颜色词的模糊性特点外，还因时隔久远，使其语义变得更为模糊。在疏解时，为了搞清其确指何色及形成原因，需要借助文化方面的知识解决。如"青"的语义所指很广，可以指绿——蓝之间色谱带内所有颜色，同时还可指黑色。为何其语义如此之广？运用矿物学的知识，问题得到了解决。原来"青"本指一种矿物，即孔雀石和与之共生矿物蓝铜矿，由于其组成矿物成分的不同，使其往往呈现出不稳定的蓝——绿色，也有近深蓝黑的矿石。所以其抽象为颜色词时，所指颜色很广。详见"青"字下。

古汉语黑系颜色词来源广泛，如前所述，涉及八类：源于动物词、源于植物词、源于矿物词、源于发肤色词、源于自然现象词、源于生活现象词、源于染织词、源于器具词。要探究其义，需借助这几方面的学科知识来解决。如《书·禹贡》中"青黎"一词，历来学者对于其"黎"的解读不一，在鉴别何者为确论时，利用农业科技知识解决了这一难题。从李约瑟对《禹贡》所载各州土地所做的实地调查结果中可以看出，此"黎"当作"小疏"义，即土地疏松义。既而可确定"青黎"一词中"青"表黑义，对"青"产生"黑"义时代的断定有决定性作用。详见"黎"字下。

如天文词"玄黓"之"黓"是否表黑义，以往学者多持"黑义"说，而运用天文学的相关知识分析，发现星宿命名的特点是以形命名，所以此处"黓"只是表示"弋"形，而非"黑"义。详见"黓"字下。

2. 语言与认知相结合

语义发展线索的探寻离不开认知一般规律的指引。运用认知一般规律可以对探寻词的语义发展提供认知方面的理论支持。现略举三例：

认知一般规律认为人在认识事物命名事物时总是遵循由具体事物到抽象事物的顺序，颜色词的产生过程即是遵循了此种规律，其产生源于具体的名物词。在钓稽语义发展线索时出现语言难以解决的问题时，运用认知规律可以得到合理的解释。如"黮闇"一词，本指黑闇无光。战国时期就已出现喻指"心智不明"例。《庄子·齐物论》："我与若不能相知也。则人固受其黮闇，吾谁使正之？"（第107页）一般说来，基本义的产生要早于比喻义，运用认知一般规律，可以推导出"黮闇"一词表"黑闇无光"出现得还要更早些。同时通过对"黮闇"一词基本语义产生时代的合理推导，还可以对构词语素"黮""闇"的语义产生时代进行准确的判定。对词汇研究的共时、历时研究都有帮助。

又如在古人往往将非纯黑颜色词纳入黑系颜色词体系，究其因，可以从认知中找到答案。如黎，本指黄黑色，非纯黑，而古人却视之为黑系词。个中原因可由认知规律上找到解释：根据伯林和凯对颜色认知规律的揭示，早期人类对颜色的认知和命名是逐渐丰富的，由基本颜色词逐步扩展为一般颜色词，早期人类对闇灰类的认知往往归于黑色。（农具）犁的表黑颜色义盖正是由此得名，进而专门分化出了表颜色"黑"义的黎。

同时，在对源于自然现象类词的黑系颜色词疏解中发现，绝大多数可以表"光线不明"义的黑系词都可引申出"心智不明、混沌、糊涂"等更为抽象的语义，说明这种语义发展是规律性的。以往的语言研究总是把这种语义发展归结为"引申"，而这种引申是如何进行的则语焉不详。用认知机制可以为这种语义发展给出合理的解释：这是隐喻机制的参与所致。如颜色词"黔"本指光线不明，由视觉源域的"黑"经隐喻机制投射到心理感受目标域时产生了相似的联想，生发出新的"心智不明"义。

3. 共时与历时相结合

对颜色词的准确训释、定义，必须建立在历时、共时相结合的基础上进行。历时研究可以勾勒出词义发展概况，还可准确地断定其最早用例，纠正辞书释义的书证晚出、语义缺失和误释等问题。现略举几例：

如不建立在历时考察基础上的训释，容易将某些临时语义当作固定语义，如《大词典》列"鸦深"为一词，举证为闽徐夤《勾践进西施赋》："波浅丹脸，鸦深绿鬓。翠翠黛兮惨难效，浣轻纱兮妖且闲。"事实上，经查文献，"鸦深"只出现过此一例。经过分析，"鸦深"为作者对应"波浅"的临时组合，表示发鬓色深，且文献中未见有成词之证，故不宜列为一词。

又如"黑漆漆"一词，唐代就已出现，而《大词典》所引例为明代，看似简单的提前书证，但却对于三音词出现时代的断定很重要。

又如"黯黮"一词，《大词典》引《南史·齐·高帝纪》"及徐州刺史薛安都据彭城归魏，遣从子索儿攻淮阴，又征帝讨破，索儿走锺离，帝追至黯黮而还。"认为"黯黮"为古地名。经查文献，"黯黮"一词并无作地名的其他例证。"黯黮"为古地名甚为可疑。事实上，该词产生于战国时期，最早表示光线闇、不明。《楚辞·刘向〈九叹·远游〉》："望旧邦之黯黮兮，时混浊其犹未央。"王逸注："黯黮，不明貌也。"（第311、312页）后此义被沿用。此处"黯黮"事实上为其本义，指天色不明。意指高帝萧道成追至天黑时才返还。

又如"黛黑"，唐代始抽象为颜色词，表黑青色。较"黛青"颜色更为黑。唐佚名《大唐传载》："水浮数尺，纵广一里余，色如黛黑，云雨常自中出，焦旱祈祷无不应焉。"（第893页）《大词典》却未列其义。

共时研究也很重要，可以将同时代共存的事物尤其是同类事物进行比较参照，得到更精确的疏解。如大量表黑染织词的存在，要分析其确切的语义，就要对其进行共时的语义比较。如出现在《说文·糸部》中大量的表黑颜色词，本书对其语义疏解时就采用了共时平面上的语义比较分析。详见"源于染织词"下。

以上为了突出重要性，从历时、共时研究分开阐述，事实上在进行词义训释时，往往是历时、共时研究相结合进行的。又如乌、鸦同作为源于动物词的黑义词，而其语义抽象程度不同，在探究其原因时，通过对二者历时、共时的考察，发现二者虽产生时代相近，但由于词义抽象时代的早晚不同：乌字在春秋——战国时期就已抽象出黑义，而鸦字在魏晋时期才出现"喻称"黑的现象。其颜色义产生时代的不同是造成其抽象化程度不同的原因之一。

4. 推源、系源

古汉语黑系颜色词是由来源不同的名物词中抽象而来，对其语义的疏解就必须先从语源入手，而探究语源就必须运用语源学相关知识揭示颜色词的受义之由、其原属名物词的得名之由，准确勾勒出语义来源线索。如：黳，从黑殹声。字书大都认为其义本为"小黑子"，通过系联同源词，发现从殹之字多表黑义。翳，从羽殹声，指遮挡使光线阴黑。瑿，从石殹声，黑色美石。鹥，从鸟殹声。有灰黑色羽毛的海鸥。堅，从土殹声。本义指尘土，多用于指浊污之尘，后也常借表黑义。繄，从糸殹声。取义于赤黑色缯。进而判断出其"小黑义"非本义，其本义当指黑色美石"瑿"，由黑色美石抽象而来。详见"黳"字下。

又如冥，为了揭示冥的语源义，通过系联以冥为声符的同源词，得出其共同的语义特征为光线阴黑：瞑，闭目，视觉无法视物，黑；螟，居于幽深光线黑暗处的昆虫；宵，夜，黑暗无光；暝，晦暝；幎、幦，覆物隔光；覭，由于光线遮蔽阴黑导致的微见；溟，阍，黑。从而验证了冥的语源义为光线阴黑。详见"冥"字下。

5. 同义词辨释

古汉语黑系颜色词是个庞大的系统，对于其内部成员的组成情况的清晰描述离不开同义词辨析中的析同辨异法。在析同辨异时，本书运用了语义场理论和义素分析法，即将古汉语黑系颜色词视作一个语义场，对其内部成员的语义作共同性特征和区别性特征的描述，以对每个成员进行准确的定位。如：黮、黤、闇、黯四词，古来字书释义均视作同义无别。而通过对其区别性特征的考察发现，四字分别具有各自不同的语义特点，从而准确地描述了语义。黮，义源自渰，指大雨前乌云密布的景象。黮的"云黑貌"的语义可分析为［＋云］［光线黑貌］，后从中抽绎出［光线黑貌］，用于表示光线阴黑。黤，取义自晻。从奄之字多含"覆盖"义。黤是晻"光线昏黑不明"义的后起字，表示光线昏黑不明时，视物均为明度极低近黑的颜色。闇，从门音声，从音之字多表"隔绝（光）"义，字形本义指掩门状，与外界隔绝，包括外界阳光。颜色词"闇"表隔绝阳光后的阴黑，多用于形容此种光线阴黑。黯，是闇或暗的后起字，表示隔绝光后事物呈现出的黑色。

附录一

待 质 录

1. 黸

其义语源不明，待考。前人对其字的解释有：（1）赤黑色。《方言》第十三："黸，色也。"郭璞注："黸然，赤黑貌也。"（第 969 页上）钱绎笺疏："左思《吴都赋》：'丹砂赩炽。'王延寿《鲁灵光殿赋》：'丹柱歙赩。'赩与黸亦通，注'赤黑貌'。通行本误作'赤毛貌'，宋本及永乐大典本作'赤色貌'，今从戴校。"（第 969 页下）《玉篇·黑部》："黸，赤黑色也。"（第 101 页上）《龙龛手镜·黑部》："黸，许力反，赤黑貌也。"（第 533 页）（2）赤色。与赩同。《类篇·黑部》："黸，一曰黸然，赤色。"（第 372 页下）（3）青黑色。《类篇·黑部》："黸，又讫力切。青黑色曰黸。"（第 372 页下）《集韵·职韵》："黸，青黑色曰黸。"（第 1567 页）（4）黑色。《类篇·黑部》："黸，虚其切。黑色。"（第 372 页下）《正字通·黑部》："黸，奚逆切，音虩，赤黑色。又音希，义同《六书统》'与赩也，大赤也'。按：从黑训，大赤非是。"（第 829 页上）

未发现文献中有此字用例。其确属何种颜色，仍待考。

2. 黅

前人观点如下：（1）黄黑色。《说文·黑部》："黅，黄黑也。从黑金声。"（第 211 页上）《说文解字系传》《说文解字注》《类篇》均袭此说。《玉篇·黑部》："黅，黄黑如金也。"（第 101 页上）（2）浅黄色。《广韵·侵韵》："黅，居吟切。浅黄色。"（第 222 页）（3）字亦作黅。《说文·黑部》"黅"字朱骏声《说文通训定声》："黅，黄黑也。从黑，金声。字亦作黅。《广雅·释器》：'黅，黄也。'"（第 97 页下）

未发现文献中有此字用例。其确属何种颜色，仍待考。

3. 黓

黓，赤黑色。指明度极低纯度极低近黑的赤色。《说文·黑部》："黓，赤黑也。从黑易声，读若炀。"（第211页上）徐灏《通介堂经说·毛诗·我马元黄》："灏谓黗黓等字亦同此意。黗，白之敝而黑也；黓，赤之敝而黑也。"（第120页上）清顾景星《行路难八首》："血云四结江水浑，浮尸如筏船断行。黑幡一点钲鼓动，赤日黮黓无光晶。"[1] "赤日黮黓"即太阳光线极闇，呈惨淡的黑红色。

但其取义自何，待考。

4. 儵

《说文·黑部》："儵，青黑缯缝白色也。从黑攸声。"（第211页下）[2]《广雅·释器》："儵，黑也。"（第272页下）黄侃《说文同文下·黑部》："儵，儵同黝。"（第69页）《文选·左思〈蜀都赋〉》："坰野草昧，林麓黝儵。交讓所植，蹲鸱所伏。"李善注："黝儵，茂盛貌。"（卷四，第二十二页）《说文·黑部》"黝"字朱骏声《说文通训定声》引此解作："荫密则黑。"（第246页上）黝、儵，义并同，表黑。《文选·王延寿〈灵光殿赋〉》："朱柱黝儵于南北，兰芝婀娜于东西。"（卷十一，第二十八页）由于儵字后多用于表示攸忽之义，儵字表黑义用例文献少见。从儵之字多含黑义。《集韵·屋韵》："儵，阙，人名，晋有庾儵，字玄默。"（第1329页）儵与玄默义同，表黑。儵字从虎儵声，表黑虎。《说文·虎部》："儵，黑虎也。从虎儵声。"（第103页下）徐锴系传引郑樵《尔雅注》："汉宣帝南郡获白虎，献其皮骨爪牙。晋永嘉四年建平秭归县槛得黑虎，如小虎，而黑毛深为斑。"（第94页下）

其义语源未明，且用于表黑用例少，待考。

5. 黠

《说文·黑部》："黠，坚黑也。从黑吉声。"（第211页下）段玉裁注："黑之坚者也。《石部》曰：'硈，石坚也。'亦吉声也。引申为奸巧

---

① （清）顾景星：《白茅堂集》，第555页下。
② 王念孙《广雅疏证》引此作"《说文》：'儵，青黑缯发白色也。'"（第273页上）

之称。"（第 488 页下）《玉篇·黑部》："黠，慧也，坚也，黑也。"（第 101 页上）文献中"黠"字多表"奸巧"之义，未见其"坚黑义"的语例。其语源待考。

6. 黯

《玉篇·黑部》："黯，《晋书》有'黯伯'。"（第 101 页）《类篇·黑部》："黯，托合切。黑也。《晋书》：'羊曼州里称为黯伯。'"（第 374 页上）北齐颜之推认为《晋书》中"黯伯"本作"䵣伯"。《颜氏家训·书证》："《晋中兴书》：'太山羊曼，常颓纵任侠，饮酒诞节，兖州号为䵣伯。'此字皆无音训。……俗间又有䵣䵣语，盖无所不施，无所不容之意也。顾野王《玉篇》误为黑傍沓。顾虽博物，犹出简宪、孝元之下，而二人皆云重边。吾所见数本，并无作黑者。重沓是多饶积厚之意，从黑更无义旨。"（第 473、474 页）宋吴仁杰《两汉刊误补遗》、明方以智《通雅》也同意颜师古的意见。

从"黯"的文献使用情况看，大多为沿用《玉篇》"黯伯"的写法，但没有"黯"作黑义的语例。所以此"黯"本为"䵣"的讹写，更无"黑"义。此义仍待考。

7. 覭黢

一些字书列出了"覭黢"，释其为"黑青"，列出"黢覭"，释其为"色败"，或杂糅二义为一义。《广韵·锡韵》："覭，莫狄切。覭黢，黑青。"（第 525 页）又《锡韵》："黢，黢覭，色败。"（第 526 页）《类篇·黑部》："黢，七迹切。黢覭，色败黑。"（第 374 页上）对于"覭""黢"二字今也只见于字书、韵书，未见其文献用例。无法探知其语源，待考。

8. 䵢䵣

《类篇·黑部》："䵢，狼狄切。黑貌。"（第 374 页上）又《黑部》："䵣𪑤，卢谷切。䵢䵣，垢黑也。或从录。"（第 374 页上）

只见于字书、韵书中，未见其文献用例，语源不明，待考。

9. 黪

《类篇·黑部》："黪，初辖切。黑也。"（第 374 页上）未见其文献用例，语源不明，待考。

10. 黦

《玉篇·黑部》："黦，力活切。黑也。"（第 101 页下）《集韵·末韵》："黦，卢活切。黑也。"（第 1433 页）《类篇·黑部》："黦，卢活切。黑也。"（第 374 页上）未见其文献用例，语源不明，待考。

11. 黤

《玉篇·黑部》："黦，七活切。黑也。"（第 101 页下）《类篇·黑部》："黦，粗括切。黑也。"（第 374 页上）未见其文献用例，语源不明，待考。

12. 黬

《类篇·黑部》："黬，呼括切。黑色。"（第 374 页上）《集韵·末韵》："黬，黑色。"（第 1427 页）未见其文献用例，语源不明，待考。

13. 黢

《玉篇·黑部》："黢，纡弗切。黑貌。"（第 101 页下）《类篇·黑部》："黢，纡勿切。黑貌。"（第 374 页上）未见其文献用例，语源不明，待考。

14. 黕

《类篇·黑部》："黕，俞玉切。黑貌。"（第 374 页上）《集韵·烛韵》："黕，黑貌。"（第 1351 页）未见其文献用例，语源不明，待考。

15. 黦

《说文·黑部》"黩"字段玉裁注："垢非可握持之物，而入于握持，是辱也。古凡言辱者皆即黩，故郑注《昏礼》曰：'以白造缁曰辱。'字书'辱'亦作'黦'。"（第 489 页上）《玉篇·黑部》："黦，如欲切。垢黑也。"（第 101 页上）《类篇·黑部》："黦，儒欲切。黑垢。"（第 374 页上）《龙龛手镜·黑部》："黦，音辱，黑垢也。"（第 532 页）未见文献用例。语源未明，待考。

16. 赭

《玉篇·黑部》："赭，之夜切。黑也。"（第 101 下）《类篇·黑部》："赭，之夜切。黑也。"（第 373 页下）未见其文献用例，语源不明，待考。

17. 黫

《类篇·黑部》："黫，古困切。纯黑色。"（第 373 页下）《集韵·圂韵》："黫，纯黑色。"（第 1135 页）未见其文献用例，语源不明，待考。

18. 黔

《玉篇·黑部》："黔，之刃切。黑也。"（第 101 页下）《类篇》："黔，之刃切。黑也。"（第 373 页下）又作黔，《正字通·黑部》："黔，俗黔字。"（第 827 页上）未见其文献用例，语源不明，待考。

19. 韎

《类篇·黑部》："韎，莫败切。韎黱，黑貌。"（第 373 页下）《集韵·夬韵》："韎，黱黱，黑貌。"（第 1091 页）未见其文献用例，语源不明，待考。

20. 黱

《广韵·辖韵》："黱，莫八切。黑也。"（第 491 页）《玉篇·黑部》："黱，黑也。"（第 101 页上）《龙龛手镜·黑部》："黱，莫八反。黑黱。"（第 533 页）张自烈疑为"黱"的俗字。《正字通·黑部》："黱，俗黱字，旧注误。"（第 829 页上）未见其文献用例，语源不明，待考。

21. 黗

《集韵·坅韵》："黗，深黑色。"（第 1073 页）又《集韵·隊韵》："黗，浅黑也。"（第 1097 页）未见其文献用例，语源不明，待考。

22. 黗

《广韵·泰韵》："黗，徒盖切。黑迹。"（第 382 页）《集韵·坅韵》：

"默，他盖切。黑甚。"（第 1067 页）又《集韵·杏韵》："默，徒盖切。黑也。"（第 1068 页）张自烈疑为"黛"俗字。《正字通·黑部》："默，旧注音代，黑迹。一说黛俗作默。"（第 826 页上）。未见其文献用例，语源不明，待考。

23. 黗

《类篇·黑部》："黗，都故切。色深黑。"（第 373 页下）《龙龛手镜·黑部》："黗，他昆反。黄黑色也。"（第 531 页）《六书故·天文下》："黗，浊黑也。"（第 31 页上）未见其文献用例，语源不明，待考。

24. 黧

《玉篇·黑部》："黧，吕位切。墨色。"（第 101 页下）《类篇·黑部》："黧，力遂切。黑色。"（第 373 页下）未见其文献用例，语源不明，待考。

25. 黬

《玉篇·黑部》："黬，居奄切。黑也。"（第 101 页下）《集韵·琰韵》："黬，黑也。或作黔。"（第 933 页）未见其文献用例，语源不明，待考。

26. 䵢

《玉篇·黑部》："䵢，火衮切。黑也。"（第 101 页下）《类篇·黑部》："䵢，虎本切。黑也。"（第 373 页上）未见其文献用例，语源不明，待考。

27. 黖

《玉篇·黑部》："黖，常与切。黑也。"（第 101 页下）《类篇·黑部》："黖，尚吕切。黑也。"（第 373 页上）《集韵·语韵》："黖，上与切。黑也。"（第 692 页）清胡文英认为"黖"为"不白"。《吴下方言考·支韵》："黖，（音处，平声）。许氏《说文》：'黖，黑也。'案：黖，不白泽也。吴中谓物之少白光者曰'黑野野'。"（第 94 页）①未见其文献用例，语源不明，待考。

28. 黗

《类篇·黑部》："黗，逋昆切。黑也。"（第 372 页下）《集韵·魂韵》："黗，逋昆切。黑也。"（第 291 页）未见其文献用例，语源不明，待考。

29. 黐黱

《广韵·哈韵》："黐，落哀切。黐黱，大黑。"（第 102 页）《玉篇·黑部》："黐，力该切。黐黱，大黑也。"（第 101 页上）黐，又作黐，《类篇·黑部》："黐黐：邻知切，赤黑色。或从来。黐，又郎才切。黐黱，大黑。又洛代切。"（第 372 页下）《玉篇·黑部》："黱，丁来切。黑也。"（第 101 页上）《龙龛手镜·黑部》："黐黱，上音来，下徒来、丁来二反。黐黱，大黑貌也。"（第 531 页）未见其文献用例，语源不明，待考。

30. 駹

《广韵·江韵》："駹，丑凶切。黑貌。"（第 41 页）《集韵·江韵》："駹，披江切。黑貌。"（第 46 页）未见其文献用例，语源不明，待考。

31. 黸黦

《广韵·锺韵》："黦，蜀庸切。深穴中黸黑也。"（第 38 页）《玉篇·黑部》："黦，女容切。黑黦也。"（第 101 页下）《集韵·锺韵》："黦，尼容切。黸黦，黑甚。"（第 39 页）未见其文献用例，语源不明，待考。

32. 騰

《广韵·东韵》："騰，徒红切。黑貌。"（第 26 页）《玉篇·黑部》："騰，大登切。黑貌。"（第 101 页下）《龙龛手镜·黑部》："騰，音同。黑貌。"（第 531 页）未见其文献用例，语源不明，待考。

---

① 按：今本《说文》未见"野"字。

33. 黲

《玉篇·黑部》："黲，初八切。黑也。"（第 101 页下）未见其文献用例，语源不明，待考。

34. 暴（黕卜）

《玉篇·黑部》："暴，普木切。色闇也。"（第 101 页下）又："黕卜，同上（暴）。"（第 101 页下）《集韵·屋韵》："暴黕卜，普木切，色闇。一曰浅黑色。或从卜。"（第 1314 页）未见其文献用例，语源不明，待考。

35. 䐑（黕朱、鰈）

《广韵·怗韵》："䐑，徒协切。䐑黔，首出《音谱》。"（第 544 页）又同韵："䐑，苏协切。竹里黑也。"（第 544 页）《玉篇·黑部》："䐑，力颊切。竹里黑。"（第 101 页上）《龙龛手镜·黑部》："黕朱䐑（二正）鰈（今），徒叶、卢叶二反，竹里黑貌也。"（第 533 页）未见其文献用例，语源不明，待考。

36. 黰

黰本指墨刑。《广韵·屋韵》："黰，乌谷切，墨刑名。又音握。"（第 450 页）又《觉韵》："刑也，于角切。也作剧。"（第 469 页）《集韵·屋韵》："黰，乌谷切。墨刑。"（第 1310 页）陕西省岐山县董家村出土《𠑠匜》器的铭文中出现了作为墨刑的"黦""𪐴""𪐛"等字。其中"黦"字洪家义认为即是黰字，并认为"黰是墨刑中的一种"。[①] 黰，作为减轻罪罚的结果之一。行均时视"黰"为黑的别名。《龙龛手镜·黑部》："黰，屋、握二音，黑别名也。"（第 532 页）但缺少文献资料的证明，其"黑"义仍待考。

37. 黩

《正字通·黑部》："黩，呼郎切，音杭，黑貌。"（第 826 页下）未见其文献用例，语源不明，待考。

---

① 详参洪家义编著《金文选注绎》，江苏教育出版社 1988 年版，第 509—512 页。

38. 黝

《广韵·笑韵》："黝，弥笑切。黝黜。"（第 416 页）《类篇·黑部》："黝，七肖切。黝黜，面点。"（第 373 页下）未见其文献用例，语源不明，待考。

39. 黝

《说文·黑部》："黝，黝者忘而息也。"（第 211 页下）有些字书认为其为"黯"的异体字。《六书故·天文下》："黯，深黑也。"原注："一说'黯，黡特。'一字别作'黩''黝'。"（第 31 页上）又"黮，矣黑也。亦作黔。"原注："唐本曰'果实黔黜也，别作黝霾。'"（第 31 页上）《汉语大字典》《中文大辞典》也袭其说。文献中只查考到一例：《南史·张嗣伯传》："乃往视，见一老姥称体痛，而处处有黝黑无数。"（第 840 页）但无其他文献记载，待考。

附录二

表一　古汉语黑系颜色词表[①]

单音节词（共80个）

源于动物词：乌、鸦、鹊、雀、蚁、鼺（羺）、鼍、翔（翈）、骊

源于植物词：柤（巨）、漆（桼）、皂（阜、草）、黟、黰、苍（仓）、绿

源于矿物词：青、黛（螺）、铅、黳

源于发肤色词：鬒、颠、缜、黚（汗）、鬒、黬（黬）、䵟、黔

源于自然现象词：阴、冥、黬、黮、闇、黯、黱、黗（黗）、黩（黜、黩）、滔、淄[②]、黗

源于生活现象词：幽、黝、黑、墨、徽（穟）、灰、炱、焦（蕉）、黵、黤（黦、黦）、黢、黵（黵）、默、黡、焌、骏、元、黰、黢、黦、殷、黬

源于染织词：玄、滋（兹、滋、黸）、绀、缁、缫、纁、綼、缁（缁、缁、釚、纯）、纂、纂、綦、袑

源于器具词：黎（犁）、鏊、卢、黸、旅、黗（乱、黗）

双音节词（共45个）

乌黑、乌油、乌青、乌闇、鸦青、漆黑、漆漆、黟黑、黰闇、苍黑、青黑、青灰、青骊、青青、青黝、铁青、黛青、黛黑、黛绿、黚黵、冥色、黬黰、黮黰、黯黰、黯黑、黯然、玄绀、玄青、滋黑、黝黝、黝然、黝黑、墨黑、灰黑、灰黟、焦黑、焌黑、骏黑、绀青、绀绿、青黎、元青、黔黑、黰黦、黗昧

[①] 经常出现的异体字则列入括号内，不常见、不常用的异体字则省出。

[②] 淄，本属自然现象类，但在行文中，为了表述的方便，置于"生活现象类"中的"缁"下，一并阐释。

三音节词（共 24 个）

乌洞洞、乌溜溜、黑漆漆、黑漫漫、黑洞洞、黑鬊鬊、黑足吕、黑蒙蒙、黑沉沉、黑扑扑、黑魆魆、黑没促、黑林侵、黑油油、黑茫茫、黑黝黝、黑压压、黑苍苍、黑溜溜、黑乌乌、黑糁糁、黑糊糊、黑缁缁、黑黢黢

四音节词（共 2 个）

乌漆墨黑、黑没焌地

表二　辨释词条

非颜色词（义）辨（共 5 个）
玄英、黎老（犁老）、黎民、鸦深、鸦色
颜色词（义）辨（共 4 个）
玄黄、黎明、黎旭、犁牛

表三　古汉语黑系颜色词语义场[①][②][③]

颜色词	有彩色	色相	纯度	明度	亮度	孟塞尔表示法	成词年代	来源	附加义	适用对象	引申义
乌	—	—	—	—	有	/	春秋战国	乌鸦	有光泽	广	—
鸦	—	—	—	—	有	—	魏晋	乌鸦	有光泽	脸、眉、墨、天色、	—
鹊	—	—	—	—	无		战国	喜鹊	无	豆、斑	—
雀	是	深黄红	低	高	无	5YR4.5/10.0	商周	麻雀	无	弁、鹰	—

---

① 本表采用的色彩标示数值均参照尹泳龙《中国颜色名称》。

② 附加义指其初抽象为颜色词时的语义情况，有的经进一步抽象后，原附加义已消失。

③ 一词多文现象的只选取一个代表字，其他异体字不再列出。

颜色色词	有彩色	色相	纯度	明度	亮度	孟塞尔表示法	成词年代	来源	附加义	适用对象	引申义
蚁	是	深闇红	低	低	无	6R < 2.25/1.5—3.5	商周	蚂蚁	个体小	裳、蚕	—
黶	—	—	—	—	无	—	汉	黑羊		发、衣、叶、画	—
黳	—	—	—	—	无	—	魏晋	苍蝇	个体小	面黑子、面黑	—
翔	—	—	—	—	无	—	隋	黑色海雉	无	秩服	—
骊	—	—	—	—	无	—	汉	黑色马	毛色	动物毛色	—
秬	—	—	—	—	无	—	春秋战国	黑黍	黍	黑黍	—
漆	—	—	—	—	有	—	春秋战国	漆树汁	有光泽	黑漆饰物	—
皂	—	—	—	—	无	—	汉	皂斗	无	染黑织物、动物	—
黟	—	—	—	—	无	—	宋	黑木	无	石、砚、肤、发、物	—
黮	是	闇紫	低	低	无	7.5P3.0/6.0	魏晋	桑葚	无	肤、服、光线、云气	—
苍	是	深闇蓝绿	低	低	无	2BG < 2.25/1.5—3.5	周	草色	无	动物毛色、(汉代)织物	—
青	是	闇蓝绿	低	低	无	2BG < 3.5/3.5—6.5	商周	矿物青	无	广	—
黛	是	深闇蓝绿	低	低	无	2BG < 2.25/1.5—3.5	南北朝	矿物黛	无	眉、须发、土、植物、天色、黑迹	—
铅	是	灰紫色	低	高	无	3P8.25—6.25/1.5—3.5	明	金属铅	无	金属、天色	—
黳	—	—	—	—	有	—	汉	玉石礐	有光泽	发、肤、墨、云气	—
鬒	—	—	—	—	有	—	春秋	头发黑	有光泽	须、发、眉	—
䰄	—	—	—	—	有	—	春秋	头发黑	有光泽	发、动物毛色	—

颜色词	有彩色	色相	纯度	明度	亮度	孟塞尔表示法	成词年代	来源	附加义	适用对象	引申义
缜	—	—	—	—	有	—	魏晋	头发黑	有光泽	发、石	—
黚	—	—	—	—	无	—	晋代	面黑气	无	面黑	—
黸	—	—	—	—	无	—	宋	黑茧	皱	砚、松、云	—
黵	—	—	—	—	无	—	战国	面黑	无	人名用字	—
黚	—	—	—	—	无	—	汉	肤色不白	无	人名用字	—
阴	—	—	—	—	无	—	战国	山北	光线不明	光线闇黑、非纯黑物色	—
冥	—	—	—	—	无	—	周	光线闇黑	光线闇黑	光线闇黑	—
黮	—	—	—	—	无	—	汉	云雨貌	光线闇黑	光线闇黑、色败之物	心智不明、糊涂
黤	—	—	—	—	无	—	汉	云气黯淡,不明	光线闇黑	光线闇黑、非纯黑物色、色败之衣物、病容	行事不光明磊落
闇	—	—	—	—	无	—	秦汉	闭门	光线闇黑	光线闇黑	—
黯	—	—	—	—	无	—	魏晋	光线闇黑	光线闇黑	光线闇黑	—
黲	—	—	—	—	无	—	汉	色闇（惨）	光线闇黑	光线闇黑、色不鲜、色败之物	—
默	—	—	—	—	无	—	魏晋	滓垢	不洁	光线闇黑、物色	心智不明
黷	—	—	—	—	无	—	宋	云气黑浓	黑浓	云气黑,物色	黑
滔	—	—	—	—	无	—	汉	水深色黑	光线闇黑	水色、物色	闇地里、混沌不明,愚昧
玄	是	深闇红	低	低	无	6R<2.25/1.5—3.5	秦汉	黑泛红织物颜色	礼制产物、玄远	礼制中黑色器物、神秘之物	—
滋	—	—	—	—	有	—	春秋	染黑	染	液体、物色	—
幽	—	—	—	—	无	—	商周	火微	无	叶、衡	—
黝	—	—	—	—	有	—	秦汉	涂黑	有光泽	有亮度的黑色物	—
黑	—	—	—	—	无	—	商周	墨刑	无	广	广

续表

颜色色词	有彩色	色相	纯度	明度	亮度	孟塞尔表示法	成词年代	来源	附加义	适用对象	引申义
墨	—	—	—	—	有	—	汉	黑色涂料	正黑、有光泽	涂黑物、纯黑物	天气晦闇、贪昧
黴	—	—	—	—	无	—	汉	物体霉败	色不鲜、闇	面部晦闇、非纯黑物	—
灰	—	—	—	—	无	—	魏晋	死火余烬	非纯黑	非纯黑物	—
炱	—	—	—	—	无	—	秦汉	火烟凝聚成的黑灰	非纯黑	面部晦闇、霉烂之物	—
焦	是	黄黑	低	低	无	—	汉	灸烧之物	物体燃烧后的颜色	脸色、物色	—
黪	—	—	—	—	无	—	汉	绘	无	面部病态的黑	—
甄	—	—	—	—	无	—	秦汉	色败发闇	色不鲜	色不鲜的植物、衣物	—
黣	—	—	—	—	无	—	汉	握持垢	沾染不洁之物	光线闇黑	亵渎、轻慢
黵	—	—	—	—	无	—	汉	大块的污垢	使变黑	字迹、刺面	—
默	—	—	—	—	无	—	秦汉	口不言	光线闇黑	光线闇黑	—
黡	—	—	—	—	无	—	魏晋	黑色聚焦貌	聚焦	发、伤痕、生物体表黑子	—
黢	—	—	—	—	无	—	宋	灼龟致黑	发闇无光的深黑	体色、物色	—
绀	是	闇蓝	中	低	无	2.5PB 2.5/4.0	战国	黑蓝紫色织物	黑蓝紫色	织物、动物、头发	—
缁	是	深黑蓝紫	低	低	无	—	战国	深黑蓝紫色织物	深黑蓝紫色	织物	—
缲	是	类闇蓝色	中	低	无	—	汉	类闇蓝色织物	类闇蓝色	织物	—

续表

颜色词	有彩色	色相	纯度	明度	亮度	孟塞尔表示法	成词年代	来源	附加义	适用对象	引申义
纔	—	—	—	—	无	—	汉	微黑色织物	微黑色	—	—
淄	—	—	—	—	无	—	秦汉	淄水	黑泥、染黑	染黑、	—
缁	—	—	—	—	无	—	战国	黑色织物	正黑色	织物	佛教徒
纔	是	赤黑色	低	低	无	—	汉	赤黑色织物	赤黑色	织物	—
綦	是	赤黑色	低	低	无	—	商周	赤黑色织物	赤黑色	织物、动物毛色	—
衿	—	—	—	—	无	—	魏晋	统一服制	黑色制服	军服	老人
黎	是	闇灰黄或闇灰黄红	低	低	无	5YR(5Y)3.0/2.0	春秋战国	农具犁	闇灰黄或闇灰黄红	面色、天色	—
黧	是	闇灰黄或闇灰黄红	低	低	无	5YR(5Y)3.0/2.0	春秋战国	面色闇黄	闇黄	面色、动物毛色、齿色	—
卢	—	—	—	—	无	—	汉	黑色炉具	黑色	土色、果实	—
黸	—	—	—	—	无	—	魏晋	黑色炉具	黑色	瞳仁、弓矢	—
旅	—	—	—	—	无	—	汉	黑弓	黑色	弓、矢	—
元	是	深闇红	低	低	无	6R<2.25/1.5-3.5	宋、清	避讳用字	礼制产物	礼制中黑色器、物、服色	—
黔	—	—	—	—	无	—	周	—	—	喙、首、染黑	民众
黚	是	浅黄黑	低	中	无	—	汉	—	—	水、物色	—
暝	—	—	—	—	无	—	隋	冥色	光线不明的闇黑	—	—
骓	是	深闇蓝绿	低	低	无	—	隋	近黑的青色	近黑色	动物毛色、特色	—
黤	—	—	—	—	无	—	唐	黑色	物色不明	物色不明	—

续表

颜色词	有彩色	色相	纯度	明度	亮度	孟塞尔表示法	成词年代	来源	附加义	适用对象	引申义
殷	是	赤黑	低	低	无	—	南北朝	错误解读	血色赤黑	血色、物色	—
黕	—	—	—	—	无	—	秦汉	光线闇黑	色闇	织物、物色	—
黗	是	黄黑色	低	低	无	—	汉	—	物色闇黑、不鲜明	物色	—
绿	—	—	—	—	—	—	南北朝	隐喻产物	鬓发黑亮	鬓发、眉色	—
乌黑	—	—	—	—	无	—	隋	深黑色	深黑色	广	—
乌油	—	—	—	—	有	—	元末明初	黑亮	黑亮	特色	—
乌青	是	深闇蓝绿	低	低		2B＜2.25/1.5—3.5	明	深闇蓝绿	深闇蓝绿	肤色、服色	—
乌闇	—	—	—	—	无	—	清	黑闇无光	黑闇无光	天色	—
鸦青	—	—	—	—	无	—	宋	乌鸦般的黑色	乌鸦般的黑色	纸色、鬓色、织物色	—
漆黑	—	—	—	—	无	—	唐	黑甚	黑甚	夜色、头发、物色	—
漆漆	—	—	—	—	无	—	清	黑的程度深	黑的程度深	光线	—
黟黑	—	—	—	—	有	—	宋	黑而有光泽	黑而有光泽	墨色、石色、肤色	—
黮闇	—	—	—	—	无	—	战国	黑闇无光	黑闇无光	光线	—
苍黑	是	非纯黑	低	低	无	—	春秋战国	非纯黑色	非纯黑色	动物毛色、目色、星座	—
青黑	是	深闇蓝绿	低	低	无	2BG＜2.25/1.5—3.5	汉	深闇蓝绿	深闇蓝绿	土色、物色、面色、体色、植物色	—
青灰	是	灰蓝色	低	低	无	2.5PB4.0/2.0	魏晋	灰蓝色	灰蓝色	动物毛色、墙色、织物、脸色	—

续表

颜色词	有彩色	色相	纯度	明度	亮度	孟塞尔表示法	成词年代	来源	附加义	适用对象	引申义
青骊	—	—	—	—	无	—	南北朝	黑色	黑色	动物毛色	—
青青	—	—	—	—	无	—	唐	隐喻产物	黑而茂盛	发色	—
青黝	是	含绿或蓝的非纯黑色	低	低	无	—	宋	含绿或蓝的非纯黑色	含绿或蓝的非纯黑色	物色	—
铁青	是	闇灰蓝	低	低	无	10B3.5/3.0	元	闇灰蓝	闇灰蓝	脸色、动物毛色	—
黛青	是	深青色或黑色	低	低	无	—	汉	深青色或黑青色	深青色或黑青色	山峰色、眉色	—
黛黑	—	—	—	—	无	—	唐	灰黑色	灰黑色	眉色	—
黛绿	是	深青色或黑色	低	低	无	—	唐	隐喻产物	深青色或黑色	眉色、植物色	—
黚黯	—	—	—	—	无	—	隋	面部黑子	面部黑子	面部黑子	—
冥色	—	—	—	—	无	—	战国时期	颜色发闇	发闇发黑	天色、物色	—
黢黭	—	—	—	—	无	—	明	光线闇黑、物色深黑	光线闇黑、物色深黑	光线、物色	—
黳黮	—	—	—	—	无	—	晋	光线闇黑	深黑色	光色、物色	不明不白
黭黮	—	—	—	—	无	—	战国	光线闇、不明	光线闇、不明	光线、云色、物色	凄惨、政治不明
黯黑	—	—	—	—	无	—	汉	深黑色	深黑色	病态的肤色黑、光线昏黑、动物毛色、头发	—
黯然	—	—	—	—	无	—	汉	深黑貌	深黑貌	肤色、天色	—
玄绀	是	闇黑红	低	低	无	—	晋	闇黑红	闇黑红	动物色	—

续表

颜色词	有彩色	色相	纯度	明度	亮度	孟塞尔表示法	成词年代	来源	附加义	适用对象	引申义
玄青	—	—	—	—	无	—	唐	深黑色	深黑色	头发、织物	—
滋黑	—	—	—	—	无	—	宋	深黑色	黑的程度加深	脸色、头发	—
黝黝	—	—	—	—	无	—	魏晋	深黑色	黑的程度深	宫殿、植物	—
黝然	—	—	—	—	无	—	宋	深黑色	深黑、肃穆	肤色、物色、植物色	—
黝黑	—	—	—	—	无	—	明	深黑色	黑的程度深	石色、体色、水色、墙色	—
墨黑	—	—	—	—	无	—	战国	深黑如墨	如墨	眉色、光线、头发、肤色	—
灰黑	—	—	—	—	无	—	宋	近黑的灰色	近黑的灰色	石色、动物毛色、物色	—
灰黔	—	—	—	—	无	—	明	颜色不鲜的黑色	颜色不鲜	植物色	—
焦黑	是	深黑黄色	低	低	无	—	汉	烧炙之物色	烧炙之物色	物色、面色	—
焌黑	—	—	—	—	无	—	清	形容很黑	很黑	面色、字迹、光线	—
黢黑	—	—	—	—	无	—	清	很闇、很黑	闇、黑	光线	—
绀青	是	中红紫色或中绛色	低	低	无	5RP 3.5/5.0	唐	中红紫色或中绛色织物	中红紫色或中绛色织物	佛教中人物眉眼	—
绀绿	是	闇蓝	中	低	无	2.5PB 2.5/4.0	战国	隐喻产物	黑蓝紫色	织物、动物、头发	—
青黎	是	黑黄色	低	低	无	—	明	黑黄色	黑黄色	光焰、纸墨色、鸟遗	—
元青	—	—	—	—	无	—	清	避讳用字	深黑色	服色	—
黔黑	—	—	—	—	无	—	南北朝	染黑	染黑、深黑色	动物毛色、石色	—
黳黯	是	深闇蓝绿	低	低	无	—	宋	深闇蓝绿	近黑的深闇蓝绿	物色、空间	—

续表

颜色词	有彩色	色相	纯度	明度	亮度	孟塞尔表示法	成词年代	来源	附加义	适用对象	引申义
黪昧	—	—	—	—	无	—	魏晋	颜色不鲜、发闇的黑色	颜色不鲜、发闇	织物、物色、	—
乌洞洞	—	—	—	—	无	—	清	黑得深幽莫测	黑得深幽莫测	光线闇黑	—
乌溜溜	—	—	—	—	无	—	明	黑而滑润、灵动	黑而滑润、灵动	眼、眉色	—
黑漆漆	—	—	—	—	无	—	唐	天色深黑或没有光线、无法识物的黑	天色深黑或没有光线、无法识物的黑	天色、物色、肤色	思想上的混沌不清
黑漫漫	—	—	—	—	无	—	唐	漆黑一片，没有边际	漆黑一片，没有边际	天色	心智不明，糊涂
黑洞洞	—	—	—	—	无	—	宋	黑的程度深	黑闇空间	空间	—
黑鬒鬒	—	—	—	—	无	—	元	头发乌黑稠密	头发乌黑稠密	头发	—
黑足吕	—	—	—	—	无	—	元	很黑的样子	很黑，口语	肤色	—
黑蒙蒙	—	—	—	—	无	—	元	黑色弥漫笼罩	黑色弥漫笼罩	天色	—
黑沉沉	—	—	—	—	无	—	元	令人沉闷压抑的黑色	令人沉闷压抑的黑色	天色、光线	—
黑扑扑	—	—	—	—	无	—	元明	黑而富有动感	黑而富有动感	铠甲、动物毛色	—
黑魆魆	—	—	—	—	无	—	元明	没有光线的闇黑	闇黑	光线、肤色	—

续表

颜色词	有彩色	色相	纯度	明度	亮度	孟塞尔表示法	成词年代	来源	附加义	适用对象	引申义
黑没促	—	—	—	—	无	—	明	乌黑貌	乌黑貌	肤色	—
黑油油	—	—	—	—	无	—	明	黑而光滑润泽	黑而光滑润泽	头发	—
黑茫茫	—	—	—	—	无	—	明	一片漆黑，广阔无边	黑的广阔无边	天色	—
黑黝黝	—	—	—	—	无	—	清	正黑色	正黑色	物色	—
黑压压	—	—	—	—	无	—	清	似鸦羽一样黑而富有光泽	黑而富有光泽	头发	—
黑苍苍	—	—	—	—	无	—	清	黑而苍老	黑而苍老	脸色	—
黑溜溜	—	—	—	—	无	—	清	黑而色调柔和	黑而色调柔和	藤色、门、眼睛	—
黑乌乌	—	—	—	—	无	—	清	深闇黑色	不新鲜	饭	—
黑糁糁	—	—	—	—	无	—	清	皮肤很黑	皮肤很黑	皮肤	—
黑糊糊	—	—	—	—	无	—	清	黑得不可辨识形体	黑得不可辨识形体	天色	—
黑缁缁	—	—	—	—	无	—	清	颜色很深的黑	颜色很深的黑	肤色	—
黑黪黪	—	—	—	—	无	—	清	很黑	无光的黑	光线	—

续表

颜色词	有彩色	色相	纯度	明度	亮度	孟塞尔表示法	成词年代	来源	附加义	适用对象	引申义
乌漆墨黑	—	—	—	—	无	—	清	很黑	很黑	天色	—
黑没焌地	—	—	—	—	无	—	唐	黑得看不清晰	看不清晰，口语	事物	—

表四　古汉语单音节黑系颜色词谱系①

1. 无彩色系列中的黑色

纯黑色：鸦、骊、黸、漆、黱、鬒

黑色：翔、柜、黔、顛、缜、黚、黚、鸓、黲、滋、黑、黲、黵、黸、焌、駿、袗、黸、缁、黔、绿

深黑色：乌、滔、幽、黝、墨、缁、淄、黤

灰黑色：皂、黛、黕

浅黑色：魿、阴

闇黑色：冥、黢、黣、闇、黯、黔、黩、黴、炱、甗、黩、默、黲、黤、黦、黣

灰色：灰

2. 彩色系列中的近黑色

黑红色：雀、蚁、玄、纂、綦、元、殷

褐色：雀

紫黑色：鹊、黮

灰紫色：铅

深（蓝）绿色：苍、青

黑黄色：焦、黎、黧、黕

黑蓝紫色：绀、縹、緅、繰

主要征引及参考文献

一　古籍之部

1. 经部

（汉）班固等撰：《白虎通》，上海商务印书馆（《丛书集成初编》第238，239 册）1936 年版。

（汉）伏生撰：《尚书大传》，上海书店（《四部丛刊初编》第9 册）1989 年版。

（汉）公羊寿传，（汉）何休解诂，（唐）徐彦疏：《春秋公羊传》，北京大学出版社（《十三经注疏》整理本）2000 年版。

（汉）孔安国传，（唐）孔颖达疏：《尚书正义》，北京大学出版社（《十三经注疏》整理本）2000 年版。

（汉）毛亨传，（汉）郑玄笺，（唐）孔颖达疏：《毛诗正义》，北京大学出版社（《十三经注疏》整理本）2000 年版。

（汉）史游撰，颜师古注，王应麟补注，钱保塘补音：《急就篇》，上海商务印书馆（《丛书集成初编》第1052 册）1936 年版。

（汉）许慎撰，（宋）徐铉校定：《说文解字》，中华书局（影印本）1963 年版。

（汉）赵岐注，（宋）孙奭疏：《孟子注疏》，北京大学出版社（《十三经注疏》整理本）2000 年版。

（汉）郑玄注，（唐）贾公彦疏：《仪礼注疏》，北京大学出版社（《十三经注疏》整理本）2000 年版。

（汉）郑玄注，（唐）贾公彦疏：《周礼注疏》，北京大学出版社（《十三经注疏》整理本）2000 年版。

（汉）郑玄注，（唐）孔颖达疏：《礼记正义》，北京大学出版社
（《十三经注疏》整理本）2000 年版。

（魏）何晏注，（宋）邢昺疏：《论语注疏》，北京大学出版社（《十
三经注疏》整理本）2000 年版。

（魏）王弼注，（唐）孔颖达疏：《周易正义》，北京大学出版社
（《十三经注疏》整理本）2000 年版。

（魏）张揖撰：《广雅》，台湾商务印书馆（《景印文渊阁四库全书》
第 221 册）1986 年版。

（吴）陆玑撰：《毛诗草木鸟兽虫鱼疏》，上海商务印书馆（《丛书集
成初编》第 1346 册）1936 年版。

（吴）陆玑撰，（明）毛晋注：《毛诗草木鸟兽虫鱼疏广要》，上海商
务印书馆（《丛书集成初编》第 1346，1347 册）1936 年版。

（晋）郭璞注，（宋）邢昺疏：《尔雅注疏》，北京大学出版社（《十
三经注疏》整理本）2000 年版。

（梁）顾野王撰，（宋）陈彭年等重修：《大广益会玉篇》，中华书局
1987 年版。

（梁）周兴嗣撰：《千字文》，岳麓书社 1987 年版。

（唐）［日］释空海编：《篆隶万象名义》，中华书局 1995 年版。

（唐）陆德明撰：《经典释文》，上海古籍出版社（影印本）1985
年版。

（唐）陆德明撰：《经典释文》，台湾商务印书馆（《景印文渊阁四库
全书》第 182 册）1986 年版。

（唐）玄应撰：《一切经音义》，安徽教育出版社（《中华汉语工具书
书库》第 52，53 册）2002 年版。

（唐）颜元孙撰：《干禄字书》，上海商务印书馆（《丛书集成初编》
第 1064 册）1939 年版。

（唐）张参撰：《五经文字》，上海商务印书馆（《丛书集成初编》第
1064 册）1939 年版。

（后蜀）彭晓注：《周易参同契通真义》，台湾新文丰出版公司（《丛
书集成续编》第 39 册）1989 年版。

（南唐）徐锴撰：《说文解字系传》，中华书局 1987 年版。

（宋）蔡卞撰：《毛诗名物解》，台湾商务印书馆（《景印文渊阁四库

全书》第 70 册）1986 年版。

（宋）蔡沈撰：《书经集传》，台湾商务印书馆（《景印文渊阁四库全书》第 58 册）1986 年版。

（宋）陈彭年著，周祖谟校：《广韵校本》（上），中华书局 2004 年版。

（宋）陈详道撰：《论语全解》，台湾商务印书馆（《景印文渊阁四库全书》第 196 册）1986 年版。

（宋）戴侗撰：《六书故》，台湾商务印书馆（《景印文渊阁四库全书》第 226 册）1986 年版。

（宋）丁度著：《集韵》，中国书店 1983 年版。

（宋）洪适撰：《隶释》，上海书店（《四部丛刊三编》第 30 册）1985 年版。

（宋）李樗、黄櫄撰：《毛诗李黄集解》，台湾商务印书馆（《景印文渊阁四库全书》第 71 册）1986 年版。

（宋）林之奇撰：《尚书全解》，台湾商务印书馆（《景印文渊阁四库全书》第 55 册）1986 年版。

（宋）陆佃撰：《埤雅》，上海商务印书馆（《丛书集成初编》第 1171—1173 册）1936 年版。

（宋）罗愿撰，（元）洪焱祖释：《尔雅翼》，上海商务印书馆（《丛书集成初编》第 1145—1148 册）1939 年版。

（宋）聂崇义撰：《三礼图集注》，台湾商务印书馆（《景印文渊阁四库全书》第 129 册）1986 年版。

（宋）司马光等编：《类篇》，中华书局 1984 年版。

（宋）王与之撰：《周礼订义》，台湾商务印书馆（《景印文渊阁四库全书》第 93，94 册）1986 年版。

（宋）卫湜撰：《礼记集说》，台湾商务印书馆（《景印文渊阁四库全书》第 119 册）1986 年版。

（宋）魏了翁撰：《尚书要义》，台湾商务印书馆（《景印文渊阁四库全书》第 60 册）1986 年版。

（宋）魏了翁撰：《周易要义》，台湾商务印书馆（《景印文渊阁四库全书》第 18 册）1986 年版。

（宋）易祓撰：《周官总义》，台湾商务印书馆（《景印文渊阁四库全书》第 92 册）1986 年版。

（宋）朱熹注：《诗经集传》，上海古籍出版社 1987 年版。

（辽）释行均编：《龙龛手镜》，中华书局 1985 年版。

（元）《老乞大》，中华书局（《朝鲜时代汉语教科书丛刊》本）2005
年版。

（元）《朴通事谚解》，中华书局（《朝鲜时代汉语教科书丛刊》本）
2005 年版。

（元）黄公绍、熊忠著，宁忌浮整理：《古今韵会举要》，中华书局
2000 年版。

（元）梁益撰：《诗传旁通》，台湾新文丰出版公司（《丛书集成续
编》第 106 册）1989 年版。

（明）陈士元撰：《论语类考》，台湾商务印书馆（《景印文渊阁四库
全书》第 207 册）1986 年版。

（明）冯复京撰：《六家诗名物疏》，台湾商务印书馆（《景印文渊
阁四库全书》第 80 册）1986 年版。

（明）焦竑撰：《俗书刊误》，台湾商务印书馆（《景印文渊阁四库全
书》第 228 册）1986 年版。

（明）兰廷秀撰：《韵略易通》，齐鲁书社（《四库全书存目丛书》经
部第 208 册）1997 年版。

（明）刘绩撰：《三礼图》，台湾新文丰出版公司（《丛书集成续编》
第 66 册）1989 年版。

（明）孙毂编：《古微书》，上海商务印书馆（《丛书集成初编》第
690—693 册）1939 年版。

（明）杨慎撰：《古音丛目》，台湾商务印书馆（《景印文渊阁四库全
书》第 239 册）1986 年版。

（明）杨慎撰：《奇字韵》，台湾商务印书馆（《景印文渊阁四库全
书》第 228 册）1986 年版。

（明）张仲次撰：《周易玩辞困学记》，台湾商务印书馆（《景印文渊
阁四库全书》第 36 册）1986 年版。

（清）惠栋撰：《惠氏读说文记》，上海古籍出版社（《续修四库全
书》第 203 册）2002 年版。

（清）陈大章著：《诗传名物集览》，上海商务印书馆（《丛书集成初

编》第 1348—1351 册）1937 年版。

（清）陈奂撰：《诗毛氏传疏》，上海古籍出版社（《续修四库全书》第 70 册）2002 年版。

（清）陈启源撰：《毛诗稽古编》，台湾商务印书馆（《景印文渊阁四库全书》第 85 册）1986 年版。

（清）陈士珂撰：《韩诗外传疏证》（十卷），台湾新文丰出版公司（《丛书集成续编》第 110 册）1989 年版。

（清）段玉裁注：《说文解字注》，上海古籍出版社 1988 年版。

（清）段玉裁注，（清）徐灏笺：《说文解字注笺》，安徽教育出版社（《中华汉语工具书书库》第 35—37 册）2002 年版。

（清）桂馥撰：《说文解字义证》，中华书局 1987 年版。

（清）郝懿行、王念孙、钱绎、王先谦等著：《尔雅、广雅、方言、释名》清疏四种合刊，上海古籍出版社 1989 年版。

（清）胡培翚撰，（清）杨大堉补：《仪礼正义》，台湾中华书局（《四部备要》第 56—59 册）1981 年版。

（清）胡渭撰：《禹贡锥指》，台湾商务印书馆（《景印文渊阁四库全书》第 67 册）1986 年版。

（清）胡文英著：《吴下方言考》，广陵书社（《风土志丛刊》本）2003 年版。

（清）李富孙撰：《诗经异文释》，上海古籍出版社（《续修四库全书》第 75 册）2002 年版。

（清）李富孙撰：《易经异文释》，上海古籍出版社（《续修四库全书》第 27 册）2002 年版。

（清）梁万方撰：《重刊朱子仪礼经传通解》，齐鲁书社（《四库全书存目丛书》经部第 112—114 册）1997 年版。

（清）刘宝楠著：《论语正义》，中华书局（《诸子集成》第 1 册）1954 年版。

（清）刘宝楠撰：《释榖》，上海古籍出版社（《续修四库全书》第 193 册）2002 年版。

（清）马瑞辰撰，陈金生点校：《毛诗传笺通释》，中华书局 1989 年版。

（清）毛奇龄撰：《续诗传鸟名卷》，台湾商务印书馆（《景印文渊阁四库全书》第 86 册）1986 年版。

（清）毛奇龄撰：《古今通韵》，台湾商务印书馆（《景印文渊阁四库全书》第 242 册）1986 年版。

（清）纳喇性德撰：《陈氏礼记集说补正》，台湾商务印书馆（《景印文渊阁四库全书》第 127 册）1986 年版。

（清）苏舆撰：《春秋繁露义证》，中华书局（《新编诸子集成》本）1992 年版。

（清）孙希旦撰：《礼记集解》，中华书局 1989 年版。

（清）孙星衍学：《仓颉篇》，上海古籍出版社（《丛书集成初编》第 1051 册）1936 年版。

（清）孙诒让撰：《周礼正义》，中华书局 1987 年版。

（清）王念孙著：《广雅疏证》，江苏古籍出版社 2000 年版。

（清）王聘珍撰，王文锦点校：《大戴礼记解诂》，中华书局 1983 年版。

（清）王引之著：《经义述闻》，江苏古籍出版社 2000 年版。

（清）吴任臣辑：《字汇补》，安徽教育出版社（《中华汉语工具书书库》第 6 册）2002 年版。

（清）吴玉搢撰：《别雅》，安徽教育出版社（《中华汉语工具书书库》第 50 册）2002 年版。

（清）夏味堂撰：《拾雅》，安徽教育出版社（《中华汉语工具书书库》第 50，51 册）2002 年版。

（清）徐鼎撰：《毛诗名物图说》，上海古籍出版社（《续修四库全书》第 62 册）2002 年版。

（清）徐灏撰：《通介堂经说》，上海古籍出版社（《续修四库全书》第 177 册）2002 年版。

（清）阎若璩撰：《尚书古文疏证》，上海古籍出版社 1987 年版。

（清）姚炳撰：《诗识名解》，台湾商务印书馆（《景印文渊阁四库全书》第 86 册）1986 年版。

（清）叶方蔼、张英、韩菼等编：《孝经衍义》，台湾商务印书馆（《景印文渊阁四库全书》第 718，719 册）1986 年版。

（清）张自烈撰，（清）廖文英续：《正字通》，上海古籍出版社（《续修四库全书》第 234，235 册）2002 年版。

（清）郑珍撰：《说文新附考》，上海商务印书馆（《丛书集成初编》第1100，1101册）1936年版。

（清）朱骏声撰：《说文通训定声》，中华书局1984年版。

黄侃笺识，黄焯编次：《尔雅音训》，上海古籍出版社，1983年版。

马叙伦著：《说文解字六书疏证》，上海书店1985年版。

杨伯峻著：《春秋左传注》，中华书局1990年版。

杨伯峻著：《论语译注》，中华书局1980年版。

杨琳撰：《小尔雅今注》，汉语大词典出版社2002年版。

张舜徽著：《说文解字约注》，中州书画社1983年版。

2. 史部

《国语》，上海师范大学古籍整理研究所校点，上海古籍出版社1998年版。

（汉）班固撰：《汉书》，中华书局1982年版。

（汉）刘珍撰：《东观汉记》，台湾中华书局（《四部备要》第290册）1981年版。

（汉）司马迁撰：《史记》，中华书局1982年版。

（汉）卫宏撰：《汉旧仪》，台湾中华书局（《四部备要》第290册）1981年版。

（汉）卫宏撰：《汉旧仪补遗》，台湾中华书局（《四部备要》第290册）1981年版。

（汉）荀悦撰：《前汉纪》，上海书店（《四部丛刊初编》第17册）1989年版。

（汉）应劭撰：《汉官仪》，台湾中华书局（《四部备要》第290册）1981年版。

（汉）撰人不详：《越绝书》，台湾中华书局（《四部备要》第282册）1981年版。

（晋）陈寿撰：《三国志》，中华书局1959年版。

（北齐）魏收撰：《魏书》，中华书局1974年版。

（北魏）郦道元原注，陈桥驿注释：《水经注》，浙江古籍出版社2001年版。

（北魏）杨衒之撰，周祖谟校释：《洛阳伽蓝记校释》，中华书局

1963 年版。

（南朝宋）范晔、（晋）司马彪撰：《后汉书》，中华书局 1965 年版。

（梁）沈约附注，（明）范钦订：《竹书纪年（二卷）》，上海书店（《四部丛刊初编》第 17 册）1989 年版。

（梁）沈约撰：《宋书》，中华书局 1974 年版。

（梁）萧子显撰：《南齐书》，中华书局 1972 年版。

（唐）杜佑撰：《通典》，岳麓书社 1995 年版。

（唐）房玄龄等撰：《晋书》，中华书局 1974 年版。

（唐）李百药撰：《北齐书》，中华书局 1972 年版。

（唐）李吉甫撰：《元和郡县图志》，中华书局 1983 年版。

（唐）李延寿撰：《北史》，中华书局 1974 年版。

（唐）李延寿撰：《南史》，中华书局 1975 年版。

（唐）刘餗、张鷟撰：《隋唐嘉话　朝野佥载》，中华书局 1979 年版。

（唐）魏征、令狐德棻撰：《隋书》，中华书局 1973 年版。

（唐）玄奘、辩机原著，季羡林等校注：《大唐西域记校注》，中华书局 1985 年版。

（唐）姚思廉撰：《陈书》，中华书局 1972 年版。

（后晋）刘昫等撰：《旧唐书》，中华书局 1975 年版。

（宋）蔡绦撰：《铁围山丛谈》，上海古籍出版社（《宋元笔记小说大观》本）2001 年版。

（宋）曹士冕撰：《法帖谱系》，上海商务印书馆（《丛书集成初编》第 1600 册）1939 年版。

（宋）陈元靓撰：《岁时广记》，广陵书社（《中国风土志丛刊》第 7 册）2003 年版。

（宋）范成大撰：《桂海虞衡志》，广陵书社（《中国风土志丛刊》第 26 册）2003 年版。

（宋）罗泌撰：《路史》，台湾中华书局（《四部备要》第 295、296 册）1981 年版。

（宋）孟元老撰：《东京梦华录》，台湾商务印书馆（《景印文渊阁四库全书》第 589 册）1986 年版。

（宋）欧阳修、宋祁撰：《新唐书》，中华书局 1975 年版。

（宋）史炤撰：《资治通鉴释文》，上海书店（《四部丛刊初编》第 36

册）1989 年版。

（宋）司马光编著，（元）胡三省音注：《资治通鉴》，中华书局 1956年版。

（宋）王黼撰：《宣和博古图》，安徽教育出版社（《中华汉语工具书书库》第 96 册）2002 年版。

（宋）王明清撰：《挥麈录》，上海古籍出版社（《宋元笔记小说大观》本）2001 年版。

（宋）王栐撰：《燕翼诒谋录》，上海古籍出版社（《宋元笔记小说大观》本）2001 年版。

（宋）无名氏撰：《宣和画谱》，上海商务印书馆（《丛书集成初编》第 1652，1653 册）1936 年版。

（宋）薛居正等撰：《旧五代史》，中华书局 1976 年版。

（宋）郑樵撰：《通志》，浙江古籍出版社 1988 年版。

（金）刘祁撰，（清）鲍廷宣辑：《归潜志》，中华书局（《知不足斋丛书》第 2 卷）1999 年版。

（元）马端临撰：《文献通考》，浙江古籍出版社 1988 年版。

（元）脱脱等撰：《金史》，中华书局 1975 年版。

（元）脱脱等撰：《宋史》，中华书局 1977 年版。

（元）张铉撰：《至大金陵新志》，台湾商务印书馆（《景印文渊阁四库全书》第 492 册）1986 年版。

（明）曹学佺撰：《入蜀广记》，台湾商务印书馆（《景印文渊阁四库全书》第 591 册）1986 年版。

（明）陈暐撰：《吴中金石新编》，台湾商务印书馆（《景印文渊阁四库全书》第 683 册）1986 年版。

（明）刘若愚撰：《明宫史》，巴蜀书社（《中国野史集成》第 39 册）1993 年版。

（明）刘若愚撰：《酌中志》，巴蜀书社（《中国野史集成》第 27 册）1993 年版。

（明）史玄、（清）夏仁虎、（清）阙名撰：《旧京遗事　旧京琐记燕京杂记》，北京古籍出版社 1986 年版。

（明）宋濂撰：《元史》，中华书局 1976 年版。

（明）王琦、于慎行撰，张德信、吕景琳点校：《寓圃杂记　榖山笔麈》，中华书局 1984 年版。

（明）谢肇淛撰：《北河纪馀》，台湾商务印书馆（《景印文渊阁四库全书》第 576 册）1986 年版。

（明）谢肇淛撰：《滇略》，台湾商务印书馆（《景印文渊阁四库全书》第 494 册）1986 年版。

（明）徐弘祖著，丁文江编：《徐霞客游记》，商务印书馆 1986 年版。

（明）杨士奇等编：《历代名臣奏议》，台湾商务印书馆（《景印文渊阁四库全书》第 433—442 册）1986 年版。

（清）《畿辅通志》（第一册），河北人民出版社 1985 年版。

（清）傅泽洪撰：《行水金鉴》，台湾商务印书馆（《景印文渊阁四库全书》第 581 册）1986 年版。

（清）高士奇撰：《左传纪事本末》，中华书局（《历代纪事本末》第 1 册）1997 年版。

（清）郝玉麟等撰：《广东通志》，台湾商务印书馆（《景印文渊阁四库全书》第 562—564 册）1986 年版。

（清）和珅撰：《热河志》，台湾商务印书馆（《景印文渊阁四库全书》第 495 册）1986 年版。

（清）胡思敬撰：《国闻备乘》，巴蜀书社（《中国野史集成》第 50 册）1993 年版。

（清）嵇曾筠等监修，沈翼机等编纂：《浙江通志》，台湾商务印书馆（《景印文渊阁四库全书》第 520 册）1986 年版。

（清）蒋溥撰：《盘山志》，台湾商务印书馆（《景印文渊阁四库全书》第 586 册）1986 年版。

（清）李斗撰：《扬州画舫录》，广陵书社（《中国风土志丛刊》第 28，29 册）2003 年版。

（清）李调元撰：《南越笔记》，台湾新兴书局（《笔记小说大观》第二十编第十册）1986 年版。

（清）厉鹗撰：《辽史拾遗》，台湾商务印书馆（《景印文渊阁四库全书》第 289 册）1986 年版。

（清）刘於义等监修，沈青崖等编纂：《陕西通志》，台湾商务印书馆（《景印文渊阁四库全书》第 551—554 册）1986 年版。

（清）马骕撰：《绎史》，上海古籍出版社 1990 年版。

（清）穆彰阿等撰：《嘉庆重修一统志》（九），上海书店（《四部丛刊续编》第 24 册）1984 年版。

（清）沈炳巽撰：《水经注集释订讹》，台湾商务印书馆（《景印文渊阁四库全书》第 574 册）1986 年版。

（清）汪孟鋗撰：《龙井见闻录》，清乾隆二十七年木刻本。

（清）王昶撰：《金石萃编》，陕西人民美术出版社 1990 年版。

（清）吴广成撰：《西夏书事》，巴蜀书社（《中国野史集成》第 11 册）1993 年版。

（清）余金撰：《熙朝新语》，上海书店 1983 年版。

（清）张廷玉等撰：《清朝文献通考》，浙江古籍出版社 1988 年版。

（清）张廷玉等撰：《明史》，中华书局 1974 年版。

傅璇琮主编：《唐才子传校笺》，中华书局 1990 年版。

黄怀信等撰：《逸周书汇校集注》，上海古籍出版社 1995 年版。

浙江省地方志编纂委员会编：《浙江通志》，中华书局（标点本）2001 年版。

诸祖耿撰：《战国策集注汇考》，江苏古籍出版社 1985 年版。

3. 子部

（周）邓析撰：《邓析子》，台湾中华书局（《四部备要》第 348 册）1981 年版。

（周）辛銒撰：《文子》，台湾中华书局（《四部备要》第 348 册）1981 年版。

（周）尹喜撰：《关尹子》，台湾中华书局（《四部备要》第 350 册）1981 年版。

《老子》，台湾中华书局（《四部备要》第 353 册）1981 年版。

（战国）吕不韦著：《吕氏春秋》，上海古籍出版社 1989 年版。

（战国）佚名撰，（晋）郭璞注：《穆天子传》，上海古籍出版社 1999 年版。

（战国）撰人不详：《六韬》，上海书店（《四部丛刊初编》第 60 册）1989 年版。

（汉）佚名撰：《黄帝九鼎神丹经诀》，华夏出版社（《中华道藏》第 18 册）2004 年版。

（汉）桓宽著，王利器校注：《盐铁论校注》，中华书局（《新编诸子集成》本）1992 年版。

（汉）孔鲋撰：《孔丛子》，台湾中华书局（《四部备要》第 343 册）1981 年版。

（汉）刘安编，刘文典注：《淮南鸿烈集解》，中华书局 1989 年版。

（汉）刘向撰：《说苑》，上海书店（《四部丛刊初编》第 58 册）1989 年版。

（汉）刘歆撰，（晋）葛洪集：《西京杂记》，上海古籍出版社（《汉魏六朝笔记小说大观》本）1999 年版。

（汉）王充著，黄晖校释：《论衡校释》，中华书局 1990 年版。

（汉）扬雄著，汪荣宝撰，陈仲夫点校：《法言义疏》，中华书局 1987 年版。

（汉）扬雄撰，（宋）司马光集注：《太玄集注》，中华书局 1998 年版。

（汉）佚名撰，（清）孙星衍校：《燕丹子》，上海古籍出版社（《汉魏六朝笔记小说大观》本）1999 年

（汉）应邵撰：《风俗通义》，上海商务印书馆（《丛书集成初编》第 274 册）1937 年版。

（汉）张机撰：《新编金匮要略方论》，上海书店（《四部丛刊初编》第 65 册）1989 年版。

（魏）王肃注：《孔子家语》，上海古籍出版社 1990 年版。

（晋）崔豹撰：《古今注》，上海商务印书馆（《丛书集成初编》第 274 册）1937 年版。

（晋）干宝撰：《搜神记》，上海古籍出版社（《汉魏六朝笔记小说大观》本）1999 年版。

（晋）葛洪著，（梁）陶弘景增补：《肘后备急方》，人民卫生出版社 1956 年版。

（晋）葛洪撰，王明校释：《抱朴子内篇校释》（增订本），中华书局 1985 年版。

（晋）王叔和撰：《脉经》，人民卫生出版社 1956 年版。

（晋）张华撰：《博物志》，上海古籍出版社（《汉魏六朝笔记小说大观》本）1999 年版。

（后魏）贾思勰原著，缪启愉校释：《齐民要术》，中国农业出版社 1998 年版。

（前秦）王嘉撰，（梁）萧琦录：《拾遗记》，上海古籍出版社（《汉魏六朝笔记小说大观》本）1999 年版。

（南朝宋）刘义庆撰，徐震堮校笺：《世说新语校笺》，中华书局 1984 年版。

（梁）僧佑，（唐）道宣撰：《弘明集　广弘明集》，上海古籍出版社 1991 年版。

（梁）孝元帝撰：《金楼子》，中华书局（《知不足斋丛书》第 3 册）1999 年版。

（隋）巢元方撰：《诸病源候总论》，海南国际新闻出版公司（《传世藏书》医部第 5 册）1997 年版。

（隋）杜台卿撰：《玉烛宝典》，上海商务印书馆（《丛书集成初编》第 1338—1339 册）1939 年版。

太清真人撰：《九转流珠神仙九丹经》，华夏出版社（《中华道藏》第 18 册）2004 年版。

（唐）戴孚撰：《广异记》，山东文艺出版社（《全唐小说》本）1993 年版。

（唐）道世编纂：《法苑珠林》，上海古籍出版社 1991 年版。

（唐）段成式撰：《酉阳杂俎》，上海古籍出版社（《唐五代笔记小说大观》本）1999 年版。

（唐）李德裕编：《次柳氏旧闻》，上海古籍出版社（《唐五代笔记小说大观》本）2000 年版。

（唐）欧阳询撰，汪绍楹校：《艺文类聚》，上海古籍出版社 1999 年版。

（唐）瞿昙悉达撰：《唐开元占经》，台湾商务印书馆（《景印文渊阁四库全书》第 807 册）1986 年版。

（唐）孙思邈撰：《备急千金要方》，人民卫生出版社 1992 年版。

（唐）王冰注，（宋）林亿等校：《内经素问　灵枢经　难经集注》，台湾中华书局（《四部备要》第 180 册）1981 年版。

（唐）王焘撰，高文铸校注：《外台秘要方》，华夏出版社 1993 年版。

（唐）韦续撰：《墨薮》，上海商务印书馆（《丛书集成初编》第 1621

册）1936 年版。

（唐）魏征撰：《群书治要》，上海书店（《四部丛刊初编》第 76—78
册）1989 年版。

（唐）徐坚等著：《初学记》，中华书局 2004 年版。

（唐）佚名撰：《大唐传载》，上海古籍出版社（《唐五代笔记小说大
观》本）2000 年版。

（唐）张读撰：《宣室志》，上海古籍出版社（《唐五代笔记小说大
观》本）2000 年版。

（唐）张志和撰：《玄真子》，台湾商务印书馆（《景印文渊阁四库全
书》第 1059 册）1986 年版。

（唐）郑处诲撰：《明皇杂录》，上海古籍出版社（《唐五代笔记小说
大观》本）2000 年版。

（南唐）释静、筠编，张华点校：《祖堂集》，中州古籍出版社 2001
年版。

（宋）晁贯之著：《墨经》，上海商务印书馆（《丛书集成初编》第
1495 册）1936 年版。

（宋）陈敬撰：《陈氏香谱》，台湾商务印书馆（《景印文渊阁四库全
书》第 844 册）1986 年版。

（宋）杜绾撰：《云林石谱》，上海商务印书馆（《丛书集成初编》第
1507 册）1936 年版。

（宋）高承著，（明）李果订：《事物纪原》，中华书局 1989 年版。

（宋）洪迈撰，何卓点校：《夷坚志》，中华书局 1981 年版。

（宋）黄伯思，黄訒撰：《东观馀论》，台湾商务印书馆（《景印文渊
阁四库全书》第 850 册）1986 年版。

（宋）黄震撰：《慈溪黄氏日抄分类》，北京图书馆出版社（《中华再
造善本》本）2005 年版。

（宋）黎靖德编，王星贤点校：《朱子语类》，中华书局 1986 年版。

（宋）李昉等编：《太平广记》，上海古籍出版社 1990 年版。

（宋）林希逸撰：《庄子口义》，台湾商务印书馆（《景印文渊阁四库
全书》第 1056 册）1986 年版。

（宋）刘清之撰：《戒子通录》，台湾商务印书馆（《景印文渊阁四库
全书》第 703 册）1986 年版。

（宋）刘延世撰：《孙公谈圃》，巴蜀书社（《中国野史集成》第 8 册）1993 年版。

（宋）米芾撰：《砚史》，上海商务印书馆（《丛书集成初编》第 1497 册）1939 年版。

（宋）普济撰：《五灯会元》，中华书局 1984 年版。

（宋）沈括撰：《梦溪笔谈》，上海书店（《四部丛刊续编》第 53 册）1984 年版。

（宋）史堪撰：《史载之方》，台湾商务印书馆（《宛委别藏》本第 68 册）1981 年版。

（宋）苏轼撰：《仇池笔记》，华东师范大学出版社 1983 年版。

（宋）苏易简撰：《文房四谱》，上海商务印书馆（《丛书集成初编》第 1493 册）1939 年版。

（宋）唐慎微撰，（金）张存惠重修：《重修政和经史证类本草》，上海书店（《四部丛刊初编》第 67 册）1989 年版。

（宋）陶穀撰：《清异录》，上海古籍出版社（《宋元笔记小说大观》本）2001 年版。

（宋）王观国撰：《学林》，台湾商务印书馆（《景印文渊阁四库全书》第 851 册）1986 年版。

（宋）王楙撰：《野客丛书》，上海商务印书馆（《丛书集成初编》第 304—306 册）1939 年版。

（宋）王钦若撰：《宋本册府元龟》，中华书局 1989 年版。

（宋）王世懋著：《学圃杂疏》，上海商务印书馆（《丛书集成初编》第 1355 册）1937 年版。

（宋）吴处厚撰：《青箱杂记》，中华书局 1985 年版。

（宋）徐铉撰：《稽神录》，上海古籍出版社（《宋元笔记小说大观》本）2001 年版。

（宋）佚名撰：《锦绣万花谷前集》，台湾商务印书馆（《景印文渊阁四库全书》第 924 册）1986 年版。

（宋）张君房编，李永晟点校：《云笈七签》，中华书局 2003 年版。

（宋）张师正撰：《括异志》，上海古籍出版社（《宋元笔记小说大观》本）2001 年版。

（宋）赵彦卫著：《云麓漫钞》，上海商务印书馆（《丛书集成初编》

第 297 册）1936 年版。

（宋）朱肱撰：《北山酒经》，台湾新兴书局（《笔记小说大观》第六编第二册）1986 年版。

（宋）撰人不详：《月波洞中记》，台湾商务印书馆（《景印文渊阁四库全书》第 810 册）1986 年版。

（元）杜清碧原编，史久华重订：《史氏重订敖氏伤寒金镜录》，上海卫生出版社 1956 年版。

（元）陆友撰：《墨史》，上海商务印书馆（《丛书集成初编》第 1495 册）1936 年版。

（元）陶宗仪等编：《说郛三种》，上海古籍出版社 1988 年版。

（元）陶宗仪撰：《南村辍耕录》，上海书店（《四部丛刊三编》第 56 册）1985 年版。

（元）危亦林撰，王育学等校注：《世医得效方》，中国中医药出版社 1996 年版。

（明）陈继儒纂，（清）沈德潜校：《珍珠船》，上海商务印书馆（《丛书集成初编》第 2934 册）1936 年版。

（明）董斯张撰：《广博物志》，台湾商务印书馆（《景印文渊阁四库全书》第 981 册）1986 年版。

（明）杜允明撰：《前闻记》，上海商务印书馆（《丛书集成初编》第 2900 册）1937 年版。

（明）方汝浩撰，高学安、祭德余点校：《禅真逸史》，浙江古籍出版社 1987 年版。

（明）方以智撰：《通雅》，安徽教育出版社（《中华汉语工具书书库》第 48，49 册）2002 年版。

（明）高濂撰：《遵生八牋》，台湾商务印书馆（《景印文渊阁四库全书》第 871 册）1986 年版。

（明）黄一正辑：《事物绀珠》，齐鲁书社（《四库全书存目丛书》子部第 200 册）1997 年版。

（明）江瓘撰：《名医类案》，海南国际新闻出版中心（《传世藏书》医部第 4 册）1997 年版。

（明）兰陵笑笑生著：《金瓶梅词话》，人民文学出版社 2000 年版。

（明）李时珍撰：《本草纲目》，人民卫生出版社 1982 年版。

（明）陆粲、顾起元撰：《庚巳编　客座赘语》，中华书局1987年版。

（明）罗欣撰：《物原》，齐鲁书社（《四库全书存目丛书》子部第178册）1997年版。

（明）缪希雍撰，夏魁周，赵瑗校注：《神农本草经疏》，中国中医药出版社1997年版。

（明）彭大翼撰：《山堂肆考》，台湾商务印书馆（《景印文渊阁四库全书》第974—978册）1986年版。

（明）宋应星著：《天工开物》，中国社会出版社2004年版。

（明）孙一奎撰，凌天翼点校：《赤水玄珠全集》，人民卫生出版社1986年版。

（明）汪砢玉撰：《珊瑚网》，台湾商务印书馆（《景印文渊阁四库全书》第818册）1986年版。

（明）谢肇淛撰：《五杂组》，台湾伟文图书出版社1977年版。

（明）徐光启撰，石声汉校注：《农政全书校注》，上海古籍出版社1979年版。

（明）徐应秋撰：《玉芝堂谈荟》，台湾新兴书局（《笔记小说大观》第二十三编第一，二册）1986年版。

（明）许仲琳、李云翔编，钟伯敬评，叶边瑟校点：《封神演义》，江苏古籍出版社1991年版。

（明）杨慎撰：《谭苑醍醐》，上海商务印书馆（《丛书集成初编》第334册）1936年版。

（明）张大复撰：《梅花草堂笔谈》，上海古籍出版社1986年版。

（明）张岱著，夏成淳、程维荣校注：《陶庵梦忆　西湖梦寻》，上海古籍出版社2001年版。

（明）张岱著：《陶庵梦忆》，西湖书社1982年版。

（明）张应文撰：《清秘藏》，台湾商务印书馆（《景印文渊阁四库全书》第872册）1986年版。

（明）张云龙撰：《广社》（不分卷），上海古籍出版社（《续修四库全书》第1186册）2002年版。

（明）周清源撰：《西湖二集》，浙江文艺出版社1985年版。

（明）周文华撰：《汝南圃史》，上海古籍出版社（《续修四库全书》第1119册）2002年版。

（明）朱橚撰：《救荒本草》，安徽教育出版社（《中华汉语工具书书库》第 91 册）2002 年版。

（清）二石生撰：《十洲春语》，河北教育出版社（《历代笔记小说集成·清代笔记小说》第 10 册）1994 年版。

（清）法式善撰：《陶庐杂录》，中华书局 1959 年版。

（清）方旭撰：《虫荟》，上海古籍出版社（《续修四库全书》第 1120 册）2002 年版。

（清）福格撰：《听雨丛谈》，台湾文海出版社（《近代中国史料丛刊》第 684 册）1973 年版。

（清）郭庆藩辑：《庄子集释》，中华书局（《新编诸子集成》本）1961 年版。

（清）郝懿行撰：《山海经笺疏》，巴蜀书社 1985 年版。

（清）纪昀著：《阅微草堂笔记》，上海古籍出版社 1980 年版。

（清）李光地著，陈祖武点校：《榕村语录，榕村续语录》，中华书局 1995 年版。

（清）李调元撰：《南越笔记》，台湾新兴书局（《笔记小说大观》第二十编第十册）1977 年版。

（清）李元撰：《蠕范》，上海商务印书馆（《丛书集成初编》第 1358 册）1937 年版。

（清）厉荃撰：《事物异名录》，上海古籍出版社（《续修四库全书》第 1253 册）2002 年版。

（清）梁章钜撰：《浪迹丛谈、续谈、三谈》，中华书局 1981 年版。

（清）陆廷灿撰：《续茶经》，台湾商务印书馆（《景印文渊阁四库全书》第 844 册）1986 年版。

（清）倪涛撰：《六艺之一录》，台湾商务印书馆（《景印文渊阁四库全书》第 830—833 册）1986 年版。

（清）乾隆敕编：《授时通考》，台湾商务印书馆（《景印文渊阁四库全书》第 732 册）1986 年版。

（清）屈大均撰：《广东新语》，中华书局 1985 年版。

（清）蘧园撰：《负曝闲谈》，上海古籍出版社 1985 年版。

（清）沈蕙风撰：《眉庐丛话》，台湾文海出版社（《近代中国史料丛刊》续辑第 635 册）1983 年版。

（清）孙静庵撰：《栖霞阁野乘》，巴蜀书社（《中国野史集成》第49册）1993年版。

（清）孙星衍校：《华氏中藏经》，商务印书馆1956年版。

（清）孙诒让撰：《墨子间诂》，中华书局（《新编诸子集成》本）2001年版。

（清）王棠撰：《燕在阁知新录》，上海古籍出版社（《续修四库全书》第1147册）2002年版。

（清）王先谦集解，沈啸寰、王星贤点校：《荀子集解》，中华书局（《新编诸子集成》本）1988年版。

（清）王先慎撰：《韩非子集解》，中华书局（《新编诸子集成》本）1998年版。

（清）魏之琇编著：《续名医类案》，人民卫生出版社1957年版。

（清）吴其濬撰：《植物名实图考》，安徽教育出版社（《中华汉语工具书书库》第92—95册）2002年版。

（清）吴谦等撰：《医宗金鉴》，海南国际新闻出版公司（《传世藏书》医部第6册）1997年版。

（清）徐文靖著，范祥雍点校：《管城硕记》，中华书局1998年版。

（清）于敏中等校订：《西清砚谱》，台湾商务印书馆（《景印文渊阁四库全书》第843册）1986年版。

（清）俞樾撰：《茶香室丛钞》，中华书局1995年版。

（清）张玉书等编：《佩文韵府》，上海古籍书店1983年版。

（清）张玉书等编：《佩文韵府拾遗》，上海古籍书店（《佩文韵府》本）1983年版。

（清）张振鋆著，冯瑞生点校、注译：《白话按摩秘诀》，陕西人民出版社1998年版。

（清）赵翼撰：《陔余丛考》，上海古籍出版社（《续修四库全书》第1151，1152册）2002年版。

（清）周召撰：《双桥随笔》，台湾商务印书馆（《景印文渊阁四库全书》第724册）1986年版。

（清）朱彝尊、于敏中等编撰：《日下旧闻考》，海南国际新闻出版中心（《传世藏书》文史笔记部第4册）1997年版。

［日］《大正新修大藏经》，台湾新文丰出版公司1983年版。

黄怀信撰：《鹖冠子汇校集注》，中华书局 2004 年版。

黎翔凤撰：《管子校注》，中华书局（《新编诸子集成》本）2004 年版。

王利器校撰：《新语校注》，中华书局（《新编诸子集成》本）1986 年版。

王利器撰：《颜氏家训集解》，中华书局（《新编诸子集成》本）1993 年版。

吴则虞编著：《晏子春秋集释》，中华书局（《新编诸子集成》本）1962 年版。

杨伯峻撰：《列子集释》，中华书局（《新编诸子集成》本）1979 年版。

4. 集部

（梁）刘勰著：《文心雕龙》，上海书店（《四部丛刊初编》第 335 册）1989 年版。

（梁）萧统辑，（唐）李善等注：《六臣注文选》，上海书店（《四部丛刊初编》第 310—313 册）1989 年版。

（北周）庾信著，倪璠注：《庾子山集注》，台湾中华书局（《四部备要》第 434，435 册）1981 年版。

（陈）徐陵编，（清）吴兆宜注，程琰删补：《玉台新咏笺注》，中华书局 1985 年版。

（唐）杜甫著，（清）仇兆鳌注：《杜诗详注》，中华书局 1979 年版。

（唐）杜甫著，（清）杨伦笺注：《杜诗镜铨》，上海古籍出版社 1998 年版。

（唐）杜甫撰：《分门集注杜工部诗》，上海书店（《四部丛刊初编》第 108，109 册）1989 年版。

（唐）黄滔著：《莆阳黄御史集》，上海商务印书馆（《丛书集成初编》第 1861—1863 册）1936 年版。

（唐）李贺著，（清）王琦等评注：《三家评注李长吉歌诗》，上海古籍出版社 1998 年版。

（唐）权德舆撰：《权载之文集》，上海书店（《四部丛刊初编》第 114 册）1989 年版。

（宋）陈思编，（元）陈世隆补：《两宋名贤小集》，台湾商务印书馆（《景印文渊阁四库全书》第 1362—1364 册）1986 年版。

（宋）范晞文撰：《对床夜语》，台湾新兴书局（《笔记小说大观》第六编第二册）1986 年版。

（宋）方岳撰：《秋崖集》，台湾商务印书馆（《景印文渊阁四库全书》第 1182 册）1986 年版。

（宋）洪兴祖补注，白化文等点校：《楚辞补注》，中华书局 1983 年版。

（宋）胡寅撰：《斐然集》，台湾商务印书馆（《景印文渊阁四库全书》第 1137 册）1986 年版。

（宋）胡仔撰：《苕溪渔隐丛话》，台湾中华书局（《四部备要》第 608 册）1981 年版。

（宋）黄庭坚撰：《山谷集》，线装书局（《宋集珍本丛刊》第 25 册）2004 年版。

（宋）刘克庄撰：《后村集》，台湾商务印书馆（《景印文渊阁四库全书》第 1180 册）1986 年版。

（宋）楼钥撰：《攻愧集》，台湾商务印书馆（《景印文渊阁四库全书》第 1152，1153 册）1986 年版。

（宋）陆文圭撰：《墙东类稿》，台湾新文丰出版公司（《丛书集成续编》第 133 册）1989 年版。

（宋）梅尧臣撰：《宛陵先生文集》，上海书店（《四部丛刊初编》第 145，146 册）1989 年版。

（宋）强至撰：《祠部集》，上海商务印书馆（《丛书集成初编》第 1893—1898 册）1935 年版。

（宋）秦观撰：《淮海集》，台湾商务印书馆（《景印文渊阁四库全书》第 1115 册）1986 年版。

（宋）宋祁撰：《景文集》，台湾商务印书馆（《景印文渊阁四库全书》第 1088 册）1986 年版。

（宋）苏轼撰：《东坡集》，线装书局（《宋集珍本丛刊》第 18 册）2004 年版。

（宋）孙觌撰：《鸿庆居士集》，台湾商务印书馆（《景印文渊阁四库全书》第 1135 册）1986 年版。

（宋）张守撰：《毗陵集》，台湾商务印书馆（《景印文渊阁四库全书》第 1127 册）1986 年版。

（宋）章樵注：《古文苑》，上海书店（《四部丛刊初编》第 316 册）1989 年版。

（宋）周南撰：《山房集》，线装书局（《宋集珍本丛刊》第 69 册）2004 年版。

（宋）朱熹撰：《楚辞集注》，北京图书馆出版社（《中华再造善本》本）2003 年版。

（元）贡师泰撰，（明）沈性编：《玩斋集》，台湾商务印书馆（《景印文渊阁四库全书》第 1215 册）1986 年版。

（元）黄玠撰：《弁山小隐吟录》，台湾新文丰出版公司（《丛书集成续编》第 167 册）1989 年版。

（元）揭傒斯撰：《揭文安公全集》，台湾新文丰出版公司（《丛书集成续编》第 135 册）1989 年版。

（元）浦道元撰：《闲居丛稿》，台湾商务印书馆（《景印文渊阁四库全书》第 1210 册）1986 年版。

（元）陶宗仪撰：《陶南村集》，台湾新文丰出版公司（《丛书集成续编》第 168 册）1989 年版。

（元）王逢撰：《梧溪集》，上海商务印书馆（《丛书集成初编》第 2277—2279 册）1935 年版。

（元）王恽撰：《秋涧先生大全文集》，上海书店（《四部丛刊初编》第 224—227 册）1989 年版。

（元）吴澄撰：《吴文正公文集》，台湾新文丰出版公司（《元人文集珍本丛刊》第 3 册）1985 年版。

（元）吴师道撰：《礼部集》，台湾商务印书馆（《景印文渊阁四库全书》第 1212 册）1986 年版。

（元）耶律铸撰：《双溪醉隐集》，台湾新文丰出版公司（《丛书集成续编》第 133 册）1989 年版。

（元）张宪撰：《玉笥集》，上海商务印书馆（《丛书集成初编》第 2265 册）1935 年版。

（明）曹学佺撰：《石仓历代诗选》（五），台湾商务印书馆（《景印文渊阁四库全书》第 1391 册）1986 年版。

（明）程敏政撰：《篁墩文集》，台湾商务印书馆（《景印文渊阁四库全书》第1252册）1986年版。

（明）董裕撰：《董司寇文集》，北京出版社（《四库未收书辑刊》第5辑第22册）2000年版。

（明）冯梦龙撰，（清）王延绍、华广生编述：《明清民歌时调集》，上海古籍出版社1987年版。

（明）冯梦龙著：《东周列国志》，大连图书供应社（《民国丛书》本）1933年版。

（明）冯梦龙著：《醒世恒言》，上海古籍出版社1987年版。

（明）冯梦龙纂辑，钱伯城评点：《新评警世通言》，上海古籍出版社1992年版。

（明）冯时可撰：《雨航杂录》，台湾新兴书局（《笔记小说大观》第四编第五册）1978年版。

（明）伏雌教主，佚名，佚名撰：《醋葫芦　玉支玑　媚婵娟》，北方妇女儿童出版社2001年版。

（明）高启撰：《凫藻集》，台湾商务印书馆（《景印文渊阁四库全书》第1230册）1986年版。

（明）何白撰：《汲古堂集》，北京出版社（《四库禁毁书丛刊》集部第177册）2000年版。

（明）洪楩编辑，石昌渝校点：《清平山堂话本》，江苏古籍出版社1990年版。

（明）胡震亨撰：《唐音癸签》，台湾商务印书馆（《景印文渊阁四库全书》第1482册）1986年版。

（明）江南詹詹外史评辑：《情史》，春风文艺出版社1986年版。

（明）李东阳撰：《怀麓堂集》，台湾商务印书馆（《景印文渊阁四库全书》第1250册）1986年版。

（明）李攀龙撰：《沧溟集》，台湾商务印书馆（《景印文渊阁四库全书》第1278册）1986年版。

（明）凌濛初著，章培恒整理：《二刻拍案惊奇》，上海古籍出版社1983年版。

（明）刘基撰：《诚意伯文集》，上海书店（《四部丛刊初编》第248，249册）1989年版。

（明）刘嵩撰：《槎翁诗集》，台湾商务印书馆（《景印文渊阁四库全书》第 1227 册）1986 年版。

（明）陆人龙著：《型世言》，中华书局 1993 年版。

（明）罗伦撰：《一峰文集》，台湾商务印书馆（《景印文渊阁四库全书》第 1251 册）1986 年版。

（明）罗懋登撰：《三宝太监西洋记通俗演义》，上海古籍出版社 1985 年版。

（明）罗玘撰：《圭峰集》，台湾商务印书馆（《景印文渊阁四库全书》第 1259 册）1986 年版。

（明）毛晋辑：《六十种曲》，海南国际新闻出版中心（《传世藏书》总集第 20，21 册）1997 年版。

（明）倪元璐撰：《倪文贞集》，台湾商务印书馆（《景印文渊阁四库全书》第 1297 册）1986 年版。

（明）钱榖编：《吴都文粹续集》，台湾商务印书馆（《景印文渊阁四库全书》第 1385 册）1986 年版。

（明）瞿佑撰：《归田诗话》，台湾新兴书局（《笔记小说大观》第六编第六册）1983 年版。

（明）邵经邦撰：《弘艺录》，齐鲁书社（《四库全书存目丛书》集部第 77 册）1997 年版。

（明）沈一贯撰：《喙鸣集》，上海古籍出版社（《续修四库全书》第 1357，1358 册）2002 年版。

（明）施耐庵、罗贯中著：《容与堂本水浒传》，上海古籍出版社 1988 年版。

（明）史谨撰：《独醉亭集》，台湾商务印书馆（《景印文渊阁四库全书》第 1233 册）1986 年版。

（明）宋濂撰：《宋学士文集》，上海书店（《四部丛刊初编》第 246 册）1989 年版。

（明）唐文凤撰：《梧风集》，台湾商务印书馆（《景印文渊阁四库全书》第 1242 册）1986 年版。

（明）王守仁著，张立文主编：《王阳明全集》，红旗出版社 1996 年版。

（明）王守仁撰：《王文成公全书》，上海书店（《四部丛刊初编》第

257—260 册）1989 年版。

（明）文德翼撰：《求是堂文集》，北京出版社（《四库禁毁书丛刊》集部第 141 册）2000 年版。

（明）吴承恩著：《西游记》，人民文学出版社 1954 年版。

（明）西湖渔隐主人撰：《欢喜冤家》，华夏出版社 1995 年版。

（明）西周生撰，黄肃秋校注：《醒世姻缘传》，上海古籍出版社 1981 年版。

（明）夏原吉撰：《夏忠靖公集》，书目文献出版社（《北京图书馆古籍珍本丛刊》第 100 册）2003 年版。

（明）杨慎著，王仲镛笺证：《升庵诗话笺证》，上海古籍出版社 1987 年版。

（明）杨士奇撰：《东里集　续集　别集》，台湾商务印书馆（《景印文渊阁四库全书》第 1239 册）1986 年版。

（明）无名氏著，徐元校点：《后西游记》，浙江文艺出版社 1985 年版。

（明）祝允明撰：《怀星堂集》，台湾商务印书馆（《景印文渊阁四库全书》第 1260 册）1986 年版。

（清）白云道人撰：《赛花铃》，上海古籍出版社（《古本小说集成》本）1995 年版。

（清）曹雪芹著，（清）护花主人、太某山民、太平闲人评：《红楼梦（三家评本）》，上海古籍出版社 1988 年版。

（清）曹雪芹著，霍国玲，紫军校勘：《脂砚斋全评石头记》，东方出版社 2006 年版。

（清）曾朴撰：《孽海花》，上海古籍出版社 1980 年版。

（清）陈确撰：《乾初先生遗集》，上海古籍出版社（《续修四库全书》第 1395 册）2002 年版。

（清）陈元龙辑：《历代赋汇》，北京图书馆出版社 1999 年版。

（清）丁绍仪撰：《听秋声馆词话》，上海古籍出版社（《续修四库全书》第 1734 册）2002 年版。

（清）丁耀亢撰：《续金瓶梅》，北方妇女儿童出版社 2001 年版。

（清）董诰等编：《全唐文》，中华书局 1983 年版。

（清）顾景星撰：《白茅堂集》，齐鲁书社（《四库全书存目丛书》集部第 205 册）1997 年版。

（清）顾嗣立编：《元诗选》，中华书局 1987 年版。

（清）郭元釪原编：《全金诗增补中州集》，台湾商务印书馆（《景印文渊阁四库全书》第 1445 册）1986 年版。

（清）韩邦庆撰：《海上花列传》，人民文学出版社 1982 年版。

（清）黄景仁撰：《两当轩全集》（五），清光绪二年木刻本。

（清）黄遵宪著，钱仲联笺注：《人境庐诗草笺注》，上海古籍出版社 1981 年版。

（清）蒋骥注：《山带阁注楚辞》，上海古籍出版社 1958 年版。

（清）孔继涵撰：《红桐书屋诗集》，上海古籍出版社（《续修四库全书》第 1460 册）2002 年版。

（清）黎庶昌撰：《拙尊园丛稿》，上海古籍出版社（《续修四库全书》第 1561 册）2002 年版。

（清）李宝嘉著：《官场现形记》，人民文学出版社 2000 年版。

（清）李光国撰：《定斋诗钞》，北京出版社（《四库禁毁书丛刊》集部第 168 册）2000 年版。

（清）李绿园撰：《歧路灯》，中州书画社 1980 年版。

（清）李渔撰，湛伟恩校注：《风筝误》，上海古籍出版社 1985 年版。

（清）李渔撰：《奈何天》，上海朝记书庄（石印本）1918 年版。

（清）李雨堂撰：《万花楼》，豫章书社 1981 年版。

（清）厉鹗撰：《樊榭山房全集》，台湾中华书局（《四部备要》第 542 册）1981 年版。

（清）陆心源纂辑，陈尚君校订：《唐文拾遗》，海南国际新闻出版中心（《传世藏书》总集第 12 册）1997 年版。

（清）彭定求等编：《全唐诗》，中华书局 1960 年版。

（清）蒲松龄撰：《聊斋志异》，齐鲁书社 1981 年版。

（清）钱大昕撰，吕友仁校点：《潜研堂文集》，上海古籍出版社 1989 年版。

（清）乾隆敕编：《千叟宴诗》，台湾商务印书馆（《景印文渊阁四库全书》第 1452 册）1986 年版。

（清）秦子忱撰，华世瑞点校：《续红楼梦》，北京大学出版社 1988 年版。

（清）沈德潜、周准编：《明诗别裁集》，上海古籍出版社1979年版。

（清）沈德潜选编：《清诗别裁集》，河北人民出版社1997年版。

（清）石玉昆撰：《七侠五义》，中国书店1989年版。

（清）孙星衍撰：《孙渊如诗文集》，上海古籍出版社（《续修四库全书》第1477册）2002年版。

（清）贪梦道人撰：《彭公案》，宝文堂书店1986年版。

（清）汪森撰，《粤西诗载　粤西文载》，台湾商务印书馆（《景印文渊阁四库全书》第1465册）1986年版。

（清）王铎撰：《拟山园选集》，书目文献出版社（《北京图书馆古籍珍本丛刊》第111册），2000年版。

（清）王琦注：《李太白全集》，中华书局1977年版。

（清）王汝璧撰：《铜梁山人诗集》，上海古籍出版社（《续修四库全书》第1462册）2002年版。

（清）魏秀仁撰：《花月痕》，人民文学出版社1982年版。

（清）文康著，吴荻校点：《儿女英雄传》，江苏古籍古籍出版社1996年版。

（清）吴肃公撰：《街南续集》，北京出版社（《四库禁毁书丛刊》集部148册）2000年版。

（清）吴沃尧撰：《二十年目睹之怪现状》，华夏出版社1995年版。

（清）吴养原编：《吴文节公遗集》，台湾文海出版社（《近代中国史料丛刊》第34辑）1973年版。

（清）熊文举撰：《雪堂先生文集》，书目文献出版社（《北京图书馆古籍珍本丛刊》第112册），1999年版。

（清）徐世昌编：《晚清簃诗汇》，中国书店（十函八十册）1982年版。

（清）徐枕亚撰：《玉梨魂》，江西人民出版社1986年版。

（清）严可均校辑：《全上古三代秦汉三国六朝文》，中华书局1958年版。

（清）姚鼐撰：《惜抱轩全集》，台湾中华书局（《四部备要》第552，553册）1981年版。

（清）姚莹撰：《东溟文集》，上海古籍出版社（《续修四库全书》第1512册）2002年版。

（清）易顺鼎撰：《遁墨拾余》，上海古籍出版社（《续修四库全书》第 1576 册）2002 年版。

（清）袁枚撰：《小仓山房诗文集·文集》，台湾中华书局（《四部备要》第 546 册）1981 年版。

（清）云槎外史撰，尉仰茄点校：《红楼梦影》，北京大学出版社 1988 年版。

（清）恽敬撰：《大云山房文稿》，上海古籍出版社（《续修四库全书》第 1482 册）2002 年版。

（清）张佩纶撰：《涧于集》，上海古籍出版社（《续修四库全书》第 1566 册）2002 年版。

（清）赵执信撰：《因园集》，台湾商务印书馆（《景印文渊阁四库全书》第 1325 册）1986 年版。

（清）褚人获撰：《隋唐演义》，西湖书社 1981 年版。

（清）朱彝尊撰：《明诗综》，台湾商务印书馆（《景印文渊阁四库全书》第 1459 册）1986 年版。

（清）朱彝尊撰：《曝书亭集》，上海书店（《四部丛刊初编》第 278—280 册）1989 年版。

（清）邹弢撰：《海上尘天影》，民族出版社 1995 年版。

北京大学古文献研究所编：《全宋诗》，北京大学出版社 1998 年版。

陈尚君辑校：《全唐诗补编》，中华书局 1992 年版。

逯钦立辑校：《先秦汉魏晋南北朝诗》，中华书局 1983 年版。

隋树森编：《全元散曲》，中华书局 1964 年版。

唐圭璋编纂，王仲闻参订，孔凡礼补辑：《全宋词》，中华书局 1999 年版。

王季思主编：《全元戏曲》，人民文学出版社，1990 年版。

王季思主编：《中国十大古典悲剧集》，上海文艺出版社 1982 年版。

吴曾祺编：《旧小说》，上海书店 1985 年版。

张璋、黄畬编：《全唐五代词》，上海古籍出版社 1986 年版。

5. 丛书

（明）程荣纂辑：《汉魏丛书》，吉林大学出版社 1992 年版。

二　今人论著

1. 专著

蔡邦华编著：《昆虫分类学》（上册），财政经济出版社 1956 年版。

［日］长泽规矩也编：《明清俗语辞书集成》，上海古籍出版社 1989
年版。

董恺恺、范楚玉主编：《中国科学技术史》（农学卷），科学出版社
2000 年版。

高名凯、石安石著：《语言学概论》，中华书局 1963 年版。

郭郛，［英］李约瑟，成庆泰著：《中国古代动物学史》，北京：科学
出版社 1999 年版。

郭沫若撰：《郭沫若全集》（第 15 卷），人民文学出版社 1990 年版。

郭锡良著：《汉字古音手册》，北京大学出版社 1986 年版。

［英］赫胥黎著，严复译：《天演论》，商务印书馆（《严复名著丛
刊》本）1981 年版。

胡淑琴编著：《中国动物图谱——两栖类　爬行类》，科学出版社
1987 年版。

黄德宽、常森著：《汉字阐释与文化传统》，中国科学技术大学出版
社 1995 年版。

黄金贵著：《古代文化词语考论》，浙江大学出版社 2001 年版。

黄侃著，黄焯整理，黄延祖重辑：《说文笺识》，中华书局 2006
年版。

黄征、张涌泉校注：《敦煌变文校注》，中华书局 1997 年版。

贾彦德著：《语义学导论》，北京大学出版社 1986 年版。

贾彦德著：《汉语语义学》，北京大学出版社 1992 年版。

解海江、章黎平著：《汉英语颜色词对比研究》，上海辞书出版社
2004 年版。

李广元著：《色彩艺术学》，黑龙江美术出版社 2000 年版。

李海霞著：《汉语动物命名研究》，巴蜀书社 2002 年版。

李海霞著：《汉语动物命名考释》，巴蜀书社 2005 年版。

李湘涛，徐丽娟主编：《中国保护动物图鉴》，中国地图出版社 2000 年版。

李学勤著：《古文字学初阶》，中华书局（《国学入门丛书》本）2003 年版。

M·W·艾森克，M·T·基恩著，高定国，肖晓云译：《认知心理学》（第四版），华东师范大学出版社 2004 年版。

《马王堆汉墓帛书》整理小组编：《马王堆汉墓帛书》，文物出版社 1974 年版。

孟蓬生著：《上古汉语同源词语音关系研究》，北京师范大学出版社 2001 年版。

齐儆著：《中国的文房四宝》，台湾商务印书馆 1993 年版。

《睡虎地秦墓竹简》整理小组编：《睡虎地秦墓竹简》，文物出版社 1990 年版。

宋镇豪编：《中国风俗通史》（夏商卷），上海文艺出版社 2001 年版。

宋子然著：《古汉语词义丛考》，巴蜀书社 2000 年版。

孙锦标著，邓宗禹标点：《通俗常言疏证》，中华书局 2000 年版。

王艾录、司富珍著：《语言理据研究》，中国社会科学出版社 2002 年版。

王凤阳著：《古辞辨》，吉林文史出版社 1993 年版。

王国维著：《观堂集林》，中华书局 1959 年版。

王国维著：《人间词话》，中国文史出版社（《王国维文集》第一卷）1997 年版。

王宁著：《训诂学原理》，中国国际广播出版社 1996 年版。

温少峰、袁庭栋撰：《殷墟卜辞研究——科学技术篇》，四川省社会科学院出版社 1983 年版。

吴淑生、田自秉著：《中国染织史》，上海人民出版社 1986 年版。

伍谦光著：《语义学导论》，湖南教育出版社 1988 年版。

伍铁平著：《模糊语言学》，上海外语教育出版社 1999 年版。

向熹著：《简明汉语史》，高等教育出版社 1993 年版。

杨永林著：《中国学生汉语色彩语码认知模式研究》，清华大学出版社 2002 年版。

尹润生著：《墨林史话》，紫禁城出版社 1986 年版。

尹泳龙著：《中国颜色名称》，地质出版社 1997 年版。

曾昭聪著：《形声字声符示源功能述论》，黄山书社 2002 年版。

张联荣著：《古汉语词义论》，北京大学出版社 2000 年版。

张希峰著：《汉语词族续考》，巴蜀书社 2000 年版。

张永言著：《词汇学简论》，华中工学院出版社 1982 年版。

张涌泉著：《汉语俗字丛考》，中华书局 2000 年版。

张志毅、张庆云著：《词汇语义学》，商务印书馆 2001 年版。

章炳麟著：《章太炎全集》（七），上海人民出版社 1999 年版。

章炳麟著：《国故论衡》，上海古籍出版社（《蓬莱阁丛书》本）2003 年版。

章鸿钊著：《石雅》，上海古籍出版社 1993 年版。

章士嵘著：《认知科学导论》，人民出版社 1992 年版。

赵匡华、周嘉华著：《中国科学技术史》（化学卷），科学出版社 1998 年版。

赵维稷主编：《中国纺织科学技术史（古代部分)》，科学出版社 1984 年版。

赵艳芳著：《认知语言学概论》，上海外语教育出版社 2001 年版。

郑张尚芳著：《上古音系》，上海教育出版社 2003 年版。

郑作新等原著，郑作新修订：《中国动物图谱——鸟类》，科学出版社 1987 年版。

周汛、高春明撰：《中国古代服饰大观》，重庆出版社 1995 年版。

朱介英著：《色彩学》，中国青年出版社 2004 年版。

邹晓丽著：《基础汉字形义释源》，北京出版社 1990 年版。

2. 论文

［英］李约瑟等：《中国古代的地植物学》，《农业考古》1984 年第 1 期。

蔡永贵：《论形声字的形成过程》，《宁夏大学学报》2006 年第 3 期。

邓颖玲：《英汉颜色词的非完全对应关系》，《湖南师范大学学报》1997 年第 5 期。

董琨：《周原甲骨文音系特点初探》，《古文字与汉语史论集》，中山大学出版社 2002 年版。

何光岳：《夏族尚黑的流传和影响》，《安徽史学》1994 年第 1 期。

侯立睿：《"乐之容"还是"乐之官"——〈读书杂志〉志疑一则》，《古汉语研究》2009 年第 2 期。

侯立睿：《佛经文献的语料价值——以"玄黄"一词为例》，《江南大学学报》2007 年第 2 期。

侯立睿：《古汉语黑系颜色词的构成、来源及其特点》，《中国语学研究开篇》，日本早稻田大学文学部 2015 年第 33 号。

黄文杰：《战国时期形声字声符换用现象考察》，《古文字与汉语史论集》，中山大学出版社 2002 年版。

李亚东：《中国制墨技术的源流》，《科技史文集》第 15 辑，上海科学技术出版社 1989 年版。

李也贞等：《有关西周丝织和刺绣的重要发现》，《文物》1976 年第 4 期。

连邵名：《金文所见西周时代的刑典》，《华夏考古》2003 年第 1 期。

梁银峰：《甲骨文形容词研究》，《汉语史研究集刊》第 2 辑，巴蜀书社 2000 年版。

廖名春：《〈周易〉乾坤两卦卦爻辞五考》，《周易研究》1999 年第 1 期。

刘桓：《古代文字研究》，《内蒙古大学学报》1980 年第 4 期。

卢偓：《汉语色泽词五题》，《江苏教育学院学报》1996 年第 3 期。

欧阳羲同：《视觉系统的颜色形状通道及颜色识别》，《东南大学学报》1991 年第 2 期。

潘峰：《释"青"》，《汉字文化》2006 年第 1 期。

潘章仙：《漫谈汉英颜色词的文化内涵》，《浙江师范大学学报》1996 年第 5 期。

齐元涛、符渝：《汉字的理据缺失与重构》，《北京师范大学学报》2006 年第 1 期。

钱小康：《犁》，《农业考古》2002 年第 1 期。

宋凤娣：《青色与中国传统民族审美心理》，《山东大学学报》2001 年第 1 期。

宋金兰：《"黑"名源考》，《汉字文化》2004 年第 1 期。

谭步云：《释驀——兼说犬耕》，《农史研究》第 7 辑，农业出版社

1988 年版。

　　谭宏姣：《试论一种特殊的词义成分——源义素》，《古汉语研究》
2005 年第 4 期。

　　田恒铭：《墨的起源与鉴赏》，《学术界》2001 年第 6 期。

　　汪涛：《殷人的颜色观念与五行说的形成及发展》，《中国古代思维模
式与阴阳五行说探源》，江苏古籍出版社 1998 年版。

　　文正义：《说"朱殷》，《古汉语研究》1998 年第 1 期。

　　巫称喜：《甲骨文形容词初探》，《韩山师范学院学报》2001 年第
3 期。

　　伍铁平：《论颜色词及其模糊性质》，《语言教学与研究》1986 年第
2 期。

　　夏渌：《造字形义来源非一说》，《武汉大学学报》1987 年第 2 期。

　　肖可：《颜色词"白色"的民族文化内涵义》，《满语研究》1995 年
第 1 期。

　　徐朝华：《析"青"作为颜色词的内涵及其演变》，《南开学报》
1988 年第 6 期。

　　徐时仪：《汉语词汇双音化的内在原因考探》，《语言教学与研究》
2005 年第 2 期。

　　杨爱姣：《近代汉语三音节词发展原因试析》，《武汉大学学报》2000
年第 4 期。

　　杨逢彬：《关于殷墟甲骨刻辞的形容词》，《古汉语研究》2001 年第
1 期。

　　姚小平：《基本颜色词理论述评——兼论汉语基本颜色词的演变史》，
《外语教学与研究》1998 年第 1 期。

　　于逢春：《论汉语颜色词的人文性特征》，《东北师范大学学报》1999
年第 5 期。

　　曾宪通：《楚文字释丛（五则）》，《中山大学学报》1996 年第 3 期。

　　张燕：《时间隐喻的类型学试析——以汉藏语系语言为例》，《中央民
族大学学报》2005 年第 5 期。

　　张永言：《上古五色之名》，《语文学论集》，语文出版社 1992 年版。

　　周南泉：《玉璜综论——古玉研究之六》，《故宫博物院院刊》1996
年第 3 期。

三　学位论文

金福年：《现代汉语颜色词运用研究》，复旦大学博士论文，2003 年。

李红印：《现代汉语颜色词词汇——语义系统研究》，北京大学博士论文，2001 年。

龙志颖：《颜色经验对颜色信息加工的脑机制的调制作用及独立成分分析法的探讨》，北京师范大学博士论文，2005 年。

叶军：《现代汉语色彩词研究》，山东大学博士论文，2000 年。

四　工具书

古文字诂林编纂委员会编：《古文字诂林》，上海教育出版社 1999 年版。

何琳仪编：《战国古文字典——战国文字声系》，中华书局 1998 年版。

于省吾编：《甲骨文字释林》，中华书局 1979 年版。

周法高主编：《金文诂林》，香港中文大学出版社 1974 年版。

李孝定编：《甲骨文字集释》，台湾中研院历史语言研究所 1970 年版。

徐中舒主编：《甲骨文字典》，四川辞书出版社 1988 年版。

戴家祥主编：《金文大字典》，学林出版社 1995 年版。

黄征编：《敦煌俗字典》，上海教育出版社 2005 年版。

姚孝遂、肖丁编：《殷墟甲骨刻辞类纂》，中华书局 1989 年版。

钟旭元、许伟建编著：《上古汉语词典》，海天出版社 1987 年版。

洪家义编著：《金文选注绎》，江苏教育出版社 1988 年版。

《汉语大词典》编纂委员会编：《汉语大词典》，上海辞书出版社 1986 年版。

许宝华，宫田一郎主编：《汉语方言大词典》，中华书局 1999 年版。

后　记

　　这本书是在我的博士论文基础上修订而成的。论文的选题是与导师黄金贵老师共同商定的，作为一名"好色之徒"，我对于颜色的命名与词义的发展有着深厚的兴趣。为了探究那些隐藏在颜色词背后的世界，撰写论文期间，我遍查了浙江省图书馆、浙江大学西溪、玉泉、紫金港图书馆，还通过学校、朋友、同门从国家图书馆等地印寄资料，广泛涉猎丝织印染、动物、植物、矿石冶炼、玉石、天文、地质、考古、色彩等诸多学科知识，只是为了求得颜色词的"得名之由"。虽然求学生活是紧张辛苦的，但每每探得一个词源、释清一个词义线索所带来的成就感让我觉得一切都是值得的。博士论文完成于 2007 年，文中有待完善和深入之处还存在不少，尚需提升学识和学养方能实现。本想假以时年精雕细琢才可示人，可近年来对论文具名不具名的援引使我惶惑之余，也意识到论文的可取之处及颜色词系统研究的价值所在，于是决定将论文稍加修订出版，以待学界同仁批评讨论。

　　博士论文原名为《古汉语黑系颜色词疏解——颜色词研究之一》，原计划把其他系列颜色词研究进行下去，但今后能否完成不可预知，故索性把副标题去掉。

　　论文从计划出版到现在近四年，期间经历种种工作、琐事、波折，真正静下心来修改的时间并不多。本书稿修改内容主要包括文中字句的表述不当、错误之处，文字舛误问题，综述部分文献采集数据截至 2012 年，个别已发表部分的替换，综论部分的内容调整等。

　　书稿的最终面世首先要感谢我的博导——浙江大学汉语史研究中心的黄金贵先生，浙大三年受业于黄老师，我的学术之路的探索、成长都离不开黄老师的悉心指导，记得求教于黄老师缩改一篇被《古汉语研究》采纳的小稿，黄老师推开手边繁重的工作任务，为我分析如何凝炼文字，删繁去冗，那细致入微的讲解、一丝不苟的学术态度至今记忆犹新！书稿出版征求老师意见时，黄老师时患青光眼疾，可仍然认真重读了论文，特意电话里叮嘱注意事项。黄老师对学问的严谨及对学生的负责，使我受益良多，同时也是我努力践行的方向。

我的硕导山西大学文学院白平先生是我学术之路的启蒙者，对我的博士论文曾提出过宝贵的意见；2014 – 2015 年访学日本大东文化大学期间，曾向指导老师丁锋先生求教论文中有关音韵问题，得到了丁老师详尽的答复；浙大汉语史中心的王云路先生、方一新先生等多位先生都曾对论文的撰写提供过帮助；此外，还有给予过我帮助的浙大同窗、同门，恕不一一具名，在此一并诚挚铭谢！

侯立睿

2016 年 8 月 1 日于山西大学